# WiWi klipp & klar

**Reihe herausgegeben von**

Peter Schuster, Fakultät Wirtschaftswissenschaften, Hochschule
Schmalkalden, Schmalkalden, Deutschland

WiWi klipp & klar steht für verständliche Einführungen und prägnante Darstellungen aller wirtschaftswissenschaftlichen Bereiche. Jeder Band ist didaktisch aufbereitet und behandelt ein Teilgebiet der Betriebs- oder Volkswirtschaftslehre, indem alle wichtigen Kenntnisse aufgezeigt werden, die in Studium und Berufspraxis benötigt werden.

Vertiefungsfragen und Verweise auf weiterführende Literatur helfen insbesondere bei der Prüfungsvorbereitung im Studium und zum Anregen und Auffinden weiterer Informationen. Alle Autoren der Reihe sind fundierte und akademisch geschulte Kenner ihres Gebietes und liefern innovative Darstellungen – WiWi klipp & klar.

Ronny Gebhardt

# Rechnungslegung nach IFRS klipp & klar

Ronny Gebhardt
Münster School of Business
Fachhochschule Münster
Münster, Deutschland

ISSN 2569-2194        ISSN 2569-2216 (electronic)
WiWi klipp & klar
ISBN 978-3-658-36049-8      ISBN 978-3-658-36050-4 (eBook)
https://doi.org/10.1007/978-3-658-36050-4

Die Deutsche Nationalbibliothek verzeichnet diese Publikation in der Deutschen National-
bibliografie; detaillierte bibliografische Daten sind im Internet über http://dnb.d-nb.de abrufbar.

Lektorat/planung: Carina Reibold
Springer Gabler ist ein Imprint der eingetragenen Gesellschaft Springer Fachmedien Wiesbaden
GmbH und ist ein Teil von Springer Nature.
Die Anschrift der Gesellschaft ist: Abraham-Lincoln-Str. 46, 65189 Wiesbaden, Germany

# Inhaltsverzeichnis

# Abkürzungs- und Symbolverzeichnis

| | |
|---|---|
| AG | Application Guidance; Aktiengesellschaft |
| AK | Anschaffungskosten |
| ARC | Accounting Regulatory Committee |
| AV | Anlagevermögen |
| BB | Betriebs-Berater (Fachzeitschrift) |
| BC | Basis for Conclusion (Begründung für Standardsetzungen durch den IASB, zu finden im Anhang zu den IFRS) |
| BGA | Betriebs- und Geschäftsausstattung |
| BilMoG | Bilanzrechtsmodernisierungsgesetz |
| BilReG | Bilanzrechtsreformgesetz |
| c. p. | ceteris paribus |
| DB | Der Betrieb (Fachzeitschrift) |
| € | Euro |
| EBIT | Earnings before Interest and Taxes |
| EBITDA | Earnings before Interest, Taxes, Depreciation and Amortisation |
| EFRAG | European Financial Reporting Advisory Group |
| EU | Europäische Union |
| FASB | Financial Accounting Standards Board (USA) |
| GoB | Grundsätze ordnungsmäßiger Buchführung |
| GuV | Gewinn-und-Verlust-Rechnung |
| GWG | geringwertige(s) Wirtschaftsgut/-güter |
| HFA | Hauptfachausschuss (des IDW) |
| HGB | Handelsgesetzbuch |
| Hifo | „highest in, first out" |
| $i$ | interner Zinsfuß; Kalkulationszinssatz, Effektivzins |
| i. V. m. | in Verbindung mit |
| IAS | International Accounting Standard(s) |
| IAS-Verordnung | Verordnung (EG) Nr. 1606/2002 des Europäischen Parlaments und des Rates vom 19.07.2002 betreffend die Anwendung internationaler Rechnungslegungsstandards |
| IASB | International Accounting Standards Board |
| IASC | International Accounting Standards Committee |
| IDW | Institut der Wirtschaftsprüfer in Deutschland e. V. |
| IDW RS | IDW-Stellungnahme zur Rechnungslegung |
| IE | Illustrative Example |

| IFRIC | International Financial Reporting Interpretations Committee |
| IFRS | International Financial Reporting Standard |
| IG | Implementation Guidance |
| IKV | interne Kapitalverzinsung |
| IOSCO | International Organization of Securities Commissions |
| JfB | Journal für Betriebswirtschaft (Fachzeitschrift) |
| KapAEG | Kapitalaufnahmeerleichterungsgesetz |
| KI | Kreditinstitute |
| KoR | KoR IFRS – Internationale und kapitalmarktorientierte Rechnungslegung (Fachzeitschrift) |
| Lifo | „last in, first out" |
| LME | London Metal Exchange |
| LuL | Lieferungen und Leistungen |
| n/a | „not applicable"/nicht anwendbar bzw. unzutreffend |
| NBW-RL | Neubewertungsrücklage |
| PiR | Praxis der internationalen Rechnungslegung (Fachzeitschrift) |
| PoC | Percentage of Completion |
| RK | Rahmenkonzept |
| SEC | U.S. Securities and Exchange Commission |
| SIC | Standards Interpretation Committee (Vorläufer des IFRIC) |
| sog. | sogenannte/r |
| Tz. | Textziffer |
| u. U. | unter Umständen |
| US-GAAP | United States Generally Accepted Accounting Principles |
| US$ | US-Dollar |
| USt | Umsatzsteuer |
| vertragl. | vertraglich(e) |
| VW | Vermögenswert(e) |
| WPg | Die Wirtschaftsprüfung (Fachzeitschrift) |

# Grundlagen zu den International Financial Reporting Standards

1

**Lernziele**

Leser*innen

- kennen den internationalen Standard-setter, seine wesentlichen Ziele und die Aufgaben weiterer Gremien unter seiner Trägerorganisation,
- können den Standardsetzungsprozess skizzieren und zwischen Bestandteilen eines Standards mit und ohne Bindungs-wirkung unterscheiden,
- wissen, welche Verlautbarungen des Standardsetters in welcher Hierarchie beim Aufstellen eines Abschlusses be-rücksichtigt werden müssen,
- können Unternehmen mit Sitz in Deutschland bestimmen, die die IFRS verpflichtend anwenden müssen bzw. freiwillig anwenden dürfen,
- wissen, wann ein vom Standardsetter veröffentlichter IFRS für EU-Unter-nehmen Bindungswirkung entfaltet,
- kennen die Aufgaben, wesentlichen In-halte und den Verpflichtungsgrad des Rahmenkonzepts,
- können die Konsequenzen aus der unter-schiedlichen Zwecksetzung von IFRS- und HGB-Abschlüssen illustrieren,
- sind in der Lage, die Bilanzierungs-konzeption der IFRS bilanztheoretisch zu verorten und gängige Wertmaßstäbe der internationalen Rechnungslegung zu beschreiben,
- können die Pflichtbestandteile der IFRS nennen sowie ihre wesentlichen Inhalte und Funktionen beschreiben.

## 1.1 Der International Accounting Standards Board

### 1.1.1 Ziele und Arbeit des International Accounting Standards Board

Der International Accounting Standards Board (IASB) ist das Normen setzende Gremium für die internationale Rechnungslegung. Die Träger-organisation des IASB ist seit 2001 die jetzige **IFRS Foundation**. Die Stiftungsform wurde ge-wählt, um eine größere Unabhängigkeit vom Berufsstand der Wirtschaftsprüfer zu signalisie-ren, denn dieser war bis zu diesem Zeitpunkt Trä-ger der Vorgängerorganisation, des bereits 1973 gegründeten International Accounting Standards Committee (IASC).

© Springer Fachmedien Wiesbaden GmbH, ein Teil von Springer Nature 2022
R. Gebhardt, *Rechnungslegung nach IFRS klipp & klar*, WiWi klipp & klar,
https://doi.org/10.1007/978-3-658-36050-4_1

Wie noch deutlich werden wird, sind die International Financial Reporting Standards (IFRS) eher dem angelsächsischen Rechnungslegungsverständnis als dem kontinentaleuropäischen zuzuordnen (Abschn. 1.3.5.2). Dies lag nicht zuletzt daran, dass von den 10 Gründungsmitgliedern des IASC 5, nämlich Großbritannien, die USA, Kanada, Australien und Irland, angelsächsisch geprägt waren. Weitere Gründungsmitglieder waren Deutschland, Japan, Mexiko, Frankreich und die Niederlande.

Nahezu unverändert blieben im Zeitablauf die Zielsetzungen, die mit der Entwicklung internationaler Rechnungslegungsnormen verfolgt werden:

- Erarbeitung und Veröffentlichung hochwertiger, verständlicher und durchsetzbarer globaler Rechnungslegungsstandards, die transparente und vergleichbare Informationen in Rechnungsabschlüssen liefern und die Grundlage für das Treffen wirtschaftlicher Entscheidungen sind,
- Förderung der weltweiten Akzeptanz und Einhaltung dieser Standards,
- Herbeiführung einer Konvergenz nationaler und internationaler Rechnungslegungsstandards,
- Berücksichtigung der Berichterstattungserfordernisse von Unternehmen aus Schwellenländern sowie von kleinen und mittelgroßen Unternehmen.

Der IFRS Foundation als privatrechtlicher Organisation mangelt es an der Möglichkeit, die entwickelten Normen selbst auch tatsächlich durchzusetzen. Dennoch ist man heute mit den IFRS dem Ziel einer weltweiten Harmonisierung der Rechnungslegungsregeln deutlich nähergekommen.

Dabei war die erste Entwicklungsphase zwischen 1973 und 1987 noch davon bestimmt, der breiten Akzeptanz den Boden zu bereiten. Dies versuchte man zu erreichen, indem die unterschiedlichen nationalen Rechnungslegungsusancen in Form einer Vielzahl von Wahlrechten auf Ansatz-, Bewertungs- und Ausweisebene in der internationalen Rechnungslegung berücksichtigt wurden.

Wesentlicher Meilenstein für die weltweite Harmonisierung der Rechnungslegung war die in 1987 begonnene Zusammenarbeit mit der International Organization of Securities Commissions (IOSCO), der internationalen Organisation der Wertpapieraufsichtsbehörden. Im Rahmen des Comparability and Improvement Project wurden daraufhin zahlreiche der genannten Wahlrechte beseitigt. 1998 wurden in Abstimmung mit der IOSCO die **Core Standards** veröffentlicht. Dies war die Voraussetzung dafür, dass die IOSCO ihren Mitgliedern (u. a. der US-amerikanischen SEC [U.S. Securities and Exchange Commission], der Aufsichtsbehörde des größten Kapitalmarkts der Welt) im Jahr 2000 empfahl, 30 International Accounting Standards (IAS) plus zugehöriger Interpretationen als kapitalmarkttaugliche Rechnungslegungsnormen und damit als Börsenzulassungsvoraussetzung anzuerkennen.

Ein herausragender Meilenstein für die internationale Rechnungslegung war die Verabschiedung der **IAS-Verordnung** durch die Europäische Union. Diese verlangt seit 2005 die Anwendung der internationalen Normen zumindest für Konzernabschlüsse aller kapitalmarktorientierten Unternehmen mit Sitz in der EU (siehe hierzu ausführlich Abschn. 1.2).

Auch in anderen Ländern oder Teilregionen wie Australien, Kanada oder Hongkong werden die IFRS mittlerweile als Rechnungslegungsnormen zumindest für kapitalmarktorientierte Unternehmen anerkannt. Zudem hat die SEC im Jahr 2007 für Emittenten von Wertpapieren mit Sitz außerhalb der USA (Foreign Private Issuer) die Verpflichtung abgeschafft, Überleitungsrechnungen von IFRS auf die *United States Generally Accepted Accounting Principles* (US-GAAP) zu erstellen und zu veröffentlichen (vgl. U.S. Securities and Exchange Commission, 2007). Dies bedeutete eine wesentliche Kostenersparnis für die betroffenen Unternehmen. Vorausgegangen waren hierbei verschiedene Vereinbarungen zwischen IASB und seinem amerikanischen Pendant Financial Accounting Standards Board (FASB) zur schrittweisen Konvergenz der internationalen und der US-amerikanischen Rechnungslegungsnormen.

### 1.1.2 Organisationsstruktur der IFRS Foundation

Wie bereits ausgeführt, ist die IFRS Foundation die Trägerorganisation des IASB.

Die Treuhänder *(Trustees)* der IFRS Foundation überwachen den IASB und sorgen für dessen Finanzierung über das Einwerben von Spenden (vgl. hierzu und im Folgenden IFRS Foundation, 2021a, S. 6 ff.). Sie ernennen darüber hinaus die Mitglieder des IASB, aber auch des IFRS Interpretations Committee und des IFRS Advisory Council, die jeweils im Folgenden vorgestellt werden. Voraussetzung für eine Ernennung zum Treuhänder ist ein entsprechender fachlicher Hintergrund.

Der **IASB** als das zentrale Gremium innerhalb der IFRS Foundation trägt die Verantwortung für den Prozess der Erarbeitung, die Verabschiedung sowie Veröffentlichung der IFRS und der Interpretationen (Standardsetter). Der IASB besteht aus Bilanzierungsexperten (Wirtschaftsprüfer, Bilanzersteller und -adressaten, Wissenschaft). Ausgewogenheit soll hierbei nicht nur hinsichtlich der beruflichen, sondern auch hinsichtlich der geografischen Herkunft angestrebt werden. Um einen Rechnungslegungsstandard zu verabschieden, bedarf es der Zustimmung von zwei Dritteln der IASB-Mitglieder.

Unterstützt wird der IASB bei seiner Arbeit zum einen von Arbeitsgruppen (**Working Groups**), die fallweise zusammengestellt werden und insbesondere bei der Neuentwicklung oder Überarbeitung von Normen eingesetzt werden. Zum anderen fungiert das **IFRS Advisory Council** als strategisches Beratungsgremium für den IASB. Es setzt sich aus mindestens 30 Mitgliedern diverser Institutionen und Organisationen wie Wertpapieraufsichtsbehörden, Börsen(-verbänden), Hochschulen, Wirtschaftsprüfern und Bilanzerstellern zusammen. Regelmäßig wird hier die Frage diskutiert, welchem Bilanzierungsproblem sich der IASB in naher Zukunft annehmen sollte. Ebenso bietet dieses Forum die Gelegenheit, dem IASB die jeweiligen Sichtweisen auf Bilanzierungsprobleme zu verdeutlichen.

Auch unterhält der IASB Kontakte zu nationalen Standardsettern, was die Harmonisierung weiter fördern und Problembereiche frühzeitig erkennen lassen soll.

Das **IFRS Interpretations Committee** (IFRIC), Nachfolgegremium des Standards Interpretation Committee (SIC), ist, sofern Schwierigkeiten in der Bilanzierungspraxis bei der korrekten Auslegung der IFRS auftreten, mit der Erarbeitung von Interpretationshilfen für Rechnungslegungsstandards beauftragt (IFRIC Interpretations bzw. früher SIC Interpretations). Gleichwohl liegt die Verantwortung für die finale Veröffentlichung beim IASB.

Erwähnenswert ist zudem der Beschluss der Treuhänder im Jahr 2009, ein sog. **Monitoring Board** mit der Aufgabe zu etablieren, die Treuhänder künftig zu ernennen. Zudem soll es überwachen, dass die IFRS Foundation ihren satzungsmäßigen Pflichten nachkommt. Der Monitoring Board rekrutiert sich aus Vertretern diverser Kapitalmarkt- bzw. Wertpapieraufsichtsbehörden.

### 1.1.3 Der Standardsetzungsprozess

Sollen Rechnungslegungsstandards (bzw. Interpretationen des IFRIC) auf eine breite Akzeptanz auf globaler Ebene stoßen, müssen die verschiedenen Interessengruppen auch die Gelegenheit haben, sich in den Normensetzungsprozess einzubringen, selbst wenn sie nicht in den Gremien und Organen der IFRS Foundation vertreten sind. Diese Möglichkeit der Stellungnahme zu Normierungsfragen bietet der Standardsetzungsprozess *(Due Process)* des IASB auf verschiedenen Stufen.

Nachdem ein Rechnungslegungsproblem in das Arbeitsprogramm des IASB aufgenommen und eine Arbeitsgruppe hierzu formiert wurde, werden mögliche Lösungen erarbeitet und in Form eines Diskussionspapiers auf der Webseite des IASB der breiten Öffentlichkeit zur Kommentierung bereitgestellt (vgl. hierzu und im Folgenden IFRS Foundation, 2021b, S. 26 ff.). Unter Berücksichtigung des erhaltenen Feedbacks wird hiernach ein Standardentwurf mit der favorisierten Lösung sowie entsprechenden Begründungen dafür verfasst und erneut der breiten Öffentlichkeit zur Kommentierung bereitgestellt. Mitunter werden verschiedene Stakeholder auch direkt um Feedback gebeten. Erst danach wird der finale Standard beschlossen und veröffentlicht. In einer Feedbackschleife werden nach einigen Jahren Meinungen eingeholt, inwieweit ein beschlossener Standard seine Ziele erreicht hat bzw. ob es Änderungen bedarf.

## 1.1.4  Aufbau der Standards

Nachdem seit 2003 alle neu beschlossenen Rechnungslegungsstandards vom IASB als IFRS (International Financial Reporting Standards) bezeichnet werden (zuvor IAS – International Accounting Standards), folgenden diese einem mehr oder weniger systematischen Aufbau.

Der eigentliche **Standard** enthält regelmäßig dessen verfolgte Zielsetzung, dessen Anwendungsbereich, die Ansatz- und Bewertungsregeln, etwaige Sonderregeln sowie die Ausweis- und Offenlegungsvorschriften. In Anhängen *(Appendices)* zum Standardtext finden sich notwendige Begriffsdefinitionen, Anwendungshinweise *(Application Guidance)*, Informationen zum erstmaligen Anwendungszeitpunkt *(Effective Date)*, zum Übergang von Alt- auf Neuregeln *(Transitional Provisions)* sowie zu notwendig gewordenen Änderungen anderer Rechnungslegungstandards. Alle im **Standardtext** bzw. den **genannten Anhängen** enthaltenen Vorgaben haben dabei **verpflichtenden Charakter**.

In weiteren Anhängen zu einem Standard werden zum besseren Verständnis der Regelungen Anwendungsbeispiele *(Illustrative Examples)* und mitunter Implementierungsleitlinien *(Implementation Guidance)* zur Verfügung gestellt. Zudem finden sich hier ausführliche Begründungen der Regelungsinhalte *(Basis for Conclusions)*, etwaige Auswirkungen auf andere Standards sowie abweichende Meinungen von Boardmitgliedern hinsichtlich einzelner beschlossener Regelungen. Diese **weiteren Anhänge haben keinen Verpflichtungscharakter**. Beispielsweise repräsentieren die Anwendungsbeispiele und die Implementierungsleitlinien nicht die einzig zulässigen Umsetzungsmöglichkeiten der Bilanzierungsnormen.

## 1.1.5  Das House of IFRS

Die IFRS weisen mittlerweile eine hohe Regelungsdichte auf. Dennoch gibt es immer wieder Sachverhalte, deren Bilanzierung nicht oder nicht eindeutig geregelt ist. Es muss daher geklärt werden, wie die IFRS-Anwender in solchen Situationen vorzugehen haben, besonders auch dann, wenn Wissenschaftler bzw. Praktiker seit jeher ein bestimmtes Bilanzierungsverfahren propagieren bzw. anwenden, der IASB jedoch plötzlich mit einer neuartigen Interpretation aufwartet. Antworten auf diese Fragen hält **IAS 8** *(Accounting Policies, Changes in Accounting Estimates and Errors)* bereit. In IAS 8.10–8.12 wird eine Hierarchie von Verlautbarungen vorgegeben, die bei diesen Fragestellungen zu berücksichtigen ist. Diese Hierarchie hat, angelehnt an das US-amerikanische „House of GAAP", auch als „House of IFRS" Eingang in die Literatur gefunden (vgl. z. B. Pellens et al., 2017, S. 72). Diese Hierarchie wird nachfolgend erläutert.

Das **Fundament** dieses Hauses ist gemäß **IAS 1** *(Presentation of Financial Statements)* die Forderung nach einer glaubwürdigen, tatsachengerechten und fairen Darstellung *(Fair Presentation)* der Vermögens-, Finanz- und Ertragslage einschließlich der Zahlungsflüsse eines Unternehmens (IAS 1.15). Diese Forderung ist als Generalnorm ausgestaltet. Dies bedeutet, dass Unternehmen von den internationalen Rechnungslegungsnormen abweichen müssen, wenn deren Anwendung zu keiner glaubwürdigen, tatsachengerechten und fairen Darstellung der wirtschaftlichen Lage führt (IAS 1.19). Allerdings merkt der Normengeber an, dass sich solch eine Notwendigkeit nur in sehr wenigen Ausnahmefällen ergeben dürfte. Zudem zieht eine Regelabweichung umfangreiche Angabepflichten nach sich.

Nach IAS 8.7 sind Sachverhalte, deren Bilanzierung in den IFRS geregelt ist, auch nach diesen Regeln zu bilanzieren. Als Oberbegriff umfasst die Abkürzung **IFRS** dabei (nach IAS 1.7) alle vom IASB oder Vorläufern verabschiedeten und noch gültigen IFRS und IAS sowie die Interpretationshilfen IFRIC Interpretations bzw. SIC Interpretations. Dieses Regelgefüge stellt im House of IFRS das **Erdgeschoss** dar.

Liegt eine Regelungslücke vor, so sind vom Unternehmensmanagement bei der Entscheidung für eine bestimmte Bilanzierungsmethode die Grundsätze der Relevanz und Verlässlichkeit von Rechnungslegungsinformationen zu berücksichtigen (IAS 8.10). Diese für die Praxis wenig hilfreichen Vorgaben werden (in IAS 8.11) jedoch konkretisiert, indem das Management bei Regelungslücken auf **Fallanalogien** verwiesen wird. Das heißt: Hat der Normengeber die Bilanzierung eines ähnlichen oder verwandten Sachverhalts bereits geregelt, so sind die entsprechenden Regelungen analog auf den nicht geregelten, jedoch ähnlichen Fall anzuwenden. Gibt es keine Fallanalogien, ist sodann auf die im **Rahmenkonzept** *(Conceptual Framework)* des IASB enthaltenen Bilanzierungs- und Bewertungskonzeptionen für Vermögenswerte, Schulden, Erträge und Aufwendungen als Deduktionsgrundlage zu rekurrieren. Zusammen mit den Fallanalogien stellt das Rahmenkonzept die **2. Etage** dar.

Wird man an den vorstehenden Stellen nicht fündig, ist hiernach auf die **Verlautbarungen anderer Normengeber** abzustellen, vorausgesetzt diese nutzen ähnliche Konzepte zur Entwicklung von Rechnungslegungsnormen. Aufgrund der konzeptionellen Nähe von IFRS und US-GAAP wird deshalb in der Praxis häufig auf die US-GAAP bei Auslegungsfragen abgestellt. Berücksichtigt werden können auf dieser **3. Etage** ebenso **Literaturmeinungen und anerkannte Branchenpraktiken**. Diese möglichen Deduktionsgrundlagen dürfen jedoch nicht im Konflikt mit Verlautbarungen der 2. Etage stehen (IAS 8.12).

Wenngleich die sonstigen Vorgaben des **Rahmenkonzepts** des IASB und das **Vorwort** *(Preface)* zu den IFRS nicht in IAS 8 genannt werden, sind sie dennoch ebenfalls eine mögliche Grundlage für die Ableitung von Bilanzierungsmethoden bei Regelungslücken (**4. Etage**). Ihre Relevanz ist jedoch als vergleichsweise gering einzuschätzen.

## 1.1.6   Übungsaufgaben

1. Wofür stehen die Abkürzungen IFRS, IASB und IFRIC?

2. Benennen Sie das Gremium, das die IFRS entwickelt und veröffentlicht. Stellen Sie dar, wer die IFRS Interpretations entwickelt und veröffentlicht. Zeigen Sie den grundsätzlichen Inhalt der IFRS Interpretations auf.

3. Erläutern Sie, welche Möglichkeiten der IASB besitzt, die entwickelten Standards durchzusetzen.

4. Stellen Sie dar, wie der IASB versucht, die globale Akzeptanz der IFRS bereits im Rahmen des Standardsetzungsprozesses zu fördern.

5. Identifizieren Sie, welche Regelungen nach IAS 1 im Einzelnen unter dem Sammelbegriff IFRS verstanden werden.

6. Zeigen Sie auf, welche Inhalte eines Rechnungslegungsstandards verpflichtenden Charakter haben.

7. Beschreiben Sie die Hierarchie der bei der Bilanzierung nach den IFRS zu berücksichtigen Verlautbarungen. Wie bezeichnet man diese Hierarchie gewöhnlich in der Literatur?

## 1.1.7   Lösungen

8. IFRS = International Financial Reporting Standard(s)
   IASB = International Accounting Standards Board
   IFRIC = IFRS Interpretations Committee

9. Der International Accounting Standards Board zeichnet für Entwicklung und Veröffentlichung der IFRS verantwortlich. Das IFRS Interpretations Committee entwickelt die IFRS Interpretations, veröffentlicht werden sie jedoch vom IASB, der damit auch die finale Verantwortung hierfür trägt. Die IFRS Interpretations beinhalten Interpretationshilfen für Rechnungslegungsstandards.

10. Da die IFRS Foundation (und damit auch der IASB) eine privatrechtliche Institution im

Rechtskleid einer Stiftung ist, hat sie keine unmittelbare Durchsetzungsmöglichkeit für die entwickelten Normen. Zur Durchsetzung bedarf es vielmehr immer nationaler Regelungen und entsprechender Aufsichtsbehörden (bzw., wie im Fall der IAS-Verordnung, überstaatlicher Regelungen).

11. Die verschiedenen Interessengruppen haben Gelegenheit, sich durch Stellungnahmen zu einem veröffentlichten Diskussionspapier und zu einem folgenden Standardentwurf einzubringen.

12. Alle vom IASB (oder dem Vorgängergremium IASC) verabschiedeten und noch gültigen IFRS, IAS (International Accounting Standards) sowie die IFRIC Interpretations bzw. SIC Interpretations werden unter dem Oberbegriff IFRS zusammengefasst.

13. Verpflichtenden Charakter hat der Standardtext. Teile des Anhangs sind integraler Bestandteil des Standards mit Verpflichtungscharakter, wie notwendige Begriffsdefinitionen, Anwendungshinweise, Informationen zum erstmaligen Anwendungszeitpunkt, zum Übergang von Alt- auf Neuregeln sowie zu notwendig gewordenen Änderungen anderer Rechnungslegungsstandards.

14. Die Hierarchie der zu berücksichtigenden Verlautbarungen bei Bilanzierungsfragen bezeichnet man als House of IFRS.

Das Fundament dieses Hauses ist die Forderung (des IAS 1.15) nach einer glaubwürdigen, tatsachengerechten und fairen Darstellung der Vermögens-, Finanz- und Ertragslage einschließlich der Zahlungsflüsse eines Unternehmens. Diese Forderung ist eine Generalnorm, d. h., Unternehmen müssen von den internationalen Rechnungslegungsnormen abweichen, wenn deren Anwendung zu keiner glaubwürdigen, tatsachengerechten und fairen Darstellung der wirtschaftlichen Lage führt.

Ist die Bilanzierung von Sachverhalten in den IFRS geregelt, so ist auch nach diesen Regeln zu bilanzieren (Erdgeschoss).

Ohne Verpflichtungscharakter zu haben, liefern Anwendungsbeispiele, Implementierungsleitlinien und Begründungen der Regelungsinhalte Interpretationshilfen für die IFRS (1. Etage).

Liegt eine Regelungslücke vor, so ist zunächst auf die Bilanzierung ähnlicher oder verwandter Sachverhalte Bezug zu nehmen. Findet man dennoch keine Lösung, muss versucht werden, auf der Basis der im Rahmenkonzept des IASB enthaltenen Bilanzierungs- und Bewertungskonzeptionen zu einem Ergebnis zu kommen (2. Etage).

Auf der nächsten Stufe sind Verlautbarungen anderer Normengeber mit ähnlicher Rechnungslegungskonzeption zurate zu ziehen bzw. Literaturmeinungen sowie anerkannte Branchenpraktiken zu berücksichtigen (3. Etage).

Letztlich können nach IAS 8 die sonstigen Vorgaben des Rahmenkonzepts des IASB und das Vorwort zu den IFRS zur Schließung der Regelungslücke genutzt werden (4. Etage).

## 1.2 Anerkennung der International Financial Reporting Standards

### 1.2.1 Historie der Internationalisierung der Rechnungslegung in Deutschland

Seit Ende der 1980er-Jahre beschleunigte sich die **Globalisierung** der Absatz-, Produktions- und Beschaffungsmärkte. Diese Globalisierung ging mit einem zunehmenden Finanzierungsbedarf auch vieler deutscher Unternehmen einher. Da einerseits das Streben nach Kosteneffizienz nicht vor den Finanzierungskonditionen haltmachte und andererseits nationale Kapitalmärkte vielfach nur ein sehr begrenztes Volumen hatten, kam der Gewinnung ausländischer Kapitalgeber wachsende Bedeutung zu.

Besondere Attraktivität entfaltete dabei aufgrund seiner schieren Größe der US-amerikanische Kapitalmarkt. Gleichwohl erwarteten US-amerikanische Investoren leicht verständliche Informationen über die wirtschaftliche Lage Kapital suchender Unternehmen. Die handelsrechtlichen Rechnungslegungsnormen, wie einige ihrer kontinentaleuropäischen Pendants, dienten jedoch vorrangig dem Gläubigerschutz, verbunden mit der Forderung nach einer möglichst vorsichtigen Ermittlung des an Eigenkapitalgeber ausschüttungsfähigen Gewinnes.

Das verfolgte Prinzip des „Sich-ärmer-Rechnens" war jedoch für **angloamerikanische Investoren**, die **an** einem **möglichst realistischen Bild** eines Unternehmens **interessiert** sind, nicht nachvollziehbar. Insofern waren US-Investoren auf der einen Seite häufig nicht bereit, an Kapitalemissionen teilzunehmen, die über den deutschen Kapitalmarkt abgewickelt wurden.

Der direkte Zugang zum US-amerikanischen Kapitalmarkt (z. B. in Form einer Notierung von Aktien an einer dortigen Börse) war auf der anderen Seite durch hohe regulatorische Anforderungen erschwert. Zentral waren hierbei die umfangreichen Rechnungslegungs- und Publizitätspflichten. So wurde von ausländischen Emittenten gefordert, das Konzernergebnis und das Konzerneigenkapital – ermittelt nach den nationalen Rechnungslegungsvorschriften – offen auf die entsprechenden Größen überzuleiten *(Reconcilation)*, wie sie sich nach den US-GAAP ergaben.

Trotz dieser Hürden wurden 1993 die Aktien der Daimler Benz AG als erste eines deutschen Unternehmens an der New Yorker Börse gelistet. Bald folgten Aktiengesellschaften wie SGL Carbon, SAP, Fresenius Medical Care und BASF. Neben reinen Überleitungsrechnungen wurden nach und nach auch immer mehr sog. **parallele Abschlüsse** – d. h. solche, die sämtliche Anforderungen der US-GAAP erfüllten – von den Unternehmen erstellt.

Für andere Unternehmen wie z. B. die Schering AG und die Heidelberger Zement AG kam Mitte der 1990er-Jahre ein US-Listing zunächst nicht in Betracht. Dennoch war für diese Unternehmen die Verbreiterung der Investorenbasis ein erstrebenswertes Ziel. Man entschloss sich daher, die IAS zur Erstellung des Konzernabschlusses anzuwenden. Da die IAS zum damaligen Zeitpunkt, wie bereits erwähnt, eine Vielzahl von Bilanzierungswahlrechten bereithielten, wurde im selben Konzernabschluss gleichermaßen nach deutschen und internationalen Normen bilanziert. Solche Abschlüsse wurden auch als **duale Abschlüsse** bezeichnet.

1997 wurde erstmals eine Verpflichtung zur Verwendung internationaler Bilanzierungsnormen in Deutschland durch die Deutsche Börse institutionalisiert. Im damaligen Marktsegment für risikoreichere Investments, dem „Neuen Markt", wurde als Börsenzulassungsvoraussetzung die Konzernbilanzierung nach den US-GAAP bzw. den IAS fest verankert.

1998 wurde der deutsche Gesetzgeber nach entsprechenden Lobbyingmaßnahmen der betroffenen Unternehmen aktiv. Er gab diesen die Möglichkeit, die Kosten einer parallelen Erstellung von HGB-Konzernabschlüssen auf der einen und US-GAAP- bzw. IAS-Konzernabschlüssen auf der anderen Seite zu vermeiden. Durch das **Kapitalaufnahmeerleichterungsgesetz (KapAEG)** wurde § 292a in das HGB eingefügt. Dieser räumte börsennotierten und später auch allen kapitalmarktorientierten Mutterunternehmen das Wahlrecht ein, den Konzernabschluss nach international anerkannten Grundsätzen (US-GAAP bzw. IAS) anstatt nach HGB aufzustellen und zu veröffentlichen (befreiender Konzernabschluss).

Ähnliche gesetzliche Bestimmungen gab es in anderen europäischen Staaten wie z. B. Belgien, Italien und Frankreich. In Deutschland war dieses Wahlrecht allerdings bis 31.12.2004 befristet.

Die bereits erwähnte, 2002 verabschiedete **IAS-Verordnung** der Europäischen Union verpflichtet in ihrem Artikel 4 **kapitalmarkt-**

**orientierte Unternehmen** mit Sitz innerhalb der EU für Geschäftsjahre, die nach dem 31.12.2004 beginnen, ihre **Konzernabschlüsse nach** den **IFRS** aufzustellen.

Lediglich für Unternehmen, die einzig Fremdkapitalinstrumente in einem geregelten Markt zum Handel zugelassen hatten oder aufgrund eines außereuropäischen Börsenlistings die US-GAAP anwendeten, konnten Mitgliedstaaten die Anwendungsverpflichtung auf einen späteren Zeitpunkt (spätestens jedoch für Geschäftsjahre, die nach dem 31.12.2006 begannen) festsetzen (Art. 9).

EU-Verordnungen gleich welchen Regelungsinhalts sind dabei unmittelbar rechtsverbindlich in allen EU-Mitgliedstaaten. **Als kapitalmarktorientiert gelten** Unternehmen, die zum jeweiligen Bilanzstichtag Wertpapiere (z. B. Aktien oder Anleihen) in einem beliebigen EU-Mitgliedsland zum Handel in einem geregelten Markt zugelassen haben. Wesentliche Merkmale eines solchen Marktes sind klare Regeln zur Sicherstellung des fairen und ordnungsgemäßen Handels mit Finanzinstrumenten und deren amtliche Überwachung. Ein Verzeichnis aller geregelten Märkte wird im Amtsblatt der Europäischen Union laufend aktualisiert.

Den Mitgliedstaaten der EU wird durch die IAS-Verordnung weiterhin das Recht eingeräumt, die Anwendung der IFRS auch für den Konzernabschluss nicht kapitalmarktorientierter Unternehmen und für den Einzelabschluss von Unternehmen, ob kapitalmarktorientiert oder nicht, zu erlauben oder gar vorzuschreiben (Art. 5).

Bemerkenswert ist die Vorgabe der EU, die IFRS als Rechnungslegungssystem zu verwenden. Dies lässt sich damit begründen, dass die US-GAAP den Europäern nahezu keine Möglichkeit der Einflussnahme auf den Standardsetzungsprozess erlaubten. Da Rechnungslegungsregeln auch ein Ergebnis von Interessendurchsetzung sind, bestand man jedoch auf einer Einflussmöglichkeit. Dies konnte allerdings nicht direkt über die IFRS Foundation geschehen, da sie für sich in Anspruch nimmt, international und nicht nur europaweit akzeptierte Rechnungslegungsregeln zu entwickeln. Man entschloss sich deshalb, über den Umweg eines besonderen

Rechtsetzungsverfahrens die Einflussmöglichkeit zu wahren (Abschn. 1.2.3).

## 1.2.2 Umsetzung der IAS-Verordnung in deutsches Recht

Mit dem **Bilanzrechtsreformgesetz (BilReG)** wurden die Vorgaben der IAS-Verordnung in das HGB übernommen und die dort enthaltenen Wahlrechte durch die Bundesrepublik ausgeübt. Der neu eingefügte § 315e Abs. 1 HGB verlangt von kapitalmarktorientierten Unternehmen im Sinne der IAS-Verordnung die Konzernabschlusserstellung nach den IFRS. Zudem werden zusätzliche Angaben im Abschluss verlangt. Dies betrifft insbesondere die Verpflichtungen

- zur Aufstellung des Abschlusses in deutscher Sprache und in Euro,
- zur Unterzeichnung des Abschlusses,
- zur Aufnahme des Anteilsbesitzes in den Anhang,
- zur Aufnahme weiterer Angaben, u. a. hinsichtlich der Mitarbeitendenanzahl oder der Bezüge der Leitungsorgane, und
- zur Aufstellung eines Lageberichts (nach den IFRS kein verpflichtender Abschlussbestandteil).

§ 315e Abs. 2 HGB dehnt die Verpflichtung zur Konzernberichterstattung nach den IFRS auch auf solche Unternehmen aus, deren Wertpapiere zwar zum Bilanzstichtag noch nicht an einem geregelten Markt zugelassen sind, die jedoch einen solchen Antrag gestellt haben.

§ 315e Abs. 3 kodifiziert für **nicht kapitalmarktorientierte Unternehmen** ein **Wahlrecht**, den **Konzernabschluss nach** den **IFRS** aufzustellen. Üben Unternehmen dieses Wahlrecht aus, brauchen sie ebenfalls keinen HGB-Konzernabschluss mehr aufzustellen. Allerdings sind die Zusatzangaben des § 315e HGB zu berücksichtigen.

Durch die Ergänzung von § 325 HGB wird Unternehmen das **Wahlrecht** eingeräumt, den

**Einzelabschluss** auf Basis der internationalen Normen zu veröffentlichen. Die Verpflichtung zur Veröffentlichung von Jahresabschlüssen haben Kapitalgesellschaften, haftungsbeschränkte Personengesellschaften nach § 264a HGB, Kreditinstitute sowie andere Rechtsformen, die unter das Publizitätsgesetz fallen. Dies bedeutet gleichsam, dass weiterhin ein Einzelabschluss auf Basis der handelsrechtlichen Vorschriften erstellt werden muss. Die **befreiende Wirkung** tritt also **nur für** die **Veröffentlichung** ein. Wie noch ausführlicher darzustellen sein wird, ist dies der Zahlungsbemessungsfunktion des HGB-Abschlusses (Ausschüttung an Eigentümer und Steuerbemessung) geschuldet.

Eine Übersicht der Anforderungen des HGB im Hinblick auf die Anwendung der IFRS im Konzern- und Einzelabschluss findet sich in Abb. 1.1.

### 1.2.3 Rechtsetzungsverfahren in der Europäischen Union

Wie bereits erwähnt (Abschn. 1.2.1), hat sich die Europäische Union mittels eines besonderen Rechtsetzungsverfahrens die Möglichkeit geschaffen, auf die Ausgestaltung der Rechnungslegungsnormen, die einheitlich in der EU gelten sollen, einzuwirken und sie zu kontrollieren. Nur wenn die vom IASB entwickelten Rechnungslegungsstandards im Rahmen dieses Verfahrens

(**Endorsement-Verfahren**) von der EU anerkannt werden, sind sie für Unternehmen mit Sitz in der Europäischen Union bindend. Grundvoraussetzungen für die Anerkennung sind gemäß Art. 3 Abs. 2 der IAS-Verordnung, dass

- der Abschluss ein den tatsächlichen Verhältnissen entsprechendes Bild der Vermögens-, Finanz- und Ertragslage vermittelt,
- die Rechnungslegungsinformationen im IFRS-Abschluss den Kriterien der Verständlichkeit, Erheblichkeit, Verlässlichkeit und Vergleichbarkeit genügen und
- die Rechnungslegungsstandards dem europäischen öffentlichen Interesse entsprechen.

Die beiden erstgenannten Voraussetzungen sollten grundsätzlich immer erfüllt sein, da sie bereits auf Ebene des IASB die Grundlage für die Entwicklung der IFRS sind, wie noch in Abschn. 1.3.4 ausführlich dargestellt werden wird. Die Nichterfüllung der letztgenannten Voraussetzung wird regelmäßig Grund für die eventuelle Ablehnung eines vom IASB entwickelten Standards sein. Letztlich wird hier deutlich, dass die Entwicklung von Rechnungslegungsnormen ein immanent politischer Prozess ist, bei dem es um die Durchsetzung von Interessen geht, denn Rechnungslegungsregeln können ökonomische Folgewirkungen entfalten, die einen Teil der Betroffenen bevorteilen, einen anderen wiederum benachteiligen können (vgl. hierzu weiterführend Zülch et al., 2009).

| | Konzernabschluss | Einzelabschluss |
|---|---|---|
| Kapitalmarktorientierte Unternehmen | **Verpflichtung** zur Anwendung der IFRS | **Pflicht** zur Erstellung eines HGB-Abschlusses (als Bemessungsbasis für Ausschüttung und Besteuerung) |
| | | und |
| Nicht kapitalmarktorientierte Unternehmen | Grundsätzliches **Wahlrecht** zwischen HGB und IFRS | **Wahlrecht** zur Veröffentlichung eines IFRS-Abschlusses (rein zu Informationszwecken) |

**Abb. 1.1** Anwendung der IFRS für Konzern- oder Einzelabschlüsse aus Sicht deutscher Unternehmen

Die Europäische Kommission hat zunächst einen Vorschlag zur Übernahme eines IFRS zu erarbeiten (vgl. hierzu und im Folgenden ausführlich Buchheim et al., 2008a, 337 ff.; Brücks, 2021, Tz. 89–95). Bei ihrer Entscheidungsfindung kann die Europäische Kommission auf Expertenmeinungen verschiedener Gremien zurückgreifen. Zunächst ist hierbei die **European Financial Reporting Advisory Group (EFRAG)** zu nennen, in der Rechnungslegungsersteller und -prüfer bzw. deren Verbände organisiert sind und die auch die europäischen Interessen auf Ebene des IASB vertritt.

Der von der EU-Kommission erarbeitete Übernahmevorschlag ist auf der nächsten Stufe an das **Accounting Regulatory Committee (ARC)** zu leiten. Dieses Gremium besteht aus Regierungsvertretern der EU-Mitgliedstaaten, wobei die EU-Kommission den Vorsitz innehat.

In Abhängigkeit von der Zustimmung des ARC sind zwei Fälle zu unterscheiden:

1. **Stimmt das ARC zu,** ist der Übernahmevorschlag an das EU-Parlament und den EU-Rat zu leiten.
   - **Stimmen diese EU-Organe zu oder fassen sie keinen Beschluss,** wird der IFRS im Amtsblatt der EU veröffentlicht und damit zu EU-Recht.
   - **Lehnt eines der EU-Organe den Übernahmevorschlag** trotz positiven Votums des ARC ab, so kann die EU-Kommission auch einen geänderten Vorschlag zur Ausgestaltung der Rechnungslegungsregeln formulieren und erneut in den Prozess einbringen. Letztere Möglichkeit sollte allerdings praktisch nicht vorkommen.
2. **Lehnt das ARC** hingegen den Übernahmevorschlag der EU-Kommission ab **oder fasst keinen Beschluss**, wird der Entwurf an den EU-Rat weitergeleitet und das EU-Parlament wird unterrichtet.
   - **Lehnt der EU-Rat** den Entwurf ab, wird der IFRS endgültig nicht in EU-Recht übernommen.
   - **Stimmt der EU-Rat hingegen zu oder fasst keinen Beschluss,** ist es Aufgabe des EU-Parlaments, über die Übernahme zu befinden:
     - **Stimmt das EU-Parlament zu oder fasst es keinen Beschluss,** so wird der IFRS im Amtsblatt der EU veröffentlicht und damit zu EU-Recht.
     - **Lehnt das EU-Parlament ab,** wird der IFRS hingegen endgültig kein EU-Recht.

Das beschriebene Rechtsetzungsverfahren mit seinen seit 2008 gültigen Modifikationen gewährt dem EU-Parlament und dem EU-Rat größere, der EU-Kommission geringere Entscheidungskompetenzen. Durch den größeren Abstimmungsbedarf ist jedoch auch die Zeitdauer von der Veröffentlichung eines neuen IFRS durch den IASB bis zu seiner Veröffentlichung im EU-Amtsblatt deutlich angewachsen. Man geht realistischerweise von ca. einem Jahr aus. Die Übernahme von Änderungen an IAS 12 bspw., die Ende 2010 vom IASB veröffentlicht wurden, dauerte jedoch noch deutlich länger. Damit gehen auch Rechtsunsicherheiten für Unternehmen einher, die vom IASB beschlossene Änderungen vorzeitig anwenden wollen, was per se nicht ausgeschlossen ist (vgl. hierzu weiterführend Buchheim et al., 2008b).

Zudem besteht im Falle der Nichtübernahme von IFRS in EU-Recht die Gefahr der Herausbildung europäischer IFRS, was wiederum der angestrebten internationalen Vergleichbarkeit widerspricht.

### 1.2.4 Übungsaufgaben

1. Erläutern Sie, warum es zu einer Internationalisierung der Rechnungslegung in Deutschland kam.

2. Stellen Sie dar, wie die IAS-Verordnung der Europäischen Union im deutschen Recht umgesetzt wurde.

3. Führen Sie aus, ab wann ein vom IASB veröffentlichter IFRS für Unternehmen mit Sitz in der EU bindend wird.

4. Skizzieren Sie, warum die EU ein besonderes Rechtsetzungsverfahren zur Anerkennung der IFRS etabliert hat und welche Probleme sich aus diesem Verfahren ergeben können.

## 1.2.5  Lösungen

1. Einhergehend mit der Globalisierung von Absatz-, Produktions- und Beschaffungsmärkten stieg auch der Finanzierungsbedarf, den deutsche Unternehmen u. a. durch ausländisches Eigen- und Fremdkapital zu decken versuchten. Insbesondere US-amerikanische Investoren hatten Schwierigkeiten, die deutschen Rechnungslegungsinformationen nachzuvollziehen, da diese vom Gläubigerschutz und damit einer vorsichtigen Bilanzierung geprägt waren. Eine direkte Kapitalaufnahme über US-Börsen war zudem daran gebunden, das Konzernergebnis und das Konzerneigenkapital nach HGB auf die entsprechenden Größen überzuleiten, wie sie sich nach US-GAAP ergaben. Dies bedeutete jedoch eine zusätzliche Kostenbelastung für solche Kapital suchenden Unternehmen und führte 1998 dazu, dass es Unternehmen über § 292a HGB erlaubt wurde, einen befreienden Konzernabschluss nach den IFRS oder den US-GAAP zu erstellen und im Gegenzug auf einen HGB-Konzernabschluss zu verzichten. Diese Regelung wurde durch die IAS-Verordnung abgelöst, die eine verpflichtende Anwendung der IFRS für bestimmte Unternehmen vorsieht.

2. § 315e Abs. 1 HGB verlangt von kapitalmarktorientierten Unternehmen neben der Konzernabschlusserstellung nach den IFRS weitere Angaben im Abschluss. Dies betrifft insbesondere die Verpflichtung zur Aufstellung des Abschlusses in deutscher Sprache und in Euro, zur Unterzeichnung des Abschlusses, zur Aufnahme des Anteilsbesitzes in den Anhang, zur Aufnahme weiterer Angaben, u. a. hinsichtlich der Anzahl der Mitarbeitenden sowie der Bezüge der Leitungsorgane und zur Aufstellung eines Lageberichtes. Dies gilt auch für Unternehmen, die eine Zulassung zu einem geregelten Markt beantragt haben. § 315e Abs. 3 kodifiziert für nicht kapitalmarktorientierte Unternehmen ein Wahlrecht, den Konzernabschluss nach den internationalen Normen aufzustellen. Durch § 325 HGB wird Unternehmen das Wahlrecht eingeräumt, den Einzelabschluss auf Basis der internationalen Normen zu veröffentlichen. Davon unberührt bleibt die Verpflichtung, einen HGB-Einzelabschluss zu erstellen, da nur dieser Grundlage für die Steuerbemessung und die Ausschüttungsbemessung ist.

3. Erst wenn die vom IASB entwickelten Rechnungslegungsstandards im Rahmen des Rechtsetzungsverfahrens von der EU anerkannt werden (EU-Endorsement), sind sie für Unternehmen mit Sitz in der EU bindend.

4. Die Entwicklung von Rechnungslegungsnormen ist ein immanent politischer Prozess, bei dem es um die Durchsetzung von Interessen geht. Rechnungslegungsregeln können ökonomische Folgewirkungen entfalten, die einige bevorteilen und andere benachteiligen können. Dies ist der Grund, weshalb die EU dieses Verfahren etabliert hat, denn hierdurch ist die Möglichkeit geschaffen, auf die Ausgestaltung der Rechnungslegungsnormen, die einheitlich in der EU gelten sollen, einzuwirken und sie eventuell abzulehnen, wenn sie europäischen Interessen zuwiderlaufen. Diesem Vorteil stehen aber auch Nachteile entgegen: Der Übernahmeprozess von IFRS in EU-Recht dauert sehr lang, was in der Folge Rechtsunsicherheiten bei EU-Unternehmen entstehen lässt, die diese neuen Regeln bereits freiwillig anwenden wollen. Auch könnte die Ablehnung eines IFRS durch die EU zum Entstehen „europäischer IFRS" führen, was der Vergleichbarkeit dieser Abschlüsse mit IFRS-Abschlüssen außereuropäischer Unternehmen schadet.

## 1.3    Das Rahmenkonzept des IASB

### 1.3.1    Aufgaben des Rahmenkonzepts, Verpflichtungsgrad und wesentliche Inhalte

Das Rahmenkonzept für die Finanzberichterstattung *(Conceptual Framework)* des IASB stellt die konzeptionelle Basis der internationalen Rechnungslegung dar. Das heißt, bei der Entwicklung neuer und der Veränderung bestehender Bilanzierungsvorschriften für Sachverhalte muss der Normengeber die im Rahmenkonzept formulierten Grundsätze beachten (RK SP1.1).

Neben der Aufgabe, Ableitungsbasis für konkrete Normen zu sein, soll das Rahmenkonzept noch weitere Aufgaben erfüllen. Beispielsweise ist das Rahmenkonzept im House of IFRS an verschiedenen Stellen Bezugspunkt für die Entwicklung von Lösungsansätzen bei Regelungslücken (Abschn. 1.1.5). Zudem soll es Abschlussadressaten Hilfestellung bei der Interpretation von Rechnungslegungsinformationen bieten (RK SP1.1).

Das ursprüngliche Framework wurde durch das IASC, das Vorgängergremium des IASB, 1989 verabschiedet und veröffentlicht. Der IASB übernahm im Jahr seiner Konstituierung 2001 das Rahmenkonzept unverändert als konzeptionelle Basis. Seit 2004 arbeiteten der FASB und der IASB gemeinsam an der Überarbeitung ihrer Rahmenkonzepte. Dieses Projekt verlief in unterschiedlichen Phasen und endete im März 2018 mit der Veröffentlichung eines überarbeiteten Rahmenkonzepts durch das IASB, welches verbindlich für die Geschäftsjahre ist, die ab 01.01.2020 beginnen.

Das Rahmenkonzept selbst stellt keinen Rechnungslegungsstandard dar. Es hat somit keinen Verpflichtungscharakter für die Bilanzierenden. Sehen die Einzelnormen Regelungen vor, die im Konflikt mit dem Rahmenkonzept stehen, so sind diese zwingend anzuwenden (RK SP1.1). Gleichwohl ist hier festzuhalten, dass wesentliche Inhalte des Rahmenkonzepts schon seit Längerem in den IAS 1 übernommen wurden und insofern Verpflichtungscharakter haben.

Das Rahmenkonzept ist von der EU im Rahmen des Rechtsetzungsverfahrens nicht übernommen worden, jedoch IAS 1 und 8 mit ihren jeweiligen Verweisen auf das Rahmenkonzept. Damit sind wesentliche Inhalte des Rahmenkonzepts auch für europäische IFRS-Anwender relevant.

Die folgenden ausgewählten Aspekte des Rahmenkonzepts in seiner Fassung von 2018 sollen nachfolgend näher betrachtet werden:

- die Zwecksetzung für die allgemeine Finanzberichterstattung,
- die qualitativen Charakteristika von Finanzinformationen,
- die Zwecksetzung speziell für IFRS-Einzel- und Konzernabschlüsse,
- die Definition und der Ansatz von Abschlusspositionen sowie
- mögliche Bewertungsmaßstäbe für diese Positionen.

Nicht weiter diskutiert werden sollen u. a. Fragen zur Bericht erstattenden Einheit und zur Ausbuchung von Vermögenswerten und Schulden.

### 1.3.2    Adressaten von Finanzinformationen und deren Interessen

Im Rahmenkonzept werden bestimmte Interessengruppen identifiziert, auf deren Bedürfnisse die allgemeine Finanzberichterstattung (die neben Jahresabschlüssen z. B. auch verbale Erläuterungen des Managements zur Geschäftslage umfassen können) ausgerichtet sein soll (Adressaten). Die fokussierten Adressatengruppen sind gegenwärtige und potenzielle Eigenkapitalgeber, Kreditgeber und sonstige Gläubiger. Die zum Teil sehr divergierenden Informationsbedürfnisse anderer Adressatengruppen (z. B. Regulierungsbehörden oder die allgemeine Öffentlichkeit) stehen explizit nicht im Fokus der Normierung der allgemeinen Finanzberichterstattung durch den IASB.

Das primäre Informationsinteresse der Eigen- und Fremdkapitalgeber zielt nach dem Rahmenkonzept auf zweierlei:

- Ressourcenallokationsentscheidungen zu treffen (z. B. Kauf, Halten oder Verkauf von Anteilen; Gewährung oder Kündigung von Krediten) und
- den Umgang des Managements und der Aufsichtsgremien eines Unternehmens mit dem zur Verfügung gestellten Kapital zu beurteilen (RK 1.4).

Eigen- und Fremdkapitalgeber sind insbesondere an den zu erwartenden Rückflüssen aus dem Kapital interessiert, das sie dem Unternehmen zur Verfügung gestellt haben bzw. zur Verfügung zu stellen beabsichtigen. Die Erwartungsbildung hinsichtlich potenzieller Rückflüsse aus überlassenem Kapital fußt dabei auf der Beurteilung der künftigen Zahlungsüberschüsse, die das Unternehmen voraussichtlich zu generieren imstande ist. Dies wiederum verlangt Informationen über die ökonomischen Ressourcen und die Verpflichtungen eines Unternehmens sowie deren Veränderungen innerhalb einer Periode.

Der IASB sieht es dahingehend als notwendig an, Sachverhalte buchhalterisch bereits zum Zeitpunkt ihres Auftretens zu erfassen und darüber zu berichten (RK 1.17 f.). Dies wird auch als periodengerechte Berichterstattung *(Accrual Accounting)* bezeichnet. Hingegen wäre es nicht hilfreich, Sachverhalte erst zum Zeitpunkt ihrer Zahlungswirksamkeit darzustellen. Periodengerechte Berichterstattung bedeutet bspw., dass Aufwendungen wie Materialverbräuche (oder Erträge wie Umsatzerlöse) dann zu erfassen sind, wenn sie verursacht wurden, und nicht erst dann, wenn das Unternehmen seine Rohstofflieferanten bezahlt (oder der Kunde seine Warenlieferungen tatsächlich bezahlt). Entsprechend sind auch Rohstofflieferungen bereits dann als Vermögenswerte zu erfassen, wenn sie in die Verfügungsmacht des Unternehmens gelangen, und nicht erst dann, wenn sie bezahlt werden. Die periodengerechte Berichterstattung ist auch in IAS 1.27 fest verankert.

### 1.3.3 Qualitative Anforderungen an Finanzinformationen

Die im Rahmenkonzept definierten qualitativen Anforderungen an Finanzinformationen stellen Eigenschaften dar, die Rechnungslegungsinformationen nach Ansicht des IASB aufweisen sollten, um den Adressaten im Rahmen ihrer Entscheidungsfindung nützlich zu sein. Diese werden in fundamentale und ergänzende qualitative Anforderungen unterteilt, die im Folgenden diskutiert werden.

#### 1.3.3.1 Fundamentale qualitative Anforderungen

Sollen Finanzinformationen helfen, Eigenkapital- und Fremdkapitalgeber in ihren Entscheidungen zu unterstützen, so müssen diese gemäß RK 2.4 ff.

- einerseits relevant und
- andererseits glaubwürdig dargestellt sein.

Entscheidungsrelevanz haben Informationen nach Ansicht des IASB dann, wenn sie wirtschaftliche Entscheidungen der Adressaten beeinflussen können, indem sie entweder bei der Einschätzung vergangener, gegenwärtiger oder künftiger Ereignisse helfen oder frühere Prognosen bestätigen bzw. korrigieren.

Der Grundsatz der Relevanz wird durch die Sekundäranforderung der Wesentlichkeit *(Materiality)* konkretisiert. Demnach sind Informationen wesentlich, wenn ihr Weglassen, ihre falsche Darstellung oder ihre Verschleierung die Entscheidung von Adressaten beeinflussen könnte. Wesentlichkeit hat dabei eine qualitative und eine quantitative Dimension:

In der **qualitativen Ausprägung** wird die Relevanz durch die Art der Information bestimmt. Allein das Wesen der Information kann demnach hinreichend sein, um deren Relevanz zu begründen.

**Beispiel**

Schon der bloße Hinweis auf eine in den USA gegen das bilanzierende Unternehmen eingereichte Klage kann die Entscheidungen von Adressaten beeinflussen, ohne dass unmittelbar eine genaue Quantifizierung der erwarteten Schadenersatz- bzw. zusätzlichen Strafschadenersatzzahlungen erfolgt. Denn die von US-Gerichten teilweise verhängten Strafschadenersatzzahlungen *(Punitive Damages)* können schnell hohe Millionenbeträge ausmachen, die in Deutschland nicht anfallen würden. ◄

In seiner **quantitativen Dimension** verlangt der Grundsatz der Wesentlichkeit eine Berichterstattung, wenn der monetäre Betrag eines Sachverhalts die wirtschaftlichen Entscheidungen von Adressaten beeinflusst. Dabei geht es gewöhnlich um das Überschreiten eines gewissen Grenzwerts. Hierfür gibt es jedoch keine allgemeingültigen Schwellenwerte. Denn solche Grenzwerte für einen bestimmten Sachverhalt müssen unter Berücksichtigung der jeweiligen Gegebenheiten des Einzelfalls durch den Bilanzierenden festgelegt werden. Dies bewirkt erhebliche Beurteilungsspielräume für den Bilanzierenden. Andererseits können solche Grenzwerte auch unbeachtlich sein, wenn bspw. aus einem Verlust ein Gewinn wird oder wenn umgekehrt eine Trendumkehr verschleiert werden soll (z. B. stetiges Umsatzwachstum in den Vorjahren) oder wenn man darauf zielt, Analystenprognosen zu treffen (vgl. Lüdenbach & Hoffmann, 2020, Tz. 63).

Letztlich stehen die Vermittlung von Informationen im Abschluss und damit auch die Anwendung von IFRS-Regelungen unter dem Vorbehalt der Wesentlichkeit.

Der Grundsatz der glaubwürdigen Darstellung *(Faithful Representation)* verlangt, dass Informationen über ökonomische Sachverhalte 3 Charakteristika kumulativ erfüllen:

1. **Vollständigkeit**
   Es müssen alle Beschreibungen und Erläuterungen zu dem ökonomischen Sachverhalt gegeben werden, die zu dessen Verständnis und Einschätzung notwendig sind.

2. **Neutralität**
   Neutral sind Rechnungslegungsinformationen dann, wenn sie frei von subjektiven Verzerrungen sind. Systematisch verzerrt hingegen sind Informationen, wenn durch die Art und Weise ihrer Auswahl oder Darstellung die Entscheidungsfindung der Adressaten zugunsten des Bilanzierenden beeinflusst werden soll.

3. **Fehlerfreiheit**
   Fehlerfreiheit ist nicht als absolute Forderung zu verstehen, denn wenn Adressaten Informationen über künftige Ereignisse dargeboten werden sollen, ist die Unsicherheit des Eintritts dieser Ereignisse und deren betragsmäßiger Ausprägung (mithin ihre Multidimensionalität) ein wesentliches Merkmal. Ein Schadenersatzprozess bspw. kann im Normalfall viele mögliche Ergebnisse haben (keine Verurteilung, Verurteilung, Vergleich, unterschiedlich hohe Entschädigungssummen bei Verurteilung oder Vergleich). Glaubwürdigkeit kann jedoch auch in entsprechenden Ergebnisschätzungen erreicht werden, wenn auf die Unsicherheit hingewiesen sowie die zugrunde gelegte Wahrscheinlichkeitsverteilung beschrieben wird und der Prozess der Wertermittlung letztlich fehlerfrei erfolgt.

Um als entscheidungsnützlich zu gelten, müssen Rechnungslegungsinformationen beide qualitativen Anforderungen erfüllen. Gleichwohl scheint der Normengeber keine Gleichgewichtung von Relevanz und glaubwürdiger Darstellung vor Augen zu haben. Denn er gibt eine Art von Prüfreihenfolge vor, die **zunächst die Relevanzprüfung und dann erst die Untersuchung der glaubwürdigen Darstellung** vorgibt (vgl. Pellens et al., 2017, S. 108).

### 1.3.3.2　Ergänzende qualitative Anforderungen

Der Grundsatz der Vergleichbarkeit *(Comparability)* verlangt – als eine von 4 ergänzenden qualitativen Anforderungen (siehe RK 2.23 ff.) – nach Rechnungslegungsinformationen, die es dem Adressaten ermöglichen, Rückschlüsse auf die Entwicklung des Unternehmens im Zeitablauf und in Relation zu anderen Unternehmen zu ziehen. Vor diesem Hintergrund müssen die angewendeten Rechnungslegungsmethoden angegeben und die Vergleichsinformationen aus der vorhergehenden Periode offengelegt werden. Um Informationen zeitlich und zwischenbetrieblich vergleichbar zu machen, müssen die Rechnungslegungsnormen stetig angewendet und gleichartige Sachverhalte einheitlich behandelt werden.

Das Stetigkeitsgebot gilt dabei formell und materiell: formell als gleichbleibende Darstellungsform von Rechnungslegungsinformationen im Zeitablauf. Konkret sind hier die Bezeichnung, die Gliederung und der Ausweis von Informationen angesprochen. Materiell bedeutet dies, im Zeitablauf dieselben Ansatz- und Bewertungsmethoden anzuwenden, nicht nur bei gleichen, sondern auch bei ähnlichen Ereignissen und Sachverhalten. Im deutschen Handelsrecht wurde mit dem BilMoG (Bilanzmodernisierungsgesetz von 2009) das Stetigkeitsgebot auch auf die Ansatzmethoden ausgedehnt (§ 246 Abs. 3 HGB).

Um entscheidungsnützlich zu sein, müssen Informationen nachprüfbar sein. Nachprüfbarkeit *(Verifiability)* bedeutet in diesem Zusammenhang, dass die Schätzungen hinsichtlich unsicherer, künftiger Ereignisse **von sachkundigen, unabhängigen Dritten in einem bestimmten Maße nachvollziehbar** sein müssen (vgl. etwa American Accounting Association, (1966), S. 7). Als Gradmesser der Nachprüfbarkeit kann die Streuung von Prognoseergebnissen dieser dritten Personen gelten unter der Bedingung, dass diese dieselben Ermittlungsmethoden verwenden (vgl. etwa vgl. Ijiri & Jaedicke, 1966, S. 477). Gleichwohl bleibt unklar, welches Mindestmaß an Nachprüfbarkeit der Normengeber als notwendig erachtet.

Die Problematik der Nachprüfbarkeit wird klar, wenn Sie sich die Rückstellungsbildung vergegenwärtigen: Bei Gewährleistungsrückstellungen verfügen Unternehmen gewöhnlich über Erfahrungswerte bezüglich der Mängelhäufigkeit und der resultierenden Mängelbeseitigungskosten. Unabhängige, sachkundige Dritte kämen hier gewöhnlich zu vergleichbaren Rückstellungsbeträgen. Demgegenüber sind

bspw. gerichtliche Auseinandersetzungen keine statistisch darstellbaren, sondern singuläre Ereignisse. Insofern sind Schätzungen über mögliche Schadenersatzhöhen und zugehörige Eintrittswahrscheinlichkeiten, wenn überhaupt, nur schwer zu objektivieren. Im Rahmenkonzept wird jedoch erwähnt, dass durch die Angabe der mit dem Rückstellungsausweis verbundenen Unsicherheit (bspw. in Form der zugrunde gelegten Wahrscheinlichkeitsverteilung) und sonstiger erläuternder Informationen die Adressaten selbst in die Lage versetzt werden können, zu entscheiden, ob und in welcher Weise sie diese Information in ihr Entscheidungskalkül einfließen lassen wollen.

Im Rahmenkonzept wird zwischen **direkter und indirekter Nachprüfbarkeit** unterschieden:

- Direkte Nachprüfbarkeit wird über Beobachtung erzielt, z. B. durch das Zählen von Geld.
- Indirekte Nachprüfbarkeit von Rechnungslegungsgrößen wird durch Anwendung derselben Ermittlungsmethode auf die zugrunde gelegten Daten (z. B. Überprüfung der Höhe der zu bildenden Pensionsrückstellung unter Anwendung der Methode der laufenden Einmalbeiträge *[Projected Unit Credit Method]* und unter Verwendung derselben zugrunde gelegten Bewertungsparameter) erreicht.

Auch die Zeitnähe der Berichterstattung *(Timeliness)* ist ein zu erfüllender Grundsatz. Dies bedeutet, dass die Entscheidungsnützlichkeit von Informationen grundsätzlich abnimmt, je später sie tatsächlich veröffentlicht werden. Doch gibt es auch Informationen, die nach Ablauf einer gewissen Zeitspanne immer noch nützlich sind. Beispielsweise sind Umsatz- und Gewinntrends eine in der Praxis nicht zu unterschätzende Informationsquelle bei Anlageentscheidungen.

Der Sekundärgrundsatz der Verständlichkeit *(Understandability)* verlangt nach Rechnungslegungsinformationen, die von Abschlussadressaten verstanden und nachvollzogen werden können. Dabei werden durchaus bestimmte Eigenschaften hinsichtlich der Person des Adressaten vorausgesetzt: Ihm werden angemessene Kenntnisse über allgemeine ökonomische und rechnungslegungsspezifische Zusammenhänge unterstellt, ebenso wie die Bereitschaft, diese Kenntnisse im nötigen Umfang einzusetzen, um die vermittelten Informationen zur Grundlage seiner Entscheidungsfindung werden zu lassen. Es wird auch klargestellt, dass zugunsten der Verständlichkeit der Rechnungslegungsinformationen nicht auf die Abbildung komplexer Sachverhalte verzichtet werden darf, soweit diese für die Entscheidungsfindung relevant erscheinen. Insofern wird der Primärgrundsatz der Relevanz nicht eingeschränkt. **Verständlich sind Rechnungslegungsinformationen** gemäß Rahmenkonzept dann, **wenn sie klar und prägnant klassifiziert, charakterisiert und dargestellt sind** (RK 2.34 ff.).

Wenngleich alle ergänzenden qualitativen Anforderungen bestmöglich erfüllt sein sollen, kann es durchaus vorkommen, dass einzelne Anforderungen zulasten anderer bevorzugt werden. So kann die prospektive Anwendung eines neuen Rechnungslegungsstandards relevantere Informationen generieren, gleichzeitig jedoch die Vergleichbarkeit aufeinanderfolgender Perioden desselben Unternehmens erschweren.

### 1.3.3.3 Kosten-Nutzen-Abwägungen

Bei der Entscheidung über die Bereitstellung von Finanzinformationen sind gemäß Rahmenkonzept **Kosten-Nutzen-Abwägungen** anzustellen. Dahingehend wird klargestellt (RK 2.39 ff.), dass der Informationsnutzen höher ausfallen muss als die mit der Bereitstellung verbundenen Kosten.

Sowohl direkte als auch indirekte Informationskosten sind hierbei zu berücksichtigen:

- Zu den direkten, unternehmensspezifischen Kosten der Informationsbereitstellung zählen die Kosten der Erhebung und Verarbeitung von Daten in der Buchführung eines Unternehmens, die Kosten der internen und externen Prüfung der Daten bzw. der auf dieser Basis generierten Informationen und die Kosten der Veröffentlichung. Diese tragen letztlich die Eigentümer in Form geringerer Renditen.

- Indirekte Kosten der Informationsgewährung (Kosten der Verarbeitung und Analyse von Informationen) können aufseiten der Adressaten anfallen.

Weitere indirekte Kosten wie z. B. aus den Informationen resultierende, abnehmende Wettbewerbsvorteile eines Unternehmens oder die Schwächung seiner Verhandlungsposition, insbesondere im Rahmen von Rechtsstreitigkeiten, bleiben ebenso ungenannt wie mögliche Folgekosten der Veränderung oder Neueinführung von Rechnungslegungsnormen.

Nicht trivial ist es, die Kosten und den Nutzen der Informationen als Voraussetzung für die Kosten-Nutzen-Abwägung in derselben Maßeinheit zu quantifizieren.

## 1.3.4 Zwecksetzung von IFRS-Abschlüssen im Vergleich zum deutschen Handelsrecht

IFRS-Einzelabschlüsse und IFRS-Konzernabschlüsse sollen **Finanzinformationen über die Vermögens-, Finanz- und Ertragslage** eines Unternehmens (einschließlich der Entwicklung der Cashflows) bereitstellen, die

- einerseits nützlich für Eigenkapitalgeber und Gläubiger sind, um die Höhe, die zeitliche Verteilung sowie die Unsicherheit des künftigen Zahlungsstroms eines Unternehmens einzuschätzen (Informationsfunktion), und
- andererseits die vom Management erbrachte Leistung und dessen verantwortlichen Umgang mit den zur Verfügung gestellten Ressourcen zu beurteilen erlauben (Rechenschaftsfunktion bzw. *Stewardship*).

Im Vergleich zur handelsrechtlichen Rechnungslegung ist damit die Zwecksetzung anders gestaltet. Bekanntermaßen gibt es zwar ebenfalls eine Informationsfunktion des HGB-Abschlusses, also die Forderung nach einer tatsachengerechten Darstellung der wirtschaftlichen Lage des Unternehmens (§ 264 Abs. 2 HGB).

Diese tritt jedoch im Zweifel hinter die Zahlungsbemessungsfunktion des Einzelabschlusses zurück.

Die handelsrechtlichen Rechnungslegungsnormen sind maßgeblich für die **steuerliche Gewinnermittlung** (Maßgeblichkeitsprinzip) und damit für die **Steuerbemessung**. Der HGB-Abschluss (Einzelabschluss) ist zudem Grundlage für die Bemessung der **Ausschüttungen** an die Eigentümer. Bei der Ausschüttungsbemessung ist der Gläubigerschutz zentral, d. h., die Gläubiger sollen vor einer Aushöhlung ihrer Ansprüche geschützt werden, indem der Gewinnausweis und damit das Ausschüttungspotenzial begrenzt wird. Hierdurch verfolgt man das Ziel, ein Mindesthaftkapital zu erhalten. Dieser historisch gewachsene **Gläubigerschutzgedanke** des HGB (vgl. dazu Coenenberg et al., 2018, S. 10 f.) findet sich an verschiedenen Stellen des HGB wieder.

Hervorzuheben ist das in § 252 Abs. 1 Nr. 4 kodifizierte Vorsichtsprinzip mit seinen Ausprägungen Realisations- und Imparitätsprinzip. Hierdurch wird bspw. verhindert, dass unrealisierte Gewinne erfolgswirksam erfasst werden und damit für eine Ausschüttung zur Verfügung stehen. Demgegenüber müssen verursachte, aber noch unrealisierte Verluste grundsätzlich erfolgswirksam erfasst werden, was ebenfalls die Ausschüttungsmöglichkeiten an die Aktionäre begrenzt.

Folgendes Beispiel soll die grundsätzliche Wirkung der verschiedenartigen Zwecksetzungen der IFRS- und handelsrechtlichen Rechnungslegung verdeutlichen:

**Beispiel**

Die X-AG hatte sich vor mehr als 10 Jahren an einem Hightechunternehmen mit einem vielversprechenden innovativen Produkt beteiligt, indem es 100.000 Aktien zum Stückpreis von 10 € erwarb (Anschaffungskosten: 1 Mio. €). Aufgrund des immensen Markterfolgs des Produkts in den nachfolgenden Jahren stieg der Aktienkurs bis zum Bilanzstichtag auf 400 €.

Aus rein informatorischer Sicht (**IFRS**) wäre es zweckentsprechend, den Aktienbestand im Abschluss der X-AG mit dem aktuellen Börsenpreis (40 Mio. €) und damit weit über den Anschaffungskosten zu bewerten. Dies würde ein den tatsächlichen Verhältnissen entsprechendes Bild der Vermögenslage bewirken. Dies entspräche aktuell dem zu erwarteten Cashflow z. B. bei Verkauf der Beteiligung.

Wird demgegenüber jedoch die Ausschüttungsbemessungsfunktion (**HGB**) betont, verlangt eine vorsichtige Bilanzierung die Beibehaltung der Anschaffungskosten (1 Mio. €) als Bewertungsbasis. Folglich werden unrealisierte Gewinne in Höhe von 39 Mio. € im Abschluss der X-AG auch nicht gewinnwirksam und stehen für eine Ausschüttung nicht zur Verfügung. Erst wenn die Aktien tatsächlich verkauft werden, kann der Gewinn erfasst und an die Eigenkapitalgeber der X-AG ausgeschüttet werden.

Wir wollen uns nun einmal verdeutlichen, was passieren könnte, wenn gegen die Ausschüttungsbemessungsfunktion verstoßen werden würde, indem die unrealisierten Gewinne doch gewinnwirksam vereinnahmt und ausgeschüttet werden. Dazu stellen wir uns einmal vor, dass just nach einer solchen Ausschüttung bekannt wird, dass das Hightechunternehmen von einem auf dem Markt gekommenen Konkurrenzprodukt bedroht wird, welches in seinen Funktionen deutlich überlegen ist. Daraufhin bricht der Kurs dauerhaft auf 10 € ein. Das heißt, die AG hätte 39 Mio. € Gewinn an die Aktionäre ausgeschüttet, die nur „auf dem Papier standen" und nicht mehr durch einen Verkauf der Beteiligung bzw. künftige Ausschüttungen des Hightechunternehmens hereingeholt werden könnten. Daraufhin könnte die X-AG in Zahlungsschwierigkeiten kommen. ◄

Fraglich bleibt, ob Gläubiger, die Forderungen an Unternehmen haben, die nicht nach dem HGB bilanzieren und damit u. U. keinen institutionalisierten Gläubigerschutz über die Rechnungslegung genießen, der Aushöhlung ihrer Ansprüche schutzlos ausgesetzt sind. Dem ist natürlich nicht so. Banken bspw. begegnen diesem Risiko, indem sie in Kreditverträge sog. Covenants hineinverhandeln. Es handelt sich hierbei um Klauseln zur Sicherung von Kreditforderungen. Beispielsweise könnte eine solche Klausel vorsehen, dass Dividendenausschüttungen begrenzt werden oder ein bestimmtes Mindesteigenkapital vorzuhalten ist.

Sie haben bereits gelernt, dass deutsche Unternehmen, die wahlweise einen Einzelabschluss nach IFRS veröffentlichen, zusätzlich zwingend einen HGB-Einzelabschluss erstellen müssen. Der Hintergrund für diese Forderung des deutschen Gesetzgebers ist darin zu sehen, dass Gläubiger von Unternehmen unverändert geschützt werden sollen, denn Ausschüttungsentscheidungen dürfen nur auf Basis von HGB-Einzelabschlüssen getroffen werden.

Wird ein IFRS-Abschluss aufgestellt, so muss die Unternehmensfortführung *(Going Concern)* unterstellt werden. Das Management muss entsprechend die berechtigte Erwartung haben, dass das bilanzierende Unternehmen seine Geschäftstätigkeit für einen absehbaren Zeitraum fortführen wird. Nur wenn das Management des Unternehmens tatsächlich beabsichtigt, die Geschäftstätigkeit einzustellen oder hierzu aus rechtlichen bzw. faktischen Gründen (z. B. bevorstehende Insolvenz) gezwungen ist, wird die Anwendung abweichender Grundsätze der Abschlusserstellung als nötig erachtet, die dann auch zu benennen sind (RK 3.9).

In IAS 1.26 finden sich Hinweise darauf, was unter einem absehbaren Zeitraum zu verstehen ist, denn dort ist von einem Mindestzeitraum von 12 Monaten die Rede. Ebenso finden sich hier Anhaltspunkte, die das Verwerfen der Fortführungsprämisse begründen können.

Grundsätzlich sind demnach sämtliche verfügbaren Informationen Grundlage der Beurteilung der Fortführungsprämisse. Konkret sind u. a. die historische und die prognostizierte Rentabilität, die Liquiditätserwartungen und der Zugang zu potenziellen Refinanzierungsquellen einzubeziehen. Die Prüfung der Fortführungsannahme hat zu jedem Abschlussstichtag (auch Zwischenberichtsstichtag) zu erfolgen.

## 1.3.5 Bilanzierbarkeit von Abschlussposten

### 1.3.5.1 Überblick

Im Rahmenkonzept wird abstrakt festgelegt, welche Elemente Eingang in den Jahresabschluss finden sollen:

* Vermögenswerte, Schulden und das Eigenkapital, die Auskunft über die Vermögens- und Finanzlage geben sollen, sowie
* Erträge und Aufwendungen, die eine Einschätzung der Ertragslage ermöglichen sollen.

Hierzu werden einerseits Kriterien für die obigen Elemente vorgegeben, die in Abschn. 1.3.5.3 erläutert werden. Unter welchen Bedingungen diese Bilanzelemente grundsätzlich für einen Ansatz in Frage kommen, wird in Abschn. 1.3.5.4 diskutiert (abstrakte Bilanzierbarkeit). An selber Stelle wird dargelegt, ob die Erfüllung dieser Kriterien zwingend eine Bilanzierung nach sich zieht (konkrete Bilanzierbarkeit). Zunächst werden jedoch einführend (Abschn. 1.3.5.2) divergierende Bilanzauffassungen besprochen, die Einfluss auf das Bilanzierungskonzept des IASB hatten.

### 1.3.5.2 Unterschiedliche Bilanzauffassungen: Asset and Liabilitiy Approach vs. Revenue and Expense Approach

Die angloamerikanische Rechnungslegungstheorie wurde bis in die 1960er-Jahre hinein hauptsächlich durch zwei konkurrierende bilanztheoretische Ansätze geprägt (vgl. Financial Accounting Standards Board, 1976, Tz. 31 ff.; Miller, 1990, S. 26). Die Kenntnis dieser beiden Ansätze ermöglicht Ihnen die Einordnung der Aktivierungs- und Passivierungskonzeption des IASB und damit ein besseres Verständnis. Deshalb die folgenden Ausführungen (vgl. hierzu schon Gebhardt, 2009, S. 150 ff.).

Vertreter beider Bilanzauffassungen stimmen grundsätzlich darin überein, dass die Informationsvermittlung Zweck einer bilanziellen Rechnungslegung sein sollte. Vornehmliches Ziel der Rechnungslegung soll übereinstimmend die Ermittlung einer informativen Gewinngröße sein (vgl. Paton & Littleton, 1940, S. 10; Sprouse & Moonitz, 1962, S. 53; Haller, 1989, S. 125–128).

Jedoch weichen die Auffassungen im Hinblick auf den Bezugspunkt der Gewinnermittlung entscheidend voneinander ab.

- Der *Asset and Liability Approach* fokussiert, ausgehend von einem ökonomisch geprägten Verständnis von Vermögen und Schulden und hieraus abgeleiteten Definitionen für diese Bilanzelemente, die Veränderung des bilanziellen Reinvermögens, korrigiert um Kapitaltransaktionen mit den Unternehmenseignern.
- Der *Revenue and Expense Approach* ist demgegenüber nicht bestands-, sondern stromgrößenorientiert und auf die Gegenüberstellung eigenständig definierter Ertrags- bzw. Aufwandskomponenten gerichtet (vgl. Financial Accounting Standards Board, 1976, Tz. 32–43).

Die konzeptionell abweichenden Bezugspunkte der Gewinnermittlung bedingen auch eine divergierende Bedeutungsgewichtung von Bilanz respektive Gewinn-und-Verlust-Rechnung.

Im Rahmen des *Revenue and Expense* **Approach** wird unterstellt, dass der Wert eines Unternehmens durch dessen Ertragskraft *(Earnings Power)* bestimmt ist. Insofern ist das Informationsbedürfnis der Adressaten entsprechend auf den nachhaltig erzielbaren, d. h. mit hoher Wahrscheinlichkeit wiederkehrenden Gewinn gerichtet. Dies ist eine Parallele zur dynamischen Bilanzauffassung nach Eugen Schmalenbach. In Konsequenz wird die **Erfolgsrechnung als primärer Informationsträger** angesehen. Die Ermittlung des Erfolgspotenzials eines Unternehmens basiert in diesem Ansatz auf der ergebniswirksamen Zuordnung betrieblicher Ausgaben und Einnahmen zu den Perioden ihrer wirtschaftlichen Verursachung. Dies bedeutet, dass die **Ermittlung eines periodengerechten Gewinns** zentral für diesen Ansatz ist (vgl. Paton & Littleton, 1940, S. 15 f.).

Es wird der Annahme gefolgt, dass die externe Rechnungslegung vornehmlich Informationen zu wirtschaftlichen Austauschvorgängen zwischen dem Bilanzierenden und unabhängigen Dritten liefern soll (vgl. Flegm, 1989, S. 94). Zentrale Prinzipien dieses Ansatzes sind u. a. das **Anschaffungs- bzw. Herstellungskostenprinzip**, das **Realisationsprinzip** und das *Matching-Prinzip.*

Das Anschaffungskosten- bzw. Herstellungskostenprinzip sagt aus, dass die im Rahmen der betrieblichen Leistungserstellung anfallenden Ausgaben bzw. Einnahmen für die notwendigen Produktionsfaktoren mit der hingegebenen bzw. erhaltenen Gegenleistung zu bewerten sind. Anschaffungskosten stellen demnach die zum Austauschzeitpunkt geltenden Einschätzungen der Parteien über die Leistungspotenziale der Güter dar. Die (fortgeführten) Anschaffungskosten gelten prinzipiell als Bewertungsobergrenze für Vermögenswerte im Rahmen der Folgebewertung, unabhängig von etwaigen Wertsteigerungen (vgl. Paton & Littleton, 1940, S. 12 f., 77).

Erlöse *(Revenues)* sind grundsätzlich erst zum Zeitpunkt des Tauschs von betrieblichen Erzeugnissen und Dienstleistungen mit unabhängigen Dritten zu realisieren (Realisationsprinzip). Solche Markttransaktionen werden als beweiskräftig für den erfolgreichen Abschluss der betrieblichen Leistungserstellung und den entsprechenden Wertsprung angesehen. Den so erfassten Erträgen sind die Aufwendungen gegenüberzustellen, die für den betrieblichen Leistungsprozess erforderlich waren. Dieser Erfolgsermittlungsgrundsatz wird plastisch als *Matching Principle* (in den GoB vergleichbar mit dem Grundsatz der Abgrenzung der Sache nach) beschrieben (vgl. Paton & Littleton, 1940, S. 14–16, 46–49). Unter Berücksichtigung der dargestellten Erfolgserfassungsgrundsätze werden die bilanzseitig anzusetzenden Posten konkretisiert.

Die **Aktivposten** umfassen zunächst alle Ausgaben, die künftigen Erträgen sachlich zuzuordnen sind und entsprechend noch nicht aufwandswirksam erfasst wurden *(Deferred Charges).* Allerdings wird eine Aktivierung davon abhängig gemacht, ob die Ausgaben berechtigterweise einen künftigen Nutzen erwarten lassen. Beispielsweise werden die mit Werbeausgaben verbundenen Erfolgsunsicherheiten als hinderlich für deren Aktivierung angesehen. Zu den aktivischen Abgrenzungsposten zählen darüber hinaus Erträge, die der laufenden Periode wirtschaftlich zuzurechnen sind (z. B. noch zu erhaltende Zinsen und Mieten), jedoch erst in künftigen Perioden zu Einnahmen führen *(Accruals)*.

**Passivposten** umfassen zunächst sämtliche Aufwendungen, die sachlich den erfassten Erträgen der laufenden oder einer vorangegangenen Periode zuzuordnen sind, jedoch erst in künftigen Perioden zu Ausgaben führen *(Deferred Credits)*. Hierzu zählen insbesondere solche (wirtschaftlich verursachten) negativen Erfolgsbeiträge, die für ungewisse Verpflichtungen angesammelt werden (z. B. Gewährleistungsrückstellungen). Für die Passivierung ist es jedoch unerheblich, ob eine Verpflichtung gegenüber außenstehenden Dritten vorliegt oder nicht (Letztere werden regelmäßig als Innenverpflichtungen bezeichnet). Weitere passivisch auszuweisende Abgrenzungsposten *(Accruals)* ergeben sich, sofern Einnahmen der laufenden Periode (z. B. vorausbezahlte Miet- oder Zinsansprüche) künftigen Perioden sachlich zuzurechnen sind und folglich erst zu diesen Zeitpunkten erfolgswirksam ausgewiesen werden können (vgl. Paton & Littleton, 1940, S. 16, 72 f.).

Die **Bilanz** dient im *Revenue and Expense* Approach damit lediglich als Abgrenzungskonto für noch nicht verrechnete oder antizipierte Einnahmen und Ausgaben. Außerhalb eines solchen Rechnungslegungssystems sind diese Bilanzposten jedoch grundsätzlich nicht zu interpretieren (vgl. Baxter, 1977, S. X).

Nach Ansicht der Vertreter des *Asset and Liability Approach* ist die **Ertragskraft eines Unternehmens** durch die ihm zur Verfügung stehenden knappen Ressourcen bestimmt. Basierend auf diesem ökonomischen Verständnis von Vermögen werden die in der Rechnungslegung abzubildenden Elemente definiert.

**Vermögenswerte** *(Assets)* auf der einen Seite repräsentieren demnach wirtschaftliche Nutzen-

potenziale, über die ein Unternehmen die Verfügungsmacht ausübt. Der Vermögenswert stellt dabei ein Ergebnis vergangener oder gegenwärtiger Ereignisse dar. Die Verfügungsmacht kann durch gesetzliche oder vertragliche Rechte entstehen, aber auch rein faktisch begründet sein. Der Kreis aktivierungsfähiger Sachverhalte ist weit gezogen. Er umfasst selbst Forschungs- und Entwicklungsausgaben, den *Goodwill* und andere immaterielle Vermögenswerte (vgl. Sprouse & Moonitz, 1962, S. 20–22).

**Schulden** *(Liabilities)* auf der anderen Seite stellen Verpflichtungen eines Unternehmens dar, künftig Vermögenswerte auf Dritte zu übertragen oder für Dritte Leistungen zu erbringen. Sie müssen ebenfalls durch ein aktuelles oder vergangenes Ereignis verursacht sein. Schulden repräsentieren insofern wirtschaftliche Nutzenabgabepotenziale.

Sogenannte Innenverpflichtungen erfüllen im Gegensatz zum *Revenue and Expense Approach* **nicht** die Definition von Schulden (vgl. Financial Accounting Standards Board, 1976, Tz. 149).

Zentrale Prinzipien des *Asset and Liability Approach* sind u. a. die **Objektivierung von Rechnungslegungsinformationen** und die **Marktpreisrelevanz**.

Die Forderung nach Objektivierung zeigt sich darin, dass der konkrete Ansatz identifizierter Vermögenswerte und Schulden in der Bilanz von der Erfüllung bestimmter Kriterien abhängig gemacht wird:

- Für Vermögenswerte wird zum einen das Kriterium der **Separierbarkeit** etabliert, d. h., die ihnen innewohnenden wirtschaftlichen Nutzenpotenziale müssen einzeln oder als Teil einer Gruppe auf unabhängige Dritte übertragbar sein. Es kommt nicht darauf an, ob die Nutzenpotenziale im Wege der Vermietung, der Lizenzierung, des Tauschs oder des Verkaufs übertragbar sind.
- Der bilanzielle Ansatz von Vermögenswerten setzt zum anderen die Erfüllung des Kriteriums der **Bewertbarkeit** voraus. Dies bedeutet, dass den identifizierten Vermögenswerten ein Tauschwert zuweisbar sein muss.

Die Möglichkeit der Bewertung der Nutzen-abgabepotenziale wird ebenfalls als Ansatz-kriterium für Schuldposten aufgestellt (vgl. Sprouse & Moonitz, 1962, S. 19, 37).

Die Gewinnrealisation wird in Abgrenzung zum *Revenue and Expense Approach* nicht an be-stimmte Ereignisse (d. h. Tauschvorgänge auf Märkten) geknüpft, die die Risiken der Leistungs-erstellung scheinbar signifikant reduzieren. Be-tont wird vielmehr, dass sich der betriebliche Erfolg über den gesamten Prozess der Leis-tungserbringung ergibt (vgl. Sprouse & Moo-nitz, 1962, S. 10 f., 14).

Der Erfolg einer Periode ist demnach als Ver-änderung des bilanziellen Reinvermögens inner-halb dieses Zeitraums aufzufassen.

- Wertsteigerungen von Vermögenswerten sowie Wertminderungen von Schulden, die nicht auf Kapitaltransaktionen mit den Eig-nern beruhen, stellen **positive Erfolgsbei-träge** dar.
- **Negative Erfolgsbeiträge** werden spiegel-bildlich durch Wertminderungen von Ver-mögenswerten oder Wertsteigerungen von Schulden bewirkt, die ebenfalls nicht auf Kapitaltransaktionen mit den Eignern zurück-zuführen sind.

Insofern können auch Wertänderungen von Ver-mögenswerten und Schulden, die nach dem *Re-venue and Expense Approach* als unrealisiert gel-ten, Eingang in Bilanz und Erfolgsrechnung finden (vgl. Financial Accounting Standards Board, 1976, Tz. 11, 50, 59).

Fortgeführten Anschaffungs- bzw. Her-stellungskosten wird die Eignung als Wertmaß-stab grundsätzlich abgesprochen. Es wird argu-mentiert, dass der ökonomische Wert der zugrunde liegenden Nutzenpotenziale nur in wenigen Fäl-len adäquat dargestellt werden würde (vgl. Ame-rican Accounting Association. Concepts and Re-search Standards Committee, 1965, S. 20). Einig ist man sich darin, dass Vermögenswerte und Schulden vorzugsweise mit deren Zeit- bzw. Gegenwartswerten bewertet werden sollten.

Eine herausragende Bedeutung wird verfüg-baren Marktpreisen zugewiesen (**Prinzip der Marktpreisrelevanz**), da sie einerseits nachprüf-bar sind und andererseits die Wertvorstellungen einer Vielzahl von Marktteilnehmern hinsichtlich des Tauschwerts einer Position reflektieren (vgl. Sprouse & Moonitz, 1962, S. 26 f., 56 f.; Haller, 1989, S. 136 f.).

Fehlen solche Marktpreise, ist man sich jedoch uneins, welcher Wertmaßstab dann zur Anwendung kommen soll. Während auf der einen Seite für die einheitliche Bewertung von Vermögenswerten und Schulden zu Wieder-beschaffungskosten *(Replacement Cost)* plä-diert wird (vgl. Sweeney, 1936; Edwards & Bell, 1961), sieht man auf der anderen Seite die Anwendung unterschiedlicher Wertmaßstäbe für bestimmte Positionen als zweckmäßig an. Monetäre Vermögenswerte sowie Zahlungsver-pflichtungen sind, der letzteren Auffassung folgend, mit dem Barwert der künftigen Zah-lungszu- bzw. -abflüsse unter Verwendung des Markt- oder Effektivzinses zu bewerten.

Vorratsvermögen, das in naher Zukunft zum Verkauf ansteht, soll indes zum Nettover-äußerungswert *(Net Realisable Value)* bewertet werden, sofern die erwarteten Veräußerungs-erlöse und die Veräußerungskosten mit hin-reichender Genauigkeit bestimmt werden kön-nen. Andernfalls wird aus Objektivierungsgründen die Bewertung zu Wiederbeschaffungskosten präferiert.

Wertmaßstab des materiellen und imma-teriellen Sachanlagevermögens sollen prinzi-piell die (fortgeführten) Anschaffungs- oder Her-stellungskosten sein. Die Abweichung vom Prinzip der Marktpreisrelevanz wird mit dem Argument gerechtfertigt, dass entwickelte Märkte für diese Vermögenswerte nur in wenigen Fällen existieren werden. Der ökonomische Werteve-zehr innerhalb einer Periode soll demgegenüber durch Abschreibungen erfasst werden. Eine (Neu-)Bewertung zu Wiederbeschaffungskosten sollte in regelmäßigen Abständen erfolgen, sofern wesentliche Ereignisse nicht für eine außerplan-mäßige Wertanpassung sprechen (vgl. Sprouse & Moonitz, 1962, S. 24 f., 27–35, 39, 57 f.).

### 1.3.5.3 Definitionen der Jahresabschlusselemente

Im Folgenden werden nun Definitionen der Jahresabschlusselemente gemäß Rahmenkonzept des IASB erläutert. Zudem wird aufgezeigt, welchem bilanztheoretischen Ansatz die Bilanzierungskonzeption des IASB zuzuordnen ist.

Ein Vermögenswert *(Asset)* ist eine gegenwärtige **ökonomische Ressource**, die aufgrund von **Ereignissen der Vergangenheit** in der **Verfügungsmacht** des Unternehmens steht (vgl. RK 4.3).

Es lassen sich **3 Kriterien** identifizieren, die kumulativ erfüllt sein müssen, um von einem **Vermögenswert** im Sinne des Rahmenkonzepts zu sprechen (vgl. im Folgenden RK 4.4 ff.):

a. **Es muss sich um eine gegenwärtige ökonomische Ressource handeln.**

Eine ökonomische Ressource stellt nach dem Rahmenkonzept ein Recht dar, welches das Potenzial aufweist, wirtschaftlichen Nutzen zu generieren. Solche Rechte können unterschiedlicher Art sein, z. B. Rechte auf Erhalt von Zahlungsmitteln wie Forderungen, Rechte zum Erhalt von Gütern oder Dienstleistungen wie z. B. Optionsrechte, Eigentumsrechte an physischen oder immateriellen Gütern wie Gebäuden oder Erfindungen sowie Nutzungsrechte an Gütern Dritter. Mit wirtschaftlichem Nutzen ist gemeint, dass Zahlungszuflüsse in direkter oder indirekter Form aus der Ressource für das Unternehmen resultieren können. Indirekt bedeutet in diesem Zusammenhang bspw., dass über ein verbessertes Produktionsverfahren (hier die Ressource) der Materialeinsatz verringert und Zahlungsabflüsse damit vermieden werden können. Betont wird, dass es auf die Existenz des Rechts ankommt, unabhängig davon, ob die Wahrscheinlichkeit zur Generierung wirtschaftlichen Nutzens sehr klein sin ist, wie bspw. bei Lotteriescheinen. Solch eine geringe Wahrscheinlichkeit soll nicht primär die Antwort beeinflussen, ob überhaupt ein Vermögenswert vorliegt, sondern wie die Information darüber vermittelt wird bzw. wie die Bewertung durchzuführen ist.

b. **Die ökonomische Ressource steht in der Verfügungsmacht des jeweiligen Unternehmens.**

Um als Vermögenswert im Sinne des Rahmenkonzepts gelten zu können, müssen Ressourcen in der Verfügungsmacht des bilanzierenden Unternehmens stehen. Verfügungsmacht kann laut Rahmenkonzept angenommen werden, wenn gegenwärtig die Fähigkeit besteht, die Verwendung der Ressource zu bestimmen und den wirtschaftlichen Nutzen zu vereinnahmen und insofern Dritte hiervon auszuschließen. Durchsetzbare **gesetzliche oder vertragliche Rechte** begründen typischerweise die Verfügungsmacht an einer Ressource. Jedoch wird gleichzeitig festgestellt, dass Rechte im juristischen Sinn lediglich einen Anhaltspunkt für die Prüfung des Kriteriums darstellen.

Die Existenz der genannten Rechte stellt keine notwendige Voraussetzung dar, um das Definitionskriterium der Verfügungsmacht zu bejahen.

---

**Beispiel**

Am Beispiel des Patents können nicht nur das Verfügungsmachtkonzept, sondern auch die Unterscheidung zwischen Ressource und Verfügungsmacht über Ressourcen verdeutlicht werden:

Das Erfindungswissen und die damit verbundenen Möglichkeiten (Verfügungsrechte), das Wissen zu gebrauchen/zu nutzen, sich Erträge hieraus anzueignen, es weiterzuentwickeln und diese Rechte Dritten (gegen Entgelt) einzuräumen, stellen die ökonomische Ressource dar. Durch den staatlichen Patentmechanismus übernimmt der Staat den Schutz dieser (Verfügungs-)Rechte. Der Staat sagt damit zu, Sanktionen gegenüber denen durchzusetzen, die diese Rechte missachten. Hierdurch sollen Dritte angehalten werden, die Verfügungsrechte gar nicht erst zu missachten.

Jedoch muss nicht zwingend der vom Staat gewährte und durchgesetzte Patentschutz genutzt werden, um Verfügungsmacht zu begründen. Eine andere Möglichkeit wäre die Geheimhaltung des Erfindungswissens, die auch im Rahmenkonzept angeführt wird, ebenso wie entsprechende konstruktionstechnische Vorkehrungen: Einbettung und Kapselung der Innovation (z. B. Kopierschutz oder Passwortabfrage), Selbstzerstörung bei Missbrauch (Raubkopien), Schutz vor Nachkonstruktion (z. B. durch Steigerung des Reproduktionsaufwands ins Unwirtschaftliche) oder Unterscheidbarmachung von Plagiat und Original (z. B. digitale Wasserzeichen). ◄

**c. Der Vermögenswert stellt ein Ergebnis vergangener Ereignisse dar.**

Vergangene Ereignisse, durch die Unternehmen Verfügungsmacht über ökonomische Ressourcen erlangen können, sind nicht nur Kauf- oder Verkaufstransaktionen, sondern auch die Produktion von Gütern, der Abschluss von Nutzungsverträgen oder die Entdeckung von Bodenschätzen. Die **bloße Absicht,** Güter zu erwerben, stellt hingegen **kein vergangenes Ereignis** im Sinne des Rahmenkonzepts dar.

Eine Schuld *(Liability)* ist eine **gegenwärtige Verpflichtung** des Unternehmens, eine **ökonomische Ressource zu übertragen**, welche aus **Ereignissen der Vergangenheit** resultiert (vgl. RK 4.26).

Es lassen sich wiederum **3 Kriterien** identifizieren, die kumulativ erfüllt sein müssen, damit von einer **Schuld** im Sinne des Rahmenkonzepts gesprochen werden kann (vgl. im Folgenden RK 4.27 ff.):

**a. Eine gegenwärtige Verpflichtung des berichtenden Unternehmens muss bestehen.**

Die Passivierungsfähigkeit ist an das aktuelle Bestehen einer Verpflichtung geknüpft, worunter allgemein Obliegenheiten eines Unternehmens verstanden werden, bestimmte Handlungen zu

unternehmen oder gewisse Leistungen zu erbringen. Diese resultieren zwar zumeist aus rechtswirksam geschlossenen Verträgen, gesetzlichen Vorschriften oder behördlichen Anordnungen, können jedoch auch aus rein wirtschaftlichen oder moralischen Zwängen erwachsen. Als Beispiel für rein wirtschaftliche Verpflichtungen können Kulanzleistungen angeführt werden, zu denen zwar keine rechtliche Verpflichtung besteht, die aber im Rahmen der Unternehmenspolitik gewährt werden.

Eine Verpflichtung ist nur dann passivierungsfähig, wenn sich das Unternehmen der Leistungspflicht praktisch nicht entziehen kann. Die vollständige Aufgabe aller Geschäftstätigkeiten ist hierbei kein Szenario, welches angeführt werden kann, um zu belegen, dass man sich der Leistungspflicht entziehen kann. Dies würde auch mit der Annahme der Unternehmensfortführung konfligieren.

Verpflichtungen müssen dabei notwendigerweise gegenüber Dritten bestehen, da man sich Verpflichtungen gegenüber sich selbst jederzeit entziehen kann. Die sogenannten **Innenverpflichtungen** (z. B. unterlassene Instandhaltungsmaßnahmen oder künftig erwartete Ausgaben für Großreparaturen und mögliche Feuerschäden) erfüllen also nicht die Schuldendefinition und sind grundsätzlich von einer bilanziellen Erfassung ausgeschlossen.

Mitunter ist die Existenz einer gegenwärtigen Verpflichtung unsicher (z. B. in Schadenersatzprozessen). Darüber hinaus kann der Abfluss von wirtschaftlichem Nutzen selbst bei Bestehen einer Verpflichtung eine geringe Wahrscheinlichkeit aufweisen. Im Rahmenkonzept 5.14 ff. wird diskutiert, dass es vom Einzelfall abhängig ist, ob hier eine Schuld bilanziell angesetzt werden sollte oder/und im Anhang über solche Sachverhalte zu berichten ist (siehe hierzu auch die Ausführungen zu Rückstellungen in Kap. 6). Abzuwägen sind hier die Grundsätze der Relevanz und der glaubwürdigen Darstellung (siehe hierzu auch Abschn. 1.3.3.1).

**b. Die Verpflichtung besteht darin, ökonomische Ressourcen zu übertragen.**

Auch für die Schuldendefinition ist der Ressourcenbegriff zentraler Bezugspunkt. Spiegelbildlich zur Vermögenswertdefinition wird allerdings auf die künftige Übertragung von wirtschaftlichen Ressourcen abgestellt. Bei Schulden handelt es sich folglich um **künftige ökonomische Vermögensbelastungen.**

c. **Die Verpflichtung ist Ergebnis vergangener Ereignisse.**

Auch die Schuldendefinition des IASB verlangt, dass die gegenwärtige Verpflichtung aus Ereignissen der Vergangenheit resultiert. Dies bedeutet, dass ein Unternehmen bereits entweder irgendeine Handlung durchgeführt oder wirtschaftlichen Nutzen erhalten haben muss und es deshalb zur Übertragung von ökonomischen Ressourcen kommen wird oder könnte, was sonst nicht der Fall gewesen wäre. Der Erhalt von bestellten Rohstoffen und damit von wirtschaftlichem Nutzen ist ein Ereignis, welches zu einer Verpflichtung führt.

Dagegen stellt eine **bloße Erwerbsabsicht kein vergangenes Ereignis** dar, das zu einer gegenwärtigen Verpflichtung führt. Dies ist schnell einsichtig, denn das Unternehmen kann sich jederzeit dem Ressourcenabfluss entziehen, indem es seine Entscheidung revidiert. Insofern scheidet eine Passivierung von vornherein aus. Fraglich ist, ob die vertragliche Bestellung von Rohstoffen, ohne dass diese bereits geliefert wurden, eine gegenwärtige Verpflichtung darstellt, die eine Schuld im Sinne des Rahmenkonzepts darstellt. Hierbei handelt es sich um einen Vertrag, der von keiner Vertragspartei bislang erfüllt wurde (keine Zahlung und keine Lieferung). Die Rechte und Verpflichtungen aus solchen sogenannten schwebenden Verträgen sind nach dem Rahmenkonzept vom Käufer (als auch vom Lieferanten) nicht getrennt, sondern zusammen zu betrachten, da sie sich gegenseitig bedingen (RK 4.56 ff.). Das heißt, der Käufer setzt das Recht auf Erhalt der Rohstoffe nicht separat als Vermögenswert und auch nicht die Zahlungsverpflichtung separat als Schuld im Abschluss an. Jedoch kann es sein, dass solch ein schwebender Vertrag dennoch zum Ansatz kommt. Beispiels-

weise könnte es sein, dass die Rechte aus dem Erhalt der Rohstoffe sich im Wert verringern (erhöhen) infolge eines Rückgangs (Anstiegs) des Marktpreises der Rohstoffe, während die künftige Zahlungsverpflichtung konstant bleibt. Die Bilanzierung des sich ergebenden Verpflichtungsüberschusses (Rechteüberschusses) als Schuld (Vermögenswert) wird jedoch nicht im Rahmenkonzept entschieden, sondern bleibt den konkreten IFRS vorbehalten (siehe hierzu auch Abschn. 1.3.5.4).

Zusammenfassend lässt sich festhalten, dass sowohl der Definition von Vermögenswerten als auch der Definition von Schulden ein ökonomisch geprägtes Verständnis zugrunde liegt, da jeweils auf Ressourcen Bezug genommen wird.

**Eigenkapital** *(Equity)* ist der nach Abzug aller Schulden verbleibende Restbetrag der Vermögenswerte des Unternehmens (vgl. RK 4.63).

Das Eigenkapital ist demnach eine **Residualgröße,** die sich als Differenzbetrag zwischen Vermögenswerten und Schulden ergibt.

▶ **Erträge** *(Income)* stellen eine Zunahme von Vermögenswerten oder eine Abnahme von Schulden dar, die zu einer Erhöhung des Eigenkapitals führen, welche nicht auf eine Einlage der Eigenkapitalgeber zurückzuführen ist.

▶ **Aufwendungen** *(Expenses)* stellen eine Abnahme von Vermögenswerten oder eine Erhöhung von Schulden dar, die zu einer Abnahme des Eigenkapitals führen, welche nicht auf Ausschüttungen an die Eigenkapitalgeber zurückzuführen ist (vgl. RK 4.68 f.).

Die Definitionen von Erträgen als auch Aufwendungen setzen an der Veränderung von Vermögenswerten oder Schulden an, die nicht auf Transaktionen mit Eigenkapitalgebern zurückzuführen ist. Dies und das ökonomisch geprägte Verständnis von Vermögenswerten und Schulden machen deutlich, dass **der IASB dem sog.** *Asset and Liability Approach* **anhängt.**

Im Rahmenkonzept des IASB findet sich zudem kein Realisationsprinzip im Sinne des *Revenue and Expense Approach* formuliert. Folglich können auch nach diesem Verständnis „unrealisierte" Erfolgsbeiträge Eingang in die Ergebnisrechnung finden. Es sei bereits an dieser Stelle erwähnt, dass solche Erträge und Aufwendungen typischerweise nicht in der klassischen **Gewinn-und-Verlust-Rechnung** ausgewiesen werden, sondern im sog. **sonstigen Gesamtergebnis** (*Other Comprehensive Income*) unterhalb der GuV. Hierauf wird in Abschn. 1.4.3 näher eingegangen.

### 1.3.5.4 Abstrakte und konkrete Bilanzierbarkeit

Neben der Klärung dessen, welche Sachverhalte überhaupt als Abschlusselemente infrage kommen, gibt das Rahmenkonzept Hinweise, unter welchen Bedingungen diese für einen Ansatz infrage kommen. Das Rahmenkonzept konzentriert sich dabei auf den Ansatz von Vermögenswerten und Schulden, da Erträge und Aufwendungen gemäß Rahmenkonzept aus deren Veränderungen resultieren.

Sachverhalte, welche die Definition von Vermögenswerten und Schulden erfüllen, sind demnach auf Aktiv- bzw. Passivseiten nur dann anzusetzen, wenn hieraus entscheidungsnützliche Finanzinformationen resultieren. Damit werden auch für Ansatzfragen die qualitativen Anforderungen an Finanzinformationen insbesondere nach Relevanz und zugleich glaubwürdiger Darstellung betont (RK 5.7; zur Erläuterung dieser Anforderungen siehe Abschn. 1.3.3.1). Darüber hinaus sind Kosten-Nutzen-Abwägungen auch hier relevant (RK 5.8; zur Erläuterung dieser Anforderungen siehe Abschn. 1.3.3.3).

Entsprechende Überlegungen zur Entscheidungsnützlichkeit können dazu führen, dass ein Vermögenswert nicht angesetzt wird, weil das Bestehen eines Rechts und damit einer ökonomischen Ressource sehr unsicher ist. Zum Beispiel kann dies für eingeklagte, aber juristisch noch nicht durchgesetzte Schadenersatzansprüche der Fall sein. Zudem kann selbst bei bestehenden Rechten der wirtschaftliche Nutzenzufluss sehr unwahrscheinlich sein (wie bspw. bei Ergebnissen der Grundlagenforschung mit

noch fehlendem wirtschaftlichem Anwendungsbezug) und es kann deshalb von einem Ansatz mangels Entscheidungsnützlichkeit abgesehen werden. Auch kann ein hoher Grad an Unsicherheit hinsichtlich der Bewertung von Vermögenswerten oder Schulden, der auch nicht durch erläuternde Angaben im Anhang reduziert werden kann, dazu führen, dass von einem bilanziellen Ansatz mangels Entscheidungsnützlichkeit abgesehen wird.

Die beschriebenen Fälle führen aber nicht zu einem Automatismus. Das heißt, in Einzelfällen kann der Ansatz von Vermögenswerten (oder Schulden) selbst bei hoher Unsicherheit hinsichtlich des Bestehens eines Rechts, einer sehr niedrigen Eintrittswahrscheinlichkeit für einen Nutzenzu- bzw. -abfluss oder einer hohen Bewertungsunsicherheit – gepaart mit erläuternden Hinweisen – entscheidungsnützliche Informationen liefern (vgl. RK 5.14 ff.). Im alten Rahmenkonzept von 2010 waren demgegenüber noch konkrete Ansatzkriterien in Form einer zu erreichenden Mindestwahrscheinlichkeit für künftige Nutzenzu- bzw. -abflüsse sowie einer Verlässlichkeit der Bewertung enthalten.

Die vorstehend erläuterten Vorgaben des Rahmenkonzepts können als **Ausdruck** einer **abstrakten Bilanzierbarkeit** aufgefasst werden. Ob ein Sachverhalt jedoch nun tatsächlich als Vermögenswert oder Schulden in einem IFRS-Abschluss anzusetzen ist, hängt final von den Regelungen der einzelnen Rechnungslegungsstandards ab (**konkrete Bilanzierbarkeit**).

Auch in der **handelsrechtlichen** Rechnungslegung gibt es eine Unterscheidung zwischen abstrakter und konkreter Bilanzierungsfähigkeit. Hier kommen z. B. **abstrakt** solche Sachverhalte für eine Aktivierung infrage, die die Vermögensgegenstandseigenschaft erfüllen (§ 246 Abs. 1 Satz 1 HGB). Nach herrschender Meinung ist dies gegeben, wenn die selbstständige Verwertbarkeit vorliegt, d. h. wenn das entsprechende Gut gegenüber Dritten finanziell verwertbar ist (z. B. in Form des Verkaufs, der Einräumung eines Nutzungsrechts oder des bedingten Verzichts auf die Rechtsausübung), ohne das Unternehmen insgesamt verkaufen zu müssen.

Jedoch lässt auch das HGB trotz Erfüllung der Vermögensgegenstandseigenschaft in bestimmten Fällen den Ansatz als Vermögenswert nicht zu (z. B. selbst geschaffene Marken) oder gewährt in anderen ein Ansatzwahlrecht (z. B. Kosten für die Entwicklung innovativer Verfahrensweisen gemäß § 248 Abs. 2 HGB).

Das HGB ermöglicht zudem den Ansatz von Sachverhalten entweder wahlweise (z. B. Überhänge von aktiven latenten Steuern über passive latente Steuern oder Disagio aus einem aufgenommenen Darlehen) oder aber schreibt ihn verbindlich vor, obwohl deren Vermögensgegenstandseigenschaft nicht erfüllt ist (z. B. aktive Rechnungsabgrenzungsposten bzw. der Geschäfts- oder Firmenwert).

## 1.3.6 Bewertungsmaßstäbe für Bilanzposten

Im Rahmenkonzept des IASB werden zudem Maßstäbe angeführt, die grundsätzlich für die Bewertung von Vermögenswerten und Schulden herangezogen werden können. Dies sind (RK 6.1 ff.):

1. **Anschaffungs- bzw. Herstellungskosten** *(Historical Cost)*
   Anschaffungs- oder Herstellungskosten sind ein bekannter Maßstab aus dem Handelsrecht. Bei Vermögenswerten ist dies der Wert der Gegenleistung, der für die Anschaffung oder Herstellung aufgewendet werden musste, plus eventuelle Anschaffungsnebenkosten. Bei Schulden ist dies der Wert der im Gegenzug für das Eingehen der Schuld erhaltenen Leistungen bzw. der zur späteren Erfüllung der Schuld notwendig erscheinende Betrag jeweils abzüglich eventueller Anschaffungsnebenkosten. Sich ändernde Wertverhältnisse haben bei diesem Wertmaßstab im Gegensatz zu aktuellen Bewertungsmaßstäben grundsätzlich keinen Einfluss auf die Bewertung im Zeitablauf. Komplett statisch ist die Bewertung aber auch hier nicht. Unter anderem

bedarf es der Fortschreibung solcher historischen Kosten, um den planmäßigen Verbrauch oder die Nutzung (z. B. Abschreibungen bei abnutzbaren Anlagevermögen), die Rückzahlung (z. B. von Darlehensforderungen oder -verbindlichkeiten) oder unerwartete und zugleich dauerhafte Wertrückgänge (z. B. bei Insolvenz eines Darlehensschuldners) zu reflektieren.

2. **Aktuelle Bewertungsmaßstäbe** *(Current Value)*
   Aktuelle Bewertungsmaßstäbe sollen explizit die aktuellen Wertverhältnisse am Bewertungsstichtag berücksichtigen. Die historischen Kosten sind für die Wertfindung dann irrelevant.

   a. Die **Wiederbeschaffungskosten** *(Current Cost)* eines Vermögenswerts stellen den Wert der Gegenleistung dar, der am Bewertungsstichtag für die erneute Beschaffung oder Herstellung eines identischen bzw. vergleichbaren Vermögenswertes plus eventuelle Anschaffungsnebenkosten aufgewendet werden müsste. Die Wiederbeschaffungskosten einer Schuld sind wiederum der Wert der Leistungen, die man am aktuellen Bewertungsstichtag erhalten würde, im Gegenzug für das Eingehen derselben Schuld (abzüglich eventueller Anschaffungsnebenkosten).

   b. Der unternehmensspezifische **Nutzungswert** *(Value in Use)* eines Vermögenswerts ist der Wert der abgezinsten (geschätzten) Cashflows oder anderer wirtschaftlicher Vorteile am Bewertungsstichtag, den dieser für ein bestimmtes Unternehmen künftig zu stiften vermag. Dabei werden auch wertbestimmende Faktoren berücksichtigt, die lediglich für das bilanzierende Unternehmen und nicht für eine breite Masse von Marktteilnehmern relevant sind. Beispielsweise kann ein Unternehmen höhere wirtschaftliche Vorteile als andere Unternehmen aus einem Grundstück dadurch generieren, dass es eine besondere Lage hat und hierdurch die Transportkosten des speziellen Unternehmens minimiert werden.

Der **Erfüllungswert** (Fulfillment Value) einer Schuld ist der abgezinste Wert der (geschätzten) Zahlung oder anderer zu übertragender wirtschaftlicher Vorteile, die bei der Erfüllung der Schuld aufgebracht werden müssen.

c. Der **Fair Value** (beizulegende Zeitwert) wurde als Wertmaßstab in der jüngeren Vergangenheit verstärkt vom IASB in konkreten Rechnungslegungsstandards eingeführt (u. a. IFRS 2–5 und 9). Der Fair Value ist nach **IFRS 13** *(Fair Value Measurement)* nunmehr einheitlich definiert: für Vermögenswerte als Veräußerungspreis in einer gewöhnlichen, tatsächlichen oder hypothetischen Transaktion zwischen beliebigen unabhängigen Marktteilnehmern unter marktüblichen Bedingungen am Bewertungsstichtag. Wertbestimmende Faktoren, die einzig für das bilanzierende Unternehmen relevant sind, bleiben hier unberücksichtigt. Für Schulden ist der Fair Value der Betrag, der unter den genannten Rahmenbedingungen aufzuwenden wäre, damit sich beliebige Marktteilnehmer bereit erklärten, die Verpflichtung zu übernehmen.

Konzeptionell ist das Fair-Value-Verständnis an Preise angelehnt, die sich auf vollkommenen Märkten ergeben. Auf vollkommenen Märkten existieren definitionsgemäß keine Informationsasymmetrien zwischen Marktteilnehmern, keine Transaktionskosten und keine Steuern. Angebot und Nachfrage treffen jederzeit aufeinander, wodurch Marktliquidität gewahrt ist. Preise können von den Marktteilnehmern nicht beeinflusst werden. Preise, die sich auf solchen Märkten ergeben, reflektieren damit die Konsenserwartungen der Marktteilnehmer hinsichtlich des Werts eines Vermögenswerts oder einer Schuld. Da solche Märkte jedoch in der Realität nicht existieren, muss dieses Ideal stets approximiert werden (vgl. hierzu weiterführend Zülch & Gebhardt, 2007, S. 147 ff.).

Zur Ermittlung des Fair Value können nach IFRS 13 verschiedene Verfahren zur Anwendung kommen (IFRS 13.B5–B33):

I. Beim **marktorientierten Verfahren** *(Market Approach)* wird auf Marktpreise identischer oder vergleichbarer Vermögenswerte zurückgegriffen.

II. Das **kostenorientierte Verfahren** *(Cost Approach)* stellt bei der Bewertung auf aktuelle Wiederbeschaffungs- bzw. Wiederherstellungskosten ab unter Berücksichtigung abnutzungsbedingter Wertminderungen.

III. Bei den **ertragswertorientierten Verfahren** *(Income Approach)* wird der Gegenwartswert künftig erwarteter Beträge ermittelt. Zu diesen Verfahren zählen insbesondere Barwerttechniken, Optionspreismodelle und Residualwertmethoden *(Multi-Period Excess Earnings Method)*.

IFRS 13 gibt nicht vor, welches Verfahren konkret zur Bestimmung des Fair Value herangezogen werden muss. Jedoch findet sich eine 3-stufige **Hierarchie von Inputfaktoren** (sog. Fair-Value-Hierarchie), die die abnehmende Objektivierbarkeit der Faktoren reflektiert. Als objektivierbar werden insbesondere **an Märkten beobachtbare** Inputfaktoren (z. B. Marktzinssätze, Marktpreise und Börsenkurse) erachtet, die den nicht beobachtbaren, d. h. ausschließlich vom Unternehmen ermittelten Faktoren (z. B. interne Cashflowprognose) vorgezogen werden. Diese Hierarchie bestimmt indirekt über das anzuwendende Verfahren, denn es soll nach IFRS 13.61 stets das Verfahren gewählt werden, das die Zahl der beobachtbaren Inputparameter maximiert und die der nicht beobachtbaren Inputparameter minimiert.

• (Unveränderte) Preisnotierungen auf aktiven Märkten für identische Vermögenswerte sind Inputfaktoren der **Stufe 1** und damit vorzugsweise zu verwenden, da sie als verlässlichste

Quelle des Fair Value gelten (IFRS 13.76). **Aktive Märkte** sind solche, die ein hinreichendes Transaktionsvolumen sowie eine hinreichende Transaktionshäufigkeit aufweisen (IFRS 13. Anhang A).

- Sind solche Marktpreise nicht verfügbar, sind auf **Stufe 2** Marktpreise ähnlicher Posten in aktiven Märkten bzw. identischer/ähnlicher Posten in inaktiven Märkten heranzuziehen. Alternativ können auch im Rahmen von Bewertungsverfahren Inputfaktoren zur Approximation des Fair Value herangezogen werden, die direkt oder indirekt am Markt beobachtbar sind (IFRS 13.81 f.).
- Sind auch solche Preise oder Inputfaktoren der Stufe 2 nicht verfügbar, können auf **Stufe 3** eigene, d. h. nicht am Markt beobachtbare Inputfaktoren für die Bewertung verwendet werden (IFRS 13.83 f.). Wertbestimmende Faktoren, die einzig für das bilanzierende Unternehmen relevant sind, bleiben bei der Ermittlung des Fair Value stets unberücksichtigt.

Die **konkrete Auswahl eines dieser Bewertungsmaßstäbe** für bestimmte Vermögenswerte und Schulden (und sich hieraus ergebende Erträge und Aufwendungen) **wird** gleichwohl nicht im Rahmenkonzept getroffen, sondern **den konkreten IFRS überlassen.** Bei dieser Festlegung soll der IASB den Informationsgehalt, der mit dem jeweiligen Bewertungsmaßstab verbunden ist, berücksichtigen. Letztlich soll jener gewählt werden, der für den konkret zu regelnden Sachverhalt den größtmöglichen Entscheidungsnutzen für Adressaten hervorrufen wird. Insofern sind die fundamentalen einschließlich der ergänzenden qualitativen Anforderungen an Finanzinformationen durch den IASB heranzuziehen.

### 1.3.7  Übungsaufgaben

1. Nennen Sie die Aufgaben, die dem Rahmenkonzept des IASB zugewiesen sind, und erläutern Sie den Verpflichtungsgrad.

2. Nennen Sie die vom IASB fokussierten (primären) Adressaten der Finanzberichterstattung.

3. Stellen Sie die primäre Zwecksetzung des IFRS-Abschlusses dar und erläutern Sie, inwieweit sie sich von den Funktionen/Zwecken der handelsrechtlichen Rechnungslegung unterscheidet. Erläutern Sie, welche Konsequenzen sich bei abweichenden Zwecksetzungen ergeben können.

4. Veranschaulichen Sie, was man unter der Annahme der Unternehmensfortführung versteht. Unter welchen Bedingungen ist von dieser Annahme abzuweichen und welche Konsequenzen hat dieses Abweichen?

5. Stellen Sie den Inhalt der beiden fundamentalen qualitativen Anforderungen an Finanzinformationen dar.

6. Beschreiben Sie, was mit Wesentlichkeit im Zusammenhang mit der internationalen Rechnungslegung gemeint ist.

7. Nennen Sie die Definitionskriterien, die Sachverhalte kumulativ erfüllen müssen, um als Vermögenswerte bzw. als Schulden im Sinne des Rahmenkonzepts zu gelten.

8. Erläutern Sie das Konzept der Verfügungsmacht der IFRS.

9. Erläutern Sie, wie Erträge und Aufwendungen definiert sind.

10. Erläutern Sie, welcher angloamerikanischen Bilanztheorie das Verständnis des IASB von Vermögenswerten, Schulden, Erträgen und Aufwendungen zuzuordnen ist.

11. Unterscheiden Sie die abstrakte von der konkreten Bilanzierbarkeit.

12. Nennen Sie relevante Wertmaßstäbe der IFRS, die im Rahmenkonzept erwähnt sind.

## 1.3.8   Lösungen

1. Das Rahmenkonzept ist die Grundlage für die Ableitung und Entwicklung konkreter Rechnungslegungsnormen durch den IASB. An verschiedenen Stellen ist es Bezugspunkt für die Entwicklung von Lösungsansätzen durch die IFRS-Anwender bei Regelungslücken. Auch soll es Abschlussadressaten Hilfestellung bei der Interpretation von Rechnungslegungsinformationen bieten. Das Rahmenkonzept ist selber kein Rechnungslegungsstandard und hat damit keinen direkten Verpflichtungscharakter. In IAS 1 wurden allerdings Inhalte des Rahmenkonzepts übernommen und somit verpflichtend.

2. Gegenwärtige wie potenzielle Eigenkapitalgeber, Kreditgeber und sonstige Gläubiger.

3. Die Zwecksetzung des IFRS-Abschlusses ist die Bereitstellung entscheidungsnützlicher Informationen zur Ressourcenallokation. Hinzu kommt die Rechenschaftsfunktion (Umgang des Managements und der Aufsichtsgremien eines Unternehmens mit dem zur Verfügung gestellten Kapital). Im HGB gibt es zwar auch die Informationsfunktion, jedoch wird diese im Zweifel von der Zahlungsbemessungsfunktion dominiert (daneben erfüllt die handelsrechtliche Rechnungslegung auch noch eine Dokumentations- und eine Rechenschaftsfunktion). Hier ist insbesondere die Ausschüttungsbemessungsfunktion angesprochen, d. h. die Ermittlung eines ausschüttungsfähigen Gewinns unter Berücksichtigung des Gläubigerschutzes. Insofern hat die Gewinnermittlung im HGB vorsichtig zu erfolgen, damit Gläubigeransprüche nicht ausgehöhlt werden.

   Die unterschiedliche Zwecksetzung zwischen HGB und IFRS führt zu einer unterschiedlichen Ausgestaltung von Rechnungslegungsnormen.

4. Bei Aufstellung eines Abschlusses nach den IFRS-Regelungen ist von der Annahme der Unternehmensfortführung auszugehen, d. h. davon, dass das bilanzierende Unternehmen seine Geschäftstätigkeit für einen absehbaren Zeitraum – mindestens 12 Monate – fortführen wird. Dies ist eine zu erfüllende Basisannahme bei der Aufstellung eines IFRS-Abschlusses. Die Fortführungsprämisse ist zu verwerfen, wenn das Management beabsichtigt, die Geschäftstätigkeit einzustellen, oder hierzu aus rechtlichen oder faktischen Gründen gezwungen ist. Bei der Prüfung des Fortbestandes des Unternehmens sind u. a. die historische sowie die prognostizierte Rentabilität, die Liquiditätserwartungen und der Zugang zu potenziellen Refinanzierungsquellen einzubeziehen. Wird die Fortführungsannahme verworfen, muss der Abschluss auf Basis anderer Grundsätze als den IFRS erstellt werden.

5. Informationen müssen den Primärgrundsatz der Relevanz erfüllen, um zweckgerecht zu sein. Entscheidungsrelevanz haben Informationen, wenn sie in der Lage sind, wirtschaftliche Entscheidungen der Adressaten zu beeinflussen, indem sie bei der Einschätzung von Ereignissen der Vergangenheit, Gegenwart bzw. Zukunft helfen oder frühere Prognosen bestätigen bzw. korrigieren. Zudem müssen Rechnungslegungsinformationen zu einer glaubwürdigen Darstellung führen. Dies bedingt, dass alle Beschreibungen und Erläuterungen zu dem ökonomischen Sachverhalt gegeben werden, die zu dessen Verständnis und Einschätzung notwendig sind (Vollständigkeit). Sie müssen frei von subjektiven Verzerrungen (Neutralität) und fehlerfrei sein (Fehlerfreiheit).

6. Wesentlichkeit bezieht sich auf den Primärgrundsatz der Entscheidungsrelevanz und besagt, dass Informationen als wesentlich anzusehen sind, wenn ihr Weglassen oder ihre falsche Darstellung die Entscheidung von Adressaten beeinflussen könnten.

Wesentlichkeit hat eine qualitative und eine quantitative Dimension. Allerdings existieren bezüglich der Quantität keine allgemeingültigen Schwellenwerte.

7. Bei einem Vermögenswert muss es sich um eine gegenwärtige ökonomische Ressource handeln, die aufgrund von Ereignissen der Vergangenheit in der Verfügungsmacht des Unternehmens steht.

   Eine Schuld (Liability) ist eine gegenwärtige Verpflichtung des Unternehmens, eine ökonomische Ressource zu übertragen, welche aus Ereignissen der Vergangenheit resultiert.

8. Verfügungsmacht liegt vor, wenn das Unternehmen die Möglichkeit besitzt, die erwarteten wirtschaftlichen Vorteile aus einer Ressource zu vereinnahmen und Dritte von der Inanspruchnahme der Nutzenpotenziale grundsätzlich auszuschließen. Verfügungsmacht kann auf verschiedene Weisen begründet werden: gesetzliche und vertragliche Rechte, Geheimhaltung von Wissen oder Kapselung von Innovationen.

9. Die Definition von Erträgen und Aufwendungen setzt an der Veränderung von Vermögenswerten oder Schulden und damit des Eigenkapitals an, die nicht auf Transaktionen mit Eigenkapitalgebern zurückzuführen ist.

10. Die Definition von Vermögenswerten und Schulden folgt einem ökonomisch geprägten Verständnis, wenn jeweils auf Ressourcen Bezug genommen wird. Wenn zudem Erträge und Aufwendungen als Veränderung von Vermögenswerten und Schulden aufgefasst werden und die Realisation von Erträgen zumindest konzeptionell nicht an marktmäßige Austauschvorgänge geknüpft wird, ist die Nähe zum *Asset and Liability Approach* offenbar.

11. Abstrakte Bilanzierbarkeit liegt vor, wenn einerseits die Definitionskriterien für Bilanz-

elemente laut Rahmenkonzept erfüllt sind und andererseits ein Ansatz im Jahresabschluss Entscheidungsnutzen für die Adressaten stiften würde. Ob ein Sachverhalt tatsächlich als Vermögenswert oder als Schuld anzusetzen ist, hängt jedoch final von den Regelungen der einzelnen Rechnungslegungsstandards ab, was als konkrete Bilanzierbarkeit bezeichnet wird. Das heißt, einzelne Rechnungslegungsstandards können durchaus den Ansatz von Sachverhalten verlangen oder zur Wahl stellen, obwohl sie den Definitions- und Ansatzkriterien nicht genügen. Die Standards können aber auch den Ansatz von Sachverhalten verbieten oder zur Wahl stellen, obwohl die Definitions- und Ansatzkriterien erfüllt sind.

12. Historische Anschaffungs- bzw. Herstellungskosten und aktuelle Bewertungsmaßstäbe, wobei zu Letzteren die Wiederbeschaffungskosten, der Fair Value und der unternehmensspezifische Nutzungswert zählen.

## 1.4 Darstellung des Jahresabschlusses

### 1.4.1 Bestandteile des IFRS-Abschlusses

Welche Bestandteile überhaupt zu einem IFRS-konformen Einzel- bzw. Konzernabschluss gehören, ist in IAS 1 geregelt. Nach IAS 1.10 **besteht** ein **IFRS-Abschluss mindestens aus**

- Bilanz (Statement of Financial Position),
- Gesamtergebnisrechnung (Statement of Comprehensive Income),
- Eigenkapitalveränderungsrechnung (Statement of Changes in Equity),
- Kapitalflussrechnung (Statement of Cashflows) und
- Anhang (Notes).

Die aus dem HGB bekannten umfänglichen rechtsform- und größenabhängigen Erleichterungen bei den Bestandteilen eines Abschlusses existieren in den IFRS nicht. Lediglich für kapitalmarktorientierte Unternehmen ist zusätzlich zu den genannten Bestandteilen eine Segmentberichterstattung beizufügen. Dahingehende Vorgaben finden sich in IFRS 8 *(Operating Segments)*, die hier nicht weiter diskutiert werden sollen. Gemäß IAS 1.38 sind für alle Abschlussbestandteile **Vergleichsangaben** zur Vorperiode aufzunehmen. Hinsichtlich der Bilanz wird gar die Darstellung einer dritten Vergleichsperiode gefordert, sofern

- eine neue Bilanzierungsmethode retrospektiv angewendet wird,
- eine Bilanzkorrektur vorgenommen werden musste oder
- Umklassifizierungen von Bilanzposten vorgenommen wurden

und hiermit jeweils wesentliche Effekte verbunden sind (IAS 1.40A).

**IAS 1 regelt**, in welcher Weise die allgemeinen Pflichtbestandteile dargestellt werden müssen. Insbesondere sind Vorgaben zu deren **Struktur** und Anforderungen hinsichtlich der **Untergliederung** zu finden.

Nachfolgend wird auf die zentralen Vorgaben des IAS 1 und des IAS 7 *(Statement of Cashflows)* eingegangen. Nicht dargestellt werden hingegen sonstige Wahlbestandteile des IFRS-Abschlusses wie der sog. *Management Commentary* (vergleichbar dem deutschen Lagebericht), Umweltberichte oder Wertschöpfungsrechnungen (IAS 1.13 f.). Auch ist der Lagebericht nach §§ 289 und 315 HGB nicht Gegenstand der nachstehenden Ausführungen. Wie bereits dargestellt, wird dieser über §§ 315e bzw. 325 HGB zu einem Pflichtbestanteil der Berichterstattung für deutsche IFRS-Anwender.

## 1.4.2 Bilanz

Bekanntermaßen ist die Bilanz eine Gegenüberstellung von Vermögen einerseits und Schulden sowie Eigenkapital andererseits. **Vermögenswerte** finden sich auf der **Aktivseite** wieder und

zeigen an, wie das Unternehmen das zur Verfügung gestellte Kapital investiert hat (**Mittelverwendung**). **Schulden und Eigenkapital** finden sich gewöhnlich auf der **Passivseite** (Letzteres, solange keine Verluste aufgelaufen sind, die nicht durch Eigenkapital gedeckt sind). Sie zeigen an, aus welchen **Quellen** (Eigen- oder Fremdmittelgeber) das investierte Kapital stammt (**Mittelherkunft**). Die Regelungen zum Bilanzansatz von Vermögenswerten, Schulden und Eigenkapital wurden in Abschn. 1.3.5 dargelegt.

Um einen tatsachengerechten Einblick in die Vermögens- und Finanzlage des Unternehmens zu geben, ist es geboten, Vermögenswerte, Schulden und das Eigenkapital in der Bilanz nach ihrer Art zu differenzieren. IAS 1.54 hält hier einen Katalog an Posten bereit, der in die Bilanz mindestens aufzunehmen ist. Dieser ist in Abb. 1.2 dargestellt.

In IAS 1.55 wird gleichwohl klargestellt, dass eine weiterführende Kategorisierung, die Bildung von Zwischensummen oder der Ausweis von Überschriften angezeigt sind, wenn hierdurch die Relevanz des Abschlusses für die Adressaten erhöht wird. Eine solche weiterführende Kategorisierung findet man gewöhnlich in der Praxis. Kriterien für eine solche Erweiterung bei Vermögenswerten können deren Art, Liquiditätsnähe oder Funktion innerhalb des Unternehmens sein, bei Verbindlichkeiten deren betragsmäßige Höhe, Art oder Fälligkeit (IAS 1.58).

In IAS 1.77 wird grundsätzlich eine weiterführende Untergliederung der aufgenommenen Arten von Bilanzposten gefordert. Beispielsweise ist für ein produzierendes Unternehmen gewöhnlich die Aufschlüsselung der Vorräte nach Roh-, Hilfs- und Betriebsstoffen wie nach unfertigen und fertigen Erzeugnissen aufschlussreich. Gleichermaßen gilt dies für die Untergliederung von Sachanlagen nach unbebauten und bebauten Grundstücken, Gebäuden, Maschinen, technischen Anlagen, Fuhrpark sowie Betriebs- und Geschäftsausstattung. Diese **Aufgliederung** ist jedoch **nicht zwingend in der Bilanz** vorzunehmen, sondern **kann auch in den Anhang** verlagert werden (IAS 1.77).

Neben der Differenzierung nach der Art von **Bilanzposten** schreibt IAS 1.60 vor, dass Bilanz-

| **Aktiva** | **Passiva** |
|---|---|
| **(Vermögenswerte)** | **(Eigenkapital und Schulden)** |
| Immaterielle Vermögenswerte | Gezeichnetes Kapital und Rücklagen |
| Sachanlagen | Minderheitsanteile |
| Anlageimmobilien | Passive latente Steuern |
| Finanzielle Vermögenswerte | Finanzielle Verbindlichkeiten |
| Nach der Equity-Methode bilanzierte Beteiligungen | Rückstellungen |
| Aktive latente Steuern | Verbindlichkeiten aus Lieferungen und Leistungen |
| Biologische Vermögenswerte | sowie sonstige Verbindlichkeiten |
| Vorräte | Tatsächliche Steuerschulden |
| Forderungen aus Lieferungen und Leistungen sowie sonstige Forderungen | Zur Veräußerung gehaltene langfristige Verbindlichkeiten (IFRS 5) |
| Tatsächliche Steuer(-erstattungs)-ansprüche | |
| Liquide Mittel | |
| Zur Veräußerung gehaltene langfristige Vermögen (IFRS 5) | |

**Abb. 1.2**  Mindestkatalog von Bilanzposten gemäß IAS 1.54 (ohne versicherungsspezifische Posten)

posten zudem grundsätzlich **nach** ihrer **Fristigkeit** (kurz- bzw. langfristige) in der Bilanz zu **untergliedern** sind. Dabei wird ausdrücklich keine Sortierreihenfolge vorgeschrieben (IAS 1.57). Eine andere Reihenfolge als nach HGB (vgl. § 266 HGB) ist also möglich und auch in der Praxis zu finden. Gleichwohl muss eine einmal gewählte Reihenfolge im Zeitablauf beibehalten werden.

Um zu entscheiden, wann ein Vermögenswert oder eine Schuld als kurzfristig zu klassifizieren sind, ist der **normale Geschäftszyklus** als Kriterium heranzuziehen. Bei Industrieunternehmen ist dies der Zeitraum zwischen der Beschaffung von Rohstoffen und dem Eingang des Rechnungsbetrags aus dem Verkauf der Fertigprodukte. Wird erwartet, dass der Posten innerhalb dieser Zeitdauer realisiert wird (z. B. in Form der Begleichung einer Verbindlichkeit oder der Verwendung von Rohstoffen in der Produktion), gilt er als kurzfristig. Dieser Zeitraum kann im Einzelfall (z. B. bei Anlagenbauern) durchaus mehr als 12 Monate umfassen.

Sollte der **normale Geschäftszyklus unklar** sein, sind Vermögenswerte und Schulden als kurzfristig zu betrachten, sofern deren **Realisation innerhalb von 12 Monaten erwartet** wird.

Zudem sind folgende Vermögenswerte und Schulden **zwingend als kurzfristig** zu klassifizieren (IAS 1.66 und 1.69):

- liquide Mittel (es sei denn, Verfügungsbeschränkungen bestehen für eine Dauer von mehr als 12 Monaten),
- Vermögenswerte und Schulden, die für Handelszwecke gehalten werden (d. h. zur Realisierung kurzfristiger Wertsteigerungen),
- Teile der langfristigen Schulden, die innerhalb von 12 Monaten fällig sind (außer das Unternehmen hat die Absicht und vertragliche Möglichkeit zur Prolongation des Kredits),
- ursprünglich langfristige Schulden, die jedoch aufgrund der Verletzung von Kreditvereinbarungen unmittelbar fällig werden.

Als **langfristige** Vermögenswerte und Schulden sind **alle Bilanzposten** auszuweisen, die **nicht den kurzfristigen Bilanzposten zuzuordnen sind** (Negativdefinitionen nach IAS 1.66 und 1.69). Eine besondere Vorgabe enthält IAS 1.56. Hiernach sind **sämtliche latenten Steuern als langfristig** zu klassifizieren.

Ein Unternehmen kann zu dem Schluss kommen, dass nicht die Gliederung nach Fristigkeit, sondern die Gliederung **nach Liquiditätsnähe** der Bilanzposten einen relevanteren und zugleich zuverlässigen Einblick in die Vermögens- und Finanzlage für die Adressaten verspricht. Dies trifft **hauptsächlich** auf **Finanzinstitute** zu, insbesondere auf Banken.

Eine Gliederung nach Liquiditätsnähe bedeutet, dass es nicht entscheidend ist, ob ein Vermögenswert dauerhaft vom Unternehmen genutzt wird, sondern wie schnell er zu Geld zu machen ist. Zum Beispiel kann eine Bank zwar planen, eine börsengehandelte 10-jährige Anleihe bis zur Endfälligkeit zu halten. Dennoch kann eine solche Anleihe schnell über die Börse veräußert werden. Sollte durch die Gliederung nach Liquiditätsnähe ein besserer Einblick in die wirtschaftliche Lage erzielt werden können, ist nach IAS 1.60 ausnahmsweise eine entsprechende Untergliederung zulässig.

Die aus dem **angelsächsischen Raum** bekannte Darstellungsvariante der Bilanz, in der Vermögenswerte, Schulden und Eigenkapital **untereinander** abgebildet werden, ist IFRS-konform. Hierbei wird gewöhnlich, wie in Abb. 1.3 ersichtlich, eine **Zwischensumme** gebildet, die den Saldo aus kurzfristigen Vermögenswerten und kurzfristigen Schulden darstellt. Das Eigenkapital kommt dabei als Residualwert von Vermögenswerten und Schulden am Ende der Rechnung zum Ausweis. Diese Darstellungsvariante **(Staffelform)** ist in Abb. 1.3 ersichtlich und grenzt sich ab von der in Kontinentaleuropa vorherrschenden **Kontoform** (Gegenüberstellung von Aktiv- und Passivposten).

### 1.4.3 Gesamtergebnisrechnung

Um einen tatsachengerechten Einblick in die Ertragslage zu erhalten, ist es notwendig, nach der Art der Erfolgsbestandteile zu differenzieren. IAS 1 hält hier ebenso einen Katalog an Erfolgsbestandteilen bereit, die in die Darstellung des Gesamtergebnisses der Periode mindestens aufzunehmen sind (IAS 1.82), der Abb. 1.4 zu entnehmen ist.

In IAS 1.85 wird ebenfalls klargestellt, dass eine weitere Differenzierung der Erfolgsbestandteile, aber auch die Bildung von Zwischensummen oder der Ausweis von Überschriften angezeigt sind, wenn hierdurch die Relevanz des Abschlusses für die Adressaten erhöht wird. Dies wird auch üblicherweise praktiziert.

In der handelsrechtlichen Bilanzierung sind die Positionen unterhalb des Jahresergebnisses in Abb. 1.4 unbekannt. Dieses sog. **sonstige Ergebnis** *(Other Comprehensive Income oder OCI)* umfasst **Erfolgsbestandteile, die** gemäß den IFRS nicht über die Gewinn-und-Verlust-Rechnung, sondern **direkt im Eigenkapital erfasst werden.**

Solche GuV-neutral zu erfassenden Erträge und Aufwendungen ergeben sich insbesondere aus

| | |
|---|---:|
| **Langfristige Vermögenswerte** | **1.000** |
| Kurzfristige Vermögenswerte | 500 |
| – Kurzfristige Verbindlichkeiten | – 250 |
| **Kurzfristige Vermögenswerte (bzw. Kurzfristige Schulden)** <br> *(Net Current Assets [bzw. Net Current Liabilities])* | **250** |
| **Gesamte Vermögenswerte – Kurzfristige Schulden** <br> *(Total Assets less Current Liabilities)* | **1.250** |
| **– Langfristige Schulden** | **1.000** |
| **= Eigenkapital** | **250** |

**Abb. 1.3** Bilanz in Staffelform

Umsatzerlöse

Veräußerungsergebnis von zu AK bewerteter Finanzinstrumente

Finanzierungsaufwendungen

Wertminderungen für Schuldinstrumente wie Forderungen aus L+L

At-Equity-Ergebnis

Ergebniseffekte aus Umgliederung von Finanzinstrumenten zwischen Bewertungskategorien des IFRS 9

Steueraufwand

Ergebnis aus einzustellenden Geschäftsbereichen

Jahresergebnis

Bestandteile des sonstigen Ergebnisses (direkt im Eigenkapital erfasste Aufwendungen und Erträge)

Ergebnisanteil am sonstigen Ergebnis der at-equity bilanzierten Unternehmen

Gesamtergebnis

**Abb. 1.4** Mindestkatalog der zu berichtenden Bestandteile des Gesamtergebnisses gemäß IAS 1.82

- der Fair-Value-Bewertung bestimmter Finanzinstrumente (IFRS 9; Abschn. 7.4),
- der Bewertung von Sicherungsinstrumenten, die als Cashflow-Hedges designiert wurden (IFRS 9; Abschn. 8.6.2),
- der Bewertung von Sachanlagen oder immateriellen Vermögenswerten nach der Neubewertungsmethode (IAS 16; Abschn. 3.3.3),
- der Bilanzierung versicherungsmathematischer Gewinne bzw. Verluste aus Pensionsplänen (IAS 19),
- Währungsumrechnungsdifferenzen im Zuge der Konsolidierung ausländischer Geschäftseinheiten (IAS 21).

Die sonstigen Ergebnisse (OCI) der aktuellen werden mit denen früherer Perioden in einer speziellen Position des Eigenkapitals zusammengefasst ausgewiesen (teilweise kumuliertes übriges bzw. sonstiges Eigenkapital oder *OCI*-Rücklage genannt).

Bei der Darstellung der sonstigen Ergebnisbestandteile (OCI) der Periode muss zudem noch danach differenziert werden, ob diese

a. in späteren Perioden wieder in die GuV umzuklassifizieren sind (sog. Recycling), sprich die *OCI*-Rücklage nur eine Parkposition für zwischenzeitliche Wertveränderungen ist oder
b. in späteren Perioden *nicht* in die GuV umzuklassifizieren sind (z. B. bei Anwendung der Neubewertungsmethode für Sachanlagen und

immaterielle Vermögenswerte [Abschn. 3.3.3] oder der GuV-neutralen Fair-Value-Bewertung bestimmter Beteiligungen [Abschn. 7.4.5]) (z. B. GuV-neutrale Fair-Value-Bewertung bestimmter Schuldinstrumente [Abschn. 7.4.3]) oder effektiver Teil der Fair-Value-Veränderungen von Sicherungsinstrumenten, die für sog. Cashflow-Hedges eingesetzt werden [Abschn. 8.6.2]).

Die Summe aus Jahresergebnis, d. h. Saldo der GuV-wirksam erfassten Erfolgsbestandteile, und dem sonstigen (GuV-neutralen) Ergebnis ist das **Gesamtergebnis** der Periode *(Total Comprehensive Income)*.

Gemäß IAS 1.81A können Unternehmen im Hinblick auf den Erfolgsausweis aus 2 Darstellungsalternativen wählen. Entweder können sämtliche GuV-wirksamen wie GuV-neutralen Ertrags- und Aufwandsposten des Gesamtergebnisses in einer Rechnung dargestellt werden *(One-Statement Approach)*. Alternativ können zunächst die GuV-wirksam erfassten Erträge und Aufwendungen mittels einer separaten Gewinn-und-Verlust-Rechnung dargestellt werden. In einer weiteren Rechnung wird dann das Jahresergebnis und das sonstige Ergebnis zum Gesamtergebnis der Periode zusammengeführt *(Two-Statement Approach)*.

In Konzernabschlüssen sind nach IAS 1.81B das Jahresergebnis und das Gesamtergebnis auf die Anteilseigner des Mutterunternehmens und

Minderheitsgesellschafter einbezogener Tochter- unternehmen aufzuteilen.

Gemäß IAS 1.87 ist es Unternehmen **unter- sagt, Posten** der Gesamtergebnisrechnung **als außerordentlich zu bezeichnen.** Ohne dies ex- plizit zu machen, reagierte das IASB damit auf das Bilanzierungsverhalten mancher Unter- nehmen, Aufwendungen tendenziell als außer- ordentlich und Erträge eher als ordentlich ein- zustufen, was ein höheres ordentliches Betriebsergebnis und eine bessere Ertragslage suggeriert. Die Einschätzung, inwieweit ein Pos- ten außerordentlich ist, möchte das IASB den Adressaten überlassen. Dahingehend verlangen IAS 1.97 f. von Unternehmen, wesentliche Er- träge und Aufwendungen in der Darstellung des Erfolgs und des sonstigen Gesamtergebnisses oder im Anhang gesondert anzugeben. Dabei sind ihre Höhe und ihre Art zu erläutern. Bei- spielhaft werden folgende Sachverhalte an- geführt, die einer Nennung bedürfen:

- außerplanmäßige Ab- und Zuschreibungen,
- Bildung und Auflösung von Restrukturierungs- aufwendungen,
- Ergebnis aus aufgegebenen Geschäftsbe- reichen und Veräußerungserlöse,
- Verluste aus Rechtsstreitigkeiten oder
- Auflösungen von Rückstellungen.

Angemerkt sei an dieser Stelle, dass Unter- nehmen natürlich versuchen, den Bilanzlesern die Ertragslage so gut wie möglich darzustellen. Die Differenzierung in außerordentliche und ordentliche Erfolgsbestandteile wird dazu ge- wöhnlich in die Lageberichterstattung verlagert.

IAS 1.99 verlangt von Unternehmen eine Ana- lyse der (operativen) Aufwendungen der Periode, wobei dies nach IAS 1.100 vorzugsweise in der Gesamtergebnisrechnung erfolgen soll. Gleich- wohl kann diese Analyse auch in den Anhang verlagert werden. Diese Analyse kann entweder in Form des **Gesamtkostenverfahrens** *(Nature of Expense Method)* oder in Form des **Umsatz- kostenverfahrens** *(Function of Expense Met- hod)* erfolgen. Beide Verfahren unterscheiden sich insbesondere in zwei Punkten:

- Aufwendungen werden beim Gesamtkosten- verfahren nach ihrer Art differenziert: Mate- rial-, Personal-, Abschreibungs- und sonstiger Aufwand; im Umsatzkostenverfahren hin- gegen danach, in welchen funktionalen Be- reichen sie angefallen sind: Herstellung/Pro- duktion, Vertrieb, Verwaltung.
- Im Gesamtkostenverfahren erfolgt der Aus- weis aller Aufwendungen, die für die Produk- tion angefallen sind, unabhängig davon, ob die produzierten Güter tatsächlich abgesetzt (und als Umsatz erfasst) oder auf Lager produziert wurden. Hingegen kommen im Umsatzkosten- verfahren nur die Aufwendungen zum Aus- weis, die bei der Herstellung der abgesetzten Güter anfielen bzw. ihr zugeordnet werden.

Wenn sich dennoch das operative Ergebnis bei Umsatz- und Gesamtkostenverfahren nicht unter- scheidet, liegt das daran, dass beim Gesamt- kostenverfahren die – im Verhältnis zur ab- gesetzten Menge – zu hoch ausgewiesenen Aufwendungen über die Bestandsveränderungen und aktivierten Eigenleistungen korrigiert wer- den. Damit wird auch klar, dass die beiden ge- nannten Posten im Gesamtkostenverfahren an sich keine Erträge darstellen, sondern lediglich Korrekturposten für – gemessen am Absatz – zu hoch erfasste Produktionsaufwendungen.

Der dargestellte Zusammenhang zwischen Gesamtkosten- und Umsatzkostenverfahren ist in Abb. 1.5 illustriert (zur inhaltlichen Abgrenzung der einzelnen Positionen siehe weiterführend Zülch & Hendler, 2009, S. 122–130).

Wenngleich das Gesamtkostenverfahren die traditionelle Darstellung innerhalb Deutschlands ist (§ 275 HGB erlaubt beide Verfahren), wenden sich jedoch insbesondere kapitalmarktorientierte Unternehmen vermehrt dem in angelsächsischen Ländern bekannteren Umsatzkostenverfahren zu. Bei dessen Anwendung müssen im Anhang ge- mäß IAS 1.104 zusätzliche Angaben zu Auf- wandsarten wie dem Materialaufwand, den Personalkosten und den Abschreibungen der Pe- riode gemacht werden. Dies soll insbesondere den zwischenbetrieblichen Vergleich von Unter- nehmen ermöglichen, die unterschiedliche Ver- fahren anwenden.

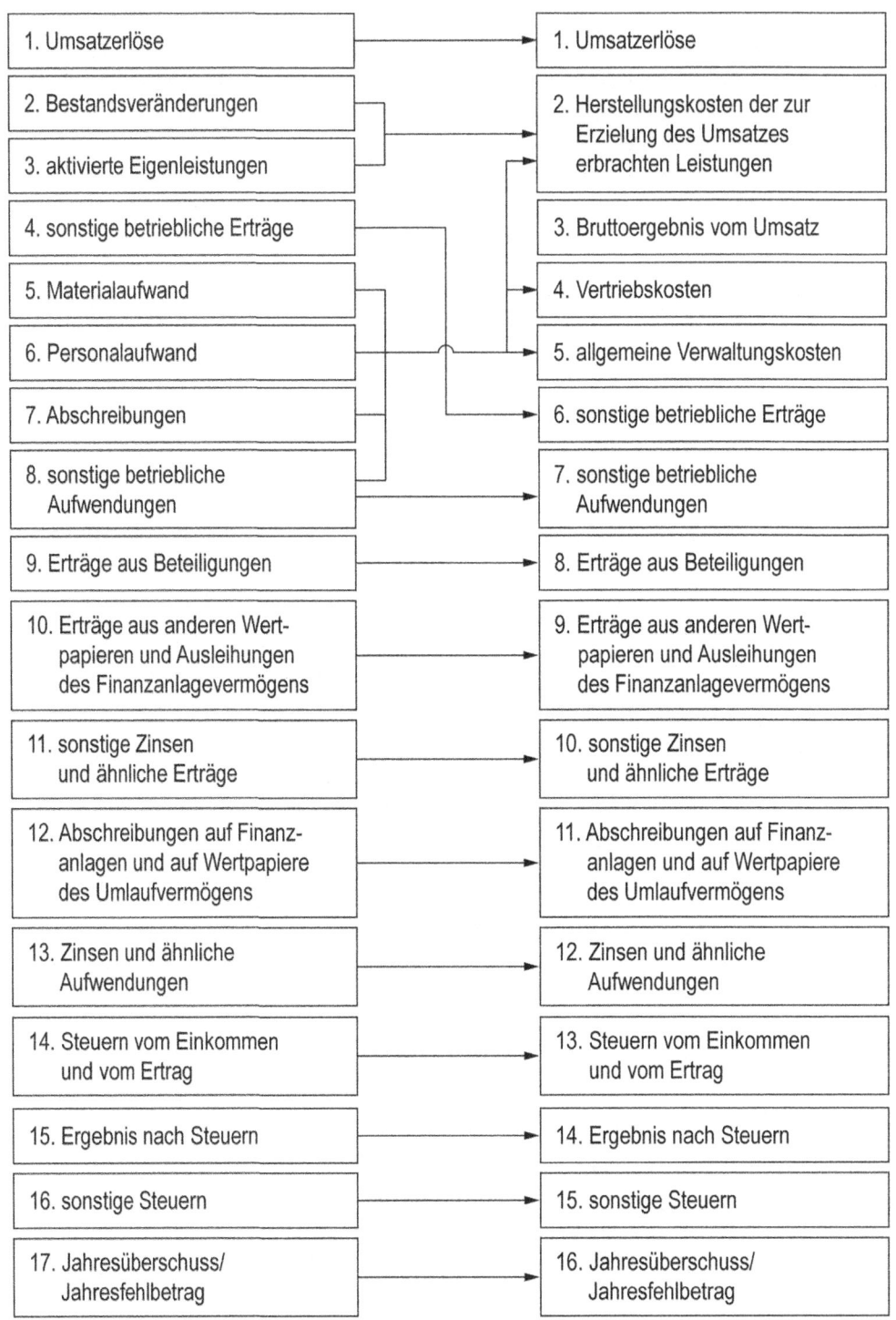

**Abb. 1.5** Gesamt- versus Umsatzkostenverfahren

### 1.4.4 Eigenkapitalveränderungsrechnung

Das Eigenkapital eines Unternehmens (genauer einer Kapitalgesellschaft) stellt das Verlustauffangpotenzial dar, d. h., bis zu diesem Betrag ist das Unternehmen in der Lage, Verluste zu verkraften, ohne sich zu überschulden. Insofern ist es für Jahresabschlussadressaten wichtig, die **Gründe für die Veränderungen** des Eigenkapitals vom Beginn zum Ende der berichteten Perioden zu kennen, denn der Erfolg und das sonstige Ergebnis (also das Gesamtergebnis einer Periode) sind nur zwei mögliche Gründe für Eigenkapitalveränderungen.

Weitere Gründe sind:

- Transaktionen mit den Eigenkapitalgebern des Unternehmens, z. B. Ausschüttungen an Gesellschafter, Erwerb/Einziehung ausstehender Gesellschaftsanteile, Kapitalerhöhungen,
- Änderungen des Eigenkapitals aufgrund der Änderung von Bilanzierungs- und Bewertungsmethoden, die retrospektiv angewendet werden (müssen), oder infolge der Korrektur von Bilanzierungsfehlern.

In einer **Überleitungsrechnung**, wie sie beispielhaft in Abb. 1.6 dargestellt ist, sind die o. g. möglichen Änderungsgründe für alle Komponenten des Eigenkapitals getrennt aufzuschlüsseln. Zu diesen Komponenten zählen das gezeichnete Kapital, die Kapitalrücklagen, die Gewinnrücklagen, die einzelnen Bestandteile des kumulierten übrigen Eigenkapitals (das aus dem GuV-neutral erfassten sonstigen Ergebnis resultiert), erworbene eigene Gesellschaftsanteile (diese werden als Negativposten innerhalb des Eigenkapitals berücksichtigt) und – bei Konzernabschlüssen – die Anteile von Minderheitsgesellschaftern an konsolidierten Tochterunternehmen.

IAS 1.107 verlangt zudem, dass Ausschüttungen von Gewinnanteilen an Gesellschafter gesondert in der Eigenkapitalveränderungsrechnung oder alternativ im Anhang ausgewiesen werden müssen. Darüber hinaus ist der Ausschüttungsbetrag je Gesellschaftsanteil (pro Aktie) anzugeben.

### 1.4.5 Kapitalflussrechnung

Die Kapitalflussrechnung soll den Adressaten des Abschlusses einen Überblick verschaffen, ob, in

| Erhöhung × bzw. Verminderung (×) | Gezeichnetes Kapital/ Kapitalrücklagen | Gewinnrücklagen | Kumuliertes sonstiges Eigenkapital | | | | | Gesamt | Minderheitsanteile | Total |
|---|---|---|---|---|---|---|---|---|---|---|
| | | | Sicherungs- instrumente | Währungsumrech- nungsdifferenzen | Sachanlagen | Finanzinstrumente | Pensionspläne | | | |
| **Saldo 20X1** | × | × | × | × | × | × | × | × | × | × |
| Änderungen der Bilanzierungs- und Bewertungsmethoden | — | × | — | — | — | — | — | × | × | × |
| **Angepasster Saldo 20X1** | × | × | × | × | × | × | × | × | × | × |
| Kapitalerhöhung | × | — | — | — | — | — | — | × | — | × |
| Gewinnausschüttung an Anteilseigner | — | (×) | — | — | — | — | — | (×) | (×) | (×) |
| Gesamtergebnis der Periode | — | × | (×) | (×) | × | × | × | × | × | × |
| **Saldo 20X2** | × | × | × | × | × | × | × | × | × | × |
| Gewinnausschüttung an Anteilseigner | — | (×) | — | — | — | — | — | (×) | (×) | (×) |
| Gesamtergebnis der Periode | — | × | × | × | (×) | (×) | (×) | × | × | × |
| Transfer in die Gewinnrücklagen | — | × | — | — | (×) | — | — | — | — | — |
| **Saldo 20X3** | × | × | × | × | × | × | × | × | × | × |

**Abb. 1.6** Beispiel einer Eigenkapitalveränderungsrechnung gemäß IAS 1

welchen Bereichen und in welchem Umfang Zahlungsmittel in zurückliegenden Perioden erwirtschaftet wurden. Die Fähigkeit eines Unternehmens, Zahlungsmittel zu erwirtschaften, ist für Adressaten äußerst relevant, weil nur durch ausreichende Zahlungsmittel Verbindlichkeiten getilgt und Ausschüttungen an Gesellschafter tatsächlich getätigt werden können. Die Prognose künftiger Zahlungsüberschüsse ist häufig auch die Grundlage für die Bestimmung des Werts eines Unternehmens. Die Kapitalflussrechnung liefert im Zusammenspiel mit den anderen Bestandteilen des Abschlusses Informationen, die die Prognose von Zahlungsmittelüberschüssen erleichtern.

Die Abgrenzung zwischen Aufwendungen und Erträgen einerseits sowie Auszahlungen und Einzahlungen andererseits ist für das Verständnis und die Aufstellung der Kapitalflussrechnung wichtig:

**Aufwendungen und Erträge** stehen stellvertretend für Veränderungen von Vermögenswerten und Schulden, welche zu einer Änderung des Eigenkapitals führen, ohne dass sie durch Einlagen von oder Ausschüttungen an Eigenkapitalgeber verursacht sind. Diese Veränderungen können, müssen jedoch nicht zwangsläufig zahlungswirksam sein.

---

**Beispiele für nicht unmittelbar zahlungswirksame Aufwendungen und Erträge**

- Erfolgswirksame Bildung von Rückstellungen für eine später zu erwartende Schadenersatzzahlung aufgrund eines anhängigen Prozesses oder deren erfolgswirksame Auflösung bei Abweisung der Klage oder Gewinn des Prozesses
- Verkaufsgeschäfte unter Einräumung von Zahlungszielen
- Abschreibungen von Maschinen,
- Erfolgswirksame Verbuchung der Wertsteigerung gehaltener Aktien oder Anleihen. ◄

---

Andererseits können **Auszahlungen oder Einzahlungen** auftreten, die nicht unmittelbar zu Erträgen oder Aufwendungen führen oder bereits in Vorperioden geführt haben.

---

**Beispiele hierfür sind u. a.**

- Anschaffung von Sachanlagevermögen am Ende des Geschäftsjahres, die deshalb in diesem Geschäftjahr noch keine Abschreibungen nach sich ziehen,
- Ausschüttungen von Gewinnanteilen an die Gesellschafter des bilanzierenden Unternehmens,
- Aufnahme oder Rückzahlung von Krediten,
- Begleichung einer Forderung durch einen Kunden aufgrund eines Verkaufs im vorangegangenen Geschäftsjahr (führte im zurückliegenden Geschäftsjahr zu einem Ertrag),
- Zahlung von Schadenersatz, für den im vorangegangenen Geschäftsjahr eine aufwandswirksame Rückstellung gebildet wurde. ◄

---

Vergegenwärtigt man sich die Aufgabe der Kapitalflussrechnung, darzustellen, ob, in welchen Bereichen und in welchem Umfang Zahlungsmittel erwirtschaftet wurden, ist die Bezeichnung eigentlich irreführend. Die inhaltlich treffendere Bezeichnung wäre Zahlungsflussrechnung (was auch der englischen Bezeichnung *Cashflow Statement* entspräche).

Die Vorgaben des IASB im Hinblick auf die Aufstellung der Kapitalflussrechnung finden sich in IAS 7. Nach IAS 7.1 haben alle Unternehmen, die nach IFRS berichten, eine solche Rechnung aufzustellen.

Wenn in der Kapitalflussrechnung über alle Transaktionen zu berichten ist, die zu **Änderungen des Fonds an Zahlungsmitteln** führen, bedarf dies zunächst einer Definition dieses Fonds. Der Zahlungsmittelfonds umfasst dabei nicht nur die Zahlungsmittel wie Barmittel, Postwertzeichen und Sichteinlagen bei Banken, sondern ebenfalls sog. **Zahlungsmitteläquivalente**. Dies sind nach IAS 7.6 kurzfristige, hochliquide finanzielle Vermögenswerte, die unmittelbar in Bargeld eingetauscht werden können und nur vernachlässigbaren Wertschwankungen unterliegen. Zu einer solchen Liquiditätsreserve zählen insbesondere Termineinlagen bei Banken, Geldmarktfonds und Anleihen mit einer jeweiligen Restlaufzeit von höchstens 3 Monaten ab Erwerbszeitpunkt (IAS 7.7). Über Transaktionen, die sich innerhalb des Zahlungsmittelfonds abspielen (z. B. Anlage jederzeit fälliger Bankguthaben in eine börsengehandelte Anleihe mit einer Restlaufzeit von 2 Monaten), darf hingegen nicht berichtet werden (IAS 7.9).

**IAS 7 verlangt die Zuordnung zahlungswirksamer Transaktionen zu den Bereichen ihrer Verursachung.** Dabei kann eine zahlungswirksame Transaktion durchaus verschiedenen Bereichen zuordenbar sein (IAS 7.12). Beispielsweise kann die Rückzahlung eines ausgegebenen Zerobonds (keine Zinszahlungen während der Laufzeit, dafür höherer Rückzahlungspreis am Ende der Laufzeit) in den operativen Bereich (aufgelaufene Zinsen) und den Finanzierungsbereich (Kapitalrückzahlung) aufgespalten werden.

Der **Cashflow aus der operativen Geschäftstätigkeit** nimmt eine herausragende Bedeutung ein, denn aus ihm wird klar, inwieweit es das Unternehmen in der abgelaufenen Periode vermochte, **Zahlungsüberschüsse aus dem operativen Geschäft** heraus zu erwirtschaften. Dabei ist die Zuordnung von Zahlungsflüssen zum operativen Bereich vom jeweiligen Geschäft des Unternehmens abhängig. Beispielsweise wäre es für ein produzierendes Unternehmen eher ungewöhnlich, den Kauf einer Immobilie dem operativen Bereich zuzurechnen, für ein Immobilienunternehmen dagegen eher normal.

Zu den wesentlichen hier zuzuordnenden Sachverhalten zählen nach IAS 7.14:

- Einzahlungen von Kunden aus dem Verkauf von Erzeugnissen, Waren und Dienstleistungen,

- Einzahlungen aufgrund der Gewährung von Lizenzen, der Vereinnahmung von Kommissionen, Gebühren und Ähnlichem,
- Auszahlungen an Lieferanten von Roh-, Hilfs- und Betriebsstoffen sowie an Beschäftigte,
- sonstige Einzahlungen einschließlich Steuerrückerstattungen, die nicht der Investitions- oder Finanzierungstätigkeit zuzuordnen sind, und
- sonstige Auszahlungen einschließlich Steuerzahlungen, die nicht der Investitions- oder Finanzierungstätigkeit zuzuordnen sind.

Im Hinblick auf die Darstellung des operativen Cashflows hält IAS 7.18 ein weiteres Wahlrecht bereit. Erlaubt ist demnach die direkte Darstellung der Ein- und Auszahlungen aus der operativen Geschäftstätigkeit wie in Abb. 1.7 dargestellt.

Diese Art der Darstellung des operativen Cashflows setzt jedoch hohe Anforderungen an das betriebliche Rechnungswesen, weshalb sie in der Praxis auch seltener angewendet wird.

Als Alternative bietet sich die indirekte Darstellungsvariante an. Dabei wird der operative Cashflow durch Anpassung des Jahresergebnisses um nicht zahlungswirksame Aufwendungen und Erträge und Veränderungen des *Net Working Capital* ermittelt. Zudem sind Positionen herauszurechnen, die der Investitions- oder Finanzierungstätigkeit zuzuordnen sind (z. B. Buchgewinne aus dem Verkauf von Sachanlagen). Ein Beispiel für eine solche indirekte Darstellung findet sich in Abb. 1.8.

Um das Erfolgspotenzial eines Unternehmens zu erhalten und auszubauen, muss investiert werden. Über das Ausmaß und die Art der Investitionen

|   | Einzahlungen von Kunden aus dem Verkauf von Erzeugnissen, Waren und Dienstleistungen |
|---|---|
| + | Einzahlungen aufgrund der Gewährung von Lizenzen, der Vereinnahmung von Kommissionen, Gebühren und ähnlichen |
| − | Auszahlungen an Lieferanten von Roh-, Hilfs- und Betriebsstoffen sowie an Beschäftigte |
| + | Sonstige Einzahlungen einschließlich Steuerrückerstattungen, die nicht der Investitions- oder Finanzierungstätigkeit zuzuordnen sind |
| − | Sonstige Auszahlungen einschließlich Steuerzahlungen, die nicht der Investitions- oder Finanzierungstätigkeit zuzuordnen sind |
| = | **Cashflow aus der operativen Geschäftstätigkeit** |

**Abb. 1.7** Direkte Darstellung des Cashflows aus der operativen Geschäftstätigkeit

Jahresergebnis (einschließlich der Ergebnisanteile von Minderheitsgesellschaftern)

+/–  Abschreibungen/Zuschreibungen auf Gegenstände des AV

+/–  Zunahme/Abnahme der Rückstellungen

+/–  Sonstige zahlungsunwirksame Aufwendungen/Erträge

–/+  Gewinn/Verlust aus dem Abgang von Gegenständen des Anlagevermögens

–/+  Zunahme/Abnahme der Vorräte, der Forderungen aus Lieferungen und Leistungen sowie
      anderer Aktiva, die nicht der Investitions- oder Finanzierungstätigkeit zuzuordnen sind

+/–  Zunahme/Abnahme der Verbindlichkeiten aus Lieferungen und Leistungen sowie
      anderer Passiva, die nicht der Investitions- oder Finanzierungstätigkeit zuzuordnen sind

=    **Cashflow aus der operativen Geschäftstätigkeit**

**Abb. 1.8** Indirekte Darstellung des Cashflows aus der operativen Geschäftstätigkeit

bzw. Desinvestitionen gibt der **Cashflow aus der Investitionstätigkeit** Auskunft. Diesem Bereich sind zahlungswirksame Transaktionen zuzuordnen, die mit Ressourcen zusammenhängen, welche dem Unternehmen i. d. R. länger als ein Jahr zur Ertragserzielung dienen.

Zu den wesentlichen hier zuzuordnenden Sachverhalten zählen nach IAS 7.16:

- Einzahlungen aus Abgängen von Gegenständen des Sachanlagevermögens oder des immateriellen Anlagevermögens,
- Auszahlungen für Investitionen in das Sachanlagevermögen oder in das immaterielle Anlagevermögen,
- Einzahlungen aus Abgängen von Gegenständen des Finanzanlagevermögens,
- Auszahlungen für Investitionen in das Finanzanlagevermögen,
- Einzahlungen aus dem Verkauf oder Auszahlungen für den Erwerb konsolidierter Unternehmen und sonstiger Geschäftseinheiten (nur relevant für Konzernkapitalflussrechnungen).

Wachsende Unternehmen sind gewöhnlich nicht in der Lage, die Investitionen vollumfänglich durch operative Zahlungsüberschüsse zu finanzieren. Sie sind insoweit auf externe Finanzgeber angewiesen. Über das Ausmaß und die Quellen der Finanzmittel, die im Geschäftsjahr extern aufgenommen wurden, gibt der Bereich **Cashflow aus der Finanzierungstätigkeit** Auskunft. Darüber hinaus werden hier auch die Rückflüsse von Finanzmitteln an externe Kapitalgeber dargestellt.

Zu den wesentlichen hier zuzuordnenden Sachverhalten zählen nach IAS 7.17:

- Einzahlungen aus Eigenkapitalzuführungen (Kapitalerhöhungen etc.),
- Auszahlungen an Gesellschafter (Gewinnausschüttungen, Erwerb eigener Gesellschaftsanteile, andere Ausschüttungen),
- Einzahlungen aus der Begebung von Anleihen und der Aufnahme sonstiger kurz- wie langfristiger (Finanz-)Kredite,
- Auszahlungen für die Tilgung von Anleihen und (Finanz-)Krediten einschließlich Leasingverbindlichkeiten.

Die Cashflows aus der Investitions- und aus der Finanzierungstätigkeit sind stets nach der direkten Methode darzustellen.

IAS 7.31–IAS 7.34 räumen Unternehmen Wahlrechte hinsichtlich des Ausweises erhaltener bzw. gezahlter Zinsen, Dividenden und Steuern ein, wie sie in Abb. 1.9 dargestellt sind.

Lediglich an dieser Stelle bietet die Kapitalflussrechnung Unternehmen die Möglichkeit bilanzpolitischer Maßnahmen. Denn wie bereits erläutert wurde, ist in der Außenwirkung der operative Cashflow häufig die zentrale Größe. Insofern sollte es gewöhnlich im Interesse von Unternehmen liegen, den operativen Cashflow so hoch wie möglich darzustellen. Dementsprechend sollten gezahlte Zinsen und Dividenden der Finanzierungstätigkeit und erhaltene Zinsen und Dividenden der operativen Geschäftstätigkeit zugeordnet werden. Zu beachten ist allerdings, dass ein einmal ausgeübtes Wahlrecht im Zeitablauf stetig angewendet werden muss.

Die *Kapitalflussrechnung* ist nach IAS 7.45 so darzustellen, dass ersichtlich wird, wie die Summe der Cashflows aus den 3 Teilbereichen

| | operative Geschäftstätigkeit | Investitionstätigkeit | Finanzierungstätigkeit |
|---|---|---|---|
| gezahlte Zinsen | X | X* | X |
| gezahlte Dividenden | X | | X |
| erhaltene Zinsen | X | X | |
| erhaltene Dividenden | X | X | |
| Gezahlte Ertragsteuern | X | X** | X** |

\* Sofern gemäß IAS 23 in die Anschaffungs- bzw. Herstellungskosten einbezogen
\*\* Sofern diesen Tätigkeiten spezifisch zuordenbar (in der Praxis selten vorgenommen)

**Abb. 1.9** Ausweiswahlrechte für Zinsen, Dividenden und Steuern in der Kapitalflussrechnung nach IFRS

den Zahlungsmittelfonds während des Geschäftsjahres verändert hat. Zudem ist im Anhang anzugeben, welche Bilanzpositionen bzw. Teilbeträge hiervon in den Zahlungsmittelfonds einbezogen wurden. Eventuelle Verfügungsbeschränkungen über Zahlungsmittel sind nach IAS 7.48 f. ebenfalls angabepflichtig.

Zudem verlangen IAS 7.31 bzw. IAS 7.35 die separate Angabe der erhaltenen und gezahlten Zinsen und Dividenden sowie der gezahlten Steuern und der Stelle, an der sie in der Kapitalflussrechnung ausgewiesen sind.

Innerhalb der Cashflows aus der Investitions- und Finanzierungstätigkeit dürfen Transaktionen, die **zahlungsunwirksam** sind, **nicht dargestellt** werden (IAS 7.43). Zu solchen Transaktionen zählen z. B.

- der Erwerb von Nutzungsrechten an Gütern durch Leasingverhältnisse,
- der Erwerb von Beteiligungen oder sonstiger Vermögenswerte gegen Ausgabe von Aktien,
- die Umwandlung von Schulden in Eigenkapitaltitel,
- der Tausch von Vermögenswerten.

Diese Transaktionen müssen im Anhang jedoch näher beschrieben werden.

### 1.4.6 Anhang

Der Anhang ist der letzte Pflichtbestandteil eines jeden IFRS-konformen Abschlusses gemäß IAS 1.10. Ihm kommt zunächst eine **Erläuterungsfunktion** zu. Das heißt, im Anhang sollen Posten der Bilanz, der Gesamtergebnisrechnung, der Eigenkapitalveränderungsrechnung und der Kapitalflussrechnung erläutert werden. Zudem sollen die angewendeten Ansatz- und Bewertungsmethoden erklärt werden. Der Anhang hat auch eine **Entlastungsfunktion** insofern, als bestimmte Informationen aus den genannten Abschlussbestandteilen in den Anhang verlagert werden können.

Hingegen hat der Anhang **keine** dem deutschen Handelsrecht vergleichbare **Korrekturfunktion.** Nach § 264 Abs. 2 Satz 2 HGB kann es vorkommen, dass durch die zwingende Anwendung der gesetzlichen Vorschriften kein den tatsächlichen Verhältnissen entsprechendes Bild der wirtschaftlichen Lage vermittelt wird. Solch

eine Situation zieht lediglich erläuternde Anhangangaben nach sich. Dies ist jedoch nach der
bereits beschriebenen Generalnorm des IAS 1.19
i. V. m. IAS 1.18 in den IFRS kein gangbarer
Weg, denn Unternehmen werden danach sogar
gezwungen, von den internationalen Rechnungslegungsnormen abzuweichen, wenn deren
Anwendung zu keiner glaubwürdigen, tatsachengerechten und fairen Darstellung der
wirtschaftlichen Lage führt (Abschn. 1.1.5).

IAS 1 beschreibt eher abstrakte Angabepflichten für den Anhang. Die konkreten Anforderungen zu Angaben im Anhang finden sich
indes in den einzelnen IFRS.

In IAS 1.112 ff. wird folgende grundsätzliche
Struktur der Anhangangaben vorgegeben:

- Angabe, dass der Abschluss mit allen Anforderungen der IFRS übereinstimmt,
- Erläuterung der wesentlichen angewendeten
Bilanzierungs- und Bewertungsvorschriften,
- Erläuterungen zu den Posten der anderen
Pflichtbestandteile des Jahresabschlusses in
der dort vorzufindenden Reihenfolge,
- sonstige Angaben, u. a. wesentliche Schät-
zungsunsicherheiten sowie Änderung diesbezüglicher Annahmen, Ausübung von Er-
messensentscheidungen mit wesentlichen
Auswirkungen, Eventualverbindlichkeiten,
beschlossene Dividendenzahlungen und
nichtfinanzielle Angaben zu den Zielen und
Grundsätzen des Risikomanagements.

Gemäß IAS 1.113 ist es notwendig, systematische Querverweise von den entsprechenden Posten der anderen Abschlussbestandteile auf die sie
erläuternden Anhangangaben zu machen.

### Zusammenfassung

Der privatrechtlich organisierte IASB entwickelt die International Financial Reporting Standards (IFRS) in einem Prozess,
der es der interessierten Öffentlichkeit ermöglicht, Stellungnahmen und Kommen-
tare abzugeben. Unter dem Oberbegriff

IFRS werden alle verabschiedeten und
noch gültigen IFRS, IAS sowie die IFRIC
Interpretations bzw. SIC Interpretations
subsumiert. Die Anwendung der IFRS ist
für Konzernabschlüsse kapitalmarktorientierter Unternehmen mit Sitz in der
EU verpflichtend. Selbst bei fehlender
Kapitalmarktorientierung können deutsche
Unternehmen ihre Konzernabschlüsse
wahlweise nach IFRS statt nach HGB erstellen und veröffentlichen. Zudem besteht
ein Wahlrecht für deutsche Unternehmen,
ihre Einzelabschlüsse nach IFRS statt HGB
zu veröffentlichen. Gleichwohl sind Einzelabschlüsse stets nach den HGB-Regeln zu
erstellen, da nur sie für Ausschüttungs- und
Steuerbemessung relevant sind.

Bindungswirkung entfalten die vom
IASB verabschiedeten IFRS für EU-Unter-
nehmen nur, wenn sie in EU-Recht mittels
eines definierten Rechtsetzungsverfahrens
übernommen wurden. Dieses Verfahren
bietet der EU zwar die Möglichkeit, Einfluss auf die Ausgestaltung der Rechnungslegung in Europa zu nehmen, hat jedoch
auch nicht zu unterschätzende Nachteile.

Bei der Entwicklung der Normen stützt
sich der IASB auf das Rahmenkonzept. Es
enthält die mit der IFRS-Rechnungslegung
verfolgte Zwecksetzung (Vermittlung entscheidungsnützlicher Informationen), die
Basisannahmen und qualitativen Anforderungen für Rechnungslegungsinformationen (z. B. Relevanz und
glaubwürdige Darstellung) sowie
Ansatzgrundsätze für Bilanzposten und
Posten der Ergebnisrechnung und mögliche Bewertungsmaßstäbe. Primäre
Zwecksetzungen der IFRS sind die Infor-
mations- und Rechenschaftsfunktion, während für das HGB die Ausschüttungsbemessungsfunktion dominiert. Dies führt
zu unterschiedlichen Bilanzierungsnormen
für gleiche Sachverhalte.

Die im Rahmenkonzept formulierte
Bilanzierungskonzeption ist dabei dem

*Asset and Liability Approach* zuzuordnen, denn sie basiert auf dem ökonomischen Verständnis von Vermögenswerten und Schulden. Zu berücksichtigen ist jedoch, dass letztlich die Einzelstandards die konkrete Bilanzierung von Sachverhalten als Vermögenswerte und Schulden festlegen.

IAS 1 legt die Pflichtbestandteile eines IFRS-konformen Abschlusses fest: Bilanz, Gesamtergebnisrechnung, Kapitalflussrechnung, Eigenkapitalveränderungsrechnung und Anhang. Für kapitalmarktorientierte Unternehmen ist zudem eine Segmentberichterstattung beizufügen.

Im Rahmen der IFRS können Erträge und Aufwendungen zu berücksichtigen sein, die nicht über die Gewinn-und-Verlust-Rechnung, sondern als Bestandteile des sonstigen Gesamtergebnisses direkt im Eigenkapital zu erfassen sind. In der Gesamtergebnisrechnung ist beides aufzuführen. Diese Vorgehensweise ist im deutschen Handelsrecht unbekannt.

## 1.4.7 Übungsaufgaben

1. Nennen Sie die Pflichtbestandteile eines jeden IFRS-konformen Abschlusses. Welchen zusätzlichen Bestandteil haben kapitalmarktorientierte Unternehmen beizufügen?

2. Beschreiben Sie die Anforderungen des IAS 1 hinsichtlich der Gliederung der Bilanz.

3. Worin unterscheiden sich in der Gesamtergebnisrechnung die Erträge und Aufwendungen, welche zum Jahresergebnis führen, von denen, die im sonstigen Gesamtergebnis *(Other Comprehensive Income – OCI)* gezeigt werden?

4. Nennen Sie Beispiele für potenziell wesentliche Aufwendungen und Erträge, die einer gesonderten Angabe in der Gesamtergebnisrechnung oder alternativ im Anhang bedürfen. Können diese Erfolgsbestandteile im IFRS-Abschluss auch als außerordentlich eingestuft werden?

5. Nennen Sie die zwei Alternativen der Erfolgsanalyse nach IFRS (Analyse der operativen Aufwendungen) und beschreiben Sie deren Unterschiede.

6. Beschreiben Sie den Sinn der Eigenkapitalveränderungsrechnung und nennen Sie wesentliche Sachverhalte, die nach IFRS in dieser Rechnung dargestellt werden müssen.

7. Beschreiben Sie die Aufgabe und die Relevanz der Kapitalflussrechnung.

8. Wie ist der Zahlungsmittelfonds nach IAS 7 definiert, über dessen Veränderung in der Periode die Kapitalflussrechnung Auskunft geben soll? Nennen Sie Beispiele für Vermögenswerte, die hier zugeordnet werden können.

9. Nennen Sie die Teilbereiche, denen zahlungswirksame Transaktionen in der Kapitalflussrechnung zugeordnet werden müssen. Wovon hängt diese Zuordnung ab?

   Beschreiben Sie ein Beispiel, das zu einer unterschiedlichen Zuordnung der gleichen Transaktion bei unterschiedlichen Unternehmen führt.

10. Nennen Sie die Ausweiswahlrechte nach IAS 7 für Zinsen und Dividenden. Begründen Sie, wie diese Wahlrechte mit dem Ziel einer möglichst positiven Darstellung des Unternehmens sinnvollerweise ausgeübt werden sollten.

    Inwiefern sind diese bilanzpolitischen Spielräume für den externen Bilanzleser erkennbar?

11. Stellen Sie auf Basis der folgenden Informationen aus dem internen Rechnungswesen eines Unternehmens die vollständige Kapitalflussrechnung auf.

*Verfahren Sie dabei nach der indirekten Ermittlungsmethode für den Cashflow aus der operativen Geschäftstätigkeit. Für gezahlte Dividenden soll das Ausweiswahlrecht so ausgeübt werden, dass der Cashflow aus der operativen Geschäftstätigkeit so hoch wie möglich ausfällt.*

- Das Jahresergebnis (GuV) beträgt 400 GE.
- Den Rückstellungen wurden während des Geschäftsjahres 200 GE zugeführt und von den Rückstellungen wurden 300 GE in Anspruch genommen.
- Die planmäßigen Abschreibungen des Sachanlagevermögens betrugen im abgelaufenen Geschäftsjahr 200 GE. Zusätzlich wurden frühere außerplanmäßige Abschreibungen in Höhe von 50 GE GuV-wirksam rückgängig gemacht, da der Wertberichtigungsgrund entfiel.
- Für gehaltene Wertpapiere mussten im Einklang mit IFRS 9 Marktpreissteigerungen von 100 GE über die Anschaffungskosten hinaus GuV-wirksam im Jahresergebnis berücksichtigt werden.
- Ein Betriebsgrundstück, das mit 150 GE noch am Jahresanfang in den Büchern stand, wurde für 300 GE verkauft.
- Am Ende des Geschäftsjahres wurden Umsätze in Höhe von 50 GE auf Ziel getätigt. Mit dem Zahlungseingang wird im neuen Geschäftsjahr gerechnet. Die sonstigen erfassten Umsätze im Geschäftsjahr wurden durch die Kunden bezahlt.
- Am Anfang des Geschäftsjahres zahlten Kunden Rechnungen für im Vorjahr gelieferte Waren in Höhe von 20 GE.
- Am Ende des Geschäftsjahres wurden aufgrund guter Bezugskonditionen Waren im Wert von 300 GE eingekauft, geliefert (Warenbestand am Jahresanfang: 0 GE) und zur Hälfte bezahlt.
- Neue Sachanlagen im Wert von 400 GE wurden angeschafft und bezahlt.
- Das Unternehmen schüttete eine Dividende in Höhe von 20 GE aus und kaufte

zusätzlich am Markt eigene Aktien im Wert von 30 GE an.
- Kurzfristige Bankkredite in Höhe von 20 GE wurden aufgenommen.
- Der Anfangsbestand des Zahlungsmittelfonds betrug 200 GE, der Endbestand 90 GE.

12. Erläutern Sie die Funktionen des Anhangs nach IFRS.

### 1.4.8　Lösungen

1. Nach IAS 1.10 besteht ein Abschluss (egal, ob Einzel- oder Konzernabschluss) aus der Bilanz, der Gesamtergebnisrechnung, der Eigenkapitalveränderungsrechnung, der Kapitalflussrechnung und dem Anhang. Kapitalmarktorientierte Unternehmen haben zusätzlich eine Segmentberichterstattung beizufügen.

2. Bilanzposten sind grundsätzlich nach ihrer Fristigkeit zu untergliedern, wobei das Unternehmen frei ist in seiner Wahl, zunächst kurz- oder langfristige Posten darzustellen.

   Als kurzfristig sind Posten zu klassifizieren, wenn sie im normalen Geschäftszyklus realisiert werden. Sollte der normale Geschäftszyklus unklar sein, sind Vermögenswerte und Schulden als kurzfristig zu betrachten, sofern deren Realisation innerhalb von 12 Monaten erwartet wird.

   Vermögenswerte und Schulden, die nicht als kurzfristig eingestuft werden, sind als langfristige Posten auszuweisen.

   Latente Steuern sind stets als langfristig darzustellen.

   In Ausnahmefällen kann ein Unternehmen die Gliederung von Bilanzposten nach ihrer Liquiditätsnähe vornehmen, wenn dies zu einem relevanteren und zugleich zuverlässigen Einblick in die wirtschaftliche Lage führt (relevant bspw. für Banken).

3. Erträge und Aufwendungen, die im sonstigen Gesamtergebnis ausgewiesen werden,

sind solche, die gemäß bestimmten IFRS-Regelungen nicht über die Gewinn-und-Verlust-Rechnung, sondern direkt im Eigenkapital zu erfassen sind.

4. Zu potenziell wesentlichen Erträgen oder Aufwendungen zählen u. a. außerplanmäßige Ab- und Zuschreibungen, die Bildung und die Auflösung von Restrukturierungsaufwendungen, das Ergebnis aufgegebener Geschäftsbereiche, Veräußerungserlöse, Verluste aus Rechtsstreitigkeiten und die Auflösung von Rückstellungen. Gemäß IAS 1.85 ist es Unternehmen untersagt, Posten der Gesamtergebnisrechnung als außerordentlich zu bezeichnen. Jedoch verlagern Unternehmen solch eine Differenzierung in die Lageberichterstattung.

5. Die Erfolgsanalyse kann in Form des Gesamtkostenverfahrens oder in Form des Umsatzkostenverfahrens erfolgen.

   Beim Gesamtkostenverfahren werden die operativen Aufwendungen nach ihrer Art (Material-, Personal-, Abschreibungs- und sonstiger Aufwand) differenziert. Zudem werden alle Aufwendungen der Periode, die für die Produktion angefallen sind, ausgewiesen.

   Beim Umsatzkostenverfahren werden die operativen Aufwendungen danach unterschieden, in welchen funktionalen Bereichen (Herstellung/Produktion, Vertrieb, Verwaltung) sie angefallen sind. Der Herstellungsaufwand der auf Lager produzierten Produkte wird nicht dargestellt.

   Diese im Gesamtkostenverfahren gleichwohl dargestellten Aufwendungen werden durch den Ausweis der Bestandsveränderungen und aktivierten Eigenleistungen korrigiert. Insofern unterscheidet sich das operative Ergebnis (und das Gesamtergebnis) in den alternativen Darstellungsformen Umsatz- und Gesamtkostenverfahren nicht.

6. Die Eigenkapitalveränderungsrechnung soll die Gründe für die Veränderung des bilanzierten Eigenkapitals vom Beginn zum Ende der berichteten Perioden nachvollziehbar

machen. Dargestellt werden müssen Änderungen des Eigenkapitals aufgrund

a. des Jahresergebnisses,
b. des sonstigen Ergebnisses aufgrund von:
   • Fair-Value-Änderungen von Finanzinstrumenten, die als zur Veräußerung verfügbar klassifiziert sind,
   • Wertänderungen von Sicherungsinstrumenten, die als Cashflow-Hedges designiert wurden,
   • Bewertungsänderungen von Sachanlagen, die nach der Neubewertungsmethode bewertet werden,
   • versicherungsmathematischen Gewinnen und Verlusten aus Pensionsplänen bzw.
   • bestimmten Währungsumrechnungsdifferenzen;
c. von Transaktionen mit den Eigenkapitalgebern des Unternehmens, z. B.
   • Ausschüttungen an Gesellschafter,
   • Erwerb/Einziehung von ausstehenden Gesellschaftsanteilen oder
   • Kapitalerhöhungen;
d. der Änderung von Bilanzierungs- und Bewertungsmethoden, die retrospektiv angewendet werden (müssen), oder infolge notwendiger Korrekturen von Bilanzierungsfehlern.

7. Die Kapitalflussrechnung soll Aufschluss darüber geben, ob, in welchen Bereichen und in welchem Umfang Zahlungsmittel während einer Periode erwirtschaftet wurden. Die Fähigkeit eines Unternehmens, Zahlungsmittel zu erwirtschaften, ist für Adressaten deshalb von Relevanz, weil nur durch ausreichende Zahlungsmittel Verbindlichkeiten getilgt und Ausschüttungen an Gesellschafter tatsächlich getätigt werden können. Die Prognose künftiger Zahlungsüberschüsse ist häufig auch die Grundlage für die Bestimmung des Werts eines Unternehmens. Die Kapitalflussrechnung vermag im Zusammenspiel mit den anderen Bestandteilen des Abschlusses (insbesondere Bilanz, GuV und Anhang) In-

formationen zu liefern, die die Prognose von Zahlungsmittelüberschüssen erleichtern.

8. Der Zahlungsmittelfonds umfasst Zahlungsmittel (Barmittel, Postwertzeichen und Sichteinlagen bei Banken) und Zahlungsmitteläquivalente, d. h. kurzfristige, hochliquide finanzielle Vermögenswerte, die unmittelbar in Bargeld eingetauscht werden können und vernachlässigbaren Wertschwankungen unterliegen (z. B. Termineinlagen bei Banken, Geldmarktfonds und Anleihen mit einer Restlaufzeit von jeweils höchstens 3 Monaten ab Erwerbszeitpunkt).

9. Die 3 Bereiche, denen Transaktionen zugeordnet werden müssen, sind
   - der Cashflow aus der operativen Geschäftstätigkeit,
   - der Cashflow aus der Investitionstätigkeit und
   - der Cashflow aus der Finanzierungstätigkeit.

   Die Zuordnung zahlungswirksamer Transaktionen zu einzelnen Teilbereichen ist abhängig vom Geschäftsmodell des Unternehmens. Beispielsweise ist der Kauf einer Immobilie bei einem Produktionsunternehmen regelmäßig dem Investitionsbereich zuzuordnen, bei einem Immobilienunternehmen jedoch dem operativen Cashflow.

10. Gezahlte Zinsen und Dividenden können jeweils entweder dem Cashflow aus der operativen Geschäftstätigkeit oder dem Cashflow aus der Finanzierungstätigkeit zugeordnet werden.
    Erhaltene Zinsen und Dividenden können jeweils entweder dem Cashflow aus der operativen Geschäftstätigkeit oder dem Cashflow aus der Investitionstätigkeit zugeordnet werden.
    Da der operative Cashflow die bedeutendste Cashflowgröße ist, sollte er so hoch wie möglich dargestellt werden. Insofern wären

    - gezahlte Zinsen und Dividenden der Finanzierungstätigkeit und

    - erhaltene Zinsen und Dividenden der operativen Geschäftstätigkeit zuzuordnen.

    Da IAS 7.31 die separate Angabe erhaltener und gezahlter Zinsen sowie Dividenden verlangt, besteht für versierte Bilanzleser die Möglichkeit der Bereinigung der präsentierten Daten. Für gewöhnlich werden für bilanzanalytische Zwecke

    - erhaltene Dividenden sowie erhaltene und gezahlte Zinsen dem Cashflow aus der operativen Geschäftstätigkeit,
    - gezahlte Dividenden dem Cashflow aus der Finanzierungstätigkeit zugeschlüsselt.

11. Die Kapitalflussrechnung ist Tab. 1.1 zu entnehmen. Alle Beträge sind in GE notiert.

    Bitte beachten Sie: Es wurde aus der operativen Geschäftstätigkeit ein Zahlungsüberschuss von 20 GE erwirtschaftet. Mit den Zahlungsdefiziten, die aus der Investitions- und Finanzierungstätigkeit erwirtschaftet wurden, ergab sich ein Gesamtzahlungsdefizit von 110 GE, das durch die vorhandenen liquiden Mittel aufgefangen wurde.

12. Zunächst kommt dem Anhang eine Erläuterungsfunktion zu, d. h., es sollen hier Posten der Bilanz, der Gesamtergebnisrechnung, der Kapitalflussrechnung sowie der Eigenkapitalveränderungsrechnung und die angewendeten Ansatz- sowie Bewertungsmethoden erläutert werden. Der Anhang hat auch eine Entlastungsfunktion insofern, als bestimmte Informationen aus den genannten Abschlussbestandteilen in den Anhang verlagert werden können. Beispielsweise kann die Aufgliederung des Postens Vorräte in Roh-, Hilfs- sowie Betriebsstoffe wie auch in unfertige und fertige Erzeugnisse in der Bilanz vorgenommen werden. Es ist jedoch auch möglich, diese Aufgliederung in den Anhang zu verlagern.

**Tab. 1.1** Lösung zu Aufgabe 11

| | | |
|---|---|---|
| | Jahresergebnis | 400 |
| + | Planmäßige Abschreibungen Sachanlagevermögen | 200 |
| − | Zuschreibungen Sachanlagevermögen | −50 |
| − | Abnahme der Rückstellungen | −100 |
| − | Sonstige zahlungsunwirksame Erträge (Marktpreissteigerung Aktien) | −100 |
| − | Gewinn aus dem Abgang von Gegenständen des Anlagevermögens | −150 |
| − | Zunahme der Forderungen | −30 |
| − | Zunahme der Vorräte | −300 |
| + | Zunahme der Verbindlichkeiten | 150 |
| = | **Cashflow aus der operativen Geschäftstätigkeit** ① | **+20** |
| − | Auszahlungen für Investitionen in das Sachanlagevermögen | −400 |
| + | Einzahlungen aus dem Abgang von Gegenständen des Sachanlagevermögens | 300 |
| = | **Cashflow aus der Investitionstätigkeit** ② | **−100** |
| + | Einzahlungen aus der Aufnahme von Bankkrediten | 20 |
| − | Dividendenausschüttungen | −20 |
| − | Auszahlungen für den Erwerb eigener Anteile | −30 |
| = | **Cashflow aus der Finanzierungstätigkeit** ③ | **−30** |
| | Zahlungsmittelbestand zu **Beginn** der Periode | 200 |
| | **Veränderung des Zahlungsmittelbestands während der Periode** ① + ② + ③ | **−110** |
| | Zahlungsmittelbestand am **Ende** der Periode | 90 |

# Literatur

American Accounting Association. (1966). *A statement of basic accounting theory*. Selbstverlag.

American Accounting Association. Concepts and Research Standards Committee. (1965). The realization concept. *The Accounting Review, 40*(2), 312–322.

Baxter, W. T. (1977). Introduction. In W. T. Baxter & S. Davidson (Hrsg.), *Studies in accounting (VI–XII)*. Selbstverlag.

Brücks, M. (2021). Einführung. In S. Thiele, I. v. Keitz & M. Brücks (Hrsg.), *Internationales Bilanzrecht. Rechnungslegung nach IFRS*. Stollfuß, (49. Aktualisierung Januar 2021).

Buchheim, R., Knorr, L., & Schmidt, M. (2008a). Anwendung der IFRS in Europa. Das neue Endorsement-Verfahren. *KoR, 8*(5), 334–341.

Buchheim, R., Knorr, L., & Schmidt, M. (2008b). Anwendung der IFRS in Europa. Die Auswirkungen des neuen Endorsement-Verfahrens auf die Rechnungslegung. *KoR, 8*(6), 373–379.

Coenenberg, A. G., Haller, A., & Schultze, W. (2018). *Jahresabschluss und Jahresabschlussanalyse. Betriebswirtschaftliche, handelsrechtliche, steuerrechtliche und internationale Grundsätze – HGB, IFRS, US-GAAP* (25. Aufl.). Schäffer-Poeschel.

Edwards, E. O., & Bell, P. W. (1961). *The theory and measurement of business income*. University of California Press.

Financial Accounting Standards Board. (1976). *FASB discussion memorandum No. 7. Conceptual framework for financial accounting and reporting: Elements of financial statements and their measurement*. Selbstverlag.

Flegm, E. H. (1989). The limitations of accounting. *Accounting Horizons, 3*(3), 90–97.

Gebhardt, R. (2009). *Abbildung von Leasingverhältnissen in der internationalen Rechnungslegung – Eine Analyse propagierter Neuregelungen auf konzeptionelle Begründbarkeit*. Dr. Kovac. (zugleich Dissertation an der Handelshochschule in Leipzig).

Haller, A. (1989). *Die Grundlagen der externen Rechnungslegung in den USA – unter besonderer Berücksichtigung der rechtlichen, institutionellen und theoretischen Rahmenbedingungen*. Poeschel.

IFRS Foundation. (Hrsg.). (2021a). IFRS Foundation Constitution (August 2020). https://www.ifrs.org/content/dam/ifrs/about-us/legal-and-governance/constitution-docs/ifrs-foundation-constitution-2020.pdf. Zugegriffen am 20.09.2021.

IFRS Foundation. (Hrsg.). (2021b). Due process handbook (August 2020). https://www.ifrs.org/content/dam/ifrs/about-us/legal-and-governance/constitution-docs/due-process-handbook-2020.pdf: Zugegriffen am 20.09.2021.

Ijiri, Y., & Jaedicke, R. K. (1966). Reliability and objectivity of accounting measurements. *The Accounting Review, 41*(9), 474–483.

Lüdenbach, N., & Hoffmann, W.-D. (2020). § 1 Rahmenkonzept. In N. Lüdenbach & W.-D. Hoffmann (Hrsg.), *IFRS Kommentar. Das Standardwerk* (18. Aufl., S. 23–74). Haufe.

Miller, P. B. W. (1990). The conceptual framework as reformation and counterreformation. *Accounting Horizons, 4*(2), 23–32.

Paton, W. A., & Littleton, A. C. (1940). *An introduction to corporate accounting standards*. American Accounting Association – Selbstverlag.

Pellens, B., Fülbier, R. U., Gassen, J., & Sellhorn, T. (2017). *Internationale Rechnungslegung. IFRS 1 bis 16, IAS 1 bis 41, IFRIC-Interpretationen, Standardentwürfe. Mit Beispielen, Aufgaben und Fallstudie* (10. Aufl.). Schäffer-Poeschel.

Sprouse, R. T., & Moonitz, M. (1962). *A tentative set of broad accounting principles for business enterprises (ARC 3)*. American Institute of Certified Public Accountants – Selbstverlag.

Sweeney, H. W. (1936). *Stabilized accounting*. Harper & Brothers.

U.S. Securities and Exchange Commission. (Hrsg.). (2007). Acceptance from foreign private issuers of financial statements prepared in accordance with international financial reporting standards without reconciliation to U.S. GAAP. http://www.sec.gov/rules/final/2007/33-8879.pdf. Zugegriffen am 07.08.2012.

Zülch, H., & Gebhardt, R. (2007). SFAS 157 und IASB Discussion Paper: Aktuelle Entwicklungen auf dem Gebiet der Fair Value-Bewertung. *BB, 62*(3), 147–152.

Zülch, H., & Hendler, M. (2009). *Bilanzierung nach International Financial Reporting Standards (IFRS)*. Wiley-VCH.

Zülch, H., Gebhardt, R., & Hoffmann, S. (2009). Politische Ökonomie der Rechnungslegung – Bisherige Forschungsergebnisse und künftige Forschungsperspektiven unter besonderer Berücksichtigung des Lobbyingkonzepts. *JfB, 59*(1), 1–29.

# Vorräte

**Lernziele**
Leser*innen

- wissen, wann Vermögenswerte als Vorratsvermögen gelten,
- kennen die Ansatzregeln und die Behandlung von Sonderfällen,
- können bezogene bzw. hergestellte Vorräte bei deren erstmaligem Zugang IFRS-konform bewerten und sind mit diesbezüglichen Vereinfachungsverfahren bei der Ermittlung von Anschaffungs- bzw. Herstellungskosten und Bewertungsvereinfachungsverfahren vertraut,
- sind in der Lage, Vorräte am Ende von Berichtsperioden normenkonform zu bewerten und haben einen Überblick über die grundsätzlichen Ausweis- und Offenlegungsvorschriften gewonnen,
- kennen wesentliche Abweichungen der handelsrechtlichen Vorschriften von den IFRS im Hinblick auf die Bilanzierung des Vorratsvermögens.

## 2.1 Überblick

Vorräte bilden für Handels-, aber auch für Produktionsunternehmen einen bedeutenden Bilanzposten. Beispielsweise betrug beim Zalando-Konzern der Anteil der Vorräte an der Bilanzsumme Ende 2019 rund 25 % (1,1 Mrd. €), beim Henkel-Konzern zum gleichen Termin ca. 7 % (2,2 Mrd. €). Für Dienstleistungsunternehmen sind Vorräte hingegen von untergeordneter Bedeutung. So betrug der erwähnte Anteil beim Konzern Deutsche Post wiederum zum gleichen Termin weniger als 1 % (0,4 Mrd. €).

Die Bilanzierung von Vorräten ist in IAS 2 geregelt. Zum Vorratsvermögen werden nach IAS 2.6 Vermögenswerte gerechnet, die

- zum Verkauf im normalen Geschäftsbetrieb gehalten werden,
- sich in der Herstellung zum Verkauf im normalen Geschäftsbetrieb befinden oder
- als Roh-, Hilfs- und Betriebsstoffe im Rahmen der Produktion oder Leistungserbringung verwendet werden (Vorratsdefinition).

© Springer Fachmedien Wiesbaden GmbH, ein Teil von Springer Nature 2022
R. Gebhardt, *Rechnungslegung nach IFRS klipp & klar*, WiWi klipp & klar,
https://doi.org/10.1007/978-3-658-36050-4_2

Damit ist das Vorratsvermögen wie im HGB definiert. Erfasst sind Waren, unfertige und fertige Erzeugnisse sowie Roh-, Hilfs- und Betriebsstoffe. Vermögenswerte, die im Zuge einer kontinuierlichen Leistungserfüllung eines Kundenvertrages im Sinne des IFRS 15 zustande kamen, sind hingegen durch IFRS 15 abgedeckt (Kap. 9). Für die Einordnung als Vorratsvermögen ist es irrelevant, ob es sich dabei um ein materielles oder um ein immaterielles Gut handelt.

### Beispiel

Eine große Elektronikmarktkette, die mit dem Slogan wirbt „Ich bin doch nicht geizig", kauft auf DVD gebrannte Spielesoftware in großen Stückzahlen ein, um diese an ihre Kundschaft weiterzuverkaufen. Die Bilanzierung unterliegt dann den Vorgaben des IAS 2.

Hingegen ist die zur Abwicklung der eigenen Buchhaltung der Elektronikmarktkette angeschaffte Software **nicht** nach IAS 2 zu bilanzieren, da diese nicht für den Weiterverkauf bestimmt ist. ◄

Wenn **Finanzinstrumente** für Handelszwecke gehalten werden, wie z. B. Aktien- oder Anleihebestände bei Banken, sind nicht die Regelungen des IAS 2, sondern diejenigen des IFRS 9 bzw. IAS 32 zu berücksichtigen (IAS 2.2b).

Bei der Zuordnung von Vermögenswerten zum Vorratsvermögen ist gemäß der obigen Definition zudem das Geschäftsmodell des Unternehmens entscheidend.

### Beispiel

Zwei Unternehmen müssen ihre Immobilien zuordnen.

Die **Glühli AG** produziert in den eigenen Fabrikhallen Glühlampen. Eine Zuordnung zum Vorratsvermögen scheidet demnach aus, da die Immobilien weder verkauft werden noch als Rohstoffe in die Produktion eingehen.

Die **Immo-San GmbH** ist hingegen ein Unternehmen, das Immobilien für den Weiterverkauf erwirbt, wobei teilweise auch die Gebäude zunächst saniert und umgebaut werden.

Offensichtlich ist hier der Weiterverkauf von Immobilien das originäre Geschäftsmodell und die für diesen Zweck erworbenen Immobilien sind folglich als Vorratsvermögen zu bilanzieren. ◄

Bei der Bilanzierung von Vorräten geht es stets um mehrere miteinander zusammenhängende Fragestellungen:

- Welche Ausgaben sind für die Anschaffung oder Herstellung von Vorräten zu aktivieren und damit zunächst erfolgsneutral zu behandeln?
- Wann sind diese aktivierten Ausgaben als Aufwendungen erfolgswirksam zu erfassen?
- Wie sind einmal aktivierte Ausgaben für Vorräte am Ende einer Periode zu bewerten, falls sie noch nicht als Aufwand GuV-wirksam erfasst wurden?

Auf diese Fragen gibt IAS 2 Antworten. Für die Beantwortung der zweiten Frage ist auch entscheidend, wann ein Umsatz aus dem Verkauf eines Vorratsvermögens realisiert werden kann. Denn dies ist nach dem Grundsatz der Periodenabgrenzung und dem damit zusammenhängenden Matchingprinzip (– 1.3.5) auch der Zeitpunkt für die Erfassung der aktivierten Anschaffungsausgaben als Aufwand.

## 2.2　Ansatz

IAS 2 hält keine besonderen Ansatzregeln für Vorratsvermögen bereit. Folglich sind die allgemeinen Prüfkriterien für die Bilanzierbarkeit von Vermögenswerten des Rahmenkonzepts einschlägig (Abschn. 1.3.5). Zweifellos handelt es sich bei Vorräten um eine gegenwärtige ökonomische Ressource.

**Im Regelfall sollte mit der Lieferung der gekauften Vorräte auch die Verfügungsmacht auf das belieferte Unternehmen übergegangen sein.**

Eine genauere Betrachtung des Zeitpunkts des Übergangs der Verfügungsmacht ist in bestimmten Sonderfällen angezeigt. Zu solchen Sonderfällen zählen

- die Beschaffung von Vorratsvermögen unter Eigentumsvorbehalt,
- die Sicherungsübereignung von Vorräten im Rahmen von Kreditaufnahmen oder
- die Konsignation von Waren.

Zu Ihrer Erinnerung: Verfügungsmacht liegt vor, wenn das Unternehmen die Fähigkeit hat, die Verwendung der Ressource zu bestimmen und den wirtschaftlichen Nutzen zu vereinnahmen und insofern Dritte hiervon auszuschließen.

Das **rechtliche** Eigentum liegt beim Kauf von Vorräten unter **Eigentumsvorbehalt** bis zur vollständigen Bezahlung weiterhin beim Verkäufer. Jedoch ist gewöhnlich der Käufer bei Lieferung der Vorräte in der Lage, die Güter nach Belieben zu verwenden und auch Dritte einschließlich Verkäufer vom Einwirken auf diese Güter abzuhalten. Der Käufer trägt dazu sämtliche wirtschaftlichen Risiken wie z. B. das Risiko des zufälligen Untergangs, das Risiko der zufälligen Verschlechterung und das Preisrisiko. Insofern liegt bei einer wirtschaftlichen Betrachtungsweise die Verfügungsmacht beim kaufenden Unternehmen und nicht mehr beim Verkäufer. Dass der Verkäufer im Falle der Nichtbezahlung der Ware sein Eigentum zurückverlangen kann, ist nebensächlich.

Gleiches trifft auch auf die **Sicherungsübereignung** zu. Hier behält das sicherungsgebende Unternehmen die wirtschaftliche Verfügungsmacht. Dass der Sicherungsnehmer (z. B. Banken) im Falle der nicht vertragsgemäßen Kreditrückführung die Vermögenswerte an sich nehmen und verwerten kann, ist ebenfalls für die Frage der Aktivierung der übereigneten Vorräte beim sicherungsgebenden Unternehmen nebensächlich.

Hingegen behält der Verkäufer bei der Lieferung unter **Konsignationsvereinbarung** nicht nur das rechtliche Eigentum an den gelieferten Gütern, sondern auch sämtliche wirtschaftlichen Risiken, obwohl die Ware schon auf das Gelände des belieferten Unternehmens verbracht wurde. Auch kann er gewöhnlich zu jedem Zeitpunkt die gelieferten Waren wieder in Besitz nehmen, sofern sie nicht bereits entnommen wurden. Damit liegt noch keine wirtschaftliche Verfügungsmacht im Sinne des Rahmenkonzepts vor. Erst bei der Entnahme der gelieferten Güter, z. B. für Produktionszwecke, kauft das belieferte Unternehmen die Ware. Erst dann kommt eine Aktivierung überhaupt infrage.

## 2.3 Zugangsbewertung

### 2.3.1 Allgemeines Vorgehen

Beim erstmaligen Ansatz eines Vorratsgegenstands ist dieser **zu Anschaffungs- bzw. Herstellungskosten** zu **bewerten**.

Sind Vorräte im Wege des Kaufes zugegangen, so ergibt sich der Zugangswert gemäß IAS 2.11 zu Anschaffungskosten *(Costs of Purchase)* nach dem in Abb. 2.1 dargestellten Schema.

Die Ermittlung der Anschaffungskosten unterscheidet sich damit im Grundsatz nicht von der Vorgehensweise nach HGB. Die in Abb. 2.1 zu berücksichtigenden Beträge verstehen sich stets als **Nettobeträge**, d. h. ohne Umsatzsteuer (Vorsteuerabzugsberechtigung unterstellt). Nicht erstattungsfähige Steuern wie die Energie- oder die Versicherungssteuer sind allerdings zu berücksichtigen.

Der **Anschaffungspreis** muss angepasst werden, sofern Zahlungsziele eingeräumt werden, die über das branchenübliche Maß hinausgehen,

|   | Anschaffungspreis |
|---|---|
| − | Anschaffungspreisminderungen |
| + | Anschaffungsnebenkosten |
| **=** | **Anschaffungskosten (= Zugangswert)** |

**Abb. 2.1** Ermittlung der Anschaffungskosten für Vorräte nach IAS 2

denn in solchen Fällen enthält der Kaufpreis eine Finanzierungskomponente, die ergebniswirksam berücksichtigt werden muss (IAS 2.18). Dies bedeutet, dass der Verkäufer sich die Finanzierungskosten der Kaufpreisstundung über einen höheren Kaufpreis vergüten lässt, weshalb dieser nach unten angepasst werden muss.

**Beispiel**

Die Klamm AG bekommt Vorräte geliefert. Als Zahlungsbedingungen sind vorgesehen: 100.000 € bei sofortiger Bezahlung oder, bei Zahlung nach spätestens 90 Tagen, 105.000 €, wobei Letzteres branchenunüblich ist. Anschaffungspreisminderungen und Anschaffungsnebenkosten fallen annahmegemäß nicht an.

Die Klamm AG möchte die Vorräte erst nach 90 Tagen bezahlen. Auch in diesem Fall müssen die Vorräte bei Lieferung mit Anschaffungskosten von 100.000 € eingebucht werden. Der Buchungssatz bei Zugang lautet:

Vorräte          100.000  an  Verbindlichkeiten        100.000

Die zusätzlichen 5000 €, die bei Kaufpreisfälligkeit (nach 90 Tagen) gezahlt werden, gehen als Zinsaufwand in die Gewinn-und-Verlust-Rechnung ein (annahmegemäß erfolgt die Zahlung in derselben Periode). Der Buchungssatz lautet:

Verbindlichkeiten   100.000
Zinsaufwand           5.000    an  Bank              105.000

(Hinweis: Umsatzsteuer- bzw. Vorsteuerbuchungen werden in diesem Lehrbuch vernachlässigt.) ◄

Nebenkosten sind in die Anschaffungskosten einzubeziehen, sofern sie dem Anschaffungsvorgang direkt zurechenbar sind (IAS 2.11). Solche **Anschaffungsnebenkosten** umfassen bspw. Transportkosten, Einfuhrzölle, Rechtsberatungskosten und Provisionen. Hinsichtlich der Frage, wie **direkte Zurechenbarkeit** zu interpretieren ist, gehen die Meinungen auseinander.

Folgendes Beispiel soll die unterschiedlichen Ansichten verdeutlichen:

**Beispiel**

Die Gartenhandels-AG kauft regelmäßig Ware ein. Sie beauftragt eine Spedition mit dem Transport eines großen Whirlpools, eine andere mit dem Transport von Gartenerde, Schaufeln und Gartenzwergen und setzt den eigenen Kleintransporter für den Transport einer Hollywoodschaukel ein. Alle Transporte enden im firmeneigenen Warenlager.

Anschaffungsnebenkosten würden **nach der einen Lesart** nur im ersten Fall vorliegen, da hier die Transportkosten der Spedition direkt dem Whirlpool zurechenbar sind. In den anderen Fällen bedarf es einer Schlüsselung der Speditionskosten auf die verschiedenen transportierten Waren bzw. einer anteiligen Zurechnung der internen Transportkosten (z. B. Gehalt des Fahrers, Abschreibung des Transporters) auf die Hollywoodschaukel.

**Nach der anderen Lesart** liegen auch in den letzten beiden Fällen Anschaffungsnebenkosten vor, da die angefallenen Kosten direkt mit dem Anschaffungsvorgang in Verbindung stehen und es auf die Notwendigkeit der verursachungsgerechten Schlüsselung (z. B. auf der Basis von Gewicht, Menge oder Volumen oder – bei internem Transport – der zurückgelegten Kilometer) nicht ankommt. ◄

Da die weite Interpretation der direkten Zurechenbarkeit dem Ziel des IASB entspricht, Anschaffungsvorgänge grundsätzlich erfolgsneutral zu bilanzieren (IAS 2.1), **sollte auch der letztgenannten Sichtweise der Vorzug gegeben werden** (vgl. z. B. Keitz, 2021, Tz. 144 ff.).

Jedoch findet die direkte Zurechenbarkeit dort ihr Ende, wo Gemeinkosten der Einkaufsabteilung (insbesondere Sachkosten wie Abschreibungen für Computer und Gebäude oder Mietaufwendungen) als Anschaffungsnebenkosten berücksichtigt werden sollen. Ebenso sind explizit Vertriebskosten (einschließlich der Kosten für die Endlagerung) und weitere allgemeine Verwaltungskosten nicht aktivierungsfähig (IAS 2.16).

Zur Frage des Einbezugs von Fremdkapitalzinsen in die Anschaffungskosten siehe die Ausführungen zu Herstellungskosten weiter unten in diesem Kapitel.

**Anschaffungspreisminderungen** sind als Abzugsposten bei der Anschaffungskostenermittlung zu berücksichtigen. Hierzu zählen insbesondere Rabatte und Skonti, aber auch Mehrmengen, die kostenlos gewährt werden. Boni können unter die Anschaffungspreisminderungen fallen. Voraussetzung hierfür ist, dass sie verursachungsgerecht zugeordnet werden können und sich die mit den entsprechenden Boni erworbenen Vorräte noch im Bestand befinden, d. h. nicht bereits weiterverkauft bzw. verbraucht wurden.

Hinsichtlich der Behandlung von Zuwendungen der öffentlichen Hand für Vorratsvermögen (gilt nur für längerfristige Vorratsvermögen) siehe Abschn. 3.2.

Folgendes Beispiel soll die Ermittlung der Anschaffungskosten zusammenfassend verdeutlichen:

**Beispiel**

Die Verkaufshof AG bezieht für eine ihrer Filialen vom Lieferanten Bossi AG Herrenanzüge. Der Einkaufspreis beträgt 20.230 € inkl. 19 % USt. Die Zahlungsbedingungen lauten: 30 Tage ohne Abzug, bei Zahlung innerhalb 10 Tagen 3 % Skonto. Frachtkosten sind in Höhe von brutto 2023 € angefallen. Die Transportversicherung fiel mit 100 € zzgl. 19 % Versicherungssteuer an. Die anteiligen Kosten für die Lagerung in den Lagerräumen der Filialen der Verkaufshof AG betragen 900 €. Gezahlt wird innerhalb 10 Tage.

Anschaffungspreis (20.230 €/119 % x 100 %) 17.000 €

− Anschaffungspreisminderungen (3 % auf 17.000 €) 510 €

+ Anschaffungsnebenkosten (2023 €/119 % + 119 €) 1819 €

= **Anschaffungskosten gemäß IAS 2 18.309 €** ◄

Vorratsvermögen geht Unternehmen natürlich nicht nur im Wege des Kaufes wie bei Handelsunternehmen zu. Produktionsunternehmen betreiben Wertschöpfung, indem sie bezogene Rohstoffe oder Vorprodukte im eigenen Produktionsprozess unter Einsatz ihrer Mitarbeitenden und der Produktionsmittel zu Fertigprodukten transformieren bzw. veredeln. Die neu entstandenen fertigen, aber auch die noch unfertigen Produkte müssen ebenfalls bewertet werden, da sie ohne Zweifel ansatzpflichtig sind. Die Zugangsbewertung erfolgt in diesem Fall zu **Herstellungskosten** *(Costs of Conversion)*.

Herstellungskosten sind als all jene Kosten definiert, die im Rahmen der Produktion angefallen sind, um den Vermögenswert in einen verkaufsbereiten Zustand zu versetzen und an seinen aktuellen Ort zu verbringen (IAS 2.12 ff.). Der IASB verfolgt damit einen produktionsbezogenen Vollkostenansatz. Wahlrechte im Hinblick auf den Einbezug von Kosten gibt es nicht.

Dies steht der Bestimmung der Herstellungskosten im deutschen Handelsrecht deutlich entgegen. Die verpflichtend in die Herstellungskosten einzubeziehenden Kostenbestandteile und die Einbeziehungsverbote nach IFRS und HGB sowie die Einbeziehungswahlrechte nach HGB sind in Abb. 2.2 dargestellt.

Ersichtlich wird, dass **sowohl nach IFRS als auch nach HGB alle Material- und Fertigungseinzelkosten einzubeziehen** sind. Einzelkosten sind Kosten, die sich direkt dem zu aktivierenden Produkt zurechnen lassen.

Zu den **Materialeinzelkosten** zählen Kosten für bezogene Rohstoffe und Vorprodukte bzw. -leistungen, die in das unfertige oder fertige Produkt eingegangen sind (einschließlich eventuell angefallenem, üblichem Verschnitt für Bleche oder Holz). Ist die Verpackung der Produkte notwendig, um sie in einen verkaufsbereiten Zustand zu versetzen (wie z. B. bei Milchprodukten, Säften, DVDs oder Reinigungsmitteln), sind dies ebenfalls Materialeinzelkosten.

Allerdings sind die Kosten, die anfallen, um etwa 1000 bestellte, jedoch noch im Versandlager befindliche Milchtüten mit einer Umverpackung für den Transport zu versehen, keine Material-,

| | HGB | IFRS |
|---|---|---|
| Materialeinzelkosten | Pflicht | Pflicht |
| Fertigungseinzelkosten | Pflicht | Pflicht |
| Sondereinzelkosten der Fertigung | Pflicht | Pflicht |
| Variable Material- und Fertigungsgemeinkosten | Pflicht | Pflicht |
| Fixe Material- und Fertigungsgemeinkosten | Pflicht | Pflicht |
| Verwaltungskosten des Material- und Fertigungsbereichs | Pflicht | Pflicht |
| Finanzierungskosten im Zeitraum der Herstellung | Wahlrecht | Pflicht (nur bei sog. qualifizierten Vermögenswerten) |
| Allgemeine Verwaltungskosten, Kosten für freiwillige soziale Leistungen und Einrichtungen sowie für betriebliche Altersversorgung | Wahlrecht (für den Zeitraum der Herstellung) | Pflicht (sofern herstellungsbezogen), sonst Verbot |
| Vertriebskosten | Verbot | Verbot |

**Abb. 2.2** Herstellungskostenermittlung nach HGB und IFRS im Vergleich

sondern Vertriebskosten. Kosten für Hilfs- und Betriebsstoffe (wie Schrauben, Nägel, Leim oder Wasser) könnten zwar den Produkten direkt zugeordnet werden, werden ihnen aber stattdessen gewöhnlich aus Wirtschaftlichkeitsgründen pauschal zugeschlüsselt (sog. unechte Gemeinkosten).

Eine direkte Zuordnung zum unfertigen oder fertigen Produkt und damit **Fertigungseinzelkosten** ergeben sich bspw. für Akkordlöhne, Werkstatt-, Verarbeitungs- und Produktionslöhne, damit zusammenhängende Überstunden- oder Nachtzuschläge, Arbeitgeberanteile an den Sozialversicherungsbeiträgen für diese Lohnzahlungen und für geringfügig Beschäftigte übernommene Lohnsteuern.

**Sondereinzelkosten der Fertigung** sind Kosten, die vor der eigentlichen Produktionsaufnahme für einen ganzen Auftrag oder ein Fertigungslos anfallen. Zwar ist eine direkte Kostenzuordnung zu den einzelnen Produkten nicht möglich. Jedoch ergibt sich die Möglichkeit einer direkten Kostenzuordnung zum gesamten Auftrag oder zum gesamten Los. Diese Sondereinzelkosten der Fertigung werden folglich

gleichmäßig auf alle produzierten Einheiten des Auftrags oder Loses verteilt. Aktiviert wird natürlich nur anteilig für die noch nicht abgesetzten Produkte. In diese Kategorie fallen z. B. die Kosten für Modelle, Schablonen, Entwürfe und Spezialwerkzeuge sowie Lizenzgebühren.

Ebenfalls zu den **aktivierungspflichtigen** Kostenbestandteilen **sowohl nach IFRS als nach HGB** zählen die **Material- und Fertigungsgemeinkosten**. Wesentliches Merkmal solcher Gemeinkosten ist die fehlende Möglichkeit der direkten Zuordnung auf ein einzelnes Produkt. Es bedarf stets einer systematischen Zuschlüsselung im Rahmen der Kostenrechnung. Entscheidend für die Aktivierung als Herstellungskosten ist, ob die Kosten im Rahmen der Produktion angefallen sind.

Zu den **Materialgemeinkosten** zählen bspw. Hilfsstoffkosten (unechte Materialgemeinkosten), Kosten der Beschaffungsabteilung, der Lagerbewirtschaftung (soweit sie nicht Vertriebsläger betrifft), der Materialprüfung und des innerbetrieblichen Transports zu den Produktionsstätten.

**Fertigungsgemeinkosten** sind u. a. Betriebsstoffkosten einschließlich Energie- und Wasserkosten, Kosten der Betriebsleitung, Werkstattverwaltung und Meister, Kosten der Qualitätskontrolle, des innerbetrieblichen Transports von einer zur nächsten Produktionsstätte, des Lohnbüros, Wartungs- und Instandhaltungskosten sowie der produktionsbedingte Werteverzehr (Abschreibungen) für Werkzeuge, Maschinen und Produktionsgebäude, aber auch für die Produktion benötigte Lizenzen oder selbst erstellte immaterielle Vermögenswerte.

Relevant ist die Unterscheidung zwischen fixen und variablen Produktionsgemeinkosten. **Fixe Produktionsgemeinkosten** fallen unabhängig vom tatsächlichen Produktionsoutput an, wohingegen die **variablen Produktionsgemeinkosten** mit der Produktionsmenge schwanken. Bei der Zurechnung fixer Produktionsgemeinkosten (z. B. Abschreibungen oder Instandhaltungskosten, Kosten der Betriebsleitung oder -verwaltung) gilt es nach IAS 2.13 zu beachten, dass dies grundsätzlich auf Basis der Normalkapazität (unter gewöhnlichen Umständen durchschnittlich erzielbare Absatzmenge) erfolgt. Erwähnt sei, dass sich an dieser Stelle Ermessensspielräume bezüglich der gewöhnlichen Umstände ergeben. Ziel der Vorgabe ist jedenfalls, dass sog. **Leerkosten** von einer Aktivierung ausgenommen und unmittelbar als Aufwand erfasst werden.

---

**Beispiel**

Die Welli AG stellt Wellpappe her, die von ihren Kunden insbesondere als Verpackungsmaterial verwendet wird. Die Normalkapazität der Produktionsmaschinen beträgt pro Jahr 200.000 t Wellpappe. Die annahmegemäß einzigen fixen Produktionsgemeinkosten sind die zu verrechnenden Abschreibungen der Produktionsmaschinen. Sie betragen 10 Mio. €.

Mit welchem Wert sind die Wellpappevorräte zu bewerten, wenn die übrigen Herstellungskosten 400 € pro Tonne betragen und 20.000 t der produzierten Menge am Bilanzstichtag noch auf Lager liegen?

Folgende 3 Szenarien sollen unterschieden werden:

1. **Starke Unterproduktion (150.000 t) aufgrund eines Konjunktureinbruchs**
   Die fixen Produktionsgemeinkosten sind hier nicht auf Basis der tatsächlichen Auslastung, sondern auf Basis der **Normalkapazität** zu verrechnen. 10 Mio. € Abschreibungen verrechnet auf 200.000 t ergeben einen Wert von 50 € pro Tonne. Folglich sind die 20.000 t Vorräte mit je 450 € (400 + 50) Herstellungskosten, also mit **9 Mio. €** zu bewerten. Ohne diese Vorschrift hätten aufgrund der fehlenden Auslastung der Maschinen wesentlich mehr Abschreibungen aktiviert werden können (zusätzlich 16,67 € pro Tonne = 0,3 Mio. € = Leerkosten), was zu einem entsprechend höheren Jahresergebnis geführt hätte.

2. **Annähernd normale Produktion (197.000 t)**
   Die fixen Produktionsgemeinkosten können hier unter Berücksichtigung des Wesentlichkeitsgrundsatzes auf Basis der tatsächlichen Auslastung verrechnet werden: 10 Mio. € verrechnet auf 197.000 t entsprechen einem Wert von 50,76 € pro Tonne. Folglich sind die 20.000 t Vorräte mit je 450,76 € (400 + 50,76) Herstellungskosten, also insgesamt mit **9.015.200 €** zu bewerten.

3. **Starke Überproduktion (250.000 t) aufgrund eines Konjunkturhochs**
   Wie im zweiten Szenario sind die fixen Produktionsgemeinkosten hier ebenfalls auf Basis der tatsächlichen Auslastung zu verrechnen: 10 Mio. € verrechnet auf 250.000 t ergeben 40 € pro Tonne. Folglich sind die 20.000 t Vorräte mit je 440 € (400 + 40) Herstellungskosten, also insgesamt mit **8,8 Mio. €** zu bewerten. ◄

Hinsichtlich der **allgemeinen Verwaltungskosten**, zu denen u. a. die Kosten des Rechnungswesens, der Geschäftsführung, des Personalwesens, Aufsichtsratsvergütungen, Verbandsbeiträge und die Kosten der Jahresabschlussprüfung zählen, unterscheiden sich die Vorgaben nach IFRS und HGB:

Nach **IFRS** sind solche **allgemeinen Verwaltungskosten als Herstellungskosten aktivierungspflichtig**, wenn sie dem Produktionsbereich zugerechnet werden können, z. B. auf Basis des Grades der Unterstützung (vgl. Jakobs & Schmitt, 2002, Tz. 53). Dies bedeutet, dass die Verwaltungskosten den Funktionsbereichen zugeordnet werden müssen. Werden die Kosten der Abteilung Rechnungswesen

- der Produktion (Lohn- und Gehaltsabrechnung, Rechnungseingangsprüfung etc.),
- der Verwaltung (Budgetierung, Jahresabschlusserstellung, Meldewesen etc.) und
- dem Vertrieb (Ausgangsrechnungen, Marktanalysen etc.)

zugeschlüsselt, sind **die der Produktion zugeschlüsselten Kosten nach IFRS aktivierungspflichtig**. Die Aktivierung der Verwaltung oder dem Vertrieb zugeschlüsselter Kosten ist hingegen verboten (vgl. Pellens et al., 2017, S. 485 ff.).

Bei den Kosten für die Geschäftsführung könnte entsprechend die Vergütung des Produktionsvorstands in die Herstellungskosten einbezogen werden.

In der IFRS-Praxis finden sich auch vergleichsweise pauschale Schlüsselungen allgemeiner Verwaltungskosten, z. B. nach dem Verhältnis von Produktivkräften zur Gesamtzahl der Arbeitnehmer, die mit dem Wesentlichkeitsgrundsatz gerechtfertigt werden (vgl. Lüdenbach, 2006, S. 61 f.).

Nach **HGB** besteht hingegen gemäß § 255 Abs. 2 Satz 3 ein **Aktivierungswahlrecht für** die **Anteile** der allgemeinen Verwaltungskosten, die **der Produktion und der Verwaltung** zugerechnet werden können (nicht für diejenigen, die dem Vertrieb zugerechnet werden). Beschränkt wird dieses Wahlrecht dadurch, dass nur angemessene Teile aktiviert werden dürfen (z. B. kein ungewöhnlich hoher Ausschuss oder Verschnitt, auch keine Leerkosten), die zudem im Zeitraum der Herstellung angefallen sein müssen.

Die Verwaltungskosten des Material- und Fertigungsbereichs sind hingegen als Produktions-

gemeinkosten aufzufassen und damit sowohl nach IFRS als auch nach HGB aktivierungspflichtig.

Im Hinblick auf die Kosten sozialer Einrichtungen, freiwilliger sozialer Leistungen und betrieblicher Altersversorgung gelten die gleichen Regelungen wie für allgemeine Verwaltungskosten: **Aktivierungspflicht gemäß IFRS** (soweit der Herstellung zuordenbar) und **Aktivierungswahlrecht nach HGB** (soweit der Herstellung bzw. Verwaltung zuordenbar). Als soziale Einrichtungen kommen u. a. Betriebskindergärten, Betriebskantinen, Betriebsarzt und betriebliche Sportangebote infrage. Freiwillige soziale Leistungen sind Jubiläumszuwendungen, freiwilliges Weihnachts- und Urlaubsgeld, Betriebsausflüge und andere Vergünstigungen.

Betriebliche Altersversorgung kommt in verschiedenen Varianten vor, z. B. als unmittelbare oder mittelbare Pensionszusage. Letztere wird nicht direkt, sondern bspw. über Pensionskassen oder Direktversicherungen abgewickelt. Freiwillige soziale Leistungen und betriebliche Altersversorgung können grundsätzlich als Lohnbestandteile interpretiert werden.

Auch beim Einbezug von **Fremdkapitalkosten** unterscheiden sich IFRS und HGB.

- Nach IAS 23 *(Borrowing Costs)* sind Fremdkapitalkosten zu aktivieren, sofern sie im direkten Zusammenhang mit der Anschaffung oder Herstellung sog. qualifizierter Vermögenswerte anfallen. Zudem muss es wahrscheinlich sein, dass dem Unternehmen ein Nutzenzufluss hieraus erwächst (im Sinne einer Einbringbarkeit der aktivierten Beträge), und die Kosten müssen verlässlich zu bemessen sein (IAS 23.8 f.).

  **Qualifizierte Vermögenswerte** sind solche, für die ein beträchtlicher Zeitraum benötigt wird, um sie in den beabsichtigten Verkaufs- bzw. Nutzungszustand zu versetzen (IAS 23.5). Die konkrete Dauer der Herstellung oder Anschaffung wird in IAS 23 nicht näher definiert, wenngleich in IAS 23.7 darauf hingewiesen wird, dass Vermögenswerte, die nur eine kurze Herstellungsdauer benötigen (wie viele Vorratsvermögen), nicht die Definition qualifizierter Vermögenswerte erfüllen. Lediglich Vorräte, die einem längeren Reifungs- bzw. Herstellungsprozess unterliegen, wie hochwertige Wein-, Whisky- und Käsesorten oder Gebäude im Bauträgergeschäft (ohne kundenspezifischen Auftrag), kommen wiederum infrage. Häufiger kommen qualifizierte Vermögenswerte im Sinne des IAS 23 bei Anlagen vor (siehe hierzu auch Abschn. 3.2).

- Nach § 255 Abs. 3 HGB können Fremdkapitalzinsen einschließlich sonstiger Finanzierungskosten wahlweise in die Herstellungskosten einbezogen werden. Jedoch muss ebenfalls ein direkter Zusammenhang zwischen Kreditaufnahme und Herstellung bestehen, z. B. durch entsprechende Formulierung des Verwendungszwecks eines Kreditvertrags. Wie nach IFRS dürfen auch nur Zinsen aktiviert werden, die im Zeitraum der Herstellung angefallen sind. Für Anschaffungsvorgänge besteht im Übrigen nach herrschender Meinung ein Einbeziehungsverbot für Fremdkapitalzinsen (vgl. Schubert & Hutzler, 2020, Tz. 500 f.)

---

**Beispiel**

Die Immobilien-Shark AG kauft unbebaute Grundstücke in Innenstadtlage, baut Wohnhäuser darauf und verkauft anschließend Wohneinheiten an Eigennutzer oder Kapitalanleger. Nun wird am 01.09.20X1 für die Baukosten eines neuen Wohngebäudes auf einem schon im Bestand befindlichen Grundstück ein Darlehen in Höhe von 5 Mio. € zum Zinssatz von 5 % vereinbart. Für die noch nicht abgerufenen Tranchen werden keine Zinsen berechnet. Mit dem Abschluss der Bauarbeiten wird für den 31.03.20X3 gerechnet.

Am 01.10.20X1 wird die erste Tranche (1 Mio. €) des Darlehens für die zu diesem Zeitpunkt beginnenden ersten Bauarbeiten abgerufen. Für die weiteren Bauarbeiten wird am 01.12.20X1 die zweite Tranche (0,5 Mio. €) abgerufen.

Zu ermitteln sind die zu aktivierenden Fremdkapitalkosten nach IAS 23 zum Bilanzstichtag 31.12.20X1.

Es liegt definitionsgemäß ein qualifizierter Vermögenswert vor, was eine Aktivierung von Fremdkapitalkosten verlangt, sowie Ausgaben für diesen Vermögenswert getätigt werden. Zu aktivieren ist der Betrag, der vermieden worden wäre, wenn das Wohngebäude nicht erstellt worden wäre:

Fremdkapitalkosten 01.10.20X1 – 30.11.20X1    1.000.000 € x 2/12 x 5 %    8.333,33 €
Fremdkapitalkosten 01.12.20X1 – 31.12.20X1    1.500.000 € x 1/12 x 5 %    6.250,00 €
Nach IAS 23 am 31.12.20X1 zu aktivierender Betrag    14.583,33 €

Anmerkung: Angefallene Fremdkapitalkosten, welche die zu aktivierenden Beträge übersteigen, werden GuV-wirksam erfasst. ◄

**Nicht in die Herstellungskosten einbezogen werden** dürfen nach IFRS und HGB alle **Kosten**, die dem **Vertrieb** zuzurechnen sind.

In IAS 2.16 werden klarstellend Sachverhalte benannt, die ebenfalls einem Aktivierungsverbot unterliegen und folglich unmittelbar in der Periode ihres Anfalls GuV-wirksam erfasst werden müssen: die nicht herstellungsbezogenen allgemeinen Verwaltungsaufwendungen, ungewöhnlich hohe Beträge für Verschnitt, Ausschuss und sonstige Produktionskosten sowie Kosten des Ausgangslagers. Bis auf die nicht herstellungsbezogenen allgemeinen Verwaltungsaufwendungen entspricht dies inhaltlich den HGB-Regelungen.

## 2.3.2 Vereinfachungsverfahren bei der Ermittlung der Anschaffungs- bzw. Herstellungskosten

Grundsätzlich sind nach IFRS die tatsächlichen Anschaffungskosten für jeden einzelnen Vorratsgegenstand zu ermitteln. Gleichwohl gibt es Fälle, wo es schlicht aus Wirtschaftlichkeitsüberlegungen sinnvoll ist, vereinfachende Verfahren zur Ermittlung der Anschaffungs- bzw. Herstellungskosten anzuwenden. IAS 2.21 erlaubt folgende vereinfachenden Verfahren unter der Voraussetzung, dass sie zu Ergebnissen führen, die annähernd den tatsächlichen Kosten entsprechen:

1. Die Standardkostenmethode (*Standard Cost Method*) als **vereinfachendes Verfahren** zur Bestimmung der **Herstellungskosten** verwendet Plankosten anstelle der tatsächlichen Kosten als Basis. Solche Standardkosten werden auf Basis einer normalen Kapazitätsauslastung, eines normalen Material- und Personaleinsatzes und der gewöhnlichen Leistungsfähigkeit bestimmt. Diese Standardkosten sind regelmäßig zu überprüfen.

**Beispiel**

(in Anlehnung an Jakobs & Schmitt, 2002, Tz. 77)

Ein Produktionsunternehmen lässt das Controlling Standardkosten für die Produktion ermitteln. Sie betragen normalerweise 65 € pro Stück.

Am Jahresende befinden sich noch 2000 Stück des Fertigerzeugnisses auf Lager. Aufgrund einer Maschinenfehlfunktion war der Materialverschnitt in der Periode einmalig jedoch deutlich höher, sodass die tatsächlichen Herstellungskosten 67 € pro Stück betrugen.

Nach der Standardkostenmethode sind die Vorräte mit 130.000 € (2000 zu 65 €) zu bewerten. Die tatsächlichen Herstellungsmehrkosten des Lagerbestands von 4000 € (2000 zu 2 €) aufgrund des ungewöhnlichen Materialverschnitts werden GuV-wirksam erfasst. ◄

2. Die retrograde Methode (*Retail Method*) als **vereinfachendes Verfahren** zur Bestimmung der **Anschaffungskosten** findet regelmäßig im Einzelhandel Anwendung, wo Vorräte in hohen Stückzahlen bei hohen Umschlagshäufigkeiten und mit ähnlichen Bruttogewinnmargen (d. h. Gewinn/Umsatz) vorkommen. Nach IAS 2.22 können die Anschaffungskosten in diesen Fällen indirekt, d. h. ausgehend vom Verkaufspreis ermittelt werden. Dazu wird eine angemessene Bruttogewinnmarge (differenziert nach Produktgruppen) vom Verkaufspreis abgezogen, auch wenn dieser im Laufe der Zeit reduziert wurde.

**Beispiel**

(in Anlehnung an Jakobs & Schmitt, 2002, Tz. 79)

Die Anschaffungskosten des Einzelhändlers A. Rosemann für seinen Anfangsbestand an Schnullern betragen 20.000 € bei einem gewöhnlichen Verkaufspreis von 25.000 €.

Aufgrund der enorm ansteigenden Nachfrage infolge der Einführung eines höheren Elterngelds werden während der Periode weitere Schnuller zu Anschaffungskosten von 40.000 € mit einem Verkaufspreis von 50.000 € angeschafft.

Die Schnullerumsätze der Periode betragen 60.000 €. Das Verhältnis von Anschaffungskosten (60.000 €) zu Verkaufspreis (75.000 €) beträgt 80 % und die Bruttogewinnspanne 20 %. Zieht man nun vom Verkaufspreis der noch auf Lager befindlichen Stückzahlen die Bruttogewinnspanne ab, erhält man nach der retrograden Methode die Anschaffungskosten von 12.000 € [15.000 € − (20 % x 15.000 €)].

Wären die Verkaufspreise stattdessen am Ende des Jahres um 3000 € reduziert worden, müsste die Bruttogewinnmarge neu berechnet werden. Sie betrüge dann im Periodendurchschnitt 16,7 % [≈ 1 − (60.000 €/72.000 €)]. Daraus ließen sich dann Anschaffungskosten von 10.000 € [= 12.000 € − (16,7 % x 15.000 €)] errechnen. ◄

### 2.3.3 Bewertungsvereinfachungsverfahren

Vorräte sind wie bereits erwähnt grundsätzlich einzeln zu bewerten. Dies bedeutet, dass jedem einzelnen Vorratsgegenstand seine Anschaffungs- bzw. Herstellungskosten zugewiesen werden müssen. Diese Forderung stößt jedoch schnell an ihre Grenzen, wenn Vorräte bewertet werden müssen, die sich im Rahmen der Lagerung oder Produktion vermischen, jedoch zu unterschiedlichen Kosten angeschafft oder hergestellt wurden. Stellen Sie sich vor, ein Unternehmen kauft das Jahr hindurch Dieselkraftstoff zum Antrieb von Maschinen und lagert ihn in einem großen Tank. Am Ende des Geschäftsjahrs existiert ein Restbestand, dessen Einkaufswert nicht mehr zu ermitteln ist. Auch ist es schlicht unwirtschaftlich, für Vorräte gleicher Art, die in großen Mengen eingekauft und umgeschlagen werden, in der Lagerwirtschaft nachzuhalten, zu welchem Preis jeder einzelne Vorratsgegenstand eingekauft wurde, nur um nachher die Anschaffungskosten des Stichtagsbestands ermitteln zu können.

In solchen Fällen ist vom Einzelbewertungsgrundsatz abzuweichen und auf **Bewertungsvereinfachungsverfahren** *(Cost Formulas)* abzustellen.

Voraussetzungen für die Anwendung von Bewertungsvereinfachungsverfahren sind nach IAS 2.24:

• Eine große Stückzahl von Vorräten ist betroffen.
• Die zu bewertenden Vorräte sind untereinander grundsätzlich austauschbar und nicht für ein bestimmtes Projekt bestimmt.

Zulässige Bewertungsvereinfachungsverfahren nach IAS 2.25–27 sind lediglich

• die Methode des gewogenen Durchschnitts,
• die Methode des gleitenden Durchschnitts und
• die Fifo-Methode („first in, first out").

Grundsätzlich ist jedes Unternehmen frei bei der Wahl des Bewertungsvereinfachungsverfahrens unter Beachtung des Stetigkeitsgebots. Weicht die tatsächliche Verbrauchsfolge von der jeweils angenommenen ab, ergeben sich bilanzpolitische Spielräume. Denn die Fifo-Methode (unterstellt wird hier, dass die zuerst angeschafften oder hergestellten Einheiten auch zuerst verkauft bzw. verbraucht werden) und die Methode des gleitenden Durchschnitts führen zu höheren Anschaffungskosten bei geringerem Verbrauch und folglich höheren Jahresergebnissen, sofern die Preise während des Jahres steigen (inflationäre Entwicklung). Im umgekehrten Fall sinkender Preise ergeben sich höhere Anschaffungskosten und höhere Jahresergebnisse hingegen bei der Methode des gewogenen Durchschnitts.

Anzumerken ist, dass Unternehmen nach IAS 2.25 unterschiedliche Bewertungsvereinfachungsverfahren anwenden können, sofern es sich um Vorräte unterschiedlicher Art oder Verwendung (z. B. in zwei unterschiedlichen Geschäftssegmenten) handelt.

Auch nach HGB sind Bewertungsvereinfachungsverfahren erlaubt, wobei sich die Anwendungsvoraussetzungen ähneln. Neben den bereits genannten Verfahren wird häufig die Lifo-Methode („last in, first out") angewendet, die unterstellt, dass die zuletzt angeschafften Vorräte zuerst verbraucht werden. Diese Methode ergibt bei inflationären Entwicklungen im Vergleich die geringsten Anschaffungskosten und folglich das geringste Jahresergebnis. Die Popularität dieser Methode in Deutschland erklärt sich aus ihrer steuerlichen Anerkennung (d. h. der Möglichkeit, einen niedrigeren steuerpflichtigen Gewinn auszuweisen) und ursprünglich dem Streben vieler Unternehmen nach einer einheitlichen Steuer- und Handelsbilanz aufgrund von Kostenerwägungen. Die Lifo-Methode ist nach IFRS keine zulässige Methode, es sei denn sie entspricht der tatsächlichen Verbrauchsfolge der so bewerteten Vorräte (IAS 2.BC19).

## 2.4 Folgebewertung

Am Ende einer jeden Berichtsperiode ist zu prüfen, ob die mit ihren Anschaffungs- bzw. Herstellungskosten eingebuchten Vorräte auch zu diesem Wert noch bilanziert werden können, sofern sie noch auf Lager sind, also nicht bereits verkauft oder verarbeitet wurden. Das heißt, die Werthaltigkeit dieser Vermögenswerte ist zu überprüfen und im Falle einer Wertminderung muss der Wert nach unten korrigiert werden. Eine Bewertung über die Anschaffungs- bzw. Herstellungskosten hinaus ist – wie auch nach HGB – grundsätzlich nicht möglich. Zwischenzeitliche Wertsteigerungen der Vorräte bleiben bis zum Zeitpunkt des Verkaufs unberücksichtigt.

Ausnahmen sieht IAS 2.3 vor

- bei landwirtschaftlichen Produkten sowie mineralischen Rohstoffen und Produkten (Erdöl, Gas, Kohle), die üblicherweise in der betreffenden Branche zum Nettoveräußerungswert bewertet werden, und
- bei Vorräten von Warenbrokern, die ihre Vorräte für die interne Steuerung ebenfalls zum Nettoveräußerungswert bewerten.

Solche Vorräte sind – auch über die Anschaffungs- bzw. Herstellungskosten hinaus – GuV-wirksam zum Nettoveräußerungswert zu bewerten (IAS 2.3).

Der Referenzwert für die Wertminderungsprüfung am Bilanzstichtag ist der **Nettoveräußerungswert**. Er ist definiert als der **geschätzte Verkaufspreis abzüglich der noch anfallenden Vertriebs- und Produktionskosten** (IAS 2.6). Noch ausstehende Produktionskosten sind bei unfertigen Produkten zu berücksichtigen. Die Schätzung des Verkaufspreises basiert gemäß IAS 2.30 auf den zuverlässigsten substanziellen Hinweisen. Wertaufhellende Informationen, sprich solche, die erst nach dem Bilanzstichtag bekannt werden, aber Auskunft über den oder Hinweise zum Stichtagswert geben, sind hierbei zu berücksichtigten. Nach IAS 2.31 ist auch der Zweck, für den Vorräte gehalten werden, bei der Schätzung des Verkaufspreises zu berücksichtigen. Insbesondere sind Vorräte angesprochen, die zur Erfüllung von Lieferverpflichtungen gehalten werden. Sollten hierfür vertraglich feste Verkaufspreise vereinbart sein, so sind diese vertraglich vereinbarten und nicht etwa die sonst üblichen Verkaufspreise heranzuziehen. Letztere werden bei Mengen relevant, die über die zur Erfüllung etwaiger vertraglicher Liefermengen hinausgehen.

Liegt der nach IAS 2.6 ermittelte **Nettoveräußerungswert unter den Anschaffungs- bzw. Herstellungskosten**, so sind die betreffenden Vorräte nach IAS 2.9 auf Basis des Nettoveräußerungswerts zu bewerten. In Höhe der Differenz ist eine Wertminderung zu verbuchen. In der Gewinn-und-Verlust-Rechnung kann dies als zusätzlicher Materialaufwand (Gesamtkostenver-

fahren) bzw. als zusätzliche Herstellungskosten oder sonstiger betrieblicher Aufwand (Umsatzkostenverfahren) erfasst werden. Zweck dieser Bewertungsregel ist es, Verluste zu antizipieren, die sich sonst erst beim Verkauf der Vorräte ergäben (**Grundsatz der verlustfreien Bewertung**). Damit wird der Informationsfunktion gemäß Rahmenkonzept entsprochen.

**Besonderheiten** ergeben sich **für Roh-, Hilfs- und Betriebsstoffe**. Diese sind **nicht** auf den niedrigeren Nettoveräußerungswert **abzuwerten**, **wenn** die **Fertigerzeugnisse**, in die sie eingehen werden, **ohne Verlust verkauft werden können** (IAS 2.32). Jedoch können rückläufige Rohstoffpreise ein Indiz für eine Wertminderung der entsprechenden Fertigerzeugnisse sein. Wird hingegen erwartet, dass die gesamten Herstellungskosten des Fertigerzeugnisses nicht durch den Verkaufspreis (verringert um Vertriebskosten) gedeckt sind, sind auch die notwendigen Roh-, Hilfs- und Betriebsstoffe im Wert zu mindern. Referenzpunkt für die Ermittlung des Nettoveräußerungswerts der Roh-, Hilfs- und Betriebsstoffe ist dann jedoch ausnahmsweise nicht der Verkaufspreis (Orientierung am Absatzmarkt), sondern sind die Beträge, die für die Wiederbeschaffung (IAS 2.32) aufgewendet werden müssten (Orientierung am Beschaffungsmarkt).

Falls nach einer vorgenommenen Wertminderung der Nettoveräußerungspreis eines Vorratsvermögens am folgenden Bilanzstichtag wieder ansteigen sollte, besteht die Pflicht zur GuV-wirksamen Wertaufholung (IAS 2.33). Bewertungsobergrenze sind jedoch weiterhin die ursprünglichen Anschaffungs- bzw. Herstellungskosten. Dieser Betrag ist in der Gewinn-und-Verlust-Rechnung als Korrektur des Materialaufwands (Gesamtkostenverfahren) bzw. der Herstellungskosten (Umsatzkostenverfahren) zu erfassen. Da Vorräte gewöhnlich nur kurz im Bestand sind, sollten Wertaufholungen gewöhnlich selten vorkommen und bereits vorher durch den Umsatzakt erfasst worden sein.

**Auch im HGB** existiert der **Grundsatz der verlustfreien Bewertung**. Nach § 253 Abs. 4 HGB ist ein Niederstwerttest durchzuführen, also zu prüfen, ob ein niedrigerer Börsen- bzw. Marktpreis oder – ersatzweise – beizulegender Wert im

Vergleich zu den Anschaffungs- bzw. Herstellungskosten vorliegt, auf den dann ggf. abgeschrieben werden muss. Dabei kommt es – vergleichbar zu den IFRS – nicht darauf an, ob die Wertminderung dauerhafter oder vorübergehender Natur ist (**strenges Niederstwertprinzip**). Der niedrigere beizulegende Wert wird dabei in Abhängigkeit von der Art des Vorratsvermögens bestimmt:

- Die Wiederbeschaffungskosten (also der Beschaffungsmarkt) sind maßgeblich für
  - Roh-, Hilfs- und Betriebsstoffe sowie
  - Fertigerzeugnisse, sofern Fremdbezug möglich ist.
- Die Nettoveräußerungswerte (also der Absatzmarkt) sind maßgeblich für
  - unfertige und fertige Erzeugnisse sowie
  - Überbestände an Rohstoffen.
- Der niedrigere Wert aus Wiederbeschaffungskosten und Nettoveräußerungswert (also Absatz- und Beschaffungsmarkt) ist maßgeblich (= doppelte Maßgeblichkeit) für
  - Waren und
  - Überbestände an Erzeugnissen (vgl. hierzu z. B. Schubert & Berberich, 2020, Tz. 516 ff.).

Die Befreiung gemäß IAS 2.33 von der Erfassung einer Wertminderung für Roh-, Hilfs- und Betriebsstoffe für den Fall, dass die Fertigprodukte ohne Verlust veräußerbar sind, existiert im deutschen Handelsrecht nicht. Gemäß § 253 Abs. 5 Satz 1 HGB gilt ebenfalls ein Wertaufholungsgebot.

## 2.5 Ausweis

IAS 2 enthält keine konkrete Vorschrift dazu, wie Vorräte in der Bilanz auszuweisen sind. Es besteht lediglich nach IAS 1.54 die Pflicht, mindestens einen separaten Posten Vorräte auszuweisen.

In IAS 1.78c findet sich die Darstellung einer gebräuchlichen Untergliederung, die jedoch auch im Anhang aufgeführt werden kann und die mit der aus dem HGB bekannten vergleichbar ist:

- Handelswaren *(Merchandise)*
- Hilfs- und Betriebsstoffe *(Production Supplies)*
- Rohstoffe *(Materials)*
- Unfertige Erzeugnisse oder Leistungen *(Work in Progress)*
- Fertige Erzeugnisse *(Finished Goods)*

Unter den Vorräten werden auch typischerweise geleistete Anzahlungen auf bestellte Vorräte ausgewiesen.

Zu beachten ist, dass erhaltene Anzahlungen von Kunden auf Bestellungen nicht mit den Vorräten verrechnet werden können. Nach § 268 Abs. 5 HGB ist hingegen eine offene Absetzung von den Vorräten in der Bilanz möglich.

## 2.6 Offenlegung

Die wesentlichen Angabepflichten des IAS 2.36 ff. finden sich nachstehend:

- Beschreibung der angewendeten Bilanzierungs- und Bewertungsmethoden einschließlich der Bewertungsvereinfachungsverfahren
- Buchwert des Vorratsvermögens einschließlich unternehmensindividueller Untergliederung
- Betrag der Vorräte, die als Aufwand in der Periode erfasst wurden
- Buchwert des Vorratsvermögens, das zum Nettoveräußerungswert bewertet wurde, einschließlich des Wertberichtigungsbetrags
- Wertaufholungsbeträge einschließlich des Grundes der Wertaufholung
- Betrag der Vorräte, die als Sicherheit dienen

**Zusammenfassung**
**Vorräte** umfassen Roh-, Hilfs- und Betriebsstoffe, fertige und unfertige Erzeugnisse sowie Handelswaren. Hinsichtlich des Ansatzes gelten die allgemeinen Prüfkriterien für die Bilanzierbarkeit von Vermögenswerten, die gewöhnlich erfüllt sein sollten.

Die Zugangsbewertung erfolgt zu Anschaffungskosten. Diese umfassen den Anschaffungspreis und Anschaffungsnebenkosten sowie Anschaffungspreisminderungen, Letztere jedoch als Abzugsposten. Unfertige und fertige Erzeugnisse sind bei Zugang mit den Herstellungskosten zu bewerten. Der IASB verfolgt dabei einen produktionsbezogenen Vollkostenansatz, d. h., variable und fixe Produktionsgemeinkosten sind einzubeziehen. Bei der Zugangsbewertung von Vorräten sind vereinfachende Verfahren explizit erlaubt.

Die Folgebewertung soll eine verlustfreie Bewertung sicherstellen, indem Vorräte grundsätzlich auf den Nettoveräußerungswert abgewertet werden müssen, sofern dieser unter die Anschaffungs- bzw. Herstellungskosten sinkt.

Vorräte müssen als eigener Bilanzposten aufgenommen werden und ziehen vielfältige Anhangangaben nach sich.

## 2.7    Übungsaufgaben

1. Entscheiden Sie, wie an die Unternehmen A und B gelieferte Bürotische jeweils zu bilanzieren sind, wenn A ein Produktionsunternehmen für Solaranlagen ist, das die Tische für die Mitarbeitendenr der Verwaltung erwirbt, und B ein auf den Handel mit Büromöbeln spezialisiertes Unternehmen.

2. Erläutern Sie, wann Vorräte beim Käufer bilanziell anzusetzen sind, wenn die Lieferung unter Eigentumsvorbehalt erfolgt.

3. Erläutern Sie kurz, wann die Anschaffungs- oder Herstellungskosten von Vorräten als Aufwand in der Gewinn-und-Verlust-Rechnung zu erfassen sind.

4. Ermitteln Sie die die Anschaffungskosten nach IAS 2 für folgenden Fall:

Anschaffungspreis: 119.000 € inkl. 19 % USt

Zahlungsbedingungen: 30 Tage netto (branchenüblich) bzw. 3 % Skonto bei Zahlung innerhalb von 10 Tagen

Transportkosten: 3000 € netto

Anteilige Kosten für die Lagerung im Ausgangslager: 1500 €

Die Zahlung erfolgt innerhalb von 10 Tagen nach Lieferung.

5. Ein Unternehmen stellt Prägemaschinen in großer Stückzahl her. Die fertigen Erzeugnisse zum Bilanzstichtag 31.12.20X1 sind bislang wie folgt bewertet:

Materialeinzelkosten: 35.400 T€

Fertigungseinzelkosten: 12.800 T€

Sondereinzelkosten der Fertigung: 2300 T€ (gesamt: 50.500 T€)

Nennen Sie die Kostenbestandteile, die nach IFRS und HGB zusätzlich auf jeden Fall zu aktivieren sind. Welche Kostenbestandteile kann das Unternehmen nach IFRS wahlweise zusätzlich aktivieren, um sein Ziel eines möglichst hohen Gewinn- und Eigenkapitalausweises zu erreichen?

6. Ein Unternehmen stellt Prägemaschinen her, die nur in geringem Umfang auf die Bedürfnisse der Kunden ausgerichtet werden. In den fertigen Erzeugnissen sind insgesamt 16 solcher Maschinen enthalten, die bislang wie folgt bewertet werden:

| | |
|---|---|
| Materialeinzelkosten | 52.300 € |
| Fertigungseinzelkosten | 37.200 € |
| Sondereinzelkosten der Fertigung | 29.800 € |
| (gesamt | 119.300 €) |

Aus dem in IFRS-Regeln noch ungeschulten Controlling wurde eine Liste (siehe Tab. 2.1) mit anteiligen Kostenbestandteilen zusammengestellt, die im IFRS-Abschluss zusätzlich zu den Einzelkosten aktiviert werden sollen.

Beurteilen Sie, welche Kosten tatsächlich aktivierungspflichtig sind, und ermitteln Sie die Herstellungskosten nach IFRS.

**Tab. 2.1** Kostenaufstellung zu Aufgabe 6

| Kostenart | Vorgeschlagener Betrag (€) |
|---|---|
| Abschreibungen auf Zwischenlager (vor Endmontage) | 5000 |
| Verwaltungskosten des Materialbereichs | 2500 |
| Abschreibungen auf Produktionsanlagen und -gebäude | 23.000 |
| Abschreibungen auf Versandlager | 10.000 |
| Anteilige Kosten Betriebskantine und Betriebskindergarten (im Verhältnis Produktionsmitarbeitenden zur Gesamtbelegschaft) | 2100 |
| Fertigungsgemeinkosten | 46.700 |
| Abschreibungen auf EDV, Fuhrpark und BGA der Vertriebsabteilung „Spezialmaschinen" | 1500 |
| Anteilige Kosten des Produktionsvorstands | 35.000 |
| Sonstige Materialgemeinkosten | 19.000 |
| Anteilige allgemeine Verwaltungskosten (nach Kostenstellenrechnung) | 6000 |
| Kosten für die Grundlagenforschung „Metalle" | 8000 |
| Entwicklungskosten „Allgemeine Prägetechnik" | 9500 |
| Abschreibungen auf aktivierte Entwicklungskosten „Allgemeine Prägetechnik" | 1000 |
| Anteilige Entwicklungskosten für kundenindividuelle Anpassungen bestimmter ausgewiesener Maschinen (Sondereinzelkosten) | 17.000 |
| Verwaltungskosten des Fertigungsbereichs | 7800 |
| Gehälter der Vertriebsabteilung „Spezialmaschinen" | 3200 |
| Anteilige Kosten der betrieblichen Altersversorgung der Produktionsmitarbeitenden | 4800 |
| **Summe anteiliger Kosten** | |
| + Einzelkosten | 119.300 |
| **= Produktionsbezogene Herstellungskosten (Vollkostenansatz)** | |

**Tab. 2.2** AK für verschiedene Bewertungsvereinfachungsverfahren zu Aufgabe 7

| Vorprodukt | Anschaffungskosten (jeweils in Mio. €) nach … | | | |
|---|---|---|---|---|
| | … Fifo | … gewogenem Durchschnitt | … Lifo | … Hifo* |
| Stahlrahmen | 35 | 38 | 40 | 32 |
| Steuerungselemente | 12 | 11 | 10 | 9 |
| Sonstiges Rohmaterial | 27 | 28 | 31 | 25 |

* Hifo = „highest in, first out"

Aufgrund eines unerwarteten Konjunktureinbruchs sinkt die Nachfrage nach Prägemaschinen rapide. In der Folge sinkt der Marktpreis einer einzelnen Maschine auf 17.500 €. Die noch anfallenden Vertriebskosten pro Maschine betragen 1000 €. Ermitteln Sie den Wertansatz der Maschine nach IFRS zum Bilanzstichtag.

7. Ein Unternehmen stellt Druckmaschinen in verschiedenen Modellen her. Für die zugekauften, noch nicht in der Produktion verwendeten Vorprodukte (Stahlrahmen als tragende Teile der Maschinen, Steuerungselemente und sonstiges Rohmaterial) müssen die Anschaffungskosten ermittelt wer-

den. In Tab. 2.2 sind für verschiedene denkbare Bewertungsvereinfachungsverfahren die sich jeweils ergebenden Anschaffungskosten dargestellt:

a. Stellen Sie dar, ob die Verwendung von Bewertungsvereinfachungsverfahren nach IFRS überhaupt möglich ist und, wenn ja, unter welchen Bedingungen.

b. Geben Sie an, welche der o. g. Bewertungsmethoden ggf. nach IFRS zulässig sind.

c. Erläutern Sie, ob das Unternehmen für jede der o. g. Kategorien von Vorprodukten nach IFRS eine andere Bewertungsmethode verwenden kann, oder ob es eine Methode einheitlich für die gesamten Vorräte praktizieren muss.

8. Die Einkaufspreise der in Aufgabe 7 erwähnten Stahlrahmen sind in den letzten Wochen des Geschäftsjahrs aufgrund des Markteintritts einiger neuer chinesischer Zulieferer um bis zu 20 % gesunken. Die aktuellen Wiederbeschaffungskosten (Einkaufspreise) sowie die ursprünglichen Anschaffungskosten – unterteilt nach den Druckmaschinenmodellen, in welche die jeweiligen Stahlrahmen eingehen – sind aus Tab. 2.3 ersichtlich.

   Die einzelnen Druckmaschinenmodelle, in welche die Stahlrahmen eingehen, erzielen nach der derzeitigen Marktlage folgende Ergebnisse:

   Modell 200:    Gewinn
   Modell 400:    Gewinn
   Modell 500:    Deckung der Herstellungskosten
   Modell 700:    Verlust
   Modell 900:    Verlust

   Die bezogenen Stahlrahmen können wegen ihrer Unterschiede jeweils den einzelnen Druckmaschinenmodellen zugeordnet werden.

   a. Erläutern Sie, wie die bezogenen, noch nicht weiterverarbeiteten Stahlrahmen zum Bilanzstichtag bewertet werden müssen.

   b. Stellen Sie dar, was das Unternehmen bei der Aufstellung des IFRS-Konzernabschlusses beachten muss, wenn es seinen Einzelabschluss nach HGB aufstellt.

9. Die Einkaufspreise der in Aufgabe 7 erwähnten Steuerungselemente sind hingegen in den letzten Wochen des Geschäftsjahrs stark gestiegen. Der Marketingvorstand hat gehört, dass die IFRS eine Bewertung zum Fair Value verstärkt verlangen. Er schlägt deshalb vor, entsprechend zu verfahren, um so das Jahresergebnis zu verbessern. Erläutern Sie, ob diesem Verfahren zugestimmt werden kann.

10. Für die unter 7 genannten, noch nicht veräußerten Druckmaschinen (Fertigerzeugnisse) sind modellbezogene Daten aus dem Controlling verfügbar. Diese finden sich in Tab. 2.4 und 2.5.

    Zeigen Sie auf, wie die einzelnen Modelle am Bilanzstichtag bewertet werden müssen.

11. Unterstellen Sie nun in Abwandlung der Aufgabe 10, dass für die Druckmaschinen des Modells 900 anstelle des angegebenen, sonst üblichen Verkaufspreises von jeweils 75 Mio. € ein Liefervertrag abgeschlossen wurde, der eine Abnahme sämtlicher auf La-

**Tab. 2.3** AK und Wiederbeschaffungskosten zu Aufgabe 8

| Stahlrahmen für ... | Modell 200 | Modell 400 | Modell 500 | Modell 700 | Modell 900 |
|---|---|---|---|---|---|
| AK nach Fifo-Methode | 4,0 | 7,0 | 8,0 | 6,0 | 10,0 |
| Wiederbeschaffungskosten. | 3,6 | 6,5 | 7,0 | 5,0 | 8,6 |

**Tab. 2.4** Modellbezogene Daten zu Aufgabe 10

| Modell (in Mio. €) | Tatsächliche Herstellungskosten | Herstellungskosten bei wiederholter Herstellung | Noch anfallende Vertriebskosten | Aktueller Verkaufspreis |
|---|---|---|---|---|
| 200 | 43 | 41 | 7 | 51 |
| 400 | 54 | 52 | 9 | 67 |
| 500 | 49 | 51 | 7 | 56 |
| 700 | 36 | 40 | 6 | 34 |
| 900 | 75 | 73 | 8 | 75 |

**Tab. 2.5** Lösung zu Aufgabe 6

| Kostenart | Vorgeschlagener Betrag (T€) | Aktivierungspflichtiger Betrag (T€) |
|---|---|---|
| Abschreibungen auf Zwischenlager | 5000 | 5000 |
| Verwaltungskosten des Materialbereichs | 2500 | 2500 |
| Abschreibungen Produktionsanlagen und -gebäude | 23.000 | 23.000 |
| Abschreibungen auf Versandlager | 10.000 | ---- |
| Anteilige Kosten Betriebskantine und -kindergarten | 2100 | 2100 |
| Fertigungsgemeinkosten | 46.700 | 46.700 |
| Abschreibungen auf EDV, Fuhrpark und BGA Vertriebsabteilung | 1.500 | ---- |
| Anteilige Kosten des Produktionsvorstands | 35.000 | 35.000 |
| Sonstige Materialgemeinkosten | 19.000 | 19.000 |
| Anteilige allgemeine Verwaltungskosten | 6000 | 6000* |
| Kosten für die Grundlagenforschung „Metalle" | 8000 | ---- |
| Entwicklungskosten „Allgemeine Prägetechnik" | 9500 | ----** |
| Abschreibungen auf aktivierte Entwicklungskosten | 1000 | 1000 |
| Anteilige Entwicklungskosten für Anpassungen (Sondereinzelkosten) | 17.000 | 17.000 |
| Verwaltungskosten des Fertigungsbereichs | 7800 | 7800 |
| Gehälter der Vertriebsabteilung | 3200 | ---- |
| Anteilige Kosten der betrieblichen Altersversorgung | 4800 | 4800 |
| **Summe anteiliger Kosten** | | **169.900** |
| +Einzelkosten | 119.300 | 119.300 |
| **= Produktionsbezogene Herstellungskosten** | | **289.200** |

*Annahme hier: Anteilige Kosten des Produktionsbereichs.
** Eventuell kann hier eine Aktivierung als immaterieller Vermögenswert in Betracht kommen.

ger befindlichen Druckmaschinen dieses Modells zum Preis von 79 Mio. € garantiert. Die noch anfallenden Vertriebskosten sind aufgrund des bereits geschlossenen Liefervertrags (eingesparte Provisionen) deutlich geringer und belaufen sich auf 4 Mio. €. Ändert sich hierdurch die Bilanzierung der Druckmaschinen des Modells 900?

## 2.8 Lösungen

1. Unternehmen *A* hat die Bürotische grundsätzlich als Sachanlagevermögen zu bilanzieren, wohingegen Unternehmen *B* aufgrund des Geschäftsmodells die Tische im Vorratsvermögen bilanzieren muss.

2. Das rechtliche Eigentum liegt beim Kauf von Vorräten unter Eigentumsvorbehalt bis zur vollständigen Bezahlung weiterhin beim Verkäufer. Jedoch ist gewöhnlich der Käufer bei

Lieferung der Vorräte in der Lage, die Güter nach Belieben zu verwenden und auch Dritte vom Einwirken auf diese Güter abzuhalten. Auch trägt er sämtliche wirtschaftlichen Risiken wie z. B. das Risiko des zufälligen Untergangs, das Risiko der zufälligen Verschlechterung und das Preisrisiko. Insofern liegt bei wirtschaftlichen Betrachtungsweise die Verfügungsmacht beim kaufenden Unternehmen und nicht mehr beim Verkäufer. Dass der Verkäufer im Falle der Nichtbezahlung der Ware sein Eigentum zurückverlangen kann, ist nebensächlich.

3. Im Sinne der periodengerechten Gewinnermittlung und des Matchingprinzips sind erfassten Erträgen die zugehörigen Aufwendungen gegenüberzustellen. Das heißt, solange das Vorratsgut noch nicht zu Erträgen geführt hat (z. B. als Umsatz nach einem Verkauf), dürfen die Anschaffungs- oder Herstellungskosten nicht aufwandswirksam erfasst wer-

den. Erst mit Ertragserfassung werden die Anschaffungs- bzw. Herstellungskosten GuV-wirksam (außer es ist eine Wertberichtigung auf den niedrigeren Nettoveräußerungswert nötig).

Zu Ihrer Erinnerung: Beim Gesamtkostenverfahren werden die Kosten der Herstellung der auf Lager produzierten, also noch nicht abgesetzten Vorräte vollumfänglich in der Gesamtergebnisrechnung gezeigt. Jedoch erfolgt eine Korrektur dieser im Vergleich zur abgesetzten Menge „zu hoch" ausgewiesenen Produktionsaufwendungen über die Bestandsveränderungen bzw. über die aktivierten Eigenleistungen.

4. Die Anschaffungskosten betragen 100.000 € (= 100.000 € Anschaffungspreis netto − 3000 € Skonto + 3000 € Anschaffungsnebenkosten netto).

5. Pflichtgemäß einzubeziehen sind nach IAS 2.12 und § 255 Abs. 2 HGB Material- und Fertigungsgemeinkosten, der Werteverzehr des Anlagevermögens sowie Verwaltungskosten des Material- und Fertigungsbereichs.

Anteilig verpflichtend einzubeziehen sind nach IAS 2.12 allgemeine Verwaltungskosten, Kosten für freiwillige soziale Leistungen, Kosten für soziale Einrichtungen und Kosten für betriebliche Altersversorgung, sofern jeweils produktionsbezogen (produktionsbezogener Vollkostenansatz).

Wahlweise einbeziehbar nach § 255 Abs. 2 HGB sind allgemeine Verwaltungskosten, Kosten für freiwillige soziale Leistungen, Kosten für soziale Einrichtungen, Kosten für betriebliche Altersversorgung, sofern auf den Zeitraum der Herstellung entfallend. Auch können diese aktiviert werden, wenn sie nicht der Produktion zugeordnet werden (keinesfalls jedoch solche, die dem Vertrieb zuzuordnen sind).

Grundsätzlich können nach IFRS keine Kostenbestandteile wahlweise aktiviert werden.

6. Die Herstellungskosten für die 16 Maschinen betragen insgesamt 289.200 €. Dieser Wert ist mit dem Nettoveräußerungswert zu vergleichen, der mit 264.000 € [16 x (17.500 € Marktpreis − 1000 € Vertriebskosten)] niedriger ausfällt. Daher ist der Nettoveräußerungswert anzusetzen und die Differenz zu den Herstellungskosten von 25.200 € ist GuV-wirksam zu erfassen (Ausweis in der GuV nach Gesamtkostenverfahren als zusätzlicher Materialaufwand oder nach Umsatzkostenverfahren als zusätzliche Herstellungskosten oder sonstiger betrieblicher Aufwand) (Tab. 2.5).

7.  a. Es ist möglich, Bewertungsvereinfachungsverfahren anzuwenden, soweit die so bewerteten Vorratsgüter in großen Stückzahlen anfallen sowie untereinander austauschbar und nicht für ein bestimmtes Projekt bestimmt sind (IAS 2.24).

    b. Als Bewertungsvereinfachungsverfahren kommen die Fifo-Methode, die Methode des gewogenen Durchschnitts und die Methode des gleitenden Durchschnitts infrage (IAS 2.25). Die Lifo-Methode wurde zwar abgeschafft, kann jedoch nach IAS 2.BC19 weiter verwendet werden, sofern dies der tatsächlichen Verbrauchsfolge entspricht (was selten vorkommen sollte − z. B. bei auf Halden gelagertem Schüttgut). Das Hifo-Verfahren unterstellt, dass die Vorräte mit den höchsten Anschaffungskosten als Erstes abgehen bzw. verbraucht werden, und ist (auch nach HGB) unzulässig.

    c. Das Unternehmen kann unterschiedliche Bewertungsvereinfachungsverfahren anwenden, soweit es sich nicht um Vorräte ähnlicher Art und von ähnlichem Verwendungszweck handelt. Sonst wäre ein einheitliches Verfahren zu praktizieren (IAS 2.25).

8.  a. Die Stahlrahmen stellen bezogene Rohstoffe/Vorprodukte für das Unternehmen dar. Nur die Stahlrahmen für die

Modelle 700 und 900 sind auf die gesunkenen Wiederbeschaffungskosten von 5 Mio. € bzw. 8,6 Mio. € abzuschreiben, da aus dem Verkauf dieser Druckmaschinenmodelle (Fertigerzeugnisse) Verluste absehbar resultieren werden (IAS 2.28).

b. Im HGB-Abschluss sind alle Stahlrahmen auf den niedrigeren beizulegenden Wert (hier Wiederbeschaffungskosten) abzuschreiben. Bei der Umbewertung auf IFRS bzw. bereits bei der Programmierung der Software zur Vorratsbewertung ist die abweichende Abwertungsregel zu beachten.

9. Der Marketingvorstand hat Unrecht: Die Bewertung ist maximal zu Anschaffungskosten möglich (IAS 2.9). Die Ausnahmeregelungen des IAS 2.3 gelten hier nicht, da es sich weder um landwirtschaftliche Produkte, mineralische Rohstoffe oder Produkte, die üblicherweise in der betreffenden Branche zum Nettoverkaufspreis bewertet werden, noch um Vorräte von Warenbrokern handelt.

10. Die Modelle sind mit dem jeweils niedrigeren Wert aus tatsächlichen Herstellungskosten und Nettoveräußerungswert zu bewerten (Grundsatz der verlustfreien Bewertung). Der Nettoveräußerungswert ist definiert als aktuell geschätzter Verkaufspreis im normalen Geschäftsgang, abzüglich geschätzter Kosten der Fertigstellung und des Vertriebs. Insofern sind auch die Wiederherstellungskosten nicht relevant, da sie von der Beschaffungsseite abgeleitet sind und nicht von der Absatzseite.

Modelle 200, 400 und 500: **Keine Abwertung**, da der Verkaufspreis abzüglich der Vertriebskosten höher ist als die Herstellungskosten.

Modelle 700 und 900: **Abwertung nötig** von 36 auf 28 Mio. € (Modell 700) bzw. von 75 auf 67 Mio. € (Modell 900), da hier jeweils das Gegenteil der Fall ist.

11. Ja: Es ist keine Abwertung mehr nötig, da die Verkaufserlöse abzüglich der Vertriebskosten gleich den Herstellungskosten sind.

## Literatur

Jakobs, O. H., & Schmitt, G. A. (2002). IAS 2. In J. Baetge, P. Wollmert, H.-J. Kirsch, P. Oser & S. Bischof (Hrsg.), *Rechnungslegung nach IFRS. Kommentar auf der Grundlage des deutschen Bilanzrechts* (S. 1–48). Schäffer-Poeschel.

Keitz, I. (2021). IAS 2 Vorräte. In S. Thiele, I. Keitz & M. Brücks (Hrsg.), *Internationales Bilanzrecht. Rechnungslegung nach IFRS*. Stollfuß. (49. Aktualisierung Januar 2021).

Lüdenbach, N. (2006). Verwaltungsgemeinkosten und Beschäftigungsgrad bei der Bestimmung der Herstellungskosten von Vorräten. *PiR, 6*(4), 61–63.

Pellens, B., Fülbier, R. U., Gassen, J., & Sellhorn, T. (2017). *Internationale Rechnungslegung. IFRS 1 bis 16, IAS 1 bis 41, IFRIC-Interpretationen, Standardentwürfe. Mit Beispielen, Aufgaben und Fallstudie* (10. Aufl.). Schäffer-Poeschel.

Schubert, W. J., & Berberich, J. (2020). § 253 HGB. In B. Grottel, S. Schmidt, J. Schubert & N. Winkeljohann (Hrsg.), *Beck'scher Bilanz-Kommentar. Handels- und Steuerbilanz* (12. Aufl.). Beck.

Schubert, W. J., & Hutzler, A. (2020). § 255 HGB. In B. Grottel, S. Schmidt, J. Schubert & N. Winkeljohann (Hrsg.), *Beck'scher Bilanz-Kommentar. Handels- und Steuerbilanz* (12. Aufl.). Beck.

# Sachanlagen

# 3

**Lernziele**

Leser*innen

- können die Ansatz- und Zugangsbewertungsvorschriften für Sachanlagevermögen anwenden,
- wissen, welche Folgebewertungsmethoden für Sachanlagevermögen zur Wahl stehen, und können diese anwenden,
- können darlegen, was unter einem Wertminderungstest nach IAS 36 verstanden wird und wie Wertminderungen bilanziert werden müssen,
- haben einen Überblick über die grundsätzlichen Ausweis- und Offenlegungsvorschriften gewonnen,
- kennen wesentliche Abweichungen der handelsrechtlichen Vorschriften im Hinblick auf die Bilanzierung von Sachanlagen.

## 3.1 Überblick

Sachanlagen sind nötig, um das Geschäftsmodell überhaupt verfolgen zu können: Maschinen und Anlagen werden für die Produktion benötigt, Grundstücke und Gebäude ebenso, aber auch für die Verwaltung oder den Vertrieb, der Fuhrpark insbesondere zur Unterstützung des Vertriebs und Möbel, Computer etc. für die Ausstattung von Verwaltungs- bzw. Vertriebsräumlichkeiten. Sachanlagen stellen für die meisten Unternehmen ebenfalls einen wichtigen Bilanzposten dar. Beispielsweise betrug beim Zalando-Konzern der Anteil der Sachanlagen an der Bilanzsumme Ende 2019 rund 16 % (0,7 Mrd. €), beim Henkel-Konzern zum gleichen Zeitpunkt 12 % (3,8 Mrd. €) und beim Deutsche-Post-Konzern gar 41 % (21,3 Mrd. €).

Die Bilanzierung von Sachanlagen ist in IAS 16 geregelt. Zu den Sachanlagen zählen nach IAS 16.6 materielle Vermögenswerte, die für Zwecke der Herstellung oder Bereitstellung von Gütern und Dienstleistungen, zur Vermietung an

© Springer Fachmedien Wiesbaden GmbH, ein Teil von Springer Nature 2022
R. Gebhardt, *Rechnungslegung nach IFRS klipp & klar*, WiWi klipp & klar,
https://doi.org/10.1007/978-3-658-36050-4_3

Dritte oder für Verwaltungszwecke gehalten werden und erwartungsgemäß länger als während einer Periode genutzt werden können.

**Nicht** in den Anwendungsbereich des IAS 16 fallen:

- Sachanlagen, die zum Verkauf bestimmt sind (IFRS 5),
- Finanzinvestitionen in Immobilien (IAS 40) (Kap. 4),
- Sachanlagen, die im Rahmen von Leasingverträgen gehalten werden (IFRS 16) (Kap. 10),
- biologische Vermögenswerte wie Hühner, Schweine oder Obstbäume (IAS 41),
- die Suche und Gewinnung nicht regenerativer Ressourcen (Öl, Erdgas etc.) (IFRS 6).

## 3.2 Ansatz und Zugangsbewertung

Auch für Sachanlagen gelten die allgemeinen Prüfkriterien für die Bilanzierbarkeit von Vermögenswerten des Rahmenkonzepts (Abschn. 1.3.5). Zudem fordert IAS 16.7, dass der wirtschaftliche Nutzen, der mit einem Vermögenswert verbunden ist, dem Unternehmen wahrscheinlich zufließen wird und dessen Anschaffungs- bzw. Herstellungskosten verlässlich messbar sind. All diese Kriterien sollten gewöhnlich zum Zeitpunkt der Lieferung des Sachanlageguts als erfüllt angesehen werden können. Zu Sonderfällen wie Kauf unter Eigentumsvorbehalt oder Sicherungsübereignung siehe Abschn. 2.2.

Beim erstmaligen Ansatz eines Sachanlagegutes ist dieses **zu Anschaffungs- bzw. Herstellungskosten zu bewerten.**

Sind Sachanlagen im Wege des Kaufes zugegangen, so ergibt sich der Zugangswert gemäß IAS 16.15 ff. nach dem in Abb. 3.1 dargestellten Schema.

Zu den einzelnen Bestandteilen der Anschaffungskosten kann auf die entsprechenden Erläuterungen in Abschn. 2.3.1 verwiesen werden. Gleichwohl gibt es einige Besonderheiten, auf die im Folgenden eingegangen wird.

Zunächst erscheint die **Anschaffungskostenermittlung grundsätzlich kompatibel mit** der nach **HGB**. Gleichwohl gibt es im HGB keine Regelung, die den Einbezug von Entsorgungs-, Rekultivierungs- und ähnlichen Verpflichtungen in die Anschaffungskosten vorsieht. Nach IAS 16.16(c) sind jedoch Unternehmen hierzu verpflichtet, wenn durch die Anschaffung oder künftige Nutzung (jedoch nicht im Rahmen der Produktion von Vorräten) einer Sachanlage derartige Verpflichtungen bereits zum Zugangszeitpunkt entstanden sind. Beispiele sind:

- Entfernungsverpflichtungen für Funkmasten auf Gebäuden Dritter,
- Abbruch- und Rückbauverpflichtungen für Kohle-, Atom- und Windkraftwerke,
- Abbruchverpflichtungen für Ölplattformen in Meeren und Renaturierungsverpflichtungen für den Meeresboden,
- Renaturierungsverpflichtungen für Kiesgruben oder Kohleabbaugebiete.

Da Anschaffungsvorgänge grundsätzlich erfolgsneutral dargestellt werden müssen (zu einer Ausnahme für Finanzinstrumente nach IFRS siehe Abschn. 7.3), ist in Höhe der aktivierten künftigen Verpflichtungen eine Rückstellung einzubuchen.

**Abb. 3.1** Ermittlung der Anschaffungskosten für Sachanlagen nach IAS 16

    Anschaffungspreis

–   Anschaffungspreisminderungen

+   Anschaffungsnebenkosten

+   Entsorgungs-, Rekultivierungs- und ähnliche Verpflichtungen

+   Nachträgliche Anschaffungskosten

=   **Anschaffungskosten (= Zugangswert)**

Die Höhe der einerseits zu aktivierenden und andererseits zu passivierenden Beträge regelt IAS 37. Demnach sind die zu erwartenden Kosten (bester Schätzwert) der Rekultivierung oder Entsorgung abzuzinsen (siehe Abschn. 6.3). Der aktivierte Betrag ist in den Folgejahren genauso abzuschreiben wie die anderen Bestandteile der Anschaffungskosten. Der Rückstellungsbetrag ist laufend aufzuzinsen und unter Umständen anzupassen (mit Auswirkungen auf den bilanzierten Vermögenswert).

Während nach HGB solche Rückstellungen über die Jahre der Nutzung angesammelt werden (sog. **Ansammlungsrückstellung**), sind die erwarteten (abdiskontierten) Verpflichtungen hingegen im IFRS-Abschluss schon bei Zugang vollumfänglich zu bilden.

---

**Beispiel**

Die Strahlemann und Söhne AG hat ein Miniatomkraftwerk im europäischen Ausland errichten lassen. Der vereinbarte Anschaffungspreis beträgt 200 Mio. €. Die Betriebserlaubnis ist auf 50 Jahre begrenzt. Danach müssen das Kraftwerk zurückgebaut und das Gelände wiederhergestellt werden. Die geschätzten Kosten dafür betragen 150 Mio. €. Der angemessene Diskontierungszinssatz beträgt 5 %.

Die Anschaffungskosten des Miniatomkraftwerks betragen somit 213,08 Mio. €

$$[= 200 \text{ Mio. } € + (150 \text{ Mio. } €/1{,}05^{50})].$$ ◄

**Zuwendungen der öffentlichen Hand** (*Government Grants*) für die Anschaffung (oder Herstellung) von Sachanlagen (aber auch immateriellen Vermögenswerten) kommen in der Praxis recht häufig vor. Die Behandlung von Zuwendungen der öffentlichen Hand aller Art ist in IAS 20 geregelt.

Bei der Bilanzierung von **Zuwendungen für Vermögenswerte** (*Grants related to Assets*) gleich welcher Art (sofern langfristig) haben Unternehmen ein **Wahlrecht**: Sie können die Anschaffungs- oder Herstellungskosten vollumfänglich aktivieren und dafür die erhaltenen Zuwendungen passivieren (**Bruttoausweis**), oder sie vermindern die Anschaffungs- bzw. Herstellungskosten um

die erhaltenen Zuwendungen (**Nettoausweis**). Die Wirkung auf die Gewinn-und-Verlust-Rechnung ist über die Nutzungsdauer grundsätzlich identisch, denn die höheren Abschreibungen bei der ersten Variante werden ausgeglichen durch die ertragswirksame, planmäßige Auflösung der passivierten Zuschüsse. Jedoch könnte Variante 2 aus bilanzpolitischen Erwägungen vorzuziehen sein, da die Bilanzsumme durch den Nettoausweis kleiner ist und wichtige Bilanzkennzahlen (wie z. B. die Gesamtkapitalrentabilität) hierdurch besser ausfallen.

Sollten Zuwendungen dadurch erfolgen, dass Vermögenswerte kostenlos oder verbilligt übertragen werden, besteht das Wahlrecht darin, den Vermögenswert entweder zum Nominalwert (hingegebener Betrag) oder zum Fair Value zu aktivieren bei gleichzeitiger Passivierung der Differenz zwischen beiden Werten.

Während Investitionszuschüsse in den **IFRS** im Zugangszeitpunkt **immer erfolgsneutral** behandelt werden müssen, gibt es im **HGB** dagegen u. U. die Möglichkeit, sie sofort **erfolgswirksam** zu erfassen (so für steuerfreie Investitionszulagen Küting & Weber, 1995, Tz. 69).

Handelt es sich nicht um Zuwendungen für Vermögenswerte, sondern um **ertragsbezogene Zuwendungen** (*Grants related to Income*) z. B. für Personalkosten, hält IAS 20 ebenfalls ein **Wahlrecht** bereit: Die Zuwendungen können, jeweils periodengerecht,

- entweder als Ertrag vereinnahmt und die Aufwendungen, für die sie gezahlt werden, vollumfänglich in der GuV ausgewiesen werden (**Bruttoausweis**) oder
- von den zugehörigen Aufwendungen abgesetzt werden (**Nettoausweis**).

Aus bilanzpolitischer Perspektive ist die zweite Variante vorzuziehen, da operative Aufwendungen geringer ausgewiesen werden und damit das Betriebsergebnis (z. B. EBIT oder EBITDA) höher ausfällt. Im Übrigen können ertragsbezogene Zuwendungen sofort erfolgswirksam sein, wenn sie für Aufwendungen aus der Vergangenheit oder für bereits angefallene Verluste gewährt werden.

Ausgaben für Sachanlagen entstehen mitunter auch nach dem Zugangszeitpunkt. Zu klären ist, inwieweit solche Ausgaben erfolgswirksam erfasst werden müssen oder ggf. aktiviert werden können.

IAS 16.12 verbietet einerseits die Aktivierung laufender Erhaltungs-/Instandhaltungsausgaben. Andererseits verlangt IAS 16.10 die Aktivierung von Ausgaben **nach** dem Anschaffungs- oder Herstellungszeitpunkt, sofern sich das wirtschaftliche Nutzenpotenzial des Vermögenswerts wahrscheinlich erhöht hat und eine verlässliche Bewertung möglich ist. Beispiele für solche **nachträglichen Anschaffungskosten** wären Ausgaben für die Erweiterung eines Gebäudes oder die wesentliche Verbesserung der Einsatzfähigkeit einer Maschine oder Anlage. Diese Regelungen sind **vergleichbar zum HGB.**

Gehen Sachanlagen im Wege des Tausches gegen nichtmonetäre Vermögenswerte zu, kann die Anschaffungskostenbemessung nicht auf gezahlte Beträge abstellen. IAS 16.26 schreibt vor, dass **bei Tauschvorgängen grundsätzlich der Fair Value** des getauschten Vermögenswerts (bzw. alternativ des erhaltenen, sofern dieser verlässlicher bestimmbar ist) die Anschaffungskosten darstellt.

Verlässliche Bestimmbarkeit verlangt nicht zwingend die Existenz von Marktpreisen. Schätzwerte können verwendet werden, solange andere mögliche Werte in einem kleinen Intervall liegen oder den Schätzwerten begründete Eintrittswahrscheinlichkeiten zugeordnet werden können. Sollte der Fair Value nicht verlässlich bestimmbar sein oder dem Tauschgeschäft der wirtschaftliche Gehalt fehlen, so stellt der **Buchwert** des getauschten Gegenstands die Anschaffungskosten des erhaltenen Gegenstands dar. Ein wirtschaftlicher Gehalt liegt nach IAS 16.25 vor, wenn sich die Cashflowstruktur der getauschten Vermögenswerte (im Hinblick auf Risiko, zeitlichen Anfall und Betrag) unterscheidet oder sich der unternehmensspezifische Wert des betroffenen Unternehmensteils ändert. In beiden Fällen müssen sich die Fair Values der getauschten Vermögenswerte wesentlich voneinander unterscheiden. Die Bedeutung dieser Vorschrift soll an folgendem Beispiel verdeutlicht werden:

**Beispiel**

Zwei Unternehmen mit ähnlichem Geschäftsmodell haben Probleme mit ihrer Eigenkapitalquote. Bei einem gemeinsamen Golfspiel kommen die Vorstände auf die Idee, vergleichbare Maschinen, die über einen nahezu identischen Zeitraum in Gebrauch sind, zu tauschen. Beide Maschinen sind mit 2 Mio. € bilanziert. Die Vorstände setzen den Tauschwert bei 4 Mio. € fest.

Die fehlende Beachtung der Regelungen des IAS 16 hätte zur Folge, dass bei beiden Unternehmen die jeweils bilanzierte Maschine mit 2 Mio. € abgeht und die erhaltene Maschine mit 4 Mio. € aktiviert wird, mit dem gewünschten Nebeneffekt einer Eigenkapitalsteigerung um 2 Mio. € (erfasst als Abgangserfolg in der GuV).

IAS 16.24 f. verhindert nun diesen Effekt aus der Sachverhaltsgestaltung, indem die Einbuchung des erhaltenen Gegenstands zum Buchwert des abgehenden Gegenstands verlangt wird, denn bei wirtschaftlicher Betrachtungsweise hat sich nach dem Tausch für beide Seiten nichts getan, das eine Gewinnrealisierung rechtfertigen würde. ◄

Werden Gegenstände, die das Unternehmen auch im Rahmen der gewöhnlichen Geschäftstätigkeit produziert, als Sachanlagen verwendet, so sind die zu aktivierenden **Herstellungskosten** nach den Regelungen des IAS 2 zu ermitteln (zum produktionsbezogenen Vollkostenansatz nach IAS 2, Abschn. 2.3.1). Sollten Gegenstände selbst erstellt werden, die sonst nicht bzw. nicht in ähnlicher Weise produziert werden, dürfen nur die direkt zurechenbaren Kosten aktiviert werden, also grundsätzlich keine Gemeinkosten (IAS 16.22).

Darüber hinaus sind auch nachträgliche Herstellungskosten sowie erwartete Ausgaben für Entsorgungs-, Rekultivierungs- und ähnliche Verpflichtungen einzubeziehen und Zuwendungen zu berücksichtigen, sofern die bereits erläuterten Voraussetzungen erfüllt sind.

**Beispiel**

Die Volksauto (VA) AG stellt Fahrzeuge aller Art her. Die Vertriebsabteilung benötigt neue

Fahrzeuge, um die Vertragshändler der VA AG laufend besuchen zu können. Für diesen Zweck werden selbstverständlich Fahrzeuge aus eigener Produktion verwendet.

Da gerade die Autokonjunktur einbricht, muss die Volksauto AG ihre Mitarbeitenden in Kurzarbeit schicken. Einige Mitarbeitende, ausgebildete Baufacharbeiter, sind hiervon aber ausgenommen, denn sie werden stattdessen abgestellt, ein neues Verwaltungsgebäude zu errichten.

Während die Herstellungskosten der Fahrzeuge, die ins Sachanlagevermögen eingebucht werden, gemäß IAS 2 ermittelt werden, gilt dies nicht für die Herstellungskosten des Verwaltungsgebäudes, bei dem keine Gemeinkosten mit einbezogen werden dürfen. ◄

Neben den bereits genannten Kostenbestandteilen können (bei Anschaffung und Herstellung) zudem u. U. Fremdkapitalkosten einzubeziehen sein, sofern qualifizierte Vermögenswerte im Sinne des IAS 23 betroffen sind (siehe hierzu Abschn. 2.3.1).

IAS 16.19 f. enthält eine Aufzählung von Kosten, die in keinem Fall in die Anschaffungs- bzw. Herstellungskosten einbezogen werden dürfen:

- Kosten der Neueröffnung einer Betriebsstätte,
- Einführungskosten neuer Produkte oder Dienstleistungen,
- Kosten der Neuanbahnung von Geschäfts- oder Kundenbeziehungen,
- Verwaltungs- und andere Gemeinkosten (außer die Herstellungskosten werden nach IAS 2 ermittelt),
- Ausgaben für die Verlagerung von Sachanlagen, nachdem diese bereits nutzbar waren bzw. genutzt wurden,
- anfängliche operative Verluste.

## 3.3 Folgebewertung

### 3.3.1 Überblick

Für die Folgebewertung von Sachanlagen sieht IAS 16.29 ein Wahlrecht für Unternehmen zwischen der **Anschaffungs- bzw. Herstellungskostenmethode** (*Cost Model*) einerseits und der im Handelsrecht unbekannten **Neubewertungsmethode** (*Revaluation Model*) andererseits vor. Zu beachten ist, dass die Ausübung des Wahlrechts in den Folgeperioden **stetig** erfolgen muss und **für** die **gesamte Gruppe gleichartiger Sachanlagen gilt** (IAS 16.29 i. V. m. IAS 8).

Grundsätzlich sind Sachanlagen einzeln zu bewerten. Gleichwohl ist nach IAS 16.9 auch eine **Gruppenbewertung** möglich, sofern die zu bewertenden Sachanlagen, wie z. B. Werkzeuge oder Gussformen, in ihrer Gesamtheit von untergeordneter Bedeutung sind.

Ebenso könnte aufgrund von Wesentlichkeitsüberlegungen das **Festwertverfahren** Anwendung finden, bei dem eine Festmenge zu Festpreisen bewertet und damit unterstellt wird, dass sich Zugänge zu dieser Gruppe von Sachanlagen in etwa mit den planmäßigen Abschreibungen und Abgängen ausgleichen. In regelmäßigen Abständen ist jedoch eine Inventur durchzuführen. Beispielhafte Anwendungsfälle finden sich im Hotel- und Gaststättengewerbe (für Geschirr, Besteck und Wäsche), in Produktionsunternehmen (Werkzeuge) und im Schienenverkehr (Gleisanlagen).

### 3.3.2 Anschaffungs- bzw. Herstellungskostenmethode

Die Anschaffungs- bzw. Herstellungskostenmethode verlangt die Fortschreibung der Anschaffungs- bzw. Herstellungskosten. Dazu sind die aktivierten Kosten (Abschreibungsvolumen) mittels Abschreibungen planmäßig auf die voraussichtliche Nutzungsdauer zu verteilen. Diese Abschreibungen sind GuV-wirksam zu erfassen. Restwerte mindern, sofern wesentlich, das Abschreibungsvolumen. Nicht abnutzbare Vermögenswerte wie Grundstücke werden natürlich nicht abgeschrieben.

Die Erfassung von Abschreibungen muss zum Zeitpunkt der **Nutzungsfähigkeit** (*Availability for Use*) des Vermögenswerts beginnen (IAS 16.55). Das heißt, selbst wenn sich das Unternehmen bspw. entscheidet, eine neue Maschine, die bereits am gewünschten Einsatzort und betriebsbereit ist, aufgrund der schlechten Auftragslage noch nicht in Betrieb zu nehmen, muss die Abschreibung dennoch schon beginnen.

Der Abschreibungszeitraum entspricht der voraussichtlichen **unternehmensindividuellen Nutzungsdauer** (*Useful Life*; IAS 16.56). So können bspw. die aus dem Steuerrecht bekannten AfA-Tabellen lediglich einen Anhaltspunkt für die Bestimmung liefern – die voraussichtliche Nutzungsdauer bestimmt das Unternehmen individuell.

**Beispiel**

Zwei Unternehmen schaffen Computer an: Die **Gamer AG** entwickelt Computerspiele, während die **Caller KGaA** Callcenterdienstleistungen erbringt.

Die Gamer AG wird die Nutzungsdauer der Computer sicherlich sehr gering bemessen, da Computerspielentwickler zwingend auf dem neusten Stand der Technik sein müssen, um wettbewerbsfähige Spiele zu entwickeln. Wenn ihre Computer bspw. bereits nach einem Jahr wieder verkauft werden, sollte dies die Abschreibungsdauer darstellen, wobei der erzielbare Restwert berücksichtigt werden muss.

Die Caller KGaA hingegen könnte durchaus eine Nutzungsdauer von 5 oder mehr Jahren unterstellen, sofern lediglich wenige Anwendungsprogramme auf den Rechnern ausgeführt werden. ◄

Die Abschreibungsmethode soll den unternehmensindividuellen Nutzenverbrauch widerspiegeln. Insofern können, wenn jeweils begründbar, unterschiedliche Methoden angewendet werden: lineare, (arithmetisch und geometrisch) degressive, leistungsabhängige, aber auch progressive Abschreibung.

Eine besondere Regelung für **geringwertige Wirtschaftsgüter** (**GWG**) kennen die IFRS nicht. Unter Berücksichtigung des Wesentlichkeitsgrundsatzes können jedoch solche Güter sofort vollständig abgeschrieben werden. Der Schwellenbetrag, ab dem ein Gut nicht mehr als geringwertig anzusehen ist, muss unternehmensindividuell festgelegt werden.

Die voraussichtliche Nutzungsdauer, die Abschreibungsmethode und die Restwertannahme sind zumindest am Geschäftsjahres-

ende zu überprüfen (IAS 16.51 und 16.61). Schätzungsänderungen sind gemäß IAS 8 prospektiv zu behandeln. Das heißt, im aktuellen Abschluss dargestellte Vergleichsperioden werden nicht berichtigt. Schätzungsänderungen haben nur Einfluss auf die Abschreibungs- und damit Buchwertermittlung für die aktuelle und für künftige Perioden.

IAS 16.43 i. V. m. IAS 16.13 sowie IAS 16.45 verlangen zudem, **einzelne Komponenten** eines Sachanlagegegenstands **separat abzuschreiben** (Komponentenansatz), sofern

• diese einen signifikanten Anteil an den Gesamtkosten des Gegenstands haben und
• entweder deren Nutzungsdauern oder deren Nutzenverläufe wesentlich von denen anderer Komponenten abweichen.

Selbst bei insignifikanten Anteilen an den Gesamtkosten kann ein Unternehmen gemäß IAS 16.47 einzelne Komponenten wahlweise separat abschreiben.

Beispiele für separat abzuschreibende Komponenten von Sachanlagen können sein:

• Rumpf, Triebwerk und Interieur bei Flugzeugen,
• Bauwerk (Außen- oder Innenwände, Dach, Fenster) und Technik (Heizung, Lüftung, Klima, Sanitär) bei Gebäuden,
• Außenhaut und feuerfeste Auskleidung eines Hochofens oder
• Ausgaben für künftige Generalüberholungen oder -inspektionen, sofern die Ansatzkriterien erfüllt sind und in regelmäßigen Abständen eine solche Überholung oder Inspektion für den Weiterbetrieb notwendig ist (IAS 16.14)

**Beispiel**

Die Airline Raijen Air AG bilanziert ihre Flugzeuge nach dem Komponentenansatz, da die entsprechenden Bedingungen des IAS 16.43 i. V. m. IAS 16.13 sowie IAS 16.45 erfüllt sind. Eine neue Maschine wurde Anfang 20X1 für 20 Mio. € Anschaffungskosten angeschafft. Dem Rumpf wird ein Anteil an den Anschaffungskosten von 9 Mio. €, dem Triebwerk von 8 Mio. € und dem Interieur von 3 Mio. € zugeordnet. Die Nutzungsdauern werden folgendermaßen geschätzt: Rumpf 30 Jahre, Triebwerk 16 Jahre und Interieur 4 Jahre. Der Nutzenverbrauch wird für alle 3 Komponenten als gleichmäßig über die Nutzungsdauer erwartet (lineare Abschreibung). Restwerterwartungen sind jeweils Null.

Folgende Abschreibungsbeträge ergeben sich damit über die jeweiligen Nutzungsdauern:

Rumpf: 9 Mio. €/30 Jahre = 0,3 Mio. € p. a.
Triebwerk: 8 Mio. €/16 Jahre = 0,5 Mio. € p. a.
Interieur: 3 Mio. €/4 Jahre = 0,75 Mio. € p. a. ◄

Geht eine Komponente einer Sachanlage ab, so müssen dann auch eventuelle Restbuchwerte ausgebucht und die Anschaffungskosten der neuen Komponente eingebucht werden.

**Beispiel**

Ende des Jahres 20X3 (Bilanzstichtag) wird das Interieur des im Beispiel zuvor angeschafften Flugzeugs vorzeitig aufgrund der Umgestaltung des Markenauftritts ersetzt. Das neue Interieur hat Anschaffungskosten von 3,4 Mio. € (noch unbezahlt am Geschäftsjahresende). Die Nutzungsdauer bzw. die Abschreibungsmethode für das neue Interieur werden unverändert geschätzt bzw. erwartet.

Ende 20X3 sind Abschreibungen für das Interieur von kumuliert 2,25 Mio. € erfasst worden. Damit ergibt sich ein Restbuchwert von 0,75 Mio. €. Dieser ist GuV-wirksam auszubuchen. Die Anschaffungskosten für das neue Interieur sind einzubuchen.

Außerplanm. Abschreibungen 750.000 an Maschinen (Komponente Interieur) 750.000
Maschinen (Komponente Interieur) 3.400.000 an Verbindlichkeiten aus LuL 3.400.000

Für die Folgejahre wäre das Interieur mit 0,85 Mio. € p. a. abzuschreiben (= 3,4 Mio. € /4 Jahre).

(Hinweis: Umsatzsteuer- bzw. Vorsteuerbuchungen werden in diesem Lehrbuch vernachlässigt.) ◄

Der Komponentenansatz ist sogar für künftig nötige Generalüberholungsmaßnahmen nach IAS 16.14 i. V. m. IAS 16.7, wie oben erwähnt, vorgeschrieben.

**Beispiel**

Eine Maschine wurde mit Anschaffungskosten von 3 Mio. € erworben. Die Nutzungsdauer wird auf 10 Jahre geschätzt (gleichmäßiger Nutzenverbrauch), wobei diese nur erreicht werden kann, wenn die herstellerseitig vorgeschriebenen Großinspektionen aller 3 Jahre vorgenommen werden. Für die erste Großinspektion wird mit Kosten von 0,3 Mio. € gerechnet.

Die Maschine ist für Zwecke der Anlagenbuchhaltung in eine Generalüberholungskomponente mit „fiktiven" Anschaffungskosten von 0,3 Mio. € und eine „Restkomponente" von 2,7 Mio. € aufzusplitten. Bei einer „Nutzungsdauer" der Generalüberholungskomponente von 3 Jahren ergeben sich also für diese Komponente 0,1 Mio. € planmäßige Abschreibungen p. a. für diesen Zeitraum. Für die „Restkomponente" ergeben sich 0,27 Mio. € planmäßige Abschreibungen p. a. ◄

Wenngleich der Komponentenansatz letztlich die separate Berücksichtigung der zu bilanzierenden Komponenten in der Anlagenbuchhaltung eines Unternehmens verlangt, wird das jeweilige Sachanlagegut jedoch als ein Anlagegut bilanziell ausgewiesen.

Am Ende der Berichtsperiode ist zu prüfen, ob Anhaltspunkte für eine **Wertminderung** für eine Sachanlage (nicht für einzelne Komponenten der Sachanlage) gemäß IAS 36 vorliegen. Gegebenenfalls ist eine außerplanmäßige Abschreibung zu erfassen (ausführlich Abschn. 3.3.4).

Sollte der Grund für eine frühere Wertminderung entfallen, so ist eine **Wertaufholung** zu verbuchen. Obergrenze für die Wertaufholung sind die fortgeführten Anschaffungs- bzw. Herstellungskosten, die sich zum Bilanzstichtag auf Basis des ursprünglichen Abschreibungsplans ergeben hätten.

Insgesamt liegen keine größeren Unterschiede zwischen den Vorgaben nach IFRS und **nach HGB** vor (zu Unterschieden beim Wertminderungstest siehe Abschn. 3.3.4). Sogar der Komponentenansatz wird unter HGB verschiedentlich als zulässig erachtet. Gleichwohl wird dessen Anwendbarkeit nur auf physische Komponenten gesehen und damit nicht auf Generalüberholungsmaßnahmen (vgl. IDW, 2009; Schubert & Andrejewski, 2020, Tz. 278; Kessler, 2010, S. 234 ff.).

### 3.3.3   Neubewertungsmethode

Die Neubewertungsmethode erlaubt im Gegensatz zur Anschaffungs- bzw. Herstellungskostenmethode einen Wertansatz oberhalb der ursprünglich aktivierten Anschaffungs- und Herstellungskosten. Das heißt, **zwischenzeitliche Wertsteigerungen können berücksichtigt werden** und führen zu einem höheren Eigenkapitalausweis. Jedoch wird eine solche Wertsteigerung grundsätzlich **nicht erfolgswirksam** über die Gewinn-und-Verlust-Rechnung, **sondern GuV-neutral** über das sonstige Ergebnis *(Other Comprehensive Income)* direkt im Eigenkapital erfasst.

Im Gegensatz zur Anschaffungs- bzw. Herstellungskostenmethode kommt es damit nicht zur Bildung stiller Reserven. Im Zuge des höheren Wertansatzes steigen das Eigenkapital und auch die Bilanzsumme. Dies hat jedoch auch negative Konsequenzen für einige wichtige Bilanzkennzahlen (etwa Gesamtkapital- oder Eigenkapitalrentabilität), die diese Größen im Nenner zeigen.

Der Wertansatz ergibt sich nach der Neubewertungsmethode als Fair Value (beizulegender Zeitwert) zum Zeitpunkt der Neubewertung abzüglich danach erfasster planmäßiger oder ggf. außerplanmäßiger Abschreibungen (IAS 16.31).

Zur Erinnerung: Der Fair Value eines Vermögenswerts ist nach IFRS 13 (Fair Value Measurement) definiert als Veräußerungspreis in einer gewöhnlichen, tatsächlichen oder hypothetischen Transaktion zwischen beliebigen unabhängigen Marktteilnehmern unter marktüblichen Bedingungen am Bewertungsstichtag (ausführlich dazu Abschn. 1.3.6).

Voraussetzung für die Anwendung der Neubewertungsmethode ist, dass sich der Fair Value verlässlich bestimmen lässt.

Wie bereits erwähnt, werden jedoch bilanzpolitische Spielräume eingeengt, indem gefordert wird, dass im Falle der Neubewertung bspw. eines Grundstücks alle Grundstücke des Unternehmens neu bewertet werden müssen (IAS 16.37). Dies soll verhindern, dass nur Sachanlagen neu bewertet werden, die eine zwischenzeitliche Wertsteigerung erfahren haben, und andere, die im Wert gesunken sind, außen vor bleiben.

Die **Häufigkeit** der Neubewertung richtet sich nach den **Schwankungen des Fair Value**. Starke Schwankungen bedingen dabei jährliche Neuwertungen. Bei vergleichsweise geringfügigen Schwankungen reicht eine Neubewertung alle 3–5 Jahre aus (IAS 16.34).

Wie bereits erwähnt, muss eine zwischenzeitliche **Wertsteigerung**, also der positive Unterschiedsbetrag zwischen Fair Value und aktuellem Buchwert, grundsätzlich **GuV-neutral** erfasst werden (über das sonstige Ergebnis – OCI – direkt im Eigenkapital z. B. als **Neubewertungsrücklage** *[Revaluation Surplus]*). Von diesem Grundsatz ist abzuweichen, wenn die Wertsteigerung frühere, GuV-wirksam erfasste, außerplanmäßige Wertminderungen wieder ausgleicht.

Zwischenzeitliche **Wertminderungen** sind grundsätzlich **GuV-wirksam** als außerplanmäßige Abschreibung zu erfassen. Auch von diesem Grundsatz existiert eine Ausnahme: Entsteht die Wertminderung, nachdem früher bereits Wertsteigerungen GuV-neutral erfasst wurden, so ist zuerst die dotierte Neubewertungsrücklage

GuV-neutral aufzulösen, bevor eine außerplanmäßige Abschreibung GuV-wirksam verbucht wird (IAS 16.39 f.).

Tab. 3.1 verdeutlicht das beschriebene Vorgehen nochmals im Überblick. Im Übrigen muss bei Anwendung der Neubewertungsmethode auf die Entstehung latenter Steuern geachtet werden (Abschn. 11.3).

Auch unter der Neubewertungsmethode müssen abnutzbare Sachanlagen planmäßig über die voraussichtliche Nutzungsdauer abgeschrieben werden. Die in Abschn. 3.3.2 dargestellten Regelungen zur planmäßigen und außerplanmäßigen Abschreibung gelten hier analog. Der Neubewertungsbetrag dient dabei als Grundlage zur Bemessung der Abschreibungen mit der Konsequenz, dass im Vergleich zur Anschaffungs- bzw. Herstellungskostenmethode höhere Abschreibungen in den Folgeperioden erfasst werden müssen.

Da die gebildete Neubewertungsrücklage auch nicht sukzessive um die erhöhten Abschreibungsbeträge GuV-wirksam aufgelöst werden darf (kein sog. *Recycling*, siehe hierzu bereits Abschn. 1.4.3), hat dies negative Auswirkungen auf künftige Betriebs- und Jahresergebnisse. Dies ist – neben den hohen Kosten der regelmäßigen Neubewertungen – auch einer der zu vermutenden Gründe dafür, dass die Neubewertungsmethode in der Praxis sehr selten tatsächlich angewendet wird.

Bislang wurde lediglich gesagt, wie die Neubewertungsrücklage **nicht** behandelt werden darf (keine spätere Umklassifizierung in die GuV). IAS 16 enthält Regelungen, **wie** sie zu behandeln ist. Demnach haben die Unternehmen ein Wahlrecht (IAS 16.41): Sie buchen die Neubewertungsrücklage

- entweder in den Folgeperioden in Höhe der gegenüber Anschaffungs- bzw. Herstellungskostenmethode erhöhten Abschreibungen GuV-neutral **direkt**
- **oder vollumfänglich erst bei Abgang oder Stilllegung** des Gegenstands

in die Gewinnrücklagen um. Einzige Möglichkeit für nicht abnutzbare Vermögenswerte ist die letztgenannte, da hier keine planmäßigen Abschreibungen verbucht werden.

Folgendes Beispiel soll die Anwendung der Neubewertungsmethode verdeutlichen:

**Beispiel**

Zu Beginn des Jahres 20X1 wird eine Produktionsanlage mit Anschaffungskosten von 100.000 € erworben.

Die voraussichtliche Nutzungsdauer beträgt 5 Jahre (geschätzter Restwert: 0 €). Der Nutzenverbrauch erfolgt gleichmäßig während der Nutzungsdauer.

Der Fair Value der Produktionsanlage steigt Ende 20X3 infolge entdeckter zusätzlicher Einsatzmöglichkeiten auf 120.000 € (ohne Einfluss auf die Nutzungsdauer).

Die gebrauchte Produktionsanlage kann Ende 20X5 überraschend für 1000 € verkauft werden. Latente Steuern sind nicht zu berücksichtigen. Das Unternehmen bilanziert nach IFRS und entscheidet sich für die Neubewertungsmethode sowie für eine laufende Umbuchung der Neubewertungsrücklage gegen die Gewinnrücklage.

Nach dem Kauf sind für 20X1, 20X2 und 20X3 planmäßige Abschreibungen von jeweils 20.000 € zu erfassen.

**Tab. 3.1** Behandlung von Abweichungen zwischen Fair Value und Buchwert gemäß Neubewertungsmethode

| Fair Value > Buchwert | Fair Value < Buchwert |
| --- | --- |
| **Regel:** GuV-neutrale Zuschreibung in Neubewertungsrücklage | **Regel:** GuV-wirksame außerplanmäßige Abschreibung |
| **Ausnahme,** wenn Neubewertungsverluste in Vorperioden GuV-wirksam erfasst wurden: Dann zunächst GuV-wirksame Zuschreibung, bis die Neubewertungsverluste der Vorperioden aufgeholt sind | **Ausnahme,** wenn Neubewertungsgewinne in Vorperioden GuV-neutral erfasst wurden: Dann zunächst GuV-neutrale Auflösung der in Vorperioden gebildeten Neubewertungsrücklage |

Der Buchwert Ende 20X3 beträgt dann 40.000 €. Ende 20X3 ist der Wertansatz GuV-neutral um 80.000 € auf 120.000 € (Fair Value) zu erhöhen. Dieser Wert stellt den neuen Ausgangswert für die Abschreibungsbemessung über die voraussichtliche Restnutzungsdauer dar.

Die Abschreibungen betragen dann für 20X4 und 20X5 jeweils 60.000 €. In diesen beiden Jahren werden nun die gegenüber der Anschaffungskostenmethode um 40.000 € höher ausfallenden Abschreibungsbeträge gegen die Gewinnrücklagen ausgebucht.

Bei Abgang der Anlage sind die erhaltenen 1000 € als Veräußerungsgewinn zu erfassen.

Die Buchungssätze sind nachfolgend dargestellt.

| 20X1 | Technische Anlagen | 100.000 | an | Bank | 100.000 |
| | Abschreibung | 20.000 | an | Technische Anlagen | 20.000 |
| 20X2 | Abschreibung | 20.000 | an | Technische Anlagen | 20.000 |
| 20X3 | Abschreibung | 20.000 | an | Technische Anlagen | 20.000 |
| | Technische Anlagen | 80.000 | an | Sonstiges Ergebnis (Neubewertungsrücklage) | 80.000 |
| 20X4 | Abschreibung | 60.000 | an | Technische Anlagen | 60.000 |
| | Sonstiges Ergebnis (Neubewertungsrücklage) | 40.000 | an | Gewinnrücklagen | 40.000 |
| 20X5 | Abschreibung | 60.000 | an | Technische Anlagen | 60.000 |
| | Sonstiges Ergebnis (Neubewertungsrücklage) | 40.000 | an | Gewinnrücklagen | 40.000 |
| | Bank | 1.000 | an | Sonstige betriebliche Erträge | 1.000 |

(Hinweis: Umsatzsteuer- bzw. Vorsteuerbuchungen werden in diesem Lehrbuch vernachlässigt.)

Die Wertansätze der Anlage, die Höhe und Entwicklung der Neubewertungsrücklage und die Wirkung auf die Gewinn-und-Verlust-Rechnung sind in Tab. 3.2 dargestellt.

Es wird ersichtlich, dass die Gewinn-und-Verlust-Rechnung mit insgesamt 179.000 € belastet wurde, obwohl die Anschaffungskosten (100.000 €) abzüglich des realisierten Restwerts (1000 €) und damit die Eigenkapitalminderung effektiv lediglich 99.000 € betrugen. Durch die Neubewertung werden also die nachfolgenden Jahresergebnisse zusätzlich belastet.

Gleichwohl hat die Neubewertungsmethode nach Abgang der Anlage keinen anderen Effekt auf das bilanzielle Eigenkapital als die alternative Anschaffungskostenmethode. Durch das zusätzlich erfasste sonstige Ergebnis

20X3 in Höhe von 80.000 €, welches dann sukzessive in die Gewinnrücklagen umgebucht wurde, ergibt sich letztlich die gleiche Eigenkapitalveränderung von −99.000 € (= − 179.000 € GuV-Effekte + 80.000 € GuV-neutrale Erhöhung des Eigenkapitals). ◄

### 3.3.4  Wertminderungstest

Der Zweck der internationalen Rechnungslegung besteht darin, entscheidungsnützliche Informationen über die Vermögens-, Finanz- und Ertragslage zu vermitteln. Sollten sich von einer zur anderen Periode unerwartete Wertminderungen im Vermögen ergeben, z. B. infolge physischer Beschädigungen, Abhandenkommens oder sinkender Umsatzaussichten, sind dies relevante Informationen, über die zu berichten ist.

**Beispiel**

So wies bspw. ThyssenKrupp im Konzernabschluss für das Geschäftsjahr 2010/2011 außerplanmäßige Wertminderungen in Höhe von rd. 1,7 Mrd. € im Hinblick auf in Brasilien und den USA errichtete Stahlwerke aus, was ausschlaggebend war für den im selben Geschäftsjahr eingetretenen Konzernverlust von 1,8 Mrd. €.

Wesentlicher Grund für diese Wertminderungen waren ausufernde Kosten bei der Errichtung der Werke, die als nicht mehr einbringbar eingestuft wurden. ◄

Die Bilanzierung solcher **Wertminderungen im Anlagevermögen** ist im **IAS 36** geregelt. Folgende Bilanzpositionen sind vom IAS 36 erfasst:

- Sachanlagen
- Finanzinvestitionen in Immobilien, die nach der Anschaffungs- bzw. Herstellungskostenmethode bewertet werden
- immaterielle Vermögenswerte
- Goodwill aus Unternehmenszusammenschlüssen
- Beteiligungen im Einzelabschluss (Tochterunternehmen, assoziierte Unternehmen, Gemeinschaftsunternehmen)

**Tab. 3.2** Beispiel zur Anwendung der Neubewertungsmethode

| Jahr | Vorgang | Fair Value | Buchwert per 31.12. | GuV-Wirkung | Änderung NBW-RL | NBW-RL per 31.12. |
|---|---|---|---|---|---|---|
| **20X1** | Kauf | | 80.000 | – 20.000 | | 0 |
| **20X2** | | | 60.000 | – 20.000 | | 0 |
| **20X3** | Neubewertung | 120.000 | 120.000 | – 20.000 | + 80.000 | 80.000 |
| **20X4** | | | 60.000 | – 60.000 | – 40.000 | 40.000 |
| **20X5** | | | 0 | – 59.000 | – 40.000 | 0 |
| **Gesamt** | | | | **– 179.000** | **0** | |

Nachfolgend ist für andere Vermögenswerte auf-
gelistet, an welcher Stelle sich Regelungen zur
Ermittlung und Bilanzierung von Wertminderungen finden:

- Finanzanlagevermögen: in IFRS 9 (Abschn. 7.4)
- landwirtschaftlich genutzte, biologische Vermögenswerte: in IAS 41
- Finanzinvestitionen in Immobilien, die nach
  der Fair-Value-Methode bewertet werden: in
  IAS 40
- langfristige Aktiva aus Versicherungsverträgen: in IFRS 4 (künftig IFRS 17)
- zum Verkauf stehende langfristige Vermögenswerte: in IFRS 5

Gemäß IAS 36.6 liegt eine **Wertminderung**
vor, wenn der Buchwert *(Carrying Amount)* eines
Vermögenswerts (oder einer Zahlungsmittel ge-
nerierenden Einheit) seinen erzielbaren Betrag
*(Recoverable Amount)* übersteigt. Die Wertminderung entspricht dann dem Unterschiedsbetrag aus aktuellem Buchwert und erzielbarem
Betrag.

Der Prozess der Ermittlung des erzielbaren
Betrags und dessen Vergleich mit dem Buchwert
wird als **Wertminderungstest** *(Impairment Test)*
bezeichnet.

Bei der Frage, wie häufig ein formaler Wertminderungstest durchgeführt werden muss, differenziert IAS 36 aus Wirtschaftlichkeitsgründen
zwischen zwei Gruppen von Vermögenswerten:

- Für folgende sog. **qualifizierte Vermögens-
  werte** ist ein jährlicher formaler Wert-
  minderungstest verpflichtend vorgeschrieben
  (IAS 36.10), wobei dieser zu einem beliebigen
  Zeitpunkt durchgeführt werden kann, sofern
  der Termin stetig angewendet wird:
  – Immaterielle Vermögenswerte, die wegen
    unbestimmter Nutzungsdauer nicht plan-
    mäßig abgeschrieben werden, oder solche,
    die noch nicht nutzbar (weil z. B. in der
    Entwicklung befindlich) sind
  – Goodwill aus Unternehmenszusammen-
    schlüssen (auch keine planmäßigen Ab-
    schreibungen vorgesehen)

- Für **sonstige Vermögenswerte** (etwa Sachanlagen, immaterielle Vermögenswerte mit
  bestimmter Nutzungsdauer oder Beteiligungen) sind die Anforderungen erleichtert:
  Hier muss nur dann ein förmlicher Wertminderungstest durchgeführt werden, wenn
  bestimmte Indikatoren das Vorliegen einer
  Wertminderung andeuten. Der Test ist also nur
  anlassbezogen notwendig.

Folgende **unternehmensexternen Indikatoren**
können auf eine Wertminderung hindeuten (IAS
36.12):

- unerwartet starker Marktwertrückgang des
  Vermögenswerts
- nachteilige (vergangene oder vorhersehbare
  künftige) Veränderungen im Unternehmens-
  umfeld
- Anstieg der zur Ermittlung des erzielbaren
  Betrags anzuwendenden Kalkulationszins-
  sätze
- Marktwert des Unternehmens ist kleiner als
  der Buchwert seines Eigenkapitals

Darüber hinaus werden auch **unternehmens-
interne Indikatoren** beschrieben, die auf eine
Wertminderung deuten können und grundsätzlich einen Wertminderungstest auslösen (IAS
36.12–14):

- Überalterung und physische Beschädigung
- Stilllegung oder Restrukturierung
- Hinweis auf verschlechterte Ertragslage

Bei der Prüfung der obigen Indikatoren ist gemäß
IAS 36.15 f. der **Grundsatz der Wesentlichkeit**
(weiterführend **Abschn. 1.3.3.1**) zu beachten. Das
heißt, die beschriebenen negativen Entwicklungen
müssen in einem Ausmaß auftreten, das tatsächlich
auf eine eingetretene Wertminderung schließen
lässt. Unwesentliche Änderungen oder auch
schlicht irrelevante Indikatoren für einen Vermögenswert bleiben insofern unberücksichtigt. Für
qualifizierte Vermögenswerte ist demnach auch gar
kein Wertminderungstest erforderlich, wenn aus-
reichender Bewertungsspielraum besteht.

**Beispiel**

Eine erworbene Marke mit unbestimmter Nutzungsdauer hat einen Buchwert von 3 Mio. €. Der auf Basis diskontierter Zahlungsüberschüsse ermittelte erzielbare Betrag betrug im Vorjahr 10 Mio. €. Der dabei zugrunde gelegte Diskontierungssatz betrug 6 %. Aufgrund veränderter Marktzinssätze steigt der angemessene Diskontierungssatz nun auf 8 %.

Sollten keine anderen Indikatoren zutreffen, ist ein formaler Wertminderungstest trotz der Bewertung eines immateriellen Vermögenswerts mit unbestimmter Nutzungsdauer nicht nötig, denn der Unterschied zwischen Buchwert und erzielbarem Betrag war beim letzten formalen Test so enorm, dass die Änderung des Diskontierungssatzes bei Weitem nicht ausreicht, um den erzielbaren Betrag unter den Buchwert sinken zu lassen. ◄

Sollten sich im Übrigen für einen qualifizierten Vermögenswert am Bilanzstichtag Wertminderungsindikatoren ergeben, so ist auch ein Wertminderungstest durchzuführen, selbst wenn bspw. ein Vierteljahr zuvor der oben genannte verpflichtende turnusmäßige Wertminderungstest bereits durchgeführt wurde.

IAS 36.6 definiert den **erzielbaren Betrag** als höheren Wert aus Fair Value abzüglich Veräußerungskosten (*Fair Value less Costs to Sell*) und unternehmensspezifischem Nutzungswert (*Value in Use*).

Dieser Ermittlungsweise liegt die Vorstellung eines **rational agierenden, auf Gewinnmaximierung bedachten Akteurs** zugrunde. Ein solcher Akteur wird einen Vermögenswert stets dann verkaufen, wenn dieser am Markt (nach Veräußerungskosten) zu einem höheren Wert gehandelt wird, als er aus der eigenen Nutzung in der Lage ist zu generieren. Umgekehrt gilt ebenso: Ein solcher Akteur wird einen Vermögenswert stets selbst weiter nutzen, solange dieser aus der eigenen Nutzung einen höheren Wert generiert, als er am Markt (nach Veräußerungskosten) vergütet wird.

Der **Fair Value** (beizulegende Zeitwert) ist gemäß IFRS 13 zu ermitteln (IAS 36.6). Zu möglichen Ermittlungsverfahren und der dabei zu beachtenden Hierarchie von Inputfaktoren nach IFRS 13 siehe Abschn. 1.3.6. Stets ist der Fair Value um die direkt zurechenbaren (hypothetischen) Veräußerungskosten zu reduzieren (*Fair Value less Costs to Sell*).

Der unternehmensspezifische Nutzungswert (*Value in Use*) ergibt sich auf Basis einer Barwertermittlung zuordenbarer künftiger Cashflows (oder anderer wirtschaftlicher Vorteile) am Bewertungsstichtag (siehe auch Abschn. 1.3.6). Verlangt wird entsprechend nach einer bestmöglichen Schätzung (auf Basis vernünftiger und vertretbarer Annahmen) der künftig erwarteten Zahlungsüberschüsse aus der Nutzung und dem Abgang des Vermögenswerts sowie nach der Festlegung eines angemessenen Diskontierungssatzes (IS 36.30 ff.). Die Cashflows (vor Steuern und Zinsen) aus der Nutzung sollen unter Berücksichtigung der vorherrschenden wirtschaftlichen Rahmenbedingungen geschätzt werden. Wachstumsraten für die Cashflows jenseits des Detailplanungszeitraums (meist maximal 5 Jahre) sollen höchstens als gleichbleibend, realistischerweise in der Mehrzahl der Fälle als abnehmend unterstellt werden. Die aktuell genehmigten internen Budgets sind einzubeziehen. Der Diskontierungszins ist entsprechend des dem Vermögenswert inhärenten Risikos und vor Steuern zu bestimmen. Vorzugsweise sind beobachtbare Marktrenditen bzw. die gewichteten durchschnittlichen Kapitalkosten (*Weighted Average Cost of Capital*; WACC) des Unternehmens oder vergleichbarer Unternehmen hierfür heranzuziehen (IAS 36 Appendix A16 ff.).

Abb. 3.2 fasst den Wertminderungstest nochmals grafisch zusammen.

Wertminderungen sind dabei grundsätzlich GuV-wirksam zu erfassen, es sei denn, andere IFRS verlangen eine abweichende Behandlung (IAS 36.59 f.).

Wie bereits dargelegt (Abschn. 3.3.3), verlangt etwa IAS 16 bei Anwendung der Neubewertungsmethode im Falle einer Wertminderung deren GuV-neutrale Erfassung, sofern in Vorjahren aufgrund von Wertsteigerungen Neubewertungsrück-

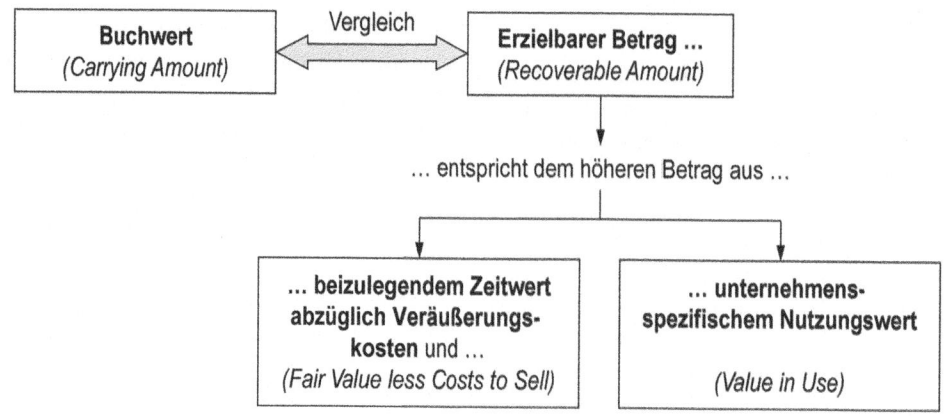

**Abb. 3.2** Wertminderungstest gemäß IAS 36

lagen GuV-neutral gebildet wurden. Nur darüber hinausgehende Wertminderungen (d. h. solche, die zu einem Wertansatz unter den ursprünglichen Anschaffungs- bzw. Herstellungskosten führen) sind GuV-wirksam zu berücksichtigen. Auch kann der erzielbare Betrag eines Vermögenswerts negativ ausfallen (bspw. aufgrund der Ausgaben für künftige Entsorgungsverpflichtungen, die eventuelle positive Zahlungsrückflüsse deutlich übersteigen). In diesem Fall wird der Wertansatz des Vermögenswerts bis auf null reduziert und geprüft, ob eine Schuld nach anderen IFRS (insbesondere gemäß IAS 37) zu bilanzieren ist (IAS 36.62).

**Beispiel**

Die Preistreiber AG hat am 02.01.20X1 für 1.500.000 € eine Tankstelle erworben. Es sei vereinfachend unterstellt, dass alle Komponenten der Tankstelle bei gleichmäßigem Nutzenverlauf dieselbe Nutzungsdauer von 15 Jahren haben (Anwendung der Anschaffungs- bzw. Herstellungskostenmethode).

Aufgrund der Eröffnung einer neuen Tankstelle im Jahr 20X3 an einer ebenfalls neuen Schnellstraße in unmittelbarer Nähe durch einen Konkurrenten ist bereits sehr viel Kundschaft abgewandert. Ende 20X3 schätzt man, dass die künftigen Zahlungsüberschüsse der Tankstelle der Preistreiber AG sich weiter deutlich verringern werden. Die Abdiskontierung dieser Cashflows mit einem risikoadäquaten Zinssatz ergibt einen Wert von

1.100.000 €. Für die Tankstelle liegt aktuell ein verbindliches Kaufangebot über 1.120.000 € vor. Dieser Preis kann als Fair Value gelten. Die Rechtsberatungs- und Notarkosten für einen solchen Verkauf werden auf 30.000 € geschätzt.

**Zu ermitteln ist der Wertansatz der Tankstelle für das Jahresende 20X3.**

Der unternehmensspezifische Nutzungswert beträgt 1.100.000 € und ist damit höher als der Fair Value abzüglich Veräußerungskosten von 1.090.000 €. Der erzielbare Betrag ist immer der höhere von beiden, also hier 1.100.000 €. Da er kleiner ist als der Buchwert der Tankstelle von 1.200.000 € [1.500.000 € − (1.500.000 €/15 x 3)] Ende 20X3, ist auf diesen niedrigeren Betrag abzuschreiben und in Höhe der Differenz von 100.000 € eine Wertminderung GuV-wirksam zu erfassen. Bei der Verbuchung ist darauf zu achten, dass zunächst die planmäßige Abschreibung für 20X3 in Höhe von 100.000 € erfasst wird:

**31.12.X3**

| | | | | |
|---|---|---|---|---|
| Planmäßige Abschreibung | 100.000 | an | Sachanlagen | 100.000 |
| Außerplanmäßige Abschreibung | 100.000 | an | Sachanlagen | 100.000 |

Der beschriebene Wertminderungstest scheitert regelmäßig daran, dass einzelne Vermögenswerte für sich genommen keine Zahlungsüberschüsse generieren. Eine Zahlungsmittelgenerierung ergibt

sich vielmehr im Verbund bzw. Zusammenspiel mit anderen Vermögenswerten. Folglich kann regelmäßig kein Nutzungswert für einen einzelnen Vermögenswert bestimmt werden. Dies erkennt der Normengeber an, indem er schon in der o. g. Definition von IAS 36.6 den Wertminderungstest auch auf Ebene sog. zahlungsmittelgenerierender Einheiten zulässt bzw. gar als notwendig erachtet. Eine zahlungsmittelgenerierende Einheit ist gemäß IAS 36.6 die kleinste identifizierbare Gruppe von Vermögenswerten, die Zahlungszuflüsse *(Cash Inflows)* generieren, die ihrerseits weitgehend unabhängig von den Zahlungszuflüssen anderer Vermögenswerte oder Gruppen solcher sind.

Beispiele für zahlungsmittelgenerierende Einheiten sind Produktionslinien, Produktionsanlagen, Geschäftsbereiche, geografische Gebiete oder operatives Segment nach IFRS 8, wobei Letztere die Obergrenze einer zahlungsmittelgenerierenden Einheit darstellen (IAS 36.130).

**Beispiel**

Ein Stahlbetrieb unterhält eine eigene Eisenbahnlinie zur Unterstützung des Produktionsgeschehens. Die Eisenbahn könnte nur zu einem Schrottwert verkauft werden.

Zahlungsmittelüberschüsse lassen sich der Eisenbahnlinie nicht getrennt von den Einnahmen aus dem Stahlbetrieb zuordnen. Insofern ist der Stahlbetrieb die zahlungsmittelgenerierende Einheit (IAS 36.67). ◀

**Beispiel**

Eine Supermarktkette betreibt mehrere Filialen in unterschiedlichen, teilweise denselben Städten. Preispolitik, Werbung und Personal werden zentral gemanagt. Die einzelnen Filialen haben typischerweise eine unterschiedliche Kundenbasis.

Trotz des gemeinsamen Managements ist jede Filiale eine eigene zahlungsmittelgenerierende Einheit, da sie eigenständig Zahlungszuflüsse *(Cash Inflows)* erwirtschaften. Die gemeinsamen Ausgaben für zentrale Dienste ändern hieran nichts (vgl. IAS 36.IE 1 ff.). ◀

**Beispiel**

Eine Omnibusgesellschaft bedient u. a. 5 Linien für eine Gemeinde. Die Vermögenswerte und die Zahlungszuflüsse *(Cash Inflows)* können jeder dieser Routen separat zugeordnet werden. Eine der Routen operiert unter einem nennenswerten Verlust. Das Unternehmen hat keine Option, die verlustgenerierende Buslinie aufzugeben.

Das Letztgenannte ist der Grund weshalb die 5 Linien im Sinne des IAS 36 nur gemeinsam Zahlungszuflüsse erwirtschaften. Folglich stellen die 5 Linien für die Busgesellschaft zusammen eine zahlungsmittelgenerierende Einheit dar (vgl. Lüdenbach et al., 2020, Tz. 102). ◀

Bei der Erfassung von Wertminderungen ist zu berücksichtigen, dass der verminderte Wertansatz Ausgangspunkt für die künftigen planmäßigen Abschreibungen ist, d. h., der ursprüngliche Abschreibungsplan muss angepasst werden. Bedacht werden müssen insbesondere das verringerte Abschreibungsvolumen und eine eventuell verringerte Restnutzungsdauer.

Wertgeminderte Vermögenswerte sind an jedem Stichtag daraufhin zu überprüfen, ob die gebildeten Wertberichtigungen der Vergangenheit noch in vollem Umfang gerechtfertigt sind. Andernfalls sind **Wertaufholungen** vorzunehmen (IAS 36.110, gilt nicht für einen Goodwill). So könnte es bspw. sein, dass sich die konjunkturellen Aussichten und damit die Ertragsaussichten deutlich verbessert haben, was zu einem Anstieg des unternehmensspezifischen Nutzungswerts führen würde. Der aktuelle Buchwert ist dann bis auf den erzielbaren Betrag zuzuschreiben. Der Wertansatz ist allerdings nach oben hin gedeckt, sofern nicht die Neubewertungsmethode angewendet wird. Obergrenze sind die fortgeführten Anschaffungs- bzw. Herstellungskosten, d. h. der Wertansatz, der sich zum Stichtag ergeben hätte, wären die Wertminderungen in der Vergangenheit nicht erfasst worden.

Die Bilanzierung einer solchen Wertaufholung ist vergleichbar mit der Vorgehensweise bei Wertminderungen: Sofern die Anschaffungs- bzw. Herstellungskostenmethode Anwendung findet, muss die Wertaufholung GuV-wirksam erfasst werden. Bei der Neubewertungsmethode nach IAS 16 ist bekanntermaßen zunächst eine GuV-wirksame Zuschreibung in Höhe der in Vorperioden GuV-wirksam erfassten Wertminderungen nötig. Darüber hinausgehende Wertaufholungen sind GuV-neutral in die Neubewertungsrücklage einzustellen.

Die **handelsrechtlichen Vorschriften** sehen ebenfalls einen Wertminderungstest vor. Geprüft werden muss nach § 253 Abs. 3 HGB, ob der beizulegende Wert von Gegenständen des Anlagevermögens voraussichtlich dauerhaft unter dem Buchwert liegen wird. Ein solcher Wertminderungstest darf – im Gegensatz zu den IFRS – grundsätzlich nur auf Einzelgegenstandsebene durchgeführt werden. Bei vorübergehenden Wertminderungen besteht ein Abschreibungsverbot für Sachanlagen und immaterielle Vermögensgegenstände bzw. ein Abschreibungswahlrecht für Finanzanlagevermögen. Dies wird auch in Abgrenzung zu den Wertminderungsvorschriften für das Umlaufvermögen als **gemildertes Niederstwertprinzip** bezeichnet. Der beizulegende Wert entspricht dabei grundsätzlich seinem notierten Börsen- oder Marktpreis. Da ein solcher jedoch typischerweise für Sachanlagen nicht vorhanden ist, wird regelmäßig der (fortgeführte) Wiederbeschaffungswert (= beizulegender Wert) herangezogen (vgl. Schubert & Andrejewski, 2020, Tz. 306–310). Bei Wegfall des Wertminderungsgrunds existiert ebenfalls eine vergleichbare Obergrenze für die Wertzuschreibung.

IAS 36.126–137 halten detaillierte Angabepflichten für den Fall bereit, dass Wertminderungen oder Wertaufholungen erfasst worden sein sollten. Einige wesentliche finden sich nachstehend:

- Gründe für die Wertminderungen sowie die Höhe der GuV-wirksam und GuV-neutral erfassten Wertminderungen bzw. -aufholungen für jede homogene Gruppe von Vermögenswerten
- Ermittlungsweise des erzielbaren Betrags und zugrunde liegende Annahmen (Fair Value abzüglich Veräußerungskosten oder unternehmensspezifischer Nutzungswert)

## 3.4   Ausweis

IAS 16 enthält keine konkrete Vorschrift darüber, wie Sachanlagen in der Bilanz auszuweisen sind. Nach IAS 1.54 besteht lediglich die Pflicht, mindestens einen Posten Sachanlagevermögen auszuweisen. In IAS 16.37 findet sich die Darstellung einer gebräuchlichen Untergliederung, die jedoch auch im Anhang aufgeführt werden kann und die mit der aus dem HGB bekannten vergleichbar ist:

- unbebaute Grundstücke *(Land)*
- Grundstücke und Gebäude *(Land and Buildings)*
- Maschinen und Anlagen *(Machinery)*
- Schiffe/Flugzeuge/Kraftfahrzeuge *(Ships/Aircrafts/Motor Vehicles)*
- Betriebs- und Geschäftsausstattung *(Furniture and Office Equipment)*

## 3.5   Offenlegung

Für jede Gruppe der Sachanlagen sind gemäß IAS 16.73 anzugeben:

- Bewertungsgrundlagen für die Bruttobuchwerte
- verwendete Abschreibungsmethoden und Nutzungsdauern bzw. Abschreibungssätze
- Bruttobuchwerte und kumulierte Abschreibungen (planmäßige und außerplanmäßige) zu Beginn und zum Ende des Geschäftsjahrs
- Veränderungsrechnung der Bilanzwerte (ähnlich einem Anlagengitter), wobei zu zeigen sind:
    Zugänge und Abgänge
    Konsolidierungsbedingte Zugänge bzw. Abgänge
    Umbuchungen gemäß IFRS 5
    Auswirkungen der Neubewertungsmethode auf den Bilanzwert
    GuV-wirksam und GuV-neutral erfasste Verluste aus Wertminderungen
    planmäßige und außerplanmäßige Abschreibungen sowie Wertaufholungen

Währungseffekte

andere Änderungen

Ferner sind u. a. anzugeben (IAS 16.75 ff.):

- Verfügungsbeschränkungen einschließlich der Beträge
- als Sicherheiten gegebene Vermögenswerte
- Anzahlungen für im Bau befindliche Vermögenswerte
- Vertragliche Verpflichtungen für den Erwerb von Sachanlagen
- Kompensationsbeträge von Dritten (z. B. Versicherungsleistungen), soweit nicht aus der GuV ersichtlich
- Angabepflichten gemäß IAS 36 *(Impairment)*

Bei Anwendung der Neubewertungsmethode sind folgende wesentlichen Angaben unter Berücksichtigung derer nach IFRS 13 zu machen (IAS 16.77):

- Zeitpunkt der Neubewertung
- Mitwirken eines unabhängigen Gutachters
- Methoden und Annahmen bei Schätzung des Fair Value
- Umfang, zu dem der Fair Value aufgrund von Marktpreisen oder anderen Bewertungsmethoden ermittelt wurde
- Buchwerte auf Basis fortgeführter Anschaffungs- und Herstellungskosten für jede Gruppe neu bewerteter Sachanlagen
- Betrag und Entwicklung der Neubewertungsrücklage einschließlich etwaiger Ausschüttungsbeschränkungen

Darüber hinaus empfiehlt IAS 16 weitere freiwillige Angaben, auf deren Darstellung hier jedoch verzichtet wird.

**Zusammenfassung**

Sachanlagen umfassen materielle Vermögenswerte, die für Zwecke der Herstellung oder Bereitstellung von Gütern und Dienstleistungen, zur Vermietung an Dritte oder für Verwaltungszwecke gehalten werden und erwartungsgemäß länger als eine Periode genutzt werden können. Hinsichtlich des Ansatzes gelten die allgemeinen Prüfkriterien für die Bilanzierbarkeit von Vermögenswerten. Zudem muss der Nutzenzufluss aus der ökonomischen Ressource wahrscheinlich und eine verlässliche Zugangsbewertung möglich sein. All dies sollte gewöhnlich erfüllt sein. Die Zugangsbewertung erfolgt ebenfalls zu Anschaffungskosten, wobei diese auch abdiskontierte Entsorgungs-, Rekultivierungs- und ähnliche Verpflichtungen sowie nachträgliche Anschaffungskosten enthalten. Sollten Sachanlagen ausnahmsweise selbst hergestellt worden sein, sind sie zu Herstellungskosten zu bewerten. Für die Folgebewertung stehen den Unternehmen zwei stetig anzuwendende Alternativen zur Verfügung:

1. Bei der **Anschaffungs- bzw. Herstellungskostenmethode** sind Sachanlagen zu Anschaffungs- bzw. Herstellungskosten, vermindert um planmäßige und außerplanmäßige Wertminderungen, zu bewerten.
2. Bei der **Neubewertungsmethode** werden Sachanlagen regelmäßig zum Fair Value neu bewertet. Daraus resultierende Zuschreibungen sind grundsätzlich GuV-neutral, wohingegen Abschreibungen GuV-wirksam zu behandeln sind. Ausnahmen zu diesen Grundsätzen können sich jeweils ergeben, wenn bereits in Vorperioden Neubewertungen stattfanden. Die jeweils berücksichtigten Fair Values bilden dann die Grundlage für künftige planmäßige Abschreibung.

Für Zwecke der Ermittlung planmäßiger Abschreibungen verfolgt der IAS 16 den sog. Komponentenansatz.

Sachanlagen müssen als eigener Bilanzposten aufgenommen werden und ziehen vielfältige Anhangangaben nach sich.

## 3.6    Übungsaufgaben

1. Ein Unternehmen bekommt Mitte des Geschäftsjahrs 20X1 eine Maschine für die Produktion zum Listenpreis von 4.462.500 € (inkl. 19 % USt.) geliefert. Das Unternehmen hat einen Rabatt auf den Listenpreis von 10 % ausgehandelt.

Das Unternehmen erhält von der Kommune einen Investitionszuschuss von 300.000 €, verbunden mit der Verpflichtung, in den nächsten 2 Jahren kein Personal betriebsbedingt abzubauen. Da die Geschäfte florieren, konnte eine solche Zusage seitens des Unternehmens ohne Weiteres gegeben werden.

Die Speditionskosten für die Lieferung der Maschine betragen 11.900 € (inkl. 19 % USt.). Eine Transportversicherung wurde in Höhe von 500 € (exkl. 19 % Versicherungssteuer) bezahlt. Die Maschine wurde durch eigenes Personal aufgestellt. Dabei fielen direkt zurechenbare Kosten in Höhe von 5000 € an. Die Kosten der Beschaffungsabteilung für diesen Vorgang wurden mit 1000 € berechnet (Basis: Wert der Maschine im Verhältnis zum Gesamtwert aller beschafften Güter des Jahres).

Unmittelbar mit der Aufstellung der Maschine sind auch Entsorgungsverpflichtungen in Höhe von 250.000 € entstanden, die nach Ablauf der unternehmensspezifischen Nutzungsdauer der Maschine von 20 Jahren anfallen werden. Der angemessene Diskontierungssatz beträgt 6 %.

Die Nutzungsfähigkeit ist am 01.07.20X1 gegeben.

a. Ermitteln Sie die Anschaffungskosten der Maschine und ihren Buchwert am Ende des Geschäftsjahrs (31.12.20X1) nach IFRS. Unterstellen Sie einen gleichmäßigen Nutzenverbrauch und, dass das Unternehmen an einer möglichst kleinen Bilanzsumme interessiert ist, da dies mit Vorteilen bei bestimmten Bilanzkennzahlen verbunden ist.

b. Stellen Sie die am Tag der Anschaffung und zum Bilanzstichtag jeweils notwendigen Buchungssätze dar. Unterstellen Sie, dass Rechnungen von Externen sofort per Banküberweisung bezahlt wurden.

2. Ein Unternehmen schafft am 02.01.20X1 eine Produktionsanlage für 2.000.000 € bei einer unternehmensspezifischen Nutzungsdauer von 10 Jahren an (sofortige Zahlung via Bank). Alle 2 Jahre muss laut Hersteller eine Generalüberholung stattfinden, um die Produktionsanlage auch tatsächlich 10 Jahre nutzen zu können. Die jeweiligen Kosten dieser Überholung werden auf 200.000 € geschätzt.

Die tatsächlichen Ausgaben für die Überholung betragen am 31.12.20X2 250.000 €.

Zeigen Sie auf, wie diese Sachverhalte jeweils bei Zugang der Produktionsanlage und zu den Bilanzstichtagen 20X1, 20X2 und 20X3 (31.12.) gemäß IFRS dargestellt werden müssen.

3. Ein Unternehmen erwirbt zu Beginn des Jahres 20X1 ein Grundstück mit Anschaffungskosten von 1.000.000 € (bar).

Ende 20X2 erhöht sich wegen günstiger Lage der Wert des Grundstücks auf 1.100.000 €.

Aufgrund eines Preisrückgangs auf dem Immobilienmarkt sinkt der Wert des Grundstücks Ende 20X3 auf 1.050.000 €.

Ende 20X4 verstärkt sich der Preisverfall für Immobilien, sodass das Grundstück nur noch einen Marktwert von 800.000 € besitzt.

Im Laufe des Jahres 20X5 erholt sich der Wert des Grundstücks auf 1.300.000 €. Ende 20X6 wird das Grundstück für 1.100.000 € verkauft. Unterstellen Sie, dass der Verkaufspreis Ende X6 nicht den aktuellen Marktwert von unverändert 1.300.000 € reflektiert, sondern ein Notverkauf vorlag.

Geben Sie die jeweiligen Buchungssätze für diese Sachverhalte nach IFRS an unter der Annahme, dass die Neubewertungsmethode angewendet wird. Latente Steuern sind nicht zu berücksichtigen.

Stellen Sie auch die Wertansätze des Grundstücks, die Höhe und Entwicklung der Neubewertungsrücklage sowie die Wirkung auf die Gewinn-und-Verlust-Rechnung im Überblick dar.

4. Welche Vorteile und welche Nachteile ergeben sich aus der Anwendung der Neubewertungsmethode für Unternehmen?

5. Ein Energieunternehmen hat Anfang 20X1 6 nebeneinanderstehende Windkrafträder für 25,0 Mio. € erworben. Diese werden über 20 Jahre linear abgeschrieben bei einer Restwerterwartung von null.

Ende 20X3 kommt man zu dem Schluss, dass der im selben Jahr zu verzeichnende Strompreisrückgang dauerhafter Natur ist. Ein auf Basis der erwarteten Strompreisentwicklung, der erwarteten Erzeugnismengen und der Betriebskosten ermittelter Barwert der künftig erwarteten Zahlungsüberschüsse aus den sec6 s Windkrafträder beträgt 20,0 Mio. €.

In unmittelbarer Nachbarschaft hat ein Energiegroßkonzern kürzlich Windkrafträder gleicher Bauart und Leistung für 3,5 Mio. € pro Stück erworben. Bei einem Verkauf der eigenen Windkrafträder rechnet man mit Verkaufskosten von insgesamt 0,3 Mio. €.

Führen Sie einen Wertminderungstest für die 6 Windkrafträder durch.

## 3.7 Lösungen

(Hinweis: Umsatzsteuer- bzw. Vorsteuerbuchungen werden in diesem Lehrbuch vernachlässigt.)

1.
a.
Die Ermittlung der Anschaffungskosten findet sich in Tab. 3.3.:

Da das Unternehmen an einer niedrigen Bilanzsumme interessiert ist, wird der Investitionskostenzuschuss nicht passivisch abgegrenzt, sondern mit den Anschaffungskosten verrechnet.

Der Buchwert zum 31.12.20X1 beträgt 3.089.332 € bei einer für ein halbes Jahr berechneten linearen Abschreibung von 79.214 € (=3.168.546/20 Jahre x ½).
b. 01.07.20X1:

| | | | | |
|---|---|---|---|---|
| Sachanlagen | 3.468.546 | an | Bank | 3.385.595 |
| | | | Sonstige Rückstellungen | 77.951 |
| | | | Aktiv. Eigenleistungen (GKV) | 5.000 |
| Bank | 300.000 | an | Sachanlagen | 300.000 |

Anmerkung: Nach dem Umsatzkostenverfahren müsste nicht das Konto *Aktivierte Eigenleistungen*, sondern es müssten Aufwandskonten wie *Personalaufwand* oder *Materialaufwand* im Haben angebucht werden.
31.12.20X1:

| | | | | |
|---|---|---|---|---|
| Abschreibungen | 79.214 | an | Sachanlagen | 79.214 |
| Zinsaufwand | 2.339 | an | Sonstige Rückstellungen | 2.339 |

Anmerkung: Die Zinserfassung ist notwendig, da IAS 37 eine Aufdiskontierung des Rückstellungsbetrages fordert, der ja zuvor abdiskontiert eingebucht wurde (Abschn. 6.3).

2. Die Generalüberholung stellt eine Komponente der Produktionsanlage dar (IAS 16.14

**Tab. 3.3** Lösung zu Aufgabe 1a

| | | |
|---|---|---|
| | Anschaffungspreis (netto) | 3.750.000 € |
| - | Rabatt | 375.000 € |
| - | Investitionskostenzuschuss | 300.000 € |
| + | Anschaffungsnebenkosten (10.000 € Speditionskosten; 595 € Transportversicherung inklusive Versicherungssteuer; 5000 € Aufstellung) | 15.595 € |
| + | Entsorgungsverpflichtungen (250.000 €/1,06[20]) | 77.951 € |
| = | **Anschaffungskosten bei Zugang** | **3.168.546 €** |

i. V. m. IAS 16.7), die separat fortzuschreiben ist, denn offenbar sind die Ansatzkriterien erfüllt (verlässliche Kostenbemessung und wahrscheinlicher Nutzenzufluss, da Weiterbetrieb erst hierdurch ermöglicht wird). Zudem weist der Hersteller darauf hin, dass eine Überholung alle 2 Jahre notwendig ist. Insofern muss die Komponente *Generalüberholung* in Höhe von 200.000 € über 2 Jahre, die (Rest-)Komponente *Produktionsanlage* in Höhe von 1.800.000 € über 10 Jahre abgeschrieben werden (Annahme: jeweils linear). Nach 2 Jahren muss dann die Komponente *Generalüberholung* mit einem Restbuchwert von null ausgebucht werden (Anschaffungskosten und kumulierte Abschreibungen von jeweils 200.000 €). Zudem ist eine neue Komponente *Generalüberholung* in Höhe von 250.000 € einzubuchen, die wiederum über 2 Jahre abzuschreiben ist:

```
02.01.20X1:
Sachanlagen      2.000.000   an   Bank           2.000.000

31.12.20X1:
Abschreibungen    280.000    an   Sachanlagen      280.000

31.12.20X2:
Abschreibungen    280.000    an   Sachanlagen      280.000
Sachanlagen       250.000    an   Bank             250.000

31.12.20X3:
Abschreibungen    305.000    an   Sachanlagen      305.000
```

3.

```
20X1
Grundstücke      1.000.000   an   Bank           1.000.000

20X2
Grundstücke        100.000   an   Sonstiges Ergebnis
                                  (Neubewertungsrücklage)  100.000

20X3
Sonstiges Ergebnis
Neubewertungsrücklage)  50.000  an  Grundstücke      50.000

20X4
Sonstiges Ergebnis
(Neubewertungsrücklage)    50.000
Abschreibungen (außerplanm.)  200.000  an  Grundstücke  250.000

20X5
Grundstücke        500.000   an   Sonstiges Ergebnis
                                  (Neubewertungsrücklage)  300.000
                                  Sonstige betriebliche Erträge  200.000

20X6
Sonstiges Ergebnis
(Neubewertungsrücklage)  300.000  an  Gewinnrücklage   300.000

Bank                     1.100.000
Sonstiger betrieblicher Aufwand  200.000  an  Grundstücke  1.300.000
```

Die Wertansätze des Grundstücks, die Höhe und Entwicklung der Neubewertungsrücklage sowie die Wirkung auf die Gewinn-und-Verlust-Rechnung sind in Tab. 3.4 dargestellt.

Es wird ersichtlich, dass über alle Perioden hinweg die Gewinn-und-Verlust-Rechnung mit insgesamt 200.000 € belastet wurde, obwohl der Veräußerungserlös (1.100.000 €) abzüglich Anschaffungskosten (1.000.000 €) einer Eigenkapitalmehrung von 100.000 € entspricht. Gleichwohl wurden außerhalb der GuV insgesamt 300.000 € im Eigenkapital erfasst (Ende 20X6 hat die Neubewertungsrücklage zwar einen Wert von null, aber dies nur durch die Umbuchung der 300.000 € aus der Neubewertungsrücklage in die Gewinnrücklagen Ende 20X6). Die Eigenkapitalmehrung beträgt damit kumuliert korrekte 100.000 € (= − 200.000 € GuV-Effekte + 300.000 € GuV-neutrale Erhöhung des Eigenkapitals).

Anmerkung: Hätte Ende 20X6 der Verkaufspreis von 1.100.000 € dem aktuellen Marktwert entsprochen, wäre – bei einer GuV-neutralen Neubewertung unmittelbar vor dem Verkauf – kein GuV-wirksamer Verlust angefallen. Allerdings wäre auch der eigentlich entstandene Veräußerungsgewinn GuV-neutral geblieben, da die noch valutierende Neubewertungsrücklage von 100.000 € nur über die Gewinnrücklagen ausgebucht werden kann.

4. Aufseiten der Bilanzierenden können folgende Vorteile angeführt werden:
- Möglichkeit der Aufdeckung stiller Reserven
- Bilanzpolitische Spielräume bei der Ermittlung des Fair Value
- Vermittlung eines verbesserten Einblicks in die Vermögenslage

Folgende Nachteile sind für Bilanzierende zu nennen:

**Tab. 3.4** Lösung zu Aufgabe 3

| Jahr | Vorgang | Fair Value | Buchwert per 31.12. | Wirkung auf GuV | Änderung NBW-RL | NBW-RL per 31.12. |
|------|---------|-----------|---------------------|-----------------|-----------------|-------------------|
| **20X1** | Kauf | 1.000.000 | 1.000.000 | | | --- |
| **20X2** | Neubewertung | 1.100.000 | 1.100.000 | | + 100.000 | 100.000 |
| **20X3** | Neubewertung | 1.050.000 | 1.050.000 | | – 50.000 | 50.000 |
| **20X4** | Neubewertung | 800.000 | 800.000 | – 200.000 | – 50.000 | 0 |
| **20X5** | Neubewertung | 1.300.000 | 1.300.000 | + 200.000 | + 300.000 | 300.000 |
| **20X6** | Verkauf | --- | --- | – 200.000 | – 300.000 | --- |
| **Gesamt** | | | | **– 200.000** | **0** | --- |

- Erhöhte Kosten aufgrund der Verpflichtung, die Fair Values regelmäßig zu ermitteln
- Erhöhte GuV-wirksame Abschreibungen nach Neubewertung (sofern der Vermögenswert abnutzbar)
- Komplexität der Bilanzierung steigt (z. B. Erfordernis, latente Steuern zu bilden)
- Bilanzkennzahlen, die auf das Eigenkapital oder die Bilanzsumme rekurrieren (z. B. Eigenkapital- oder Gesamtkapitalrentabilität), fallen c. p. tendenziell niedriger aus

5. Der als dauerhaft eingeschätzte Strompreisrückgang ist ein Indikator für eine Wertminderung. Beim Wertminderungstest wird der erzielbare Betrag der 6 Windkrafträder mit dem aktuellen Buchwert verglichen. Sollte Ersterer niedriger ausfallen, ist auf diesen abzuschreiben. Der erzielbare Betrag ergibt sich aus dem höheren Wert aus Nutzungswert (hier: 20,0 Mio. €) und Fair Value abzüglich Veräußerungskosten [hier: 20,7 Mio. € (= 3,5 Mio. € x 6 Einheiten) − 0,3 Mio. €]. Da der erzielbare Betrag von 20,7 Mio. € niedriger ausfällt als der Buchwert von 21,25 Mio. € [=

25,0 Mio. € − (25,0 Mio. € /20 Jahre x 3 Jahre)], ist auf diesen abzuschreiben. Der Unterschiedsbetrag von 0,55 Mio. € ist GuV-wirksam als außerplanmäßige Abschreibung zu erfassen.

## Literatur

IDW. (2009). *Handelsrechtliche Zulässigkeit einer komponentenweisen planmäßigen Abschreibung von Sachanlagen (IDW RH HFA 1.016)*. IDW.

Kessler, H. (2010). Bewertung. In H. Kessler, M. Leinen, & M. Strickmann (Hrsg.), *Handbuch BilMoG. Der praktische Leitfaden zum Bilanzrechtsmodernisierungsgesetz* (2. Aufl., S. 198–275). Haufe.

Küting, C., & Weber, C.-P. (1995). *§ 255. Handbuch der Rechnungslegung: Bd. 1a*. Schäffer-Poeschel.

Lüdenbach, N., Hoffmann, W.-D., & Freiberg, J. (2020). *§ 11 Außerplanmäßige Abschreibungen, Wertaufholung*. In N. Lüdenbach, W.-D. Hoffmann, & I. F. R. S. Kommentar (Hrsg.), *Das Standardwerk* (18. Aufl.). Haufe.

Schubert, W. J., & Andrejewski, K. C. (2020). *§ 253 HGB*. In B. Grottel, S. Schmidt, J. Schubert & N. Winkeljohann (Hrsg.), *Beck'scher Bilanz-Kommentar. Handels- und Steuerbilanz* (12. Aufl.). Beck.

# Finanzinvestitionen in Immobilien

**4**

**Lernziele**

Leser*innen

- wissen, welche Immobilien als Anlage-/ Finanzinvestitionen gelten,
- kennen die Rechnungslegungsstandards, die für Immobilien in Abhängigkeit vom verfolgten Verwendungszweck einschlägig sind,
- können Ansatz und Zugangsbewertungsvorschriften der IFRS für Anlageimmobilien anwenden,
- können Anlageimmobilien nach den beiden möglichen Folgebewertungsverfahren bilanzieren,
- haben einen Überblick über die grundsätzlichen Ausweis- und Offenlegungsvorschriften gewonnen und
- kennen wesentliche Abweichungen der handelsrechtlichen Vorschriften im Hinblick auf die Bilanzierung von Anlageimmobilien.

## 4.1 Überblick

Immobilien können nicht nur Produktions-, Verwaltungs- oder Vertriebszwecken dienen, sondern werden mitunter auch zur Erzielung von Mieterträgen oder von Wertsteigerungen gehal-

ten. Es gibt gar Unternehmen, deren gesamtes Geschäftsmodell die Erzielung von Mieterträgen oder von Wertsteigerungen ist. In Deutschland wurde in 2007 für solche Unternehmen eine eigene Unternehmensform für den Kapitalmarkt zugelassen: Immobilienaktiengesellschaften mit börsennotierten Anteilen, gebräuchlicher bezeichnet als REITs (**Real Estate Investment Trusts**). Wesentlicher Vorteil dieser Unternehmensform ist die Befreiung von der Gewinnbesteuerung auf Unternehmensebene.

Die Bilanzierung von Immobilien, die für Zwecke der Erzielung von Mieterträgen oder von längerfristigen Wertsteigerungen gehalten oder errichtet werden (auch **Anlage- oder Renditeimmobilien** genannt), ist in IAS 40 geregelt (IAS 40.5). Sollten Immobilien gehalten werden, deren Verwendungszweck noch nicht bestimmt wurde, ist ebenfalls IAS 40 anzuwenden (IAS 40.8). Für Immobilien, die eigenbetrieblich genutzt werden, sprich für Produktions-, Verwaltungs- bzw. Vertriebszwecke gehalten werden, sind die Regeln des IAS 16 einschlägig (Kap. 3). Als eigenbetrieblich genutzt gelten auch Immobilien, die an aktuelle oder ehemalige Mitarbeitende vermietet sind. Damit ist trotz Vermietung statt IAS 40 ebenfalls IAS 16 einschlägig (IAS 40.9). Hingegen gelten für Immobilien, die mit der Absicht erworben oder erstellt werden, sie im Rahmen der normalen Geschäftstätigkeit zu veräußern, die Regeln des IAS 2 (Kap. 2). Für im Auftrag von Kunden zu erstellende Gebäude gelten dagegen

die IFRS-15-Regeln (Kap. 9). In bestimmten Ver-
mietungssituationen müssen Immobilien vom
Vermieter nach den Regeln des IFRS 16 bilanziert
werden (sog. Finanzierungsleasingverhältnisse).

## 4.2 Ansatz und Zugangsbewertung

Hinsichtlich der Ansatzvorschriften (IAS 40.16)
ergeben sich keine Unterschiede zu den entsprechenden Regelungen bei Sachanlagen nach IAS
16, die schon diskutiert wurden (Abschn. 3.2).

Beim erstmaligen Ansatz sind Anlageimmobilien gemäß IAS 40.20 zu Anschaffungs- bzw.
Herstellungskosten zu bewerten. Hinsichtlich der
Ermittlung der Anschaffungs- bzw. Herstellungskosten kann grundsätzlich auf die Ausführungen
zu Sachanlagen (Abschn. 4.2) verwiesen werden
(auch bei Erwerb durch Tausch).

Explizit **nicht** in die Zugangsbewertung einbezogen werden dürfen (IAS 40.23):

- Gründungs- oder Anlaufverluste, sofern sie
  nicht notwendig sind, um die
    Immobilie in den vorgesehenen Zustand zu
  versetzen
- anfängliche operative Verluste vor Erreichen
  der angestrebten Auslastung
- ungewöhnliche Mengen an Materialabfall,
  Fertigungslöhnen etc.

## 4.3 Folgebewertung

### 4.3.1 Überblick

Für die Folgebewertung von Anlageimmobilien
sieht IAS 40 ein Wahlrecht für Unternehmen
zwischen der **Anschaffungs- bzw. Herstellungskostenmethode** und der **Fair-Value-Methode**
(auch Zeitwertmethode) vor (IAS 40.30).

Unabhängig davon, welche Methode zur Folgebewertung herangezogen wird, ist der Fair
Value von Anlageimmobilien in jedem Fall zu
ermitteln. Entweder wird er lediglich im Anhang

offengelegt (Anschaffungs- bzw. Herstellungskostenmethode) oder er kommt bilanziell zum
Ausweis (Fair-Value-Methode).

Zu beachten ist auch hier, dass die Ausübung
des Wahlrechts in den Folgeperioden stetig erfolgen muss und für den gesamten Bestand an Anlageimmobilien[1] gilt (IAS 40.30 i. V. m. IAS 8).
Gleichwohl wird implizit ein späterer Wechsel
zur Fair-Value-Methode als möglich erachtet, da
hierdurch gewöhnlich auch bilanziell und nicht
nur im Anhang relevantere Informationen über
die Vermögenslage (hier in Form der Fair Values
von Anlageimmobilien) gegeben werden. Ein
späterer Wechsel zur Anschaffungs- bzw. Herstellungskostenmethode ist hingegen faktisch
ausgeschlossen (IAS 40.31).

### 4.3.2 Anschaffungs- bzw. Herstellungskostenmethode

Sofern das Unternehmen die **Anschaffungs-
bzw. Herstellungskostenmethode** für seinen
Anlageimmobilienbestand anwendet, sind die ursprünglich aktivierten Kosten fortzuschreiben.
Hinsichtlich der Vorgehensweise sind nach IAS
40.56 die – bereits diskutierten (Abschn. 3.3.2
sowie Abschn. 3.3.4) – Regelungen des IAS 16
anzuwenden. Sollte für eine Immobilie im Zeitablauf entschieden werden, dass sie demnächst
verkauft werden soll, so sind die Regeln des
IFRS 5 anzuwenden. Diese sehen – etwas verein-
facht – vor, dass zum Nettoveräußerungspreis
(Fair Value abzüglich eventuelle Veräußerungskosten) abzuwerten ist, sofern dieser den aktuellen Buchwert gemäß Anschaffungs- bzw. Herstellungskostenmethode unterschreitet. Insofern
werden dann wahrscheinliche Veräußerungsver-
luste unmittelbar GuV-wirksam erfasst, wohingegen zu erwartende Veräußerungsgewinne zunächst unberücksichtigt bleiben.

---

[1]Eine Ausnahme von der einheitlichen Methodenanwen-
dung auf alle Anlageimmobilien gesteht IAS 30.32A zu,
die jedoch für die Mehrzahl der Industrieunternehmen irrelevant sein sollte und deshalb hier nicht diskutiert wird.

### 4.3.3 Fair-Value-Methode

Die **Fair-Value-Methode** – sofern vom Unternehmen gewählt – verlangt die Bewertung von Anlageimmobilien zum Fair Value, wobei grundsätzlich unterstellt wird, dass sich dieser verlässlich ermitteln lässt (IAS 40.33). **Unterschiede zum Buchwert** der Anlageimmobilie am Beginn der Periode sind – im Gegensatz zur Neubewertungsmethode nach IAS 16 – **GuV-wirksam zu erfassen** (IAS 40.35). Unrealisierte Werterhöhungen und unrealisierte Wertminderungen beeinflussen also gleichermaßen das Jahresergebnis.

IAS 40 hält keine expliziten Regelungen dazu bereit, wie häufig und wann eine Bewertung zum Fair Value erfolgen muss. Die Kommentarliteratur geht jedoch grundsätzlich von einer **mindestens jährlichen Ermittlung des Fair Value** aus (vgl. z. B. Lüdenbach et al., 2020, Tz. 55). Insofern sind auch **keine planmäßigen oder außerplanmäßigen** Abschreibungen zu berücksichtigen, denn die Bewertung zum Fair Value stellt sicher, dass zwischenzeitliche Wertminderungen berücksichtigt werden.

Der Fair Value ist gemäß IFRS 13 zu ermitteln (IAS 36.6). Zu allgemein möglichen Ermittlungsverfahren und der dabei zu beachtenden Hierarchie von Inputfaktoren nach IFRS 13 siehe Abschn. 1.3.6. Bezogen auf Anlageimmobilien wird die Ermittlung des Fair Value **praktisch** nie auf Inputfaktoren der **Stufe 1** abstellen können, da es für Immobilien gewöhnlich keine aktiven Märkte gibt und Immobilien regelmäßig sehr heterogen sind. Gleichwohl können dennoch marktorientierte Ermittlungsverfahren zur Anwendung kommen. Dabei werden regelmäßig die in der jüngeren Vergangenheit beobachtbaren Marktpreise von Immobilien mit ähnlicher Lage, Ausstattung, Zustand, Alter etc. um wertbeeinflussende Unterschiede angepasst – sog. **Vergleichswertverfahren**. Solange sich die Anpassungen in engen Grenzen halten, kann die Ermittlung des Fair Value auf die **Stufe 2** verortet werden, andernfalls auf **Stufe 3**.

**Ertragswertorientierte Verfahren** sind ebenfalls gängige Praxis, wobei häufig Immobiliengutachter zurate gezogen werden. Vergleichswertverfahren sind jedoch nach IFRS 13 den Ertragswertermittlungen so lange vorzuziehen, wie die hierfür nötigen Anpassungen um wertbeeinflussende Unterschiede gering ausfallen **(Stufe 2)**. Barwertermittlungen werden gewöhnlich mehrheitlich auf nicht am Markt beobachtbaren Inputfaktoren basieren, weshalb diese der **Stufe 3** der Inputfaktorenhierarchie zuzuordnen sind. Wenngleich mit Einführung des IFRS 13 auch kostenorientierte Verfahren (Wiederbeschaffungs- bzw. Wiederherstellungskosten) zur Ermittlung des Fair Value von Anlageimmobilien als grundsätzlich möglich erscheinen, werden sie jedoch in der Literatur im Vergleich zu den marktpreis- und ertragswertorientierten Verfahren als problematisch angesehen (vgl. Köhling, 2011, S. 572 f.).

---

**Beispiel**

Das Geschäftsmodell der Immobilien-Shark AG besteht im Erwerb und in der langfristigen Vermietung von Immobilien. Bei entsprechender Wertsteigerung werden Immobilien auch verkauft.

Anfang 20X1 erwirbt die Immobilien-Shark AG ein Mehrfamilienwohnhaus in München für 3.000.000 € einschließlich Anschaffungsnebenkosten. Die Nutzungsdauer wird auf 25 Jahre geschätzt mit einem Restwert von 1.500.000 €.

Ende 20X1 bzw. Ende 20X2 ermittelt der beauftragte Immobiliengutachter mittels eines Vergleichswertverfahrens jeweils einen Fair Value von 3.200.000 € (20X1) bzw. 2.900.000 € (20X2). Die Mieterträge betragen für beide Jahre jeweils 200.000 €.

Die Bewertung aller Anlageimmobilien erfolgt nach der Fair-Value-Methode. Latente Steuern sind zu ignorieren. Folgende Buchungssätze sind zu bilden:

**Anfang X1**
Anlageimmobilien 3.000.000 an Bank 3.000.000

**Ende X1**
Bank 200.000 an Umsatz 200.000

Anlageimmobilien 200.000 an Sonstige betriebliche Erträge (GuV) 200.000

**Ende X2**
Bank 200.000 an Umsatz 200.000

Sonstiger betriebl. Aufwand (GuV) 300.000 an Anlageimmobilien 300.000

Anmerkung: Aufgrund des Geschäftsmodells sollten die laufenden Mieterträge als Umsatz und die Erfolge aus der Bewertung zum Fair Value im Betriebsergebnis ausgewiesen werden.
(Hinweis: Umsatzsteuer- bzw. Vorsteuerbuchungen werden in diesem Lehrbuch vernachlässigt.) ◄

Sollten in Ausnahmefällen für Anlageimmobilien die Fair Values aller Voraussicht nach künftig nicht verlässlich ermittelbar sein, schreibt IAS 40.53 die Bewertung dieser Immobilien zu **fortgeführten Anschaffungs- bzw. Herstellungskosten** vor. Diese Ausnahmeregel gilt allerdings **nur für neu zugehende Anlageimmobilien.** Für Immobilien, die bereits früher nach der Fair-Value-Methode bewertet wurden (Altbestände), gilt sie nicht. Diese sind auch unter Inkaufnahme von Verlässlichkeitsproblemen zwingend zum Fair Value zu bewerten (IAS 40.55). Damit soll der Möglichkeit, die Fair-Value-Methode zur Bilanzpolitik zu nutzen, Einhalt geboten werden. Besondere Regeln enthält IAS 40 auch zur Bewertung von Anlageimmobilien, die sich in der Erstellung befinden, aber hier nicht weiter erörtert werden sollen (IAS 40.53A f.).

## 4.4 Umklassifizierung aufgrund Verwendungswechsel

Immobilien können, wie bereits dargelegt (Abschn. 4.1), unterschiedlichen Zwecken dienen. Je nach Verwendungszweck unterscheiden sich die anzuwendenden Bilanzierungsregeln (IAS 40, IAS 16, IAS 2, IFRS 15, IFRS 16, IFRS 5). Nun kann es vorkommen, dass sich der Verwendungszweck einer Immobilie im Zeitablauf nachweislich ändert. Fraglich ist in diesem Zu-

sammenhang, ob die aktuellen Buchwerte einfach weitergeführt werden können oder ob sie aufgrund dann geltender anderer Folgebewertungsregeln angepasst werden müssen und ob diese Anpassung GuV-wirksam oder GuV-neutral erfolgen muss. Die diesbezüglichen Regelungen des IAS 40 werden nachfolgend erläutert.

Wird für den Anlageimmobilienbestand **aktuell** die **Anschaffungs- bzw. Herstellungskostenmethode** verwendet, werden die aktuellen **Buchwerte** bei einem Verwendungswechsel **unverändert übernommen.** Auswirkungen auf das Ergebnis können sich im Zeitpunkt des Verwendungswechsels damit nicht einstellen (IAS 40.59). In der Folge werden die Regelungen des für die künftige Verwendung einschlägigen Standards angewendet.

Bei einer momentanen **Anwendung der Fair-Value-Methode** nach IAS 40 für den Anlageimmobilienbestand **hängt** die **Bilanzierung von der Art des Verwendungswechsels ab.** Unterschieden wird in folgende Fälle:

1. **Übertragung aus dem Anlageimmobilienbestand** [IAS 40.57(a)–(b)]
   a. Zukünftige Eigennutzung bisheriger Anlageimmobilien
   b. Weiterentwicklung einer Anlageimmobilie mit späterer Verkaufsabsicht
   In beiden Fällen müssen die Fair Values der betreffenden Anlageimmobilien zum Zeitpunkt des Verwendungswechsels ermittelt werden. **Bei unterjährigen Verwendungswechseln** sind Unterschiede zum aktuellen Buchwert GuV-wirksam zu verbuchen. Der ermittelte Fair Value stellt dann den fortzuführenden Buchwert im Rahmen der Folgebewertung nach IAS 16 (**Fall 1a**) bzw. IAS 2 (**Fall 1b**) dar.

**Beachten Sie bitte:** Auch bei einer nunmehr bestehenden Verkaufsabsicht darf eine Immobilie nur dann aus dem Anlageimmobilienbestand übertragen werden, wenn sie tatsächlich für den Verkauf weiterentwickelt werden muss. Ist Letzteres nicht der Fall oder wird die Immobilie nur zur weiteren **Vermietung** saniert, ist IAS 40 unverändert anzuwenden (IAS 40.58).

Bei einem Bürogebäude der (oben beschriebenen) Immobilien-Shark AG laufen sämtliche Mietverträge zum Jahresende 20X2 aus. Das Unternehmen möchte aufgrund seiner zwischenzeitlich erfolgten Expansion und der gestiegenen Mitarbeitendenzahl dieses Bürogebäude nun selbst nutzen und die Verwaltung dort zentralisieren.

Die Bewertung aller Anlageimmobilien erfolgt weiterhin nach der Fair-Value-Methode. Ende 20X2 beträgt der Fair Value des Bürogebäudes unverändert 4.500.000 € wie im Jahr zuvor. Latente Steuern sind weiterhin zu ignorieren.

Die 4.500.000 € stellen die Ausgangsbasis für die künftige Bewertung unter IAS 16 dar. Das Bürogebäude muss mit diesem Wert aus dem Anlageimmobilienbestand aus- und in den Sachanlagebestand eingebucht werden.

Werden sämtliche selbst genutzten Immobilien mit **fortgeführten Anschaffungskosten** bewertet, gilt dies auch für das Bürogebäude, wobei die 4.500.000 €, vermindert um den erwarteten Restwert, das Abschreibungsvolumen darstellen.

Wird hingegen für alle selbst genutzten Immobilien die **Neubewertungsmethode** verwendet, gilt dies auch für dieses Bürogebäude. ◄

2. **Übertragung in den Anlageimmobilienbestand** [IAS 40.57(c)–(d)]
   a. Beendigung der Eigennutzung und Halten als Finanzinvestition
   b. Beendigung der Herstellung und Halten als Finanzinvestition

Im **Fall 2a** ist der Unterschiedsbetrag zwischen dem aktuellen Buchwert, der sich nach IAS 16 ergibt, und dem Fair Value gemäß den Regelungen zur Neubewertungsmethode (Abschn. 3.3.3) zu behandeln (IAS 40.61 f.).

Im **Fall 2b** ist der Unterschiedsbetrag zwischen dem aktuellen Buchwert, der sich nach IAS 2 ergibt, und dem Fair Value sofort GuV-wirksam zu vereinnahmen (IAS 40.63).

Nach dem Zeitpunkt des Verwendungswechsels sind in beiden Fällen die Regelungen des IAS 40 anzuwenden.

Ein bisher von der Immobilien-Shark AG für Verwaltungszwecke genutztes Bürogebäude soll ab Ende 20X2 zur Vermietung angeboten werden, da die Verwaltung nun in einem anderen Bürogebäude zentralisiert wird.

Alle selbst genutzten Immobilien werden von der Immobilien-Shark AG auf Basis der Anschaffungs- bzw. Herstellungskostenmethode bewertet. Das Bürogebäude wurde Anfang 20X0 für 2.000.000 € erworben (der Restwert wird bei einer Nutzungsdauer von 50 Jahren mit null angenommen).

Ende 20X1 musste eine außerplanmäßige Abschreibung von 200.000 € erfasst werden, die nicht zu einer Änderung der Nutzungsdauer führte.

Unter anderem wegen des weggefallenen Grundes für eine Wertberichtigung kommt der beauftragte Immobiliengutachter Ende 20X2 auf einen Fair Value des Bürogebäudes von 2.100.000 €. Die Bewertung aller Anlageimmobilien erfolgt weiterhin nach der Fair-Value-Methode. Latente Steuern sind unverändert zu ignorieren.

Der Buchwert des Bürogebäudes Ende 20X2 beträgt 1.684.167 €. Er ergibt sich aus dem Anschaffungspreis (2.000.000 €), verringert um planmäßige Abschreibungen für 20X0 und 20X1 in Höhe von jeweils 40.000 €, eine außerplanmäßige Abschreibung von 200.000 € Ende 20X1 und eine neu berechnete planmäßige Abschreibung für 20X2 in Höhe von ca. 35.833 € (= Restbuchwert Ende 20X1 [1.720.000 €]/Restnutzungsdauer [48 Jahre]).

Der Unterschiedsbetrag zum Ende 20X2 ermittelten Fair Value beträgt somit 415.833 € und ist nach den Regeln der Neubewertungsmethode des IAS 16 zu behandeln: Zunächst ist also im Umfang der im Jahr 20X1 GuV-wirksam berücksichtigten Wertminderungen (200.000 €) GuV-wirksam zuzuschreiben. Die darüber hinausgehende Buchwerterhöhung von 215.833 € ist GuV-neutral über das sonstige Ergebnis (OCI) in die Neubewertungsrücklagen zu erfassen. Folgender (zusammengesetzter) Buchungssatz ergibt sich für Ende 20X2:

Ende X2
Anlageimmobilien   2.100.000  an  Sachanlagen                        1.684.167
                                   Sonstige betriebl. Erträge (GuV)     200.000
                                   Sonstiges
Ergebnis                           (Neubewertungsrücklage)              215.833

In Abb. 4.1 sind die Vorgaben bei einem Verwendungswechsel und Anwendung der Fair-Value-Methode für Anlageimmobilien unter IAS 40 nochmals mittels eines Prüfschemas dargestellt.

## 4.5   Ausweis

IAS 40 hält keine expliziten Ausweisvorschriften für Anlageimmobilien in der Bilanz oder Erträge aus Anlageimmobilien in der Gesamtergebnisrechnung bereit. Gleichwohl **verlangt IAS 1.54 den separaten Ausweis** des Anlagenimmobilienbestands.

Im Hinblick auf die Frage, wie Bewertungserfolge nach der Fair-Value-Methode in der Gesamtergebnisrechnung ausgewiesen werden sollen, ist nur klar, dass diese GuV-wirksam sind, d. h. in der Gewinn-und-Verlust-Rechnung erscheinen müssen.

In der Literatur wird dafür plädiert, die Bewertungserfolge im Betriebsergebnis auszuweisen, sollten Anlageimmobilien das eigentliche Geschäftsmodell des Unternehmens darstellen. Sind Anlageimmobilien lediglich ein Randgebiet der geschäftlichen Betätigung, ist deren Ausweis eher unter dem Finanzergebnis sinnvoll (vgl. Zülch, 2003, S. 342 ff.).

## 4.6   Offenlegung

IAS 40 verlangt **umfangreiche Anhangangaben** zu Anlageimmobilien. Einige wesentliche finden sich nachstehend (IAS 40.74 ff.):

- angewendetes Folgebewertungsverfahren für Anlageimmobilien
- Kriterien für die Klassifikation als Finanzinvestition in Abgrenzung zu Vorrats- und Sachanlagevermögen
- angewendete Methoden, wesentliche Annahmen und Indikatoren für die Ermittlung des Fair Value (IFRS 13)
- Ausmaß der Einbeziehung unabhängiger Gutachter bei der Bewertung

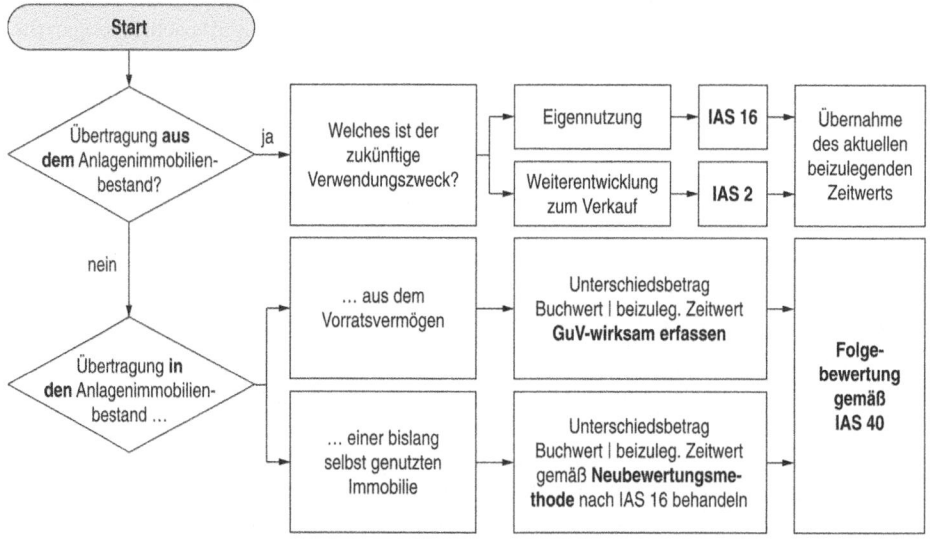

**Abb. 4.1**  Behandlung des Verwendungswechsels bei Anwendung der Fair-Value-Methode für Anlageimmobilien

- in der Gewinn-und-Verlust-Rechnung verrechnete Mieteinnahmen; betriebliche Aufwendungen einschließlich Instandhaltungsaufwendungen, Letztere unterteilt in
  - Immobilien, die Mieterträge generieren, und
  - Immobilien, die keine Mieterträge generieren
- Vorliegen und Höhe von Verkaufsbeschränkungen oder Erlösschmälerungen
- Vertragliche Verpflichtungen für den Erwerb, die Herstellung oder die Entwicklung von Anlageimmobilien

Bei Anwendung der **Fair-Value-Methode** sind **zusätzlich** folgende wesentliche Angaben zu machen:

- Veränderungsrechnung der Bilanzwerte, die beinhaltet:
  - Zugänge und Abgänge
  - Konsolidierungsbedingte Zugänge bzw. Abgänge
  - Umbuchungen gemäß IFRS 5
  - Nettogewinne aus Veränderung der Fair Values
  - Währungseffekte
  - Umklassifizierungen
  - Andere Änderungen
- zusätzliche Angabe der Anlageimmobilien in der Veränderungsrechnung, deren Fair Values nicht verlässlich ermittelt werden konnten, einschließlich eventueller Abgangsgewinne
- Begründung für die nicht verlässliche Ermittelbarkeit des Fair Value einschließlich Beschreibung der Objekte und Bandbreite der wahrscheinlichen Schätzungen

Bei Anwendung der **Anschaffungs-** bzw. Herstellungskostenmethode sind **zusätzlich** folgende wesentliche Angaben zu machen:

- verwendete Abschreibungsmethoden und Nutzungsdauern bzw. Abschreibungssätze
- Bruttobuchwerte und kumulierte Abschreibungen zu Beginn und zum Ende des Geschäftsjahrs
- Veränderungsrechnung der Bilanzwerte (ähnlich einem Anlagengitter), wobei zu zeigen sind:
  - Zugänge und Abgänge

- Konsolidierungsbedingte Zugänge bzw. Abgänge
- Umbuchungen gemäß IFRS 5
- GuV-wirksam erfasste Wertminderungen und Wertaufholungen
- Abschreibungen
- Umklassifizierungen
- Währungseffekte
- Andere Änderungen
- Fair Value der Anlageimmobilien (bei nicht verlässlicher Ermittelbarkeit gelten obige Angabepflichten analog)

### Zusammenfassung

Anlageimmobilien (bzw. Finanzinvestitionen in Immobilien) sind Immobilien, die für Zwecke der Erzielung von Mieterträgen oder von Wertsteigerungen gehalten werden. Der bilanzielle Ansatz verlangt die Erfüllung der allgemeinen Prüfkriterien für die Bilanzierbarkeit von Vermögenswerten, wovon regelmäßig auszugehen ist. Die Zugangsbewertung erfolgt zu Anschaffungs- bzw. Herstellungskosten.

Für die Folgebewertung stehen den Unternehmen zwei grundsätzlich stetig anzuwendende Alternative zur Verfügung:

1. Bei der **Anschaffungs- bzw. Herstellungskostenmethode** sind Anlageimmobilien zu Anschaffungs- bzw. Herstellungskosten, vermindert um planmäßige und unplanmäßige Wertminderungen, zu bewerten.
2. Bei der **Fair-Value-Methode** werden Anlageimmobilien regelmäßig zum Fair Value bewertet, wobei Wertänderungen unmittelbar erfolgswirksam zu erfassen sind. Planmäßige und außerplanmäßige Wertminderungen sind aufgrund dieser Bewertungsmethode nicht zu berücksichtigen.

Besondere Regeln hält der IAS 40 für die Umklassifizierung von Immobilien in oder aus dem Anlageimmobilienbestand bereit.

Anlageimmobilien müssen als eigener Bilanzposten aufgenommen werden und ziehen vielfältige Anhangangaben nach sich.

## 4.7   Übungsaufgaben

1. Stellen Sie dar, unter welchen Voraussetzungen Immobilien in den Anwendungsbereich des IAS 40 fallen.

2. Diskutieren Sie die Bilanzierung von Finanzinvestitionen in Immobilien (Anlageimmobilien).

3. Ein Produktionsunternehmen erwirbt Anfang des Jahres 20X1 erstmalig eine Anlageimmobilie für 1.200.000 €. Die Immobilie soll einheitlich über die erwartete Nutzungsdauer von 20 Jahren abgeschrieben werden bei einem geschätzten Restwert von null und einem linearen Nutzenverbrauch. Der Immobiliengutachter ermittelt für Ende 20X1 auf Basis eigener Schätzungen für die künftigen Rückflüsse und eines angemessenen Diskontierungszinses einen Gegenwartswert der Immobilie von 1.100.000 €. Gleichzeitig enthält das Gutachten den aktuellen Marktpreis nahezu identischer Vergleichsimmobilien, wofür sogar regelmäßig Kauftransaktionen zu beobachten sind. Dieser beträgt 1.150.000 €.

   Stellen Sie dar, für welche Folgebewertungsmethode sich das Produktionsunternehmen jeweils entscheiden sollte, wenn es im betreffenden Jahr am Ausweis entweder eines möglichst hohen oder eines möglichst niedrigen Jahresergebnisses interessiert ist.

   Zeigen Sie für den Fall des möglichst hohen Jahresergebnisses die notwendigen Buchungssätze auf. Unterstellen Sie, dass die

Kosten eines etwaigen Verkaufs 10.000 € betragen würden. Latente Steuern sind zu ignorieren.

4. Stellen Sie dar, was das Management bei der in Aufgabe 3 zu treffenden Entscheidung im Hinblick auf die Folgeperioden berücksichtigen sollte.

5. Erläutern Sie kurz die wesentlichen Unterschiede zwischen der Neubewertungsmethode nach IAS 16 und der Fair-Value-Methode nach IAS 40.

## 4.8   Lösungen

1. Immobilien, die für Zwecke der Erzielung von Mieterträgen (mit externen Dritten und nicht mit eigenen Mitarbeitenden) oder von Wertsteigerungen gehalten werden, fallen in den Anwendungsbereich des IAS 40. Sollten Immobilien gehalten werden, deren Verwendungszweck noch nicht bestimmt wurde, ist ebenfalls IAS 40 anzuwenden.

2. Anlageimmobilien sind anzusetzen, sofern die Definitions- und Ansatzkriterien gemäß IFRS-Rahmenkonzept erfüllt sind (IAS 40.16). Die Zugangsbewertung erfolgt grundsätzlich zu Anschaffungs- bzw. Herstellungskosten. Hinsichtlich der Folgebewertung besteht ein Wahlrecht zwischen der Anschaffungs- bzw. Herstellungskostenmethode und der Fair-Value-Methode.

   Bei erstgenannter Methode werden die ursprünglich aktivierten Anschaffungs- bzw. Herstellungskosten fortgeführt. Außerplanmäßige Wertminderungen sind ggf. GuV-wirksam zu berücksichtigen. Wertaufholungen sind bei Wegfall des Wertberichtigungsgrunds ebenfalls GuV-wirksam zu erfassen. Eine Bewertung über die (auf Basis des ursprünglichen Abschreibungsplans) fortgeführten Anschaffungs- bzw. Herstellungskosten hinaus ist nicht möglich.

Die Fair-Value-Methode hingegen verlangt die GuV-wirksame Erfassung jedweder Änderungen des Fair Value.

Anlageimmobilien sind in der Bilanz separat auszuweisen. IAS 40 gibt umfangreiche Offenlegungspflichten vor. Dabei sind generelle Angaben und Angaben in Abhängigkeit von der angewendeten Folgebewertungsmethode zu machen. Auch bei Anwendung der Anschaffungs- bzw. Herstellungskostenmethode sind die Fair Values der Immobilien zu ermitteln und im Anhang offenzulegen.

3. Um diese Frage beantworten zu können, müssen die Auswirkungen beider Folgebewertungsalternativen ermittelt werden:

Nach der Anschaffungs- bzw. Herstellungskostenmethode ergäben sich eine GuV-Wirkung von 60.000 € aufgrund der Abschreibungen (= 1.200.000 €/20 Jahre) und ein Restbuchwert von 1.140.000 €. Weitere GuV-Wirkungen könnten sich nur bei einer zu erfassenden Wertminderung ergeben. Da der Marktwert gesunken ist und folglich ein Wertminderungsindikator vorliegt, muss ein Wertminderungstest durchgeführt werden. Deshalb ist im nächsten Schritt der erzielbare Betrag mit dem Buchwert zu vergleichen. Der erzielbare Betrag ist der höhere Betrag aus Fair Value abzüglich Veräußerungskosten und unternehmensspezifischem Nutzungswert. In diesem Fall beträgt er 1.150.000 €, nicht 1.100.000 €, denn der über das Vergleichswertverfahren ermittelte Wert basiert auf Marktpreisen, die in der Inputfaktorenhierarchie eine höhere Stufe einnehmen als die eigenen Schätzungen des Immobiliengutachters im Rahmen der Ertragswertermittlung. Von diesen 1.150.000 € sind noch die Verkaufskosten von 10.000 € abzuziehen. Die sich ergebenden 1.140.000 € sind höher als der unternehmensspezifische Nutzungswert von 1.100.000 €, womit der erzielbare Betrag 1.140.000 € beträgt und dem aktuellen Buchwert entspricht. Daher ist auch keine weitere Wertminderungsbuchung erforderlich.

Nach der Fair-Value-Methode wäre die Differenz zwischen dem Buchwert zu Beginn der Periode (1.200.000 €) und dem Fair Value zum Ende der Periode (1.150.000 €), also 50.000 €, GuV-wirksam zu erfassen.

Ist das Unternehmen an einem möglichst hohen Jahresergebnis interessiert, müsste es die Fair-Value-Methode wählen (GuV-Wirkung: − 50.000 €), sollte es hingegen an einem möglichst niedrigen Jahresergebnis interessiert sein, müsste es die Anschaffungs- bzw. Herstellungskostenmethode wählen (GuV-Wirkung: − 60.000 €). Das Stetigkeitsgebot der IFRS wurde bei der vorstehenden Antwort ignoriert.

Buchungssatz für Ende 20X1 bei erstgenannter Variante:

Bewertungsverlust (GuV) 50.000 an Finanzinvestitionen in Immobilien 50.000

4. Zu beachten ist, dass die Ausübung des Wahlrechts in den Folgeperioden stetig erfolgen muss und für den gesamten Bestand an Anlageimmobilien gilt (IAS 40.30 i. V. m. IAS 8). Tendenziell ist die Fair-Value-Methode eher mit einem volatileren Ergebnisausweis verbunden als die Anschaffungs- bzw. Herstellungskostenmethode. Da offenbar nach Meinung des IASB die Fair-Value-Methode einen besseren Einblick in die Vermögenslage gewährt, sollte ein späterer Wechsel zur Fair-Value-Methode möglich sein. Allerdings ist ein Wechsel von der Fair-Value-Methode zur Anschaffungs- bzw. Herstellungskostenmethode faktisch ausgeschlossen (IAS 40.31).

5. Fair-Value-Methode nach IAS 40: GuV-wirksame Bewertung zum Fair Value, jährliche Ermittlung des Fair Value, keine

planmäßigen oder außerplanmäßigen Wertminderungen.

Neubewertungsmethode nach IAS 16: Bewertung zum Fair Value, sofern der aktuelle Buchwert wesentlich von diesem abweicht; Fair Values sind in Abhängigkeit von deren Schwankungen regelmäßig zu erfassen (nicht zwingend jährlich), Zuschreibungen sind grundsätzlich GuV-neutral über das sonstige Ergebnis (OCI) zu erfassen (Ausnahme: in Vorjahren gab es GuV-wirksam erfasste Wertminderungen). Wertminderungen sind grundsätzlich GuV-wirksam zu erfassen (Ausnahme: in Vorjahren gab es GuV-neutral über das sonstige Ergebnis [Neubewertungs-

rücklage] erfasste Zuschreibungen). Zudem sind planmäßige (und u. U. auch außerplanmäßige) Abschreibungen zu erfassen.

## Literatur

Köhling, K. (2011). Die Fair Value-Bewertung für Renditeimmobilien gem. IFRS 13: Eine kritische Gegenüberstellung der Regelungen des IFRS 13 mit denen des IAS 40. *KoR, 11*(12), 567–574.

Lüdenbach, N., Hoffmann, W.-D., & Freiberg, J. (2020). § 16 Als Finanzinvestitionen gehaltene Immobilien. In N. Lüdenbach & W.-D. Hoffmann (Hrsg.), *IFRS-Kommentar. Das Standardwerk*. (18. Aufl., S. 931–984). Haufe.

Zülch, H. (2003). *Die Bilanzierung von Investment Properties nach IAS 40*. IDW.

# Immaterielle Vermögenswerte

**Lernziele**
Leser*innen

- können beurteilen, wann immaterielle Güter einschließlich selbst geschaffener bilanziell anzusetzen sind,
- sind in der Lage, immaterielle Vermögenswerte bei erstmaligem Zugang IF-RS-konform zu bewerten,
- wissen, welche Folgebewertungsmethoden für immaterielle Vermögenswerte zur Wahl stehen, und kennen deren Anwendungsvoraussetzungen und Besonderheiten gegenüber vergleichbaren Methoden für Sachanlagevermögen,
- haben einen Überblick über die grundsätzlichen Ausweis- und Offenlegungsvorschriften gewonnen und
- kennen wesentliche Abweichungen der handelsrechtlichen Vorschriften im Hinblick auf die Bilanzierung immaterieller Vermögenswerte.

## 5.1 Überblick

Wie kommt es, dass die Adidas AG zum 31.12.2019 an der Börse mit einem Wert von ca. 57 Mrd. € bewertet wurde, während in der Bilanz zum selben Stichtag ein (Konzern-)Eigenkapital von gerade einmal knapp 7 Mrd. €, also etwas mehr als 12 % des Börsenwerts, ausgewiesen wurde?

Und warum bewertet die Markenagentur Interbrand den Wert der Marke Adidas 2019 mit rund 10 Mrd. €, während die von Adidas bilanzierten Markenwerte Ende 2019 noch nicht mal 1 Mrd. € betragen und dieser Wert nicht der Marke Adidas selbst, sondern im Wesentlichen der 2005 zugekauften Marke Reebok zugeordnet wird?

Offensichtlich kommen einige wertbestimmende immaterielle Vermögenswerte in der IF-RS-Bilanz nicht zum Ausweis, während andere bilanziert werden. Warum dies der Fall ist, können Sie sich nach Lektüre dieses Kapitals erschließen.

Die Bilanzierung immaterieller Vermögenswerte ist in IAS 38 geregelt. Unter **immateriellen Gütern** werden gewöhnlich solche verstanden, die keine physische Substanz besitzen und auch nicht monetär sind (**monetäre** Güter ohne physische Substanz sind **Finanzinstrumente**). Ausgehend von diesem generellen Verständnis sind potenziell vielerlei Sachverhalte erfasst, z. B. Lizenzen, Urheberrechte, Filmrechte, Verkaufsrechte, Kundenlisten, Handelsmarken, Importquoten, Kunden- und Lieferantenbeziehungen, intellektuelles Kapital, wissenschaftliches und technisches Wissen, produktionstechnische Verfahrensweisen, auch so etwas wie die Unternehmenskultur oder Marktanteile.

© Springer Fachmedien Wiesbaden GmbH, ein Teil von Springer Nature 2022
R. Gebhardt, *Rechnungslegung nach IFRS klipp & klar*, WiWi klipp & klar,
https://doi.org/10.1007/978-3-658-36050-4_5

Wie weiter unten noch ausführlich dargelegt wird, begrenzt IAS 38 durch entsprechend formulierte Definitionskriterien den bilanziellen Ansatz solcher Güter als immaterielle Vermögenswerte.

Die Regeln des IAS 38 sind für immaterielle Vermögenswerte relevant, sofern nicht bereits in anderen Standards Regelungen verpflichtend anwendbar sind, wie bspw.:

- Immaterielle Vermögenswerte des Umlaufvermögens (IAS 2)
- Finanzinstrumente (IAS 32 und IFRS 9)
- Nutzungsrechte und sonstige Rechte aus Leasingverträgen (IFRS 16)
- Aktive latente Steuern (IAS 12)
- Erworbener Goodwill (IFRS 3)
- Immaterielle Vermögenswerte, die als zur Veräußerung klassifiziert wurden (IFRS 5).

Häufig sind immaterielle Vermögenswerte untrennbar mit materiellen Vermögenswerten verbunden (z. B. die betriebliche Anwendungssoftware auf einer DVD oder die Steuerungssoftware einer Maschine). Hier richtet sich die bilanzielle Behandlung (z. B. IAS 16 für Sachanlagen oder IAS 38 für immaterielle Vermögenswerte) danach, welcher Teil wesentlicher für den Gesamtwert ist (IAS 38.4 f.).

## 5.2 Ansatz

### 5.2.1 Allgemeine Ansatzregeln

Um als immaterielle Vermögenswerte im Sinne des IAS 38 zu gelten, müssen immaterielle Güter nicht nur Vermögenswerte im Sinne der IFRS sein, sondern **zudem identifizierbar** sein (IAS 38.8).

Das spezielle Kriterium der Identifizierbarkeit wird durch zwei alternative Tatbestandsmerkmale näher spezifiziert (IAS 38.12):

1. **Separierbarkeit**

   Als separierbar und damit identifizierbar gilt ein Vermögenswert dann, wenn er selbstständig oder zusammen mit einer Gruppe von Vermögenswerten verkauft, lizenziert, verpachtet oder getauscht werden kann.

2. **Vorliegen gesetzlicher bzw. vertraglicher Rechte**

   Selbst wenn ein Vermögenswert nicht separierbar ist, genügt es als Beleg seiner Identifizierbarkeit, dass er aus vertraglichen bzw. gesetzlich zugewiesenen Rechten resultiert.

**Beispiele**

1. Die Commobile AG erwirbt im Rahmen einer öffentlichen Versteigerung **Mobilfunklizenzen** vom deutschen Staat für 8,4 Mrd. €, die sie nur dann für das Angebot von Mobilfunkleistungen nutzen darf, wenn sie ein funktionierendes Netz aufbaut. Die Lizenzen können jedoch nicht verkauft, unterlizenziert oder in irgendeiner anderen Weise auf Dritte übertragen werden.

   Die Lizenzen sind damit **nicht separierbar. Jedoch** entstehen die damit verbundenen Vorteile aus **einem vertraglichen Recht** aufgrund des erfolgreichen Ersteigerns. Insofern ist das zweite Tatbestandsmerkmal erfüllt und es liegt ein Vermögenswert im Sinne des IAS 38 vor.

   Sollte die Commobile AG den vorgeschriebenen Netzausbau nicht bewerkstelligen können, müsste die Lizenz abgeschrieben werden, da eine eigene Nutzung nicht möglich und eine Übertragung auf Dritte ausgeschlossen ist.

2. Die Consulting Group entwickelt ein neues **Führungskonzept**, von dem ein künftiger ökonomischer Nutzen erwartet wird, indem bspw. Mitarbeitende effizienter geführt und besser motiviert werden, was zu einer höheren Leistungsfähigkeit führen kann.

   Selbst wenn für den Moment unterstellt wird, dass ein Führungskonzept einen Vermögenswert im Sinne der IFRS darstellt, ist ein solches jedoch gewöhnlich auf das jeweilige Unternehmen zugeschnitten. Folglich lässt es sich **nicht separieren.** Auch entstehen Führungskonzepte wie die meisten Managementstrategien **nicht aufgrund vertraglicher Rechte**, noch kann man sie mit staatlich sanktionierten Rechten (wie Patentrechten oder Ähnlichem) schützen lassen.

Insofern **mangelt es an der Identifizierbarkeit**. Damit ist der bilanzielle Ansatz verwehrt und alle Kosten, die im Zusammenhang mit diesem Führungskonzept entstanden sind, müssen GuV-wirksam erfasst werden. Im Übrigen wird auch der Nachweis der Verfügungsmacht über dieses Führungskonzept schwerfallen.

3. Mitarbeitende einer Bank werden auf Bankkosten zu Bankfachwirten weitergebildet.

   a. **Es wird kaum möglich sein, den Nachweis der Verfügungsmacht** über dieses neu aufgebaute Wissen (und den daraus resultierenden künftigen Nutzen für die Bank) **zu erbringen**, da die Mitarbeitende jederzeit kündigen können. Ein Ansatz als immaterieller Vermögenswert scheitert also schon an diesem Kriterium (explizites Beispiel in IAS 38.15).

   b. Um nicht Gefahr zu laufen, dass die Mitarbeitenden nach abgeschlossener Weiterbildung das Unternehmen sofort verlassen, vereinbaren die Parteien einen **befristeten Kündigungsverzicht** der betreffenden Mitarbeitende für die Dauer von 3 Jahren. Kündigt nun der Arbeitnehmer vor Ablauf der 3 Jahre dennoch, ist er vertraglich zum zeitanteiligen Ersatz der Weiterbildungskosten verpflichtet.

   Die **Vereinbarung von Ersatzleistungen** bei vorzeitiger Kündigung kann als ausreichend angesehen werden, **Verfügungsmacht** über das neu aufgebaute Wissen und die damit verbundenen Nutzenpotenziale zu begründen (vgl. Lüdenbach et al., 2020, Tz. 64–66; Mindermann, 2001, S. 187). Voraussetzung hierfür sollte jedoch einerseits sein, dass solche Vereinbarungen im Zweifelsfall auch rechtlichen Bestand haben. Andererseits sollte die Einschätzung begründbar sein, dass die Höhe der Ersatzleistungen die Mitarbeitenden auch voraussichtlich von der Kündigung abhalten wird.

   Insofern läge ein immaterieller Vermögenswert vor, wenn man argumentierte, dass dieser auch **identifizierbar** ist. Dies sollte gegeben sein, da eine vertragliche Vereinbarung die Grundlage bildet.

4. Der Profifußballverein Bremermünster 08 (BM08) kauft das hoffnungsvolle Talent **K. Nipser** von einem Ligakonkurrenten gegen Zahlung von 250.000 € ein.

   Da der Börsengang der Lizenzspielerabteilung angestrebt ist, wird der bekannte Bilanzierungsexperte **A. Usgabe** von einer Wirtschaftsprüfungsgesellschaft abgeworben. Da er eine lange Kündigungsfrist hätte beachten müssen, man ihn jedoch kurzfristig einstellen wollte, zahlt man an den alten Arbeitgeber 20.000 € als Abfindung.

   Die **Abfindungszahlung für A. Usgabe kann nicht aktiviert werden**, da das Wissen und die Fähigkeiten von Herrn Usgabe nicht durch den BM08 beherrscht werden und er den Verein jederzeit durch Kündigung wieder verlassen kann.

   Bei den Ausgaben für **K. Nipser** verhält es sich anders. Durch die Zahlung erwirbt der BM08 das **vertragliche Recht**, ihn exklusiv über einen bestimmten Zeitraum im Ligabetrieb einzusetzen und Vertragsverhandlungen mit ihm führen zu können. Dieses Recht steht dem BM08 alleine zu und K. Nipser kann in dem vereinbarten Anstellungszeitraum von keinem anderen Verein eingesetzt werden.

   Damit ist der Vermögenswert **identifizierbar** (Separierbarkeit sollte auch vorliegen). Insofern ist in der erworbenen Spielberechtigung ein **ansatzpflichtiger immaterieller Vermögenswert** zu sehen, da auch die anderen Definitionskriterien als erfüllt anzusehen sind. ◄

Das Definitionskriterium der Identifizierbarkeit soll der Glaubwürdigkeit von Rechnungslegungsinformationen dienen, indem solche Sachverhalte von einer Bilanzierung ausgeschlossen werden, die nur schwer nachprüfbar und damit nicht verlässlich sind. Solche Sachverhalte gehen stattdessen zusammen mit künftigen Gewinnaussichten im sog. **originären Goodwill** auf, der in IAS 38.48 klarstellend mit einem **Bilanzierungsverbot** belegt wird. Der originäre Goodwill als Differenz zwischen dem Unternehmenswert und dem bilanziellen Reinvermögen entsteht im Lauf des Bestehens eines Unternehmens, ist also selbst geschaffen. In die Unternehmensbewertung fließen auch erwartete Gewinne (bzw. Cashflows) aus nicht bilanzierten, u.U. sehr unsicheren Vermögensbestandteilen ein.

Neben den Definitionskriterien müssen Sachverhalte nach IAS 38.21 ebenfalls die bereits aus IAS 16 (Sachanlagen) bekannten Ansatzkriterien erfüllen: Der künftige wirtschaftliche Nutzenzufluss aus der ökonomischen Ressource muss als wahrscheinlich gelten und die Anschaffungs- bzw. Herstellungskosten müssen verlässlich ermittelbar sein.

Sollte ein Sachverhalt die genannten Definitions- oder Ansatzkriterien nicht erfüllen, **kann kein immaterieller Vermögenswert erfasst werden.** Alle damit zusammenhängenden Ausgaben sind dann aufwandswirksam in der Gewinn-und-Verlust-Rechnung zu erfassen.

### 5.2.2 Besonderheiten bei selbst geschaffenen immateriellen Vermögenswerten

Auch selbst geschaffene immaterielle Vermögenswerte kommen grundsätzlich für einen bilanziellen Ansatz infrage. Allerdings gelten für sie einige Besonderheiten, weil sie nicht einfach vom originären Goodwill abzugrenzen sind und die Ermittlung ihrer Herstellungskosten problematisch ist.

IAS 38 differenziert bei der Schaffung immaterieller Vermögenswerte zwischen der Forschungs- und der Entwicklungsphase. Dabei gelten folgende **zwei Grundsätze:**

1. **Forschungsausgaben dürfen in keinem Fall aktiviert werden,** da die Erwartung künftiger wirtschaftlicher Nutzenpotenziale nicht belegt werden kann (IAS 38.54 f.).

   Forschungsaktivitäten zielen darauf, neue wissenschaftliche oder technische Erkenntnisse hervorzubringen. Diesen Erkenntnissen mangelt es jedoch an einem konkreten Anwendungsbezug, d. h., die Aktivitäten werden nicht durchgeführt, um ein konkretes Produkt,

Verfahren etc. zu entwickeln oder zu verbessern.

Beispielhaft werden folgende Aktivitäten genannt, die der Forschung zuzurechnen sind:

- Aktivitäten zur Gewinnung neuer Erkenntnisse
- Suche, Abschätzung und endgültige Auswahl von Anwendungen für Forschungsergebnisse und anderes Wissen
- Suche nach Alternativen für neue oder verbesserte Materialien, Vorrichtungen, Produkte, Verfahren, Systeme oder Dienstleistungen
- Formulierung, Entwurf, Abschätzung und endgültige Auswahl möglicher Alternativen für Materialien, Vorrichtungen, Produkte, Verfahren, Systeme oder Dienstleistungen

2. **Entwicklungsausgaben** für immaterielle Vermögenswerte **sind** hingegen **zu aktivieren, sofern bestimmte Voraussetzungen erfüllt** sind (IAS 38.57).

   Nach dem Verständnis des IASB schließt sich die Entwicklung der Forschung zeitlich an. **In dieser zweiten Phase** der Schaffung immaterieller Vermögenswerte **werden Forschungsergebnisse** konkret auf die Entwicklung neuer bzw. verbesserter Produkte, Verfahren etc. **angewendet.** Die Möglichkeit der kommerziellen Nutzung ist insoweit absehbar. Am Ende der Entwicklung stehen dann z. B. umsetzbare Verfahren, replizierbare Prototypen, betriebsbereite Vorrichtungen oder funktionierende Software.

   Beispielhaft werden folgende Aktivitäten genannt, die der Entwicklung zuzurechnen sind und damit für eine Aktivierung infrage kommen:

- Entwurf, Konstruktion und Test von Prototypen und Modellen vor Aufnahme der eigentlichen Produktion oder Nutzung
- Entwurf von Werkzeugen, Spannvorrichtungen, Prägestempeln und Gussformen unter Verwendung neuer Technologien
- Entwurf, Konstruktion und Betrieb einer Pilotanlage, die von ihrer Größe her für eine kommerzielle Produktion wirtschaftlich ungeeignet ist

- Entwurf, Konstruktion und Test einer ge-
  wählten Alternative für neue oder verbesserte Materialien, Vorrichtungen, Produkte,
  Verfahren, Systeme oder Dienstleistungen

Folgende **spezielle Ansatzkriterien** für
Ausgaben im Rahmen der Entwicklung immaterieller Vermögenswerte definiert IAS
38.57:

- Absicht sowie technische und organisatorische Fähigkeiten zur Fertigstellung sind
  vorhanden, sodass Nutzung bzw. Verkauf
  des Vermögenswerts möglich werden
- finanzielle, technische und sonstige Ressourcen zur Fertigstellung sind verfügbar
- Fähigkeit zur Eigennutzung oder zum Verkauf ist vorhanden
- der künftige Nutzen durch Eigennutzung
  oder Verkauf (und insofern eines Marktes)
  ist nachweisbar
- Ermittlung der zurechenbaren Kosten ist
  verlässlich möglich

**Beispiele**

1. **Ein bekannter Automobilhersteller entwickelt einen Hybridmotor zur Serien-
   reife.**

   Für solche Entwicklungen sind die **Ansatzkriterien gewöhnlich erfüllt**, u. a.
   weil ein Markt für Hybridmotoren schon
   existiert oder mit an Sicherheit grenzender
   Wahrscheinlichkeit entstehen wird. Die
   Zulassung eines solchen neuen Motors
   durch die zuständige Behörde ist aufgrund
   entsprechender Erfahrungen aus der Vergangenheit gesichert.

2. **Ein Pharmaunternehmen entwickelt ein
   Krebsmedikament.**

   Auch wenn alle sonstigen Kriterien erfüllt sind, **scheitert die Aktivierung** solcher Ausgaben **gewöhnlich am Nachweis
   des künftigen Nutzens,** denn dieser kann
   regelmäßig erst dann erbracht werden,
   wenn die zuständige Behörde das Medika-
   ment tatsächlich zulässt. Das heißt, Medi-
   kamente haben zu diesem Zeitpunkt die
   präklinischen und klinischen Studien der
   Phasen 0–3 bereits durchlaufen, die

in Summe gewöhnlich mehr als 10 Jahre
dauern. ◄

Der **Ansatz** von Entwicklungsausgaben ist
erst **nach Erfüllung aller genannten Voraussetzungen möglich.** Es ist verboten, einmal als
Aufwendungen erfasste Ausgaben in den folgenden Berichtsperioden „nachzuaktivieren" (IAS
38.71).

**Können Forschungs- und Entwicklungs-
phase nicht getrennt werden, müssen sämtliche Ausgaben als Forschungsaufwendungen
unmittelbar erfolgswirksam erfasst werden**
(IAS 38.53).

Obwohl formal eine Aktivierungspflicht für
Entwicklungsausgaben immaterieller Vermögenswerte existiert, resultiert aus den restriktiv
formulierten und kumulativ zu erfüllenden Ansatzkriterien faktisch ein Ansatzwahlrecht für
Unternehmen. Dieses kann je nach bilanzpolitischer Zielsetzung ausgenutzt werden (vgl. etwa
Lüdenbach et al., 2020, Tz. 34). So kann bspw.
argumentiert werden, dass nicht eindeutig
zwischen Forschungs- und Entwicklungsphase
getrennt werden kann, eine verlässliche Kostenzuordnung auf die Phase der Entwicklung
unmöglich ist oder ein Markt für den zu entwi-
ckelnden immateriellen Vermögenswert noch
nicht mit hinreichender Sicherheit existiert. Damit wäre jeweils ein Ansatzkriterium nicht erfüllt
und eine Aktivierung könnte vermieden werden.

**Für selbst entwickelte Markennamen,
Drucktitel, Verlagsrechte, Kundenlisten oder
ähnliche Sachverhalte** ist jedoch ein **generelles
Ansatzverbot** zu beachten (IAS 38.63).

**Beispiel**

Ein Unternehmen entwickelt eine neue Pro-
duktmarke, bewirbt dieses Produkt und kann
Verkaufserfolge nachweisen, die als nachhaltig gelten. Es lässt zudem den **Markennamen
rechtlich schützen.**

In diesem Fall liegt ein **immaterieller Vermögenswert** vor. Denn offensichtlich kann
man von einer ökonomischen Ressource ausgehen, die künftigen Nutzenzufluss erwarten
lässt. Zudem ist die Verfügungsmacht durch

den staatlich sanktionierten Markenschutz gewährleistet. Auch ist der Vermögenswert Ergebnis vergangener Ereignisse (Werbemaßnahmen und Eintragung der Marke), zudem ist er identifizierbar (Separierbarkeit und Vorliegen von Schutzrechten).

Dennoch können die Ausgaben für die Entwicklung der Marke nicht aktiviert werden, da das **Ansatzverbot** des IAS 38.63 greift. Anders wäre der Sachverhalt zu werten, wenn die Marke von einem Konkurrenten gekauft werden würde. Dann läge nämlich keine selbst entwickelte Marke vor und das Ansatzverbot des IAS 38.63 wäre nicht einschlägig. ◄

Mit dem BilMoG wurde im **Handelsrecht** (§ 248 Abs. 2 Satz 1 HGB) ein **Aktivierungswahlrecht für selbst geschaffene immaterielle Vermögenswerte** eingeführt. Die Aktivierung ist ebenfalls an die Erfüllung einiger Voraussetzungen gekoppelt, wobei hier in der Literatur keine einhellige Meinung dahingehend besteht, welche dies genau sind. Die Aktivierungsverbote sind identisch ausgestaltet: Entwicklungsausgaben für selbst geschaffene Markennamen, Drucktitel, Verlagsrechte, Kundenlisten oder ähnliche Sachverhalte dürfen nicht aktiviert werden.

Um weiterhin dem Gläubigerschutzgedanken des HGB gerecht werden zu können, wurde in § 268 Abs. 8 HGB eine **Ausschüttungssperre** für aktivierte Entwicklungsausgaben (angepasst um latente Steuern) verankert.

### 5.2.3 Besonderheiten im Rahmen eines Unternehmenszusammenschlusses

Immaterielle Vermögenswerte können auch im Rahmen eines Unternehmenskaufs erworben werden. Auch in solchen Fällen müssen die Definitionskriterien erfüllt sein, um einen Ansatz zu rechtfertigen.

Es genügt allerdings, wenn die **Separierbarkeit nur zusammen mit einigen anderen Vermögenswerten** erreicht werden kann (IAS 38.36). Die internationale Rechnungslegung unterstellt bei jedem Unternehmenszusammenschluss, dass alle identifizierbaren Vermögenswerte einzeln erworben werden (IFRS 3.4 f.).

1. Im Rahmen der Akquisition einer Airline wird automatisch auch die Unternehmenskultur (Serviceorientierung etc.) mit erworben, die als wesentlich für den Markterfolg des akquirierten Unternehmens gilt.

   Es mangelt hier an einer Identifizierbarkeit, um einen immateriellen Vermögenswert ansetzen zu können. Weder ist die Unternehmenskultur separat veräußerbar, lizenzierbar oder in anderer Weise selbstständig übertragbar (dies kann nur mit dem erneuten Verkauf des gesamten Unternehmens erfolgen), noch resultiert dieser Vorteil aus vertraglichen oder gesetzlichen Rechten.

2. Im Rahmen einer Unternehmensakquisition werden neben nicht kündbaren Bestellungen (Auftragsbestände) auch Kundenlisten erworben.

   Während es sich bei den Auftragsbeständen um identifizierbare immaterielle Vermögenswerte handelt (rechtlich fundiert), trifft dies grundsätzlich nicht auf Kundenlisten zu, es sei denn, sie können tatsächlich am Markt selbstständig verwertet werden. Dies ist z. B. dann der Fall, wenn für aufgelistete Kunden Eigenschaften erhoben und gespeichert wurden, die auch für Vertriebszwecke anderer Unternehmen relevant und sonst am Markt nicht verfügbar sind. ◄

Für die **Ansatzkriterien** gilt im Rahmen von Unternehmenszusammenschlüssen Abweichendes. Sowohl das Kriterium des wahrscheinlichen Nutzenzuflusses als auch das Kriterium der verlässlichen Bewertbarkeit **gelten generell als erfüllt**. Die Wahrscheinlichkeit des Eintritts unterschiedlicher Szenarien im Hinblick auf die Höhe und den zeitlichen Anfall von Rückflüssen aus erworbenen immateriellen Vermögen ist für den bilanziellen Ansatz irrelevant. Solche Wahrscheinlichkeitsüberlegungen werden auf die

Ebene der **Zugangsbewertung** verlagert. Denn über Unternehmensakquisitionen erworbene immaterielle Vermögenswerte müssen gemäß IAS 38.33 zum Fair Value bewertet werden (siehe hierzu auch Abschn. 5.3). Der IASB unterstellt schlicht, dass diese Zeitwerte verlässlich ermittelt werden können, da sie ja in die Bemessung des Kaufpreises mit eingeflossen sind.

Aufgrund der als erfüllt angesehenen Ansatzkriterien werden immaterielle Güter, die beim erworbenen Unternehmen bislang nicht bilanziert werden konnten bzw. wurden, beim Erwerber aktivierungspflichtig, sofern die Definitionskriterien erfüllt sind (z. B. Identifizierbarkeit). Dies trifft z. B. auf folgende Sachverhalte zu:

* Forschungsprojekte und bislang nicht aktivierte Entwicklungsprojekte
* vom erworbenen Unternehmen selbst geschaffene Markennamen, Drucktitel, Verlagsrechte, Urheberrechte und Kundenlisten
* günstige Leasingverträge, d. h. Verträge mit einer Leasingrate unter der aktuellen Marktrate

## 5.3 Zugangsbewertung

Geht ein immaterieller Vermögenswert **durch Einzelerwerb** zu, so ist er **zu Anschaffungskosten** zu bewerten (IAS 38.27). Hinsichtlich der Ermittlung der Anschaffungskosten kann sinngemäß auf die Ausführungen zu Sachanlagen verwiesen werden (Abschn. 3.2).

Besonderheiten gelten für nachträgliche Ausgaben für immaterielle Vermögenswerte. Hier folgt der IASB der Annahme, dass diese regelmäßig als Erhaltungsaufwand anzusehen und nicht als nachträgliche Anschaffungskosten aktivierbar sind. Eine Aktivierung soll nur in seltenen Fällen möglich sein (IAS 38.20).

**Beispiel**

Die Start-Up AG kauft Anfang 20X1 eine neue Buchhaltungssoftware. Ende 20X2 wird eine neue Funktionalität für das bestehende Buchhaltungsprogramm dazugekauft, welche die wegen des angestrebten Börsengangs nötigen Anpassungen von HGB auf IFRS erleichtert und zum Teil automatisch vollzieht. Ende 20X3 wird ein Update erworben, das beide Funktionalitäten jeweils auf den neuesten Rechtsstand bringt.

Die Start-Up AG muss die Buchhaltungssoftware Anfang 20X1 zu **Anschaffungskosten** einbuchen.

Ende 20X2 sind die Kosten für die neue Funktionalität als **nachträgliche Anschaffungskosten** zu aktivieren, da der Funktionsumfang wesentlich verbessert wird.

Die Kosten für das Update hingegen müssen Ende 20X3 **aufwandswirksam in der GuV erfasst** werden, da sie als Erhaltungsaufwendungen anzusehen sind und keine Funktionsverbesserung erreicht wird. ◄

Ist ein immaterieller Vermögenswert durch einen Tauschvorgang zugegangen, gelten sinngemäß die gleichen **Grundsätze wie für materielle Vermögenswerte**, die durch Tauschgeschäfte zugehen (vgl. IAS 38.45–47; siehe auch Abschn. 3.2).

Geht ein immaterieller Vermögenswert im Wege eines Unternehmenszusammenschlusses zu und erfüllt die entsprechenden Definitionskriterien, ist dieser, wie bereits erwähnt, zum **Fair Value** zu bewerten. Dieser ist nach den Regelungen des IFRS 13 zu ermitteln (siehe hierzu Abschn. 1.3.6). Im Hinblick auf **ertragswertorientierte Verfahren** haben sich für immaterielle Vermögenswerte einige besondere Verfahren etabliert, die im Folgenden nur kurz angesprochen werden sollen (vgl. für Folgendes etwa Wieland-Blöse und André, 2020, Tz. 233–235):

* **Methode der Lizenzpreisanalogie** (*Relief-from-Royalty Method*):
  Geschätzt werden hier die dem erwerbenden Unternehmen als neuem Eigentümer des immateriellen Vermögenswerts erspart gebliebenen Lizenzaufwendungen. Diese ersparten Zahlungsmittelabflüsse werden entsprechend auf den Gegenwartswert abdiskontiert.
  Anwendung findet dieses Verfahren insbesondere bei der Bewertung von Marken, Verfahren und Technologien.

- **Residualwertmethode** *(Multi-Period Excess Earnings Method):*
  Angewendet wird diese Methode, wenn immaterielle Vermögenswerte im Verbund Erfolge generieren. Dazu werden von den gesamten Zahlungsüberschüssen dieses Verbunds fiktive Nutzungsentgelte für die anderen, unterstützenden Vermögenswerte und die zugehörigen operativen Kosten abgezogen. Es wird also unterstellt, dass man die unterstützenden Vermögenswerte von Dritten mieten müsste. Die um diese fiktiven Nutzungsentgelte reduzierten Zahlungsüberschüsse werden dann auf den Gegenwartswert diskontiert. Dieses Verfahren findet z. B. Anwendung bei der Bewertung von Dauervertragskunden, laufenden Forschungs- und Entwicklungsprojekten sowie Kundenstämmen.
- **Mehrgewinnmethode** *(Incremental Revenue Method):*
  Hier werden die erwarteten künftigen Zahlungsüberschüsse eines gleichen Unternehmens **ohne** den zu bewertenden immateriellen Vermögenswert mit den erwarteten künftigen Zahlungsüberschüssen des erwerbenden Unternehmens verglichen. Die sich ergebenden Differenzen werden auf höhere Einnahmen (oder niedrigere Ausgaben) durch den zu bewertenden Vermögenswert zurückgeführt und müssen dann auf den Gegenwartswert abdiskontiert werden.
  Anwendung findet diese Methode insbesondere bei der Bewertung von Marken, Verfahren und Technologien.

Wie bereits erläutert (Abschn. 5.3), ist das Ansatzkriterium des wahrscheinlichen Nutzenzuflusses bei immateriellen Vermögenswerten ohne Relevanz, die im Wege eines Unternehmenszusammenschlusses zugehen. Auch wenn tatsächlich mehr **gegen** einen Nutzenzufluss aus dem immateriellen Vermögenswert spricht als dafür, wird er dennoch angesetzt. Die Berücksichtigung der Eintrittswahrscheinlichkeit unterschiedlicher Szenarien wird durch die Bewertung zum Fair Value sichergestellt.

**Beispiel**

Der florierende Solarzellen- und Solarmodulproduzent Cell AG kauft 20X1 einen Konkurrenten auf, der an einer neuen Technologie forscht, die den Wirkungsgrad der Solarzellen deutlich erhöhen soll.

Im Erfolgsszenario, dem eine Eintrittswahrscheinlichkeit von 25 % zugewiesen wird, rechnet man mit zusätzlichen Zahlungsüberschüssen von abdiskontiert 500 Mio. €.

Im alternativen Szenario eines Fehlschlags dieser Forschungsbemühungen (Eintrittswahrscheinlichkeit 75 %) rechnet man mit zusätzlichen Forschungsausgaben von abdiskontiert 50 Mio. € bis zur Einstellung der Forschung an diesem Projekt.

Würde das Wahrscheinlichkeitskriterium auch hier gelten, käme kein immaterieller Vermögenswert (erworbene Forschungsprojekte) zum Ansatz, da die Wahrscheinlichkeitsschwelle von 50 % nicht überschritten wird. Der Ansatz erfolgt dennoch, da es sich um eine Unternehmensübernahme handelt. Die Erfolgs- und Fehlschlagswahrscheinlichkeit wird „nur" bei der Zugangsbewertung berücksichtigt. Es würde sich ein Zugangswert von 87,5 Mio. € ergeben [= (500 Mio. € x 25 %) + (− 50 Mio. € x 75 %)]. ◀

Wird ein immaterieller Vermögenswert hingegen durch das Unternehmen **selbst geschaffen,** sind gemäß IAS 38.66 zunächst die **Einzelkosten der Entwicklung als Herstellungskosten** anzusetzen. Hinzu kommen gemäß IAS 38.67 die der Entwicklung **mittelbar zurechenbaren Gemeinkosten** (vgl. Pellens et al., 2017, S. 399; Kühle & Thiele, 2021, Tz. 297 f.) wie z. B. Patent- und Lizenzabschreibungen oder Gehalts- und Pensionsaufwendungen der mitwirkenden Mitarbeiter. Diese Kosten können jedoch erst dann aktiviert werden, wenn sämtliche Ansatzkriterien des IAS 38.57 für in der Entwicklung befindliche immaterielle Vermögenswerte erfüllt sind.

## 5.4 Folgebewertung

### 5.4.1 Überblick

Für die Folgebewertung immaterieller Vermögenswerte sieht IAS 38 – wie IAS 16 für Sachanlagen – ein Wahlrecht für Unternehmen zwischen der Anschaffungs- bzw. Herstellungskostenmethode und der Neubewertungsmethode vor.

Auch hier ist zu beachten, dass die Ausübung des Wahlrechts in den Folgeperioden stetig erfolgen muss und für die gesamte Gruppe gleichartiger immaterieller Vermögenswerte gilt (IAS 16.29 i. V. m. IAS 8).

### 5.4.2 Anschaffungs- bzw. Herstellungskostenmethode

Diese Methode verlangt die Fortschreibung der Anschaffungs- bzw. Herstellungskosten (zu den allgemeinen Vorgaben der Methode siehe Abschn. 3.3.2). Allerdings gelten für immaterielle Vermögenswerte einige Besonderheiten.

Zunächst ist bei immateriellen Vermögenswerten zu bestimmen, ob diese eine begrenzte oder eine zeitlich unbestimmte Nutzungsdauer aufweisen (IAS 38.88). **Zeitlich unbestimmt bedeutet nicht unendlich,** sondern vielmehr, dass nicht absehbar ist, ab welchem Zeitpunkt der immaterielle Vermögenswert keine positiven Zahlungsüberschüsse mehr erwirtschaften wird. Dies gilt selbst dann, wenn in gewissen Abständen Aufwendungen notwendig sind, um das Nutzenpotenzial zu erhalten. Eine zeitlich unbestimmte Nutzungsdauer ergibt sich in der Abgrenzung zu dem zuvor Gesagten allerdings nicht dadurch, dass Ausgaben berücksichtigt werden, die den Vermögenswert wesentlich verbessern (IAS 38.91).

**Beispiel**

Ein Sportartikelhersteller hat im Rahmen einer Unternehmensakquisition Ende des Jahres 20X0 zwei Marken erworben:

Die Marke **Footless** ist bereits erfolgreich am Markt eingeführt und es wird mit weiterhin steigenden Produktabsätzen gerechnet. Um die Marke laufend im Bewusstsein der Konsumenten zu halten, wird mit Marketingausgaben von 1,5 Mio. € p. a. gerechnet.

Die Marke **Rennsemmel** hingegen wurde zwar wie die Marke Footless schon geschützt, aber dagegen bisher nur in einigen Regionen eingeführt. Die Lebensdauer der Marke wird aufgrund der regionalen Einführung auf nur 3 weitere Jahre geschätzt. Man plant jedoch umfangreiche Marketingausgaben (15 Mio. €) für Ende 20X3, sodass ein überregionaler Bekanntheitsgrad erreicht und der Markenerfolg langfristig gesichert werden kann. Für die Zeit danach wird mit jährlichen Marketingausgaben von 1,25 Mio. € gerechnet.

Da für die Marke **Footless** keine Anhaltspunkte dafür vorliegen, dass sie irgendwann keine positiven Zahlungsüberschüsse mehr generiert, liegt eine **zeitlich unbestimmte Nutzungsdauer** vor, verbunden mit dem Verbot der planmäßigen Abschreibung und der Pflicht zu einem jährlichen Wertminderungstest.

Für die Marke **Rennsemmel** muss anfänglich von einer **begrenzten Nutzungsdauer** ausgegangen werden, denn erst die umfangreichen Marketingausgaben 20X3 verbessern den Vermögenswert wesentlich. Die **Abschreibung** muss über einen Zeitraum von **3 Jahren** erfolgen.

(Beispiel in Anlehnung an Pellens et al., 2017, S. 402) ◄

Kommt das Unternehmen zu dem Ergebnis, dass eine zeitlich unbestimmte Nutzungsdauer vorliegt, dürfen keine planmäßigen Abschreibungen erfasst werden (IAS 38.107). Jährlich ist stattdessen ein Wertminderungstest verpflichtend vorgeschrieben (zur Vorgehensweise bei einem solchen Wertminderungstest Abschn. 3.3.4). Entstehen hiervon abgesehen Anhaltspunkte für eine Wertminderung zu anderen Zeitpunkten, ist ebenfalls ein solcher Test durchzuführen (IAS 38.108). Im Zeitablauf ist stets zu prüfen, ob weiterhin von einer zeitlich unbestimmten Nutzungsdauer ausgegangen werden kann. Ist dies nicht mehr der Fall, muss der Vermögenswert dann über die erwartete Restnutzungsdauer abgeschrieben werden. Da es sich hierbei um eine

Schätzungsänderung handelt, ist diese gemäß IAS 8 prospektiv zu behandeln. Das heißt., im aktuellen Abschluss dargestellte Vergleichsperioden werden – im Gegensatz zu Wechsel von Bilanzierungsmethoden oder Fehlerkorrekturen – nicht berichtigt. Schätzungsänderungen haben nur Einfluss auf die Abschreibungs- und damit Buchwertermittlung für die aktuelle und für künftige Perioden.

Wird die Nutzungsdauer von Beginn an als begrenzt eingeschätzt, muss der Vermögenswert fortgeschrieben, d. h. planmäßig abgeschrieben werden. Zudem ist am Ende einer jeden Periode zu prüfen, ob Anhaltspunkte für eine Wertminderung gemäß IAS 36 vorliegen, und ggf. sind außerplanmäßige Abschreibungen zu erfassen. Die Nutzungsdauer von Rechten kann sich dabei maximal auf deren Gültigkeitsdauer erstrecken. Der Abschreibungsbeginn bestimmt sich nach dem Zeitpunkt, zu dem der Vermögenswert erstmalig nutzbar ist (IAS 38.97). Der tatsächliche Beginn der Nutzung ist irrelevant.

**Beispiele**

1. Ein Unternehmen des **Telekommunikationsbereichs** hat Ende 20X1 neue Sendefrequenzen für Mobilfunkübertragungen vom Staat erworben, die einen wesentlich schnelleren Datenverkehr ermöglichen. Für die Nutzung dieser Frequenzen sind jedoch die bestehenden Sendemasten mit neuer Technologie zu bestücken. Mit dem Abschluss dieser Arbeiten wird für Ende 20X3 gerechnet. Anfang 20X4 ist dann der frühestmögliche Startpunkt für das Angebot von Dienstleistungen in diesem Bereich.

   Die erworbenen Lizenzen sind nicht vor Ende 20X3 nutzbar, weshalb die planmäßige Abschreibung erst 20X4 beginnen darf. Die Lizenzen sind bis 20X3 einem jährlich durchzuführenden Wertminderungstest zu unterziehen. Ab 20X4 hat dann die planmäßige Abschreibung bei planmäßigem Ausbau einzusetzen, unabhängig davon, ob das Management eventuell entscheidet, den Verkaufsstart zu verschieben.

2. Ein Unternehmen hat ein **Urheberrecht** *(Copyright)* mit einer verbleibenden gesetzlichen Schutzfrist von 50 Jahren erworben. Die Marktforschung geht von einer verbleibenden Nachfrage von 30 Jahren aus.

   Das Urheberrecht muss über eine Nutzungsdauer von 30 Jahren abgeschrieben werden, da hier die **wirtschaftliche** Nutzungsdauer entscheidend ist. Die verbleibende **gesetzliche** Schutzfrist ist hier irrelevant. ◀

Zur Bestimmung des Abschreibungsvolumens ist grundsätzlich von der **Annahme eines Restwerts von null auszugehen**, es sei denn, für den Vermögenswert kann ein Restwert aufgrund der Existenz eines aktiven Marktes ermittelt werden oder es besteht eine Kaufverpflichtung seitens eines Dritten (IAS 38.100).

Die Wahl der **Abschreibungsmethode** richtet sich nach dem erwarteten Nutzenverbrauch. Kann dieser nicht verlässlich bestimmt werden, ist die lineare Abschreibungsmethode anzuwenden (IAS 38.97 f.).

### 5.4.3 Neubewertungsmethode

Die Neubewertungsmethode erlaubt bekanntermaßen einen **Wertansatz oberhalb der ursprünglichen Anschaffungs- bzw. Herstellungskosten** (siehe ausführlich Abschn. 3.3.3). Jedoch gelten auch hier für immaterielle Vermögenswerte einige Besonderheiten.

Die entscheidende **Voraussetzung** für die Anwendung der Neubewertungsmethode ist bei immateriellen Vermögenswerten – im Gegensatz zu Sachanlagen – die **Existenz eines aktiven Marktes** für diese Werte (IAS 38.75). Dieser liegt nach IFRS 13 Anhang A vor, wenn dort Transaktionen mit einer hinreichenden Häufigkeit und in einem ausreichenden Volumen stattfinden, sodass sich laufend Preise mit Informationsgehalt ergeben. Diese Voraussetzung ist der entscheidende Grund dafür, dass die Neubewertungsmethode für immaterielle Vermögenswerte kaum angewendet werden kann. Denkbar ist diese Methode

z. B. für Fischerei- und Taxilizenzen sowie für $CO_2$-Emissionsrechte. Explizit ausgeschlossen ist die Existenz aktiver Märkte bei Warenzeichen, Verlags- und Filmrechten, Patenten und Marken aufgrund deren Einzigartigkeit.

Die Neubewertungsmethode darf – so stellt IAS 38.76 klar – nur dann angewendet werden, wenn der Vermögenswert die Ansatzkriterien bereits erfüllt hat und dann erstmals zu Anschaffungs- bzw. Herstellungskosten angesetzt wurde. **Eine Umkehrung eines früheren Nichtansatzes darf durch die Neubewertung insofern nicht erfolgen.**

Eine **Ausnahme** trifft für immaterielle Vermögenswerte in der **Entwicklung** zu. Hier werden bekanntlich Kosten erst aktiviert, wenn alle Ansatzkriterien erfüllt sind. Durch die spätere Neubewertung solcher immateriellen Vermögenswerte kommt es also zu einer Umkehr eines früheren Nichtansatzes, jedoch mit dem Unterschied, dass ein immaterieller Vermögenswert bereits angesetzt wurde.

Auch für immaterielle Vermögenswerte, die nach der Neubewertungsmethode bewertet werden, muss zunächst geprüft werden, ob eine begrenzte oder eine zeitlich unbestimmte Nutzungsdauer vorliegt. Danach richtet sich das weitere Vorgehen.

Die Neubewertungsmethode ist **nach HGB** generell **nicht zugelassen.** Immaterielle Vermögenswerte sind stets planmäßig abzuschreiben und ggf. auf ihren niedrigeren beizulegenden Wert GuV-wirksam abzuschreiben. Wertaufholungen sind bei Wegfall des Wertminderungsgrunds GuV-wirksam zu vereinnahmen.

## 5.5 Ausweis

IAS 38 enthält auch für immaterielle Vermögenswerte keine konkreten Vorschriften zu deren Ausweis in der Bilanz. Nach IAS 1.54 besteht lediglich die Pflicht, mindestens einen Posten „Immaterielle Vermögenswerte" auszuweisen. In IAS 38.119 findet sich die Darstellung einer gebräuchlichen Untergliederung, die jedoch auch im Anhang aufgeführt werden kann:

- Warenzeichen/Marken *(Brand Names)*
- Drucktitel und Verlagsrechte *(Mastheads/Publishing Titles)*
- Computersoftware
- Lizenzen/Franchiseverträge *(Licences/Franchises)*
- Urheberrechte, Patente, andere Rechte *(Copyrights/Patents/Other Rights)*
- Formeln etc. *(Formulae etc.)*
- immaterielle Vermögenswerte in der Entwicklung *(Intangible Assets under Development).*

## 5.6 Offenlegung

Für jede Gruppe der immateriellen Vermögenswerte (differenziert nach Vermögenswerte in der Entwicklung/andere Vermögenswerte) sind folgende wesentliche Anhangangaben zu erfüllen (IAS 38.118):

- Vorliegen unbestimmter oder begrenzter Nutzungsdauer
- verwendete Abschreibungsmethoden und etwaige Nutzungsdauern bzw. Abschreibungssätze
- Bruttobuchwerte und kumulierte Abschreibungen zu Beginn und Ende des Geschäftsjahrs
- GuV-Position, in der planmäßige Abschreibungen (Amortisation) enthalten sind
- Veränderungsrechnung der Bilanzwerte (ähnlich einem Anlagengitter), wobei zu zeigen sind
  - Zugänge, unterteilt in separat angeschaffte und in der Entwicklung befindliche Vermögenswerte, und Abgänge
  - Konsolidierungsbedingte Zugänge bzw. Abgänge
  - Umbuchungen gemäß IFRS 5
  - Auswirkungen der Neubewertungsmethode auf den Bilanzwert
  - GuV-wirksam und GuV-neutral erfasste Wertminderungsverluste
  - planmäßige und außerplanmäßige Abschreibungen sowie Wertaufholungen
  - Währungseffekte
  - andere Änderungen

Ferner sind anzugeben (IAS 38.122 f sowie IAS 38.126 f.):

- Forschungs- und Entwicklungskosten, die GuV-wirksam erfasst wurden
- Grund für die Annahme einer zeitlich unbestimmten Nutzungsdauer für Vermögenswerte einschließlich deren Bruttobuchwerte
- Beschreibung, Bruttobuchwert und verbleibende Nutzungsdauer für Vermögenswerte, die individuell wesentlich sind
- Verfügungsbeschränkungen einschließlich der Beträge
- als Sicherheiten gegebene Vermögenswerte
- vertragliche Verpflichtungen zum Erwerb immaterieller Vermögenswerte

Bei Anwendung der Neubewertungsmethode sind folgende wesentliche Angaben (unter Berücksichtigung derer nach IFRS 13) zu machen (IAS 38.124 f.):

- Zeitpunkt der Neubewertung
- Buchwerte der neu bewerteten Vermögenswerte
- Buchwerte auf Basis fortgeführter Anschaffungs- und Herstellungskosten
- Betrag und Entwicklung der Neubewertungsrücklage einschließlich Ausschüttungsbeschränkungen für immaterielle Vermögenswerte

schaffenen immateriellen Vermögenswerten gelten zudem spezielle Ansatzkriterien. Gehen identifizierbare immaterielle Vermögenswerte durch einen Unternehmenszusammenschluss zu, gelten die Ansatzkriterien generell als erfüllt.

Die Zugangsbewertung hängt von der Art und Weise des Zugangs ab:

- bei Einzelerwerb zu Anschaffungskosten,
- im Rahmen eines Unternehmenskaufs zum Fair Value und
- selbst geschaffene immaterielle Vermögenswerte zu Herstellungskosten, die ab der Erfüllung sämtlicher Ansatzkriterien angefallen sind.

Für die Folgebewertung ergeben sich die gleichen zwei Alternativen wie für Sachanlagen, gleichwohl sind die Anwendungsvoraussetzungen für die Neubewertungsmethode restriktiver. Deshalb ist ihre Praxisrelevanz auch äußerst gering. Immaterielle Vermögenswerte mit unbestimmter Nutzungsdauer dürfen nicht planmäßig abgeschrieben, sondern müssen mindestens jährlich auf Wertminderungen geprüft werden.

**Zusammenfassung**

Immaterielle Vermögenswerte im Sinne der IFRS sind identifizierbare, nicht monetäre Vermögenswerte ohne physische Substanz. Der bilanzielle Ansatz verlangt insbesondere deren Identifizierbarkeit (neben bereits für andere Vermögenswerte bekannten Definitions- und Ansatzkriterien). Identifizierbarkeit kann durch die Separierbarkeit des Vermögenswerts oder das Vorliegen gesetzlicher bzw. vertraglicher Rechte an diesem nachgewiesen werden. Für Entwicklungsausgaben bei selbst ge-

## 5.7 Übungsaufgaben

1. Ein Stahl verarbeitendes Unternehmen hat während des Geschäftsjahrs eine neue, effizientere Produktionsmethode für einige seiner Produkte entwickelt. Das Patentierungsverfahren ist zum Ende des Geschäftsjahrs nahezu abgeschlossen. Es liegen bereits erste Kaufangebote für das fertigzustellende Verfahren in Höhe von 5,5 Mio. € vor. Bislang sind in der Periode (keine Quartalsberichterstattung) Entwicklungskosten in Höhe von 4 Mio. € angefallen. Für den Abschluss der Entwicklung werden noch Kosten von ca. 2 Mio. € erwartet. Es fehlt noch die endgültige

schriftliche Bestätigung vom Patentamt, mit der nach Auskunft der zuständigen Bearbeiter jedoch in den nächsten Wochen zu rechnen ist.

Diskutieren Sie, ob und ggf. in welcher Höhe ein immaterieller Vermögenswert anzusetzen ist.

2. Einem Unternehmen wird von den entsprechenden staatlichen Behörden eine Lizenz zum Betrieb eines lokalen Rundfunksenders (inkl. Sendefrequenz) für die laufende und die beiden folgenden Rechnungsperioden mit einem wirtschaftlichen Wert von 1,8 Mio. € gewährt, für die jedoch nur 0,3 Mio. € zu zahlen sind.

Bestimmen Sie, ob diese Lizenz aktiviert werden muss und, falls ja, mit welchem Wert sie bei Zugang angesetzt werden muss.

3. Die Rechtsabteilung eines Unternehmens hat zusammen mit einer Rechtsanwaltskanzlei den Erwerb einer geschützten Handelsmarke für einen Fixpreis begleitet. Eine Wirtschaftsprüfungsgesellschaft hat eine Stellungnahme für das Rechnungswesen hinsichtlich der Nutzungsdauer der Handelsmarke erstellt.

Legen Sie dar, ob ein immaterieller Vermögenswert angesetzt werden muss, und, falls ja, mit welchem Wert er bei Zugang zu aktivieren ist (vgl. Lüdenbach et al., 2020, Rz. 75).

4. Ein Unternehmen der IT-Branche programmiert eine Software zur halb automatischen Arbeitszeiterfassung, da auf dieser Basis die Abrechnung von Dienstleistungen an die Kunden erfolgt. Da dies bislang mittels Selbstaufschreibung gehandhabt wurde, erwartet man sich einen deutlichen Nutzen von der neuen Software, insbesondere durch Zeiteinsparungen und Fehlervermeidung.

Bei dem mit der Entwicklung beauftragten Projektteam entstehen folgende Kosten (Basis zurechenbare Einzel- und Gemeinkosten), bezogen auf die Tätigkeitsschritte:

Konzeptionierung und Beurteilung möglicher Softwaredesigns 15.000 €
Erhebung der notwendigen Hardware und sonstiger Technik 2500 €
Selektion des zu verwendenden Designkonzepts 1200 €
Softwaredesign 15.000 €
Software-Coding 35.000 €
Softwaretests 25.000 €
Datenkonvertierung 3500 €
Mitarbeiterschulungen 12.000 €
Laufende Softwarewartung 5000 €

Unterstellen Sie, dass ein selbst erstellter immaterieller Vermögenswert gemäß IAS 38 bejaht werden kann.

Legen Sie dar, mit welchem Wert dieser immaterielle Vermögenswert zu aktivieren ist. Unterstellen Sie, dass die Anschaffungskosten der notwendigen Hardware und sonstiger Technik 15.000 € betragen.

5. Eine Wirtschaftsprüfungsgesellschaft ermöglicht den 3 besten Young Professionals jeweils die Weiterbildung zum Wirtschaftsprüfer, indem sie die beträchtlichen Weiterbildungskosten hierfür übernimmt. Dies geht einher mit der Vereinbarung eines Kündigungsverzichts für die Dauer von 3 Jahren nach Abschluss der Weiterbildung. Kündigt ein betroffener Mitarbeitende vor Ablauf dieser Frist, ist er zum zeitanteiligen Ersatz der Weiterbildungskosten verpflichtet.

Diskutieren Sie, ob für diese beiden Fälle immaterielle Vermögenswerte angesetzt werden können bzw. müssen.

6. Ein Unternehmen hat im Rahmen eines Unternehmenskaufs ein patentiertes, hocheffizientes Produktionsverfahren erworben. Das Patent hat eine verbleibende Schutzdauer von 10 Jahren. Man geht von einer wirtschaftlichen Nutzungsdauer von weiteren 5 Jahren aus, da dann die Konkurrenz aller Voraussicht nach gleichgezogen haben wird. Man hat kurz nach dem Unternehmenserwerb mit einem

Konkurrenten einen Vertrag abgeschlossen, der den Verkauf des Patents nach Ablauf von 4 Jahren vorsieht zu einem bereits festgelegten Preis in Höhe von 30 % des Fair Value beim Kauf des Unternehmens.

Ermitteln Sie, über welchen Zeitraum das aktivierte Patent abgeschrieben werden muss und wie hoch das Abschreibungsvolumen ist. Begründen Sie Ihre Aussagen.

7. Ein Unternehmen entwickelt einen neuen Softwarecode, der als immaterieller Vermögenswert IFRS-konform mit den Entwicklungskosten aktiviert wurde. Nach 2 Jahren erfolgreichen Vermarktens dieser Software wird das Unternehmen auf Patentrechtsverletzung verklagt. Es kann jedoch noch im selben Jahr die Patentklage erfolgreich abwehren. Die dabei angefallenen Rechtsberatungs- und Gerichtskosten betragen 150.000 € und sollen als nachträgliche Anschaffungskosten aktiviert werden.

Nehmen Sie zu diesem Vorgehen Stellung.

8. Ein Unternehmen erwirbt ein Warenzeichen von einem Konkurrenzunternehmen. Das Recht, dieses Warenzeichen zu nutzen, kann gegen eine relativ geringe Gebühr für Zeiträume von jeweils 10 Jahren ständig verlängert werden. Dies beabsichtigt das Unternehmen auch, da es nicht absehbar ist, dass die Produkte, die mit dem Warenzeichen versehen werden, ihre Attraktivität verlieren werden. Gleichwohl müssen ständig Werbeausgaben hingenommen werden, um das Warenzeichen langfristig im Gedächtnis der Kunden zu verankern. Auch unter Berücksichtigung dieser Ausgaben wird langfristig mit positiven Erfolgsbeiträgen aus dem Warenzeichen gerechnet.

Bestimmen Sie, wie dieses Warenzeichnen nach der Anschaffungs- bzw. Herstellungskostenmethode abzuschreiben ist.

## 5.8    Lösungen

1. Voraussetzung für eine Aktivierung des Produktionsverfahrens als immaterieller Vermögenswert ist, dass dieser die Definitions- und Ansatzkriterien gemäß IAS 38.8 ff. erfüllt:

   1. Vorliegen einer Ressource, die künftigen Nutzen verspricht: Anhaltspunkt dafür ist zunächst das vorliegende Kaufangebot für dieses Produktionsverfahren. Ebenso kann davon ausgegangen werden, dass eine Eigennutzung die künftigen Herstellungskosten senken wird und der Nutzen alternativ in dieser Form zufließt (IAS 38.17).

   2. Verfügungsmacht über diese Ressource (IAS 38.13 ff.): Die Möglichkeit der Kontrolle über den Nutzen aus dem Vermögenswert muss gegeben sein. Der Patentschutz gewährt juristisch durchsetzbare Ansprüche auf die alleinige Nutzung der Erfindung/Innovation. Alternativ könnte eventuell die Geheimhaltung des zugrunde liegenden Wissens infrage kommen, sofern dies möglich ist.

   3. Vergangenes Ereignis: Der Vermögenswert ist durch die Entwicklungstätigkeiten entstanden, was dem Kriterium entspricht.

   4. Identifizierbarkeit (IAS 38.12): Die Möglichkeit zur selbstständigen Verwertbarkeit ist offensichtlich gegeben (Kaufangebote) und damit das Tatbestandsmerkmal der Separierbarkeit erfüllt.

   Weiterhin sind die Ansatzkriterien für Vermögenswerte zu beachten (IAS 38.21 ff.):

   1. Wahrscheinlicher Nutzenzufluss (IAS 38.22): Es ist eine Begründung anhand vernünftiger Annahmen gefordert. Die Kaufangebote lassen den Nutzenzufluss wahrscheinlich erscheinen. Auch ohne diese Kaufangebote ließe sich aufgrund der Angabe „effizientere Produktionsmethode" darauf schließen, dass Produktions-

kosten oder die Produktionszeit geringer als zuvor ausfallen, was ebenfalls für die Erfüllung des Kriteriums spricht.

2. Zuverlässige Bemessung der Herstellkosten (IAS 38.21): Entsprechend der Aufgabe ist von Entwicklungskosten in Höhe von bisher 4 Mio. € auszugehen. Insofern scheint eine verlässliche Kostenzuordnung durch das Controlling sichergestellt.

Für selbst geschaffene immaterielle Vermögenswerte gelten besondere Ansatzkriterien. Während Ausgaben im Rahmen der Forschung nicht aktiviert werden dürfen, können und müssen Entwicklungskosten aktiviert werden, wenn alle in IAS 38.57 aufgeführten Ansatzkriterien erfüllt sind:

• Absicht sowie technische und organisatorische Fähigkeiten zur Fertigstellung sind vorhanden, sodass Nutzung bzw. Verkauf des Vermögenswerts möglich werden
• Finanzielle, technische und sonstige Ressourcen zur Fertigstellung sind verfügbar
• Fähigkeit zur Eigennutzung oder zum Verkauf ist vorhanden
• der künftige Nutzen durch Eigennutzung oder Verkauf (und insofern eines Marktes) ist nachweisbar
• Ermittlung der zurechenbaren Kosten ist verlässlich möglich

Zu manchen dieser Kriterien finden sich keine Detailangaben. Jedoch wollen wir mangels gegenteiliger Informationen von deren Erfüllung ausgehen.

Problematisch könnte jedoch sein, dass das Patentverfahren noch nicht abgeschlossen ist. Der Rechtsanspruch (siehe oben zu Verfügungsmacht) ist noch nicht schriftlich verbrieft. Ein selbst geschaffener immaterieller Vermögenswert ist ab dem Zeitpunkt der Erfüllung sämtlicher Ansatzkriterien mit den zurechenbaren Einzel- und Gemeinkosten zu

bewerten (siehe IAS 38.67 f.). Nach Auskunft des Patentamts ist mit einem positiven Beschluss in den kommenden Wochen zu rechnen, weshalb argumentiert werden könnte, dass unter einer wirtschaftlichen Betrachtungsweise die Verfügungsmacht bereits vorliegt. Im Falle der Nichteintragung des Patents könnte – wie oben erwähnt – auch möglicherweise die Geheimhaltung des Verfahrens für das Vorliegen von Verfügungsmacht sprechen.

Weiterhin fraglich ist die Bewertung des immateriellen Vermögenswerts am Ende des Jahres. Bis dato (Geschäftsjahresende) angefallen sind 4 Mio. € Entwicklungskosten. Bis zur endgültigen Fertigstellung des Verfahrens und Nutzung sind jedoch noch weitere 2 Mio. € an Kosten zu erwarten. Kaufangebote liegen derzeit jedoch nur über einen Betrag in Höhe von 5,5 Mio. € vor. Es ist also zum jetzigen Zeitpunkt davon auszugehen, dass im Falle der Weiterveräußerung ein Verlust von 0,5 Mio. € bestehen wird.

Da die Produktionsmethode noch nicht nutzbar ist, wäre ein Wertminderungstest nach IAS 36 durchzuführen. Der erzielbare Betrag muss aber nicht den 5,5 Mio. € entsprechen, da dieser ja den höheren Wert aus Fair Value abzüglich Veräußerungskosten (Veräußerungskosten müssten noch in Erfahrung gebracht werden) und (!) dem unternehmensspezifischen Nutzungswert darstellt, wobei Letzterer hier wesentlich höher ausfallen kann als der Erstgenannte. Dann wäre keine außerplanmäßige Abschreibung erforderlich.

Angenommen, der erzielbare Betrag betrage 5,5 Mio. €. Dann könnte argumentiert werden, dass die aktivierten Entwicklungskosten von 4 Mio. € um 0,5 Mio. € abgeschrieben werden müssten, damit bei künftiger Aktivierung der erwarteten Entwicklungskosten von 2 Mio. € nicht über den erzielbaren Betrag hinaus bewertet wird.

2. Bei der Rundfunklizenz handelt es sich um einen aktivierungspflichtigen immateriellen Vermögenswert, da sämtliche Definitions- und Ansatzkriterien des IAS 38 erfüllt sind. Die Lizenzgewährung ist mit einer Zuwendung der öffentlichen Hand verbunden (siehe Abschn. 3.2), denn sie wird verbilligt gewährt. Gemäß IAS 38.44 (mit Verweis auf IAS 20) besteht ein Wahlrecht zum Ansatz einer solchen Lizenz zum Nominalwert oder zum Fair Value bei gleichzeitiger Passivierung der Differenz. Der Nominalwert (also Anschaffungspreis) beträgt 0,3 Mio. €, der Fair Value 1,8 Mio. €. Bei der Aktivierung von 1,8 Mio. € müssten 1,5 Mio. € passiviert werden.

3. Die Handelsmarke stellt einen identifizierbaren immateriellen Vermögenswert dar. Offensichtlich kann man von einer ökonomischen Ressource ausgehen, die künftigen Nutzenzufluss erwarten lässt. Zudem ist die Verfügungsmacht durch den staatlich sanktionierten Markenschutz, der mit Kauf auf den Erwerber übergeht, gewährleistet. Auch ist der Vermögenswert Ergebnis vergangener Ereignisse (hier des Kaufs). Identifizierbarkeit ist gegeben, da die Marke Gegenstand eines Kaufgeschäftes war und damit Separierbarkeit demonstriert wurde.

Da der Kaufpreis feststeht, ist die verlässliche Bewertbarkeit der Anschaffungskosten problemlos möglich. Da unterstellt werden kann, dass rational agierende Akteure nur dann etwas für ein Gut zahlen, wenn sie hieraus wahrscheinlich Nutzenrückflüsse erwarten, ist auch das zweite Ansatzkriterium erfüllt (Annahme: Käufer und Verkäufer sind unabhängig voneinander).

Der Kaufpreis (netto) stellt einen Teil der Anschaffungskosten dar, das Honorar der Rechtsanwaltskanzlei ebenso, da es einzeln zurechenbar ist. Die Aufwendungen der Rechtsabteilung zählen grundsätzlich nicht dazu, da diese eine Vielzahl anderer Rechtsfragen ebenfalls klären muss. Anders verhält es sich, falls eine direkte Zurechnung möglich

ist (z. B. durch Zeitaufschreibung). Die Stellungnahme der Wirtschaftsprüfungsgesellschaft zählt nicht zu den Anschaffungskosten, da die Leistung nicht zur bestimmungsgemäßen Nutzung nötig ist (vgl. Lüdenbach et al., 2020, Rz. 75).

4. Die Kosten der Konzeptionierung und Beurteilung möglicher Softwaredesigns, die Erhebung der notwendigen Hardware und sonstiger Technik sowie die Selektion des zu verwendenden Designkonzepts zählen jeweils zur Forschungsphase und sind deshalb GuV-wirksam zu erfassen. Das Softwaredesign, das Software-Coding und die Softwaretests sind Aktivitäten der Entwicklungsphase und – bei der hier unterstellten Erfüllung der Ansatzkriterien für selbst geschaffene immaterielle Vermögenswerte – als Herstellungskosten zu aktivieren. Datenkonvertierung, Mitarbeiterschulungen und die laufende Softwarewartung zählen nicht zu den Entwicklungskosten und müssen folglich GuV-wirksam erfasst werden. Insofern wäre die Software mit 75.000 € anzusetzen. Die Anschaffungskosten der Hardware und sonstiger Technik sind separat als Sachanlagen zu aktivieren.

5. Es kann argumentiert werden, dass die Kosten der Weiterbildung für die angehenden Wirtschaftsprüfer aktivierungsfähig sind, da durch die Vereinbarung von Ersatzleistungen bei vorzeitiger Kündigung die Verfügungsmacht über das neu aufgebaute Wissen und die damit verbundenen Nutzenpotenziale begründet werden. Dies ist an die Einschätzung geknüpft, dass die Vereinbarung aller Voraussicht nach rechtlichen Bestand hat und die Höhe der Ersatzleistungen die Mitarbeitenden auch voraussichtlich von einer Kündigung abhalten wird.

6. Das Patent ist über einen Zeitraum von 4 Jahren abzuschreiben, da dann das Ende der Nutzungsdauer aufgrund des abgeschlossenen Verkaufsvertrags erreicht ist. Das Abschreibungsvolumen entspricht den Anschaffungs-

kosten (Fair Value zum Zeitpunkt des Unternehmenskaufs), abzüglich des Restwerts (= vereinbarter Verkaufpreis nach 4 Jahren, d.h. Fair Value zum Zeitpunkt des Unternehmenskaufs x 30 %). Ohne diesen Kaufvertrag wäre über die wirtschaftliche Nutzungsdauer abzuschreiben und ein Restwert von null zu unterstellen.

7. Dieses Vorgehen ist nicht statthaft (IAS 38.20), denn nachträglich können Ausgaben nur aktiviert werden, wenn es sich entweder um Entwicklungskosten handelt, wobei das Entwicklungsprojekt die allgemeinen Definitions- und speziellen Ansatzkriterien für selbst geschaffene immaterielle Vermögenswerte erfüllen muss, was hier nicht der Fall ist. Oder die Ausgaben müssen den Vermögenswert wesentlich verbessern. Dies ist durch die erfolgreiche Klageabweisung in keiner Weise geschehen, denn das Patent kann weiterhin „nur" in der ursprünglichen Art und Weise genutzt werden.

8. Das Warenzeichen hat eine zeitlich unbestimmte Nutzungsdauer, da es nicht absehbar ist, dass es ab einem bestimmten Zeitpunkt keine positiven Zahlungsüberschüsse mehr erwirtschaften wird. Dies gilt auch unter Be-

rücksichtigung der Tatsache, dass in gewissen Abständen Aufwendungen notwendig sind, um das Nutzenpotenzial zu erhalten. Insofern ist das Warenzeichen nicht laufend abzuschreiben. Jedoch muss mindestens einmal jährlich ein Wertminderungstest durchgeführt werden.

## Literatur

Kühle, U., & Thiele, S. (2021). IAS 38 Immaterielle Vermögenswerte. In S. Thiele, I. Keitz & M. Brücks (Hrsg.), *Internationales Bilanzrecht. Rechnungslegung nach IFRS*. Stollfuß, (49. Aktualisierung Januar 2021).

Lüdenbach, N., Hoffmann, W.-D., & Freiberg, J. (2020). § 13 Immaterielle Vermögenswerte. In N. Lüdenbach & W.-D. Hoffmann (Hrsg.), *IFRS Kommentar. Das Standardwerk* (18. Aufl., S. 603–668). Haufe.

Mindermann, T. (2001). *Konzeption von Filmfonds. Eine Analyse der Chancen und Risiken unter besonderer Berücksichtigung des § 2b EStG. Dissertation*. Universität Düsseldorf.

Pellens, B., Fülbier, R. U., Gassen, J., & Sellhorn, T. (2017). *Internationale Rechnungslegung. IFRS 1 bis 16, IAS 1 bis 41, IFRIC-Interpretationen, Standardentwürfe. Mit Beispielen, Aufgaben und Fallstudie* (10. Aufl.). Schäffer-Poeschel.

Wieland-Blöse, H., & André, J. (2020). IFRS 13 Bemessung des beizulegenden Zeitwerts. In S. Thiele, I. Keitz & M. Brücks (Hrsg.), *Internationales Bilanzrecht. Rechnungslegung nach IFRS*. Stollfuß, (49. Aktualisierung Januar 2021).

# Rückstellungen

**6**

**Lernziele**
Leser*innen

- wissen, unter welchen Voraussetzungen Rückstellungen bilanziert werden müssen,
- können angabepflichtige Eventualschulden von bilanzierungspflichtigen Rückstellungen unterscheiden,
- können Rückstellungen bewerten,
- haben einen Überblick über die grundsätzlichen Ausweis- und Offenlegungsvorschriften gewonnen und
- kennen wesentliche Abweichungen der handelsrechtlichen Vorschriften im Hinblick auf die Bilanzierung von Rückstellungen.

## 6.1 Überblick

Die SAP AG wies in ihrem Konzernabschluss 2011 Rückstellungen im Hinblick auf einen bereits seit 2007 andauernden Rechtsstreit mit dem Oracle-Konzern u. a. wegen Patentverletzungen und Datendiebstahls in Höhe von 231 Mio. € aus. Demgegenüber betrug die Rückstellungshöhe wegen dieses Rechtsstreits im Vorjahr noch knapp 1 Mrd. €. Im August 2012 einigten sich SAP und Oracle auf einen gerichtlichen Vergleich im Volumen von rund 249 Mio. €. Gleichwohl ging Oracle bereits im September wieder dagegen in Berufung. Letztlich wurde der Rechtsstreit in 2014 endgültig beigelegt. SAP zahlte daraufhin umgerechnet rd. 285 Mio. €. Die schon weit vorher durch SAP an Oracle erstatteten Anwaltskosten i.H. von umgerechnet rd. 88 Mio. € durfte Oracle behalten.

Während SAP Rückstellungen für solche Schadenersatzprozesse bildete, kommt es genauso vor, dass für andere Prozesse oder andere Sachverhalte keine Rückstellung gebildet oder nur im Anhang darüber berichtet wird. Warum dies geschieht, wird uns in diesem Kapitel beschäftigen.

Die Bilanzierung von Rückstellungen ist in IAS 37 geregelt. Darüber hinaus ist in IAS 37 die Abbildung von Eventualschulden und Eventualforderungen normiert. In IAS 19 finden sich dezidierte Vorgaben zur Bilanzierung von Rückstellungen für Altersversorgungspläne (Pensionsrückstellungen), die jedoch nicht Gegenstand dieses Lehrbuchs sind.

IAS 37.10 definiert, was unter einer Rückstellung verstanden wird.

Eine Rückstellung ist eine Schuld, die in ihrer Höhe oder Fälligkeit ungewiss ist.

© Springer Fachmedien Wiesbaden GmbH, ein Teil von Springer Nature 2022
R. Gebhardt, *Rechnungslegung nach IFRS klipp & klar*, WiWi klipp & klar,
https://doi.org/10.1007/978-3-658-36050-4_6

Zudem ist in IAS 37.16 erwähnt, dass Schulden, die ihrem Grunde nach ungewiss sind, ebenfalls Rückstellungen sein können. Rückstellungen sind folglich – wie Verbindlichkeiten – Schulden. Bei Verbindlichkeiten sind jedoch im Gegensatz zu Rückstellungen ihr Entstehungsgrund, Fälligkeitstermin und geschuldeter Betrag jeweils bekannt bzw. mit sehr hoher Sicherheit bestimmbar.

Mit ihrem Verständnis von Rückstellungen als dem Grunde, der Höhe oder der Fälligkeit nach ungewisse Schulden entsprechen die IFRS dem HGB. Gleichwohl ergibt sich ein erster Unterschied im Hinblick auf den Grad der Unsicherheit bei der Differenzierung zwischen Verbindlichkeiten und Rückstellungen. Während IAS 37 Schulden, die nur noch hinsichtlich ihrer Höhe oder Fälligkeit eine geringe Restunsicherheit aufweisen, als **abgegrenzte Schulden** *(Accruals)* einordnet (IAS 37.11 b), sind diese nach HGB als Rückstellungen auszuweisen.

Zu solchen als (sonstige) Verbindlichkeiten auszuweisenden *Accruals* zählen bspw. rückständige Urlaubsansprüche von Mitarbeitenden oder Wirtschaftsprüferhonorare, die das abgelaufene Geschäftsjahr betreffen, wofür aber im darauffolgenden Geschäftsjahr noch Arbeiten anfallen.

Nicht in den Anwendungsbereich des IAS 37 fallen

- Rückstellungen für Leistungen an Arbeitnehmer (IAS 19)
- Passive latente Steuern (IAS 12)
- Verpflichtungen von Versicherungsgesellschaften aus Versicherungsverträgen (IFRS 4)
- erworbene Eventualschulden im Rahmen von Unternehmenszusammenschlüssen (IFRS 3).

## 6.2 Ansatz

Ein bilanzieller Ansatz einer Rückstellung hat zu erfolgen, wenn folgende Kriterien erfüllt sind (IAS 37.14):

- Vorhandensein einer gegenwärtigen – rechtlichen oder faktischen – Verpflichtung (gegenüber externen Dritten), Abflüsse von ökonomischen Ressourcen hinzunehmen, die aus einem vergangenen Ereignis resultiert
- Wahrscheinlichkeit des Abflusses wirtschaftlicher Nutzenpotenziale
- Zuverlässige Schätzbarkeit der Verpflichtungshöhe (IAS 37.14)

Diese Definition entspricht im Grundsatz der Definition von Schulden gemäß Rahmenkonzept des IASB (siehe Abschn. 1.3.5.4).

Die Passivierung von Rückstellungen ist an das Bestehen einer gegenwärtigen Verpflichtung geknüpft. Diese kann aus rechtswirksam geschlossenen Verträgen, gesetzlichen Vorschriften oder behördlichen Anordnungen resultieren. Auch aus rein wirtschaftlichen oder moralischen Überlegungen können solche Verpflichtungen erwachsen. Solche wirtschaftlichen (auch **faktisch** genannten) **Verpflichtungen** *(Constructive Obligations)* entstehen, sofern das Unternehmen durch etablierte Geschäftspraktiken oder durch öffentliche Bekanntmachung bei Dritten die gerechtfertigte Erwartung bei Dritten weckt, bestimmte Handlungen zu unternehmen (z. B. Rücknahme von Waren auch nach Ablauf der gesetzlichen Gewährleistung sowie Erbringen ähnlicher Kulanzleistungen).

In einigen Fällen, vor allem bei Gerichtsverfahren, kann es unsicher sein, ob überhaupt eine gegenwärtige Verpflichtung besteht. IAS 37.15 f. sehen für solche Fälle vor, dass das Unternehmen sämtliche verfügbaren Informationen nutzen muss, um zu **bestimmen, ob mehr für das Bestehen einer Verpflichtung als dagegen spricht** *("more likely than not")*. Spricht mehr dafür (**Wahrscheinlichkeitsschwelle > 50 %),** wird das Kriterium als erfüllt angesehen, andernfalls nicht, mit der Folge, dass keine Rückstellung bilanzierbar ist. Im letzteren Fall muss jedoch geprüft werden, ob trotz fehlendem Bilanzansatz Informationen zu diesem Sachverhalt im Anhang dargestellt werden müssen. Beachten Sie, dass nach diesen Regeln bereits an dieser Stelle Wahrscheinlichkeitsüberlegungen anzustellen sind. In der Praxis werden solche Wahrscheinlichkeitsschätzungen für einen günstigen oder ungünstigen Ausgang von Schadenersatzprozessen gewöhnlich unter Zuhilfenahme von Rechtsbeiständen getroffen.

**Beispiel**

Rolf Schumacher, Käufer eines vom Automobilproduzenten DMW (Düsseldorfer Motorenwerke) hergestellten Pkw, erhebt Klage gegen den Hersteller. Er behauptet, sein Unfall mit dem neu erworbenen Pkw sei durch das Nichtfunktionieren der Bremse verursacht worden und ginge damit zulasten der DMW. DMW lässt daraufhin sämtliche Qualitätskontrollprotokolle sichten, ohne ein Anzeichen für irgendeinen Mangel feststellen zu können. Auch sonst wurden keine Beschwerden von Käufern desselben Pkw-Typs im selben Zeitraum bekannt.

Zunächst spricht also mehr dagegen als dafür, dass die Bremsanlage bei Auslieferung mangelhaft war. Als Folge davon liefe die Schadenersatzklage ins Leere. Deshalb darf in diesem Fall keine Rückstellung gebildet werden. Zu prüfen ist, ob eine Anhangangabe im Abschluss aufgenommen werden muss (siehe dazu weiter unten).

**Beispiel (Abwandlung)**

Der von Rolf Schumacher wegen angeblichen Nichtfunktionierens der Bremsanlage auf Schadenersatz verklagte Automobilproduzent DMW bekommt vom Kläger das Gutachten eines unabhängigen Sachverständigen zugesandt. Daraus geht hervor, dass aller Wahrscheinlichkeit nach die Bremsanlage tatsächlich defekt und ursächlich für den Unfall des Herrn Schumacher war. Der mit dem Fall betraute Fachanwalt kommt zu dem Schluss, dass bei der aktuellen Lage des Falles mit einer Verurteilung auf Schadenersatz zu rechnen ist. Obwohl die Qualitätskontrollprotokolle zunächst keine Hinweise auf eine Schadenverursachung gaben, ist nunmehr eine Rückstellung zu bilden, denn die neuen Erkenntnisse aufgrund des Gutachtens und der Aussage des Rechtsanwalts lassen alle Ansatzkriterien als erfüllt erscheinen. ◄

Der Hinweis darauf, dass die Verpflichtung aus einem vergangenen Ereignis – dem sog. **ver-**

**pflichtenden Ereignis** (*Obligating Event*) – resultieren muss, erfolgt, um die aufwandswirksame Passivierung von Verpflichtungen zu verhindern, die sich erst aus künftigen Handlungen oder Entscheidungen des Unternehmens ergeben. Erst wenn sich das Unternehmen der Verpflichtung nicht bzw. nicht ohne Weiteres entziehen kann, besteht eine gegenwärtige Verpflichtung im Sinne des IAS 37 (IAS 37.17). Damit wird der bilanzpolitische Spielraum von Unternehmen eingeschränkt.

**Beispiele**

**Beispiel 1a**

Die Strahlemann & Söhne AG betreibt neben kleinen Atomkraftwerken auch Braunkohlekraftwerke in Ländern der Dritten Welt. Dort gibt es (noch) keine gesetzlichen Vorschriften zur Installation von Rußpartikelfiltern. Da sich die Strahlemann & Söhne AG in Deutschland zunehmendem Druck ausgesetzt sieht, auch im Ausland umweltschonend Energie zu erzeugen, hat sich der Vorstand entschieden, Rußpartikelfilter flächendeckend zu installieren. Dies ist gleichwohl noch nicht öffentlich bekannt.

Hier mangelt es zunächst an einem verpflichtenden Ereignis. Denn die Strahlemann & Söhne AG kann diese Entscheidung jederzeit revidieren. Selbst wenn die betroffenen Länder Unternehmen zur Installation dieser Partikelfilter gesetzlich verpflichteten, läge noch keine Verpflichtung vor, da man sich dieser entziehen kann, indem man bspw. die betroffenen Kraftwerke veräußert oder die dortigen Aktivitäten einstellt.

Sollte jedoch – in Abwandlung zur Ausgangslage – die Installation der Rußpartikelfilter bereits öffentlichkeitswirksam verkündet worden sein, könnte man hier eine faktische Verpflichtung sehen, der sich das Unternehmen nicht mehr ohne weiteres entziehen kann. Anderenfalls müsste die Strahlemann & Söhne AG befürchten, dass Kundenbeziehungen und damit Umsätze bzw. Deckungsbeiträge verloren gingen, welche die Kosten der Partikelfilterinstallation übersteigen.

**Beispiel 1b**

Die Strahlemann & Söhne AG wird von einem der Staaten, in denen sie Braunkohlekraftwerke unterhält, zu einer Strafe verurteilt, weil sie das kürzlich in Kraft getretene Gesetz zur Installation von Rußpartikelfiltern nicht in der vorgesehenen Frist beachtet hat.

Das verpflichtende Ereignis ist hier die Unterlassung der gesetzeskonformen Installation von Filtern in den betroffenen Kraftwerken. Der sich daraus ergebenden Verpflichtung zur Zahlung einer Strafe kann sich das Unternehmen nicht ohne Weiteres entziehen. Die Verpflichtung bleibt selbst dann bestehen, wenn die betroffenen Kraftwerke veräußert oder die dortigen Aktivitäten eingestellt werden.

**Beispiel 2**

Die Volksauto AG erwartet aufgrund der schlechten Konjunkturentwicklung in Europa und aufgrund der Überkapazitäten in der Automobilbranche, für die nächsten 3 Jahre die Produktionskosten nicht decken zu können.

Für die erwarteten operativen Verluste in Europa kann die Volksauto AG keine Rückstellung bilden, da es an einem verpflichtenden Ereignis mangelt. Die Konjunktur könnte sich bspw. unerwartet verbessern, die Branche könnte unerwartet Überkapazitäten abbauen oder das Unternehmen könnte Kosten reduzieren. ◀

Zu beachten ist generell, dass **nur Verpflichtungen gegenüber externen Dritten** zu einer Rückstellungsbildung führen können. Die sog. Innenverpflichtungen nach HGB-Verständnis (z. B. aufgrund einer unterlassenen Instandhaltung im Geschäftsjahr, die im neuen Geschäftsjahr nachgeholt wird; § 249 Abs. 1 Nr. 1) sind keine Verpflichtungen im Sinne der IFRS (da man sich ihnen jederzeit entziehen kann) und damit nicht rückstellungsfähig.

Um eine Rückstellung anzusetzen, muss im nächsten Schritt gefragt werden, ob aufgrund der gegenwärtigen Verpflichtung ein **Abfluss von Nutzenpotenzialen** als **wahrscheinlich** gilt. Dies bedeutet, dass erneut Wahrscheinlichkeitsüberlegungen angestellt werden müssen. Die Wahrscheinlichkeitsschwelle ist, wie in den IFRS üblich, ebenfalls **mit > 50 %** *(„more likely than*

*not")* definiert (IAS 37.23). Kommt man zu dem Schluss, dass der Nutzenabfluss nicht wahrscheinlich ist, darf keine Rückstellung angesetzt werden. Jedoch muss wiederum geprüft werden, ob Informationen zu diesem Sachverhalt im Anhang dargestellt werden müssen. Zu beachten ist, dass bei einigen Typen von Verpflichtungen, wie z. B. Gewährleistungsverpflichtungen, nicht für jeden einzelnen Produktverkauf geprüft werden muss, ob ein Nutzenabfluss (sprich Kosten) aus der Gewährleistung als wahrscheinlich gilt. Es reicht aus, wenn für die **Gesamtheit der artgleichen Verpflichtungen** der Abfluss von Ressourcen wahrscheinlich ist (IAS 37.24).

> **Beispiel**
>
> Die Volksauto AG verspricht den Kunden für ihr Premiumprodukt, die sog. X-Klasse, vertraglich eine erweiterte Gewährleistung von insgesamt 3 Jahren. Seit der Markteinführung vor über 4 Jahren wurde noch kein einziger Gewährleistungsfall registriert.
>
> Der Verkauf der X-Klasse-Fahrzeuge ist das verpflichtende Ereignis. Es besteht eine Gewährleistungsverpflichtung. Gleichwohl muss auf Basis der Erfahrungswerte der Abfluss von Ressourcen als unwahrscheinlich eingestuft werden. Insofern kann keine Rückstellung angesetzt werden. ◀

Im letzten Schritt muss geprüft werden, ob der zur Begleichung der Schuld aufzuwendende Betrag verlässlich geschätzt werden kann. Eine **verlässliche Schätzung kann zwar nur in wenigen Ausnahmefällen verneint werden**, zieht dann jedoch eine Anhangangabe nach sich (IAS 37.25 f.). So genügt es bspw., wenn das bilanzierende Unternehmen eine Bandbreite möglicher Beträge angeben kann. Die Möglichkeit einer einwertigen Punktschätzung wird nicht verlangt.

Wenn eines der **Ansatzkriterien** für eine Rückstellung **nicht erfüllt** ist, muss geprüft werden, ob zu einem Sachverhalt im Anhang Angaben aufzunehmen sind (IAS 37.86). Informationen über eine sog. **Eventualschuld** *(Contingent Liability)* müssen gegeben werden, sofern – unter Beachtung des Grundsatzes der Wesentlichkeit (Abschn. 1.3.3.1) –

- das Bestehen einer gegenwärtigen Verpflichtung aufgrund eines vergangenen Ereignisses nicht als wahrscheinlich, aber zumindest als möglich gilt und künftige Entwicklungen dies erst bestätigen oder widerlegen können, oder
- das Bestehen einer gegenwärtigen Verpflichtung aufgrund eines vergangenen Ereignisses bejaht wird, jedoch der Abfluss von Ressourcen nicht wahrscheinlich ist oder der Verpflichtungsbetrag nicht verlässlich ermittelt werden kann (IAS 37.10).

Die Bay Er AG sieht sich mit einer Sammelklage in den USA konfrontiert. Hintergrund sind Gesundheitsschäden, die angeblich durch die Anwendung eines Produktes resultierten und vor denen nicht gewarnt wurde. Die Erfolgsaussichten dieser Sammelklage wird von der auf solche Fälle spezialisierten Anwaltskanzlei als nicht überwiegend wahrscheinlich, aber dennoch möglich eingeschätzt (Eintrittswahrscheinlichkeit wird mit 20 % angegeben). Sollte die Klage jedoch erfolgreich sein, drohen immense Schadenersatzzahlungen.

Zum Bilanzstichtag darf keine Rückstellung bilanziert werden, da mehr gegen als für die Existenz einer Verpflichtung spricht. Dennoch sind in diesem Fall im Anhang erläuternde Informationen aufzunehmen, da von potenziell wesentlichen Auswirkungen auf die wirtschaftliche Lage im Falle einer Verurteilung auszugehen ist. Die Schadenersatzpflicht wird sich im Laufe des Gerichtsverfahrens (künftige Entwicklungen) herausstellen. ◀

**Sofern** das Bestehen einer **gegenwärtigen Verpflichtung oder der Ressourcenabfluss** als **unwahrscheinlich** eingeschätzt werden, **entfällt** jedoch die **Offenlegungspflicht** (IAS 37.86).

Zu jedem Bilanzstichtag ist zu prüfen, ob sich die Einschätzungen zu dem Bestehen einer gegenwärtigen Verpflichtung oder zu einem Ressourcenabfluss geändert haben. Bei Änderungen ist nach den beschriebenen Regeln zu bilanzieren.

Die erläuterten Ansatzkriterien sind in Abb. 6.1 als Prüfschema dargestellt mit 3 in Abhängigkeit von der Erfüllung dieser Kriterien möglichen Ergebnissen.

Das Pendant zur Eventualschuld stellt die **Eventualforderung** *(Contingent Asset)* dar. Ebenso wie die Eventualschuld kann das Bestehen dieses möglichen Vermögenswerts erst durch künftige, vom Unternehmen selbst nicht zu beeinflussende Entwicklungen bestätigt oder widerlegt werden (IAS 37.10). **Eventualforderungen dürfen nicht bilanziert werden,** sind jedoch im Anhang zu erwähnen, sofern der Ressourcenzufluss als wahrscheinlich gilt (IAS 37.34 i. V. m. IAS 37.89). Dies natürlich unter dem Vorbehalt der Wesentlichkeit (siehe hierzu Abschn. 1.3.3.1).

**Abb. 6.1** Prüfschema zum Ansatz von Rückstellung bzw. Offenlegung von Eventualschulden (vgl. IAS 37 Anhang B)

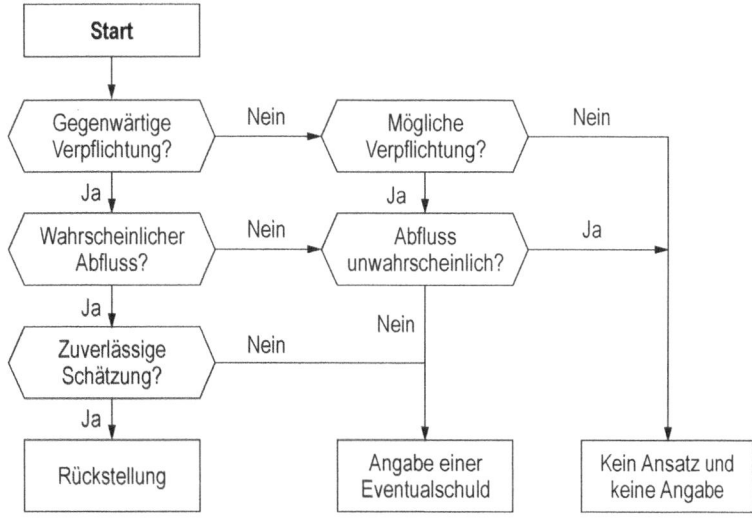

Sollten hingegen das Bestehen des Vermögenswerts und der Nutzenzufluss als nahezu sicher eingeschätzt werden, können der Vermögenswert und ein korrespondierender Ertrag erfasst werden (IAS 37.33).

**Beispiel**

Die Volksauto AG verklagt einen Wettbewerber wegen einer Patentverletzung auf Schadenersatz. Der mit der Klage beauftragte Rechtsanwalt bewertet die Erfolgsaussichten der Klage vor Gericht aufgrund der Beweislage als gut.

In diesem Fall darf dennoch kein Vermögenswert GuV-wirksam erfasst werden, denn selbst wenn die Beweislage gut ist, kann nicht von einer nahezu sicheren Verurteilung der Beklagten ausgegangen werden. Zudem könnte die Beklagte bei Verurteilung unter Umständen noch Rechtsmittel dagegen einlegen und eine höhere Gerichtsinstanz anfragen, die möglicherweise das Urteil revidiert. ◀

Die Rückstellungsbildung nach handelsrechtlichen Grundsätzen ergibt sich primär aus dem Ziel einer vorsichtigen Ermittlung des ausschüttungsfähigen Gewinns.

Eine abschließende Auflistung aller Rückstellungsarten findet sich in § 249 HGB:

- Rückstellungen für **ungewisse Verbindlichkeiten,** z. B. aufgrund von Pensions-, Steuer-, Kulanz- und Garantieverpflichtungen (§ 249 Abs. 1 Satz 1 sowie Satz 2 Nr. 2 HGB)
- Rückstellung für **drohende Verluste** aus schwebenden Geschäften (§ 249 Abs. 1 Satz 1 HGB; zu den IFRS-Regeln zu Drohverlustrückstellungen siehe Abschn. 6.4)
- Rückstellungen für **unterlassene Instandhaltungen,** die im 1. Quartal des folgenden Geschäftsjahrs nachgeholt werden, sowie für **Abraumbeseitigungen**, die innerhalb des folgenden Geschäftsjahrs nachgeholt werden.

Für andere Zwecke dürfen keine Rückstellungen gebildet werden. Beachten Sie, dass es seit 2009

auch im HGB keine expliziten Ansatzwahlrechte mehr gibt.[1]

Wie bereits erwähnt, dürfen die letztgenannten Rückstellungen (unterlassene Instandhaltungen und Abraumbeseitigungen) nach IFRS nicht gebildet werden, da sie keine Verpflichtungen gegenüber Dritten darstellen.

## 6.3 Zugangs- und Folgebewertung

Rückstellungen sind grundsätzlich mit dem **besten Schätzwert** *(Best Estimate)* der künftigen Auszahlungen zu bewerten, die zur Erfüllung der Verpflichtungen erforderlich sind (IAS 37.36). Hinsichtlich Zugangs- und Folgebewertung gibt es keine Unterschiede. Zu schätzen ist der Betrag (vor Steuern), den das Unternehmen aufwenden würde, um die Verpflichtung entweder zu begleichen oder auf einen Dritten zu übertragen (IAS 37.37 i. V. m. IAS 37.41).

Jede Schätzung ist zwangsläufig mit **Ermessensspielräumen** verbunden, die natürlich auch für bilanzpolitische Zwecke ausgenutzt werden können. Dem IASB ist dies bewusst. Der Normengeber verweist deshalb auf die Möglichkeit, Expertenmeinungen einzuholen, auf einschlägige Erfahrungswerte zu rekurrieren oder auf wertaufhellende Informationen zurückzugreifen. Jedoch verbleiben auch dann noch große Ermessensspielräume. Gewöhnlich werden sich nur Bandbreiten möglicher Ergebniswerte schätzen lassen.

Hinsichtlich der Vorgehensweise bei der **Ermittlung der Rückstellungshöhe** unterscheidet der Normengeber zwischen zwei Fällen:

- **Fall 1: Statistische Ereignisse**
  Statistische Ereignisse zeichnen sich dadurch aus, dass für eine Vielzahl gleichartiger Fälle – wie z. B. die Inanspruchnahmen aus Gewährleistungsverpflichtungen – **Erfahrungswerte** bestehen.

---

[1]Lediglich aus dem Einführungsgesetz zum HGB (EGHGB) ergeben sich noch einige Ansatzwahlrechte (insbesondere im Hinblick auf Altersversorgungspläne).

Für diese Fälle ist die **Erwartungswertmethode** anzuwenden (IAS 37.39). Dabei werden die möglichen Ergebnisse mit ihren jeweiligen Eintrittswahrscheinlichkeiten gewichtet. Sollten alle möglichen Ergebnisse die gleichen Eintrittswahrscheinlichkeiten haben, führt diese Methode zum Mittelwert der möglichen Ergebnisse.

> **Beispiel**
>
> Die Volksauto AG verfügt über umfangreiches Datenmaterial hinsichtlich der Fehleranfälligkeit ihrer verkauften M-Klasse-Pkw in den 2 Jahren der Gewährleistung und der dabei entstehenden Reparaturkosten:
>
> Demnach werden 80 % der Fahrzeuge ohne Fehler ausgeliefert. Für 15 % der ausgelieferten Fahrzeuge fallen minderschwere Fehler an, die zu Durchschnittskosten von 800 € repariert werden können, schwere Fehler fallen bei 5 % der Fahrzeuge an und können für durchschnittlich 1800 € behoben werden.
>
> Im abgelaufenen Geschäftsjahr wurden 20.000 M-Klasse-Pkw verkauft.
>
> Hier liegt ein statistisches Ereignis vor: Die Gewährleistungsrückstellung muss mit dem Erwartungswert von 4.200.000 € (= 20.000 Stück × 15 % × 800 € + 20.000 Stück × 5 % × 1800 €) ausgewiesen und GuV-wirksam erfasst werden. ◄

- **Fall 2: Singuläre Ereignisse**
  Singuläre Ereignisse zeichnen sich dadurch aus, dass für sie **keine adäquaten Erfahrungswerte** bestehen und damit auch die Ermessensspielräume ungleich höher ausfallen. So sind z. B. Gerichtsprozesse immer singuläre Ereignisse, da jeder Fall gewöhnlich andere Begleitumstände hat und, was ebenso wichtig ist, von einem anderen Richter beurteilt wird. In solchen Fällen ist **grundsätzlich der wahrscheinlichste Wert** anzusetzen (IAS 37.40). Jedoch sind die anderen möglichen Werte ebenfalls in die Beurteilung einzubeziehen. Sollten die anderen möglichen Ergebnisse mehrheitlich unter oder über dem wahrscheinlichsten Wert liegen, ist vom Letzteren abzuweichen. Als sinnvoller Wert käme derjenige infrage, der dem Erwartungswert der möglichen Ergebnisse am nächsten kommt.

> **Beispiel**
>
> Der von Rolf Schumacher wegen Nichtfunktionierens der Bremsanlage verklagte Automobilproduzent bekommt von seinem beauftragten Fachanwalt die Information, dass mit einem Erfolg der Schadenersatzklage zu rechnen ist.
> **Szenario 1**
> Auf Nachfrage erklärt der Anwalt, dass folgende möglichen Schadenersatzzahlungen fällig werden könnten (die in Klammern stehenden Werte geben die von ihm geschätzten Eintrittswahrscheinlichkeiten wieder):
>
> $$100.000 \, € \, (20 \, \%), 130.000 \, € \, (60 \, \%)$$
> $$\text{und } 150.000 \, € \, (20 \, \%)$$
>
> Hier wäre eine Rückstellung in Höhe von 130.000 € GuV-wirksam vom Automobilproduzenten zu bilden, da dies der wahrscheinlichste Betrag ist und die anderen möglichen Beträge nicht mehrheitlich darunter oder darüber liegen.
> **Szenario 2**
> Der Anwalt erklärt in diesem Fall folgende Schadenersatzzahlungen für möglich (die in Klammern stehenden Werte geben wieder die von ihm geschätzten Eintrittswahrscheinlichkeiten wieder):
>
> $$100.000 \, € \, (40 \, \%), 130.000 \, € \, (30 \, \%)$$
> $$\text{und } 150.000 \, € \, (30 \, \%)$$
>
> Hier dürfte **nicht** der wahrscheinlichste Betrag von 100.000 € zurückgestellt werden, sondern es müsste stattdessen berücksichtigt werden, dass die anderen beiden möglichen Werte (130.000 € und 150.000 €) mehrheitlich darüber liegen: Die Eintrittswahrscheinlichkeit einer Schadenersatzzahlung von mindestens 130.000 € beträgt 60 %.

Der Erwartungswert dieser Verteilung ist

$$124.000\,€ \begin{pmatrix} = 100.000\,€ \times 40\,\% + 130.000\,€ \times 30\,\% \\ + 150.000\,€ \times 30\,\% \end{pmatrix}.$$

Insofern muss der Betrag von 130.000 € GuV-wirksam zurückgestellt werden, da dieser dem Erwartungswert am nächsten kommt (wichtig: Der Erwartungswert selber darf nicht zurückgestellt werden). ◄

Bei **statistischen** und bei **singulären Ereignissen** müssen anschließend die **ermittelten Werte um 2 Faktoren** angepasst werden:

- **Zeitwert des Geldes:**
  Bei der Bewertung der Rückstellung ist der Zeitwert des Geldes durch eine entsprechende Abzinsung auf den Bilanzstichtag zu berücksichtigen (Barwertermittlung), sofern dieser Effekt wesentlich ist. Dies ist insbesondere dann der Fall, wenn Fälligkeitstermine vergleichsweise weit in der Zukunft liegen (grundsätzlich bei Restlaufzeiten von über einem Jahr).
  Diese Vorgabe bedingt auch, dass nach dem erstmaligen Ansatz Rückstellungen, sofern sie nicht bereits verbraucht oder aufgelöst wurden, zum nächsten Stichtag aufzuzinsen sind *(Unwinding of Discount)*. Der entsprechende Aufwand ist als Zinsaufwand im Zinsergebnis auszuweisen (IAS 37.60).
- **Risiken:**
  In der Bewertung der Rückstellung soll die Variabilität der als möglich erachteten Ergebnisse, sprich die inhärente Unsicherheit, berücksichtigt werden. Dies kann in Form eines Risikozuschlags auf den ermittelten Wert erfolgen (entweder Zuschlag auf die möglichen Auszahlungsbeträge oder Abschlag auf den Diskontierungszins), der in Abhängigkeit vom Ausmaß der Varianz festgelegt werden muss (IAS 37.42).
  Dabei ist bei statistischen Ereignissen der Risikozuschlag umso näher an null festzusetzen, je höher die Anzahl der zugrunde gelegten Werte bei der Erwartungswertermittlung war, denn desto geringer wird dadurch der Unsicherheitsgrad (IAS 37.43).

Für singuläre Ereignisse wird die Risikoanpassung gewöhnlich höher ausfallen, da die Subjektivität bei der Zuweisung von Eintrittswahrscheinlichkeiten zu möglichen Ergebnissen grundsätzlich hoch ist. Der Normengeber betont jedoch, dass die Risikoanpassung nicht zu einer Überdotierung von Rückstellungen führen darf (IAS 37.43). Insbesondere ist die Doppelerfassung von Unsicherheiten zu vermeiden (z. B. Abschlag vom Diskontierungszins auf bereits risikoadäquat nach oben angepasste, mögliche Auszahlungen).

Bei der **Bewertung von Rückstellungen** gilt es zudem noch Folgendes zu beachten:

- **Künftige Ereignisse** sind bei der Ermittlung der Rückstellungshöhe nur dann zu berücksichtigen, wenn ihr Eintritt **objektiv als hinreichend sicher** gilt (IAS 37.48).

---

**Beispiel**

Die EP PLC (English Petroleum Public Limited Company) errichtet eine neue Ölplattform in der Nordsee. Damit sind die künftigen Abbruch- und die Rekultivierungskosten für den Meeresgrund bereits bei Zugang zurückzustellen (siehe dazu auch Abschn. 3.2). Die entsprechenden Tätigkeiten wird die EP PLC selbst durchführen. Bei der Bemessung der künftigen Kosten berücksichtigt die EP PLC daher erwartete Lohnsteigerungen der für die Arbeiten zuständigen Mitarbeitenden. Zudem berücksichtigt sie erwartete Effizienzgewinne aus einer neuen Verfahrenstechnik zur Säuberung des Meeresgrundes, die in einem von der EP PLC gestifteten Institut der Universität Cambridge gerade erforscht wird.

Die zu erwartenden Lohnsteigerungen **müssen** berücksichtigt werden, da deren Eintrittswahrscheinlichkeit sehr hoch ist. Hingegen handelt es sich bei der neuen Verfahrenstechnik um ein unsicheres künftiges Ereignis. Da sich das Verfahren gerade einmal im Erforschungsstadium befindet, kann nicht davon ausgegangen werden, dass es mit hinreichender Sicherheit zur Anwendungsreife gelangen wird und sich die erhofften Effizienzgewinne einstellen. Insofern **können** diese erhofften Effizienzgewinne **nicht** berücksichtigt werden. ◄

- **Erwartete Veräußerungsgewinne** aus geplanten Vermögensverkäufen dürfen nicht mit Rückstellungen verrechnet werden (IAS 37.51). Deren Erfassung würde zudem den Prinzipien der Ertragsrealisation innerhalb der IFRS widersprechen.
- **Erstattungsansprüche** (z. B. aus Versicherungsverträgen) im Zusammenhang mit zurückgestellten Beträgen sind nur dann zu aktivieren, wenn die Erstattung (*Reimbursements*) als nahezu sicher (*„virtually certain"*) gilt. Sie können dann **maximal in Höhe des Rückstellungsbetrags** aktiviert werden. Eine Verrechnung mit der korrespondierenden Rückstellung ist verboten. Gleichwohl kann der Aufwand aus der Rückstellungsbildung mit dem Ertragsposten aus dem gebildeten Erstattungsanspruch verrechnet werden (IAS 37.53 ff.), was aus bilanzpolitischen Überlegungen heraus auch erwogen werden sollte.

**Beispiel**

Die Galli Halli AG wird auf Schadenersatz verklagt. Mit einer Inanspruchnahme von 80.000 € bis 100.000 € wird gerechnet, wobei jedem der Beträge in dieser Bandbreite die gleiche Eintrittswahrscheinlichkeit zugerechnet wird. Für Schäden der in Rede stehenden Art besteht eine Versicherung, die jedoch die Erstattungsgrenze pro Schadenfall auf 85.000 € festsetzte. Die fälligen Prämien wurden pünktlich bezahlt. Die Versicherung hat eine gute Bonität und schon in ersten Gesprächen angedeutet, dass sie den Versicherungsfall bei Verurteilung anerkennen wird.

Es ist zunächst eine Rückstellung zu bilden, da die Ansatzkriterien vollumfänglich erfüllt sind. Es handelt sich um ein singuläres Ereignis. Da kein Wert wahrscheinlicher ist

als alle anderen, muss die Rückstellungshöhe mit 90.000 € (mittlerer Wert) bemessen werden (was zudem dem Erwartungswert entspricht).

Die Erstattungsansprüche können nach Sachlage als nahezu sicher gelten, weshalb sie zu aktivieren sind, jedoch maximal in Höhe der gebildeten Rückstellung von 90.000 €. Da die Erstattungsgrenze lediglich 85.000 € beträgt, ist dies der zu aktivierende Betrag. Der Aufwandsposten zur Bildung der Rückstellung und der Ertragsposten aus der Aktivierung des Erstattungsanspruches können in der GuV verrechnet werden. ◄

Nicht nur der Ansatz, sondern auch die Bewertung von **Rückstellungen** sind **zu jedem Stichtag** zu **überprüfen**. **Anpassungen** einschließlich der Auflösung wegen Wegfalls des Rückstellungsgrunds sind **GuV-wirksam** vorzunehmen.

Bei der bestimmungsgemäßen Nutzung von Rückstellungen ist zu beachten, dass nur diejenigen Auszahlungen gegen die Rückstellung verrechnet werden können, für die ursprünglich auch eine GuV-wirksame Rückstellungsbuchung erfolgte. Ansonsten würden Aufwendungen für bislang nicht berücksichtigte Verpflichtungen GuV-neutral verbucht werden – der Informationsgehalt des Abschlusses wäre eingeschränkt (IAS 37.61 f.).

**Beispiel**

Die Deutsche Skandalbank bildet für erwartete Strafzahlungen im Zusammenhang mit der Manipulation von Referenzzinssätzen, die Grundlage einer Vielzahl von Verträgen sind, im Jahr 20X1 Rückstellungen.

Im Jahr 20X2 muss die Bank für einen Vergleich aufgrund der Fehlberatung von Kunden im Zusammenhang mit kreditbesicherten Anleihen eine Zahlung leisten, für die bislang keine Rückstellung gebildet wurde, da die Ansatzkriterien als nicht erfüllt angesehen wurden. Da das Jahresergebnis aufgrund des schwachen Investmentbankinggeschäfts deutlich unter dem des Vorjahrs liegen wird,

möchte man die im Jahr 20X1 gebildete Rückstellung in diesem Zusammenhang nutzen.
Dies ist nicht möglich: Die 20X1 gebildete
Rückstellung darf nur für Straf- oder Ver-
gleichszahlungen im Zusammenhang mit der
Manipulation von Zinssätzen genutzt werden
und ist dann auszubuchen (Buchung: Rückstellungen an Bank). Für den Fall, dass die
erhobenen Vorwürfe entkräftet werden könnten, müsste sie aufgelöst und dann GuV-wirksam ausgebucht werden (Buchung: Rückstellungen an sonstige betriebliche Erträge).

Die Strafzahlung für die Fehlberatung von
Kunden im Zusammenhang mit kreditbesicherten Anleihen muss somit, da keine Rückstellung vorher gebucht wurde, GuV-wirksam
erfasst werden. ◀

Rückstellungen sind **gemäß** § 253 Abs. 1
**HGB mit** dem **Erfüllungsbetrag** zu bewerten,
der nach vernünftigem kaufmännischem Ermes-
sen festgelegt werden muss. Preis- bzw. Kosten-
änderungen sind, ebenso wie nach den IFRS, bei
der Bewertung zu berücksichtigen. Eine Abzins-
ungspflicht ist jedoch begrenzt auf Rückstellungen mit Restlaufzeiten von über einem Jahr. Als
Referenzzinssatz ist der durchschnittliche, fris-
tenkongruente Marktzinssatz der letzten 7 Jahre
zugrunde zu legen. Solche durchschnittlichen
Marktzinssätze veröffentlicht jeweils die Deutsche Bundesbank.

Auch nach handelsrechtlichen Normen ist
grundsätzlich der wahrscheinlichste Wert aus den
für möglich erachteten anzusetzen. Sollten jedoch andere, höhere Werte existieren, die ebenfalls realistisch sind, sollte, dem Vorsichtsprinzip
des § 252 Abs. 1 Nr. 4 HGB folgend, tendenziell
ein höherer als der wahrscheinlichste Wert angesetzt werden. Das Vorsichtsprinzip zeigt sich zudem bei Bandbreiten möglicher Werte mit gleichen Eintrittswahrscheinlichkeiten. In diesen
Fällen wäre nicht, wie nach IFRS, der mittlere,
sondern ein höherer, im Zweifel der höchste,
Wert anzusetzen.

Erstattungsansprüche können u. U. rückstel-
lungsmindernd berücksichtigt werden.

## 6.4   Sonderfälle

In IAS 37.63–37.83 geht der Normengeber auf
bestimmte Anwendungsfälle besonders ein, ob-
gleich sie unter Anwendung der zuvor dargestellten allgemeinen Ansatz- und Bewertungsregeln
gelöst werden können.

So gibt IAS 37.63 nochmals explizit vor, dass
**künftige betriebliche Verluste** *(Future Operating Losses)* einem **Ansatzverbot** als Rückstellung unterliegen. Dies ist auch einsichtig, da kein
verpflichtendes Ereignis vorliegt. Gleichwohl
können erwartete betriebliche Verluste (wie sie
z. B. aus der Budgetplanung offenbar werden
können) Anlass dafür sein, einen Wertminderungstest *(Impairment Test)* für Vermögenswerte
durchzuführen (siehe hierzu Abschn. 3.3.4).

Bei **belastenden Verträgen** *(Onerous Contracts)* ist die Sachlage anders. Im Unterschied zu
erwarteten betrieblichen Verlusten haben sich bei
belastenden Verträgen – wie der Name es schon
aussagt – zwei Vertragsparteien wechselseitige
Leistungsversprechen gegeben. Diesen Versprechen können sie sich auch grundsätzlich nicht
entziehen. Solange die zur Erbringung der Sach-
oder Dienstleistung verpflichtete Vertragspartei
ihren Leistungsverpflichtungen noch nicht nach-
gekommen ist, wird ein solcher Vertrag als
**schwebender Vertrag** bezeichnet. Für solche
Verträge wird häufig argumentiert, dass aus Sicht
jeder Vertragspartei die eigenen Ansprüche aus
dem Vertrag (z. B. auf Erhalt einer Lieferung)
den eigenen Verpflichtungen (z. B. den Zahlungsverpflichtungen) gleichwertig gegenüberstehen.
Hieraus wird abgeleitet, dass eine Bilanzierung
der Ansprüche und Verpflichtungen aus solch
einem schwebenden Vertrag als Vermögenswerte bzw. Verbindlichkeit unterbleiben sollte
(Ausnahme: Finanzderivate; siehe hierzu Abschn. 7.2), um eine Aufblähung der Bilanz zu
vermeiden (sog. Grundsatz der Nichtbilanzierung schwebender Verträge). Belastend werden
schwebende Verträge dann, wenn aus Sicht eines
Vertragspartners die unvermeidbaren Kosten aus
der Erfüllung der eigenen Leistungsverpflichtung
die ökonomischen Vorteile aus der noch zu erhal-

tenden Gegenleistung übersteigen (IAS 37.68). Mit anderen Worten liegt ein Verpflichtungsüberschuss vor. Bei Vertragsschluss sollten – rational handelnde Kaufleute unterstellt – somit niemals belastende Verträge vorliegen. Belastend werden sie – aufgrund ungünstiger Entwicklungen – erst im Laufe der Zeit. In Höhe der **unvermeidbaren Kosten** *(Unavoidable Costs)* besteht dann eine **Pflicht** zur Bildung einer **Drohverlustrückstellung** (IAS 37.66).

Die unvermeidbaren Kosten wiederum sind definiert als das **Minimum aus**

- wirtschaftlichen Nutzen aus der Vertragserfüllung abzüglich der Kosten der Vertragserfüllung (Einzel- und Gemeinkosten) und
- Konventionalstrafen und Schadenersatzleistungen aufgrund der sofortigen Beendigung des Vertrags (IAS 37.68 sowie 37.68A).

Bei der Prüfung auf Vorliegen eines belastenden Vertrags und der Höhe der unvermeidbaren Kosten ist eine Gesamtbetrachtung der Verhältnisse notwendig.

### Beispiele

#### Beispiel 1

Ein Großhandelsunternehmen schloss vor längerer Zeit einen Vertrag mit einem seiner Kunden: Monatlich sind 100 Stück eines Produkts zum Stückpreis von 20 € (zahlbar jeweils bei Lieferung) zu liefern. Die Restlaufzeit des Vertrags beträgt am Bilanzstichtag noch 12 Monate. Die Vertragsbedingungen bieten die Möglichkeit der sofortigen Vertragsauflösung unter Zahlung einer Konventionalstrafe von 9000 €. Am Bilanzstichtag 20X1 beträgt der Bezugspreis des Produkts aus dem Vertrag für das Großhandelsunternehmen selbst plötzlich 30 €/Stück.

Es liegt ein zweiseitig bindender Vertrag vor, der im Hinblick auf die noch ausstehenden 12 Lieferungen zu je 100 Stück schwebend ist. Der Vertrag ist zum Bilanzstichtag 20X1 nun belastend geworden, denn bei einem Bezugspreis von 30 €/Stück und einem Verkaufspreis von lediglich 20 €/Stück ent-

steht – unterstellt, der Bezugspreis ändert sich nicht mehr – ein Kosten- bzw. Verpflichtungsüberschuss von 10 € pro verkauftem Stück in den nächsten 12 Monaten. Eine Rückstellung ist also zu bilden.

Für die Ermittlung der Rückstellungshöhe muss der voraussichtlich bei fortlaufender Vertragserfüllung eintretende Kostenüberschuss (Verlust) bestimmt werden. Er beträgt **12.000 €** (= 100 Stück × 10 € × 12 Monate).

*Bitte beachten Sie, dass die Verhältnisse am Bilanzstichtag 20X1, d. h. der Bezugspreis von 30 €/Stück, entscheidend sind. Selbst wenn der Bezugspreis noch vor Bilanzaufstellung wieder fallen sollte, hat dies keine Auswirkungen auf den Abschluss 20X1, denn wertbegründende Informationen bleiben unberücksichtigt.*

Zudem sind die im Fall der sofortigen Beendigung des Vertrags eintretenden Kosten zu bestimmen. Sie betragen **9000 €** (Konventionalstrafe).

Nach IAS 37.68 müsste der niedrigere von beiden Beträgen, also 9000 €, GuV-wirksam zurückgestellt werden.

*Beachten Sie jedoch: Wenn das Großhandelsunternehmen den Vertrag nicht kündigen, sondern ihn erfüllen und einen erwarteten „kleinen" Verlust damit in Kauf nehmen möchte, um bspw. einen wichtigen Abnehmer nicht durch die Vertragskündigung zu verprellen, könnte man auch rechtfertigen, 12.000 € zurückzustellen (vgl. hierzu auch* Lüdenbach et al., 2020, *Rz. 54 ff.).*

#### Beispiel 2

Ein Apotheker hat einen Teil des von ihm angemieteten Gebäudes an einen Arzt untervermietet. Der Vertrag ist für eine Dauer von 5 Jahren unkündbar. Der vom Arzt verlangte Untermietzins ist wesentlich geringer als der Mietzins, den der Apotheker seinerseits an seinen Vermieter zahlen muss, wodurch permanent Verluste aus der Vermietung entstehen.

Ob hier ein belastender Vertrag vorliegt, ist genau zu prüfen, denn die Untervermietung an den Arzt kann bewusst in der Erwartung erfolgt sein, die daraus entstehenden Verluste durch einen zu erwartenden Zusatzgewinn aus dem Verkauf von Medikamenten an Patienten des Arztes überkompensieren zu können. Ist dies der Fall, darf nach der hier vetretenen Auffassung **keine** Rückstellung gebildet werden, da **in der Gesamtbetrachtung kein belastender Vertrag** vorliegt. ◄

Ein weiterer Anwendungsfall, auf den der IASB eingeht, sind Restrukturierungsverpflichtungen (IAS 37.70 ff.). Nach IAS 37.10 sind unter **Restrukturierungen** Programme der Geschäftsleitung zu verstehen, die Umfang oder Art und Weise der Geschäftstätigkeit wesentlich verändern. Dazu zählen bspw.

- der Verkauf bzw. die Stilllegung von Geschäftsbereichen,
- die Verlegung von Geschäftsaktivitäten oder der Konzernzentrale,
- Änderungen in der Struktur der Unternehmensleitung,
- fundamentale Umorganisationen (IAS 37.70).

Der Normengeber versucht, die enormen bilanzpolitischen Möglichkeiten im Zusammenhang mit der Bildung und Auflösung von Restrukturierungsrückstellungen durch eine Spezifizierung der allgemeinen Ansatzkriterien zu begrenzen. Entscheidend ist, dass Restrukturierungsrückstellungen nur gebildet werden, wenn es zu einer **rechtlichen bzw. faktischen Verpflichtung** des Unternehmens gekommen ist.

Eine **rechtliche** Verpflichtung kann beim Verkauf eines Geschäftsbereichs entstehen, jedoch erst, wenn ein bindender Vertrag vorliegt (IAS 37.78).

Zu einer **faktischen** Verpflichtung kommt es nach IAS 37.72 nur, sofern zwei Voraussetzungen **kumulativ** erfüllt sind:

1. Es wurde ein **formaler Restrukturierungsplan aufgestellt,** der folgende Angaben enthält:
   - betroffene Geschäftsbereiche bzw. Teile von Geschäftsbereichen
   - betroffene Standorte

- Standorte, Funktionen und ungefähre Anzahl der betroffenen Arbeitnehmer, die abfindungsberechtigt sind
- entstehende Ausgaben und Umsetzungszeitpunkt.

2. Bei den Betroffenen wird eine **gerechtfertigte Erwartung** geweckt:
   Eine gerechtfertigte Erwartung bei den Betroffenen (z. B. Arbeitnehmer, Lieferanten etc.) wird insbesondere dadurch geweckt, dass der Restrukturierungsplan öffentlich bekannt gemacht oder mit seiner Implementierung bereits begonnen wurde (IAS 37.75). Dies kann bspw. durch die Ankündigung per Rundmail oder in einer Betriebsversammlung oder die Unterrichtung der Betriebsratsmitglieder erfolgen (IAS 37.77).

Zudem muss mit der Implementierung des Plans zeitnah begonnen werden und die Restrukturierung muss planmäßig in nicht allzu langer Zeit abgeschlossen sein.

Bei der Bemessung der Rückstellungshöhe für Restrukturierungsverpflichtungen ist zu beachten, dass **nur** solche (abgezinsten) erwarteten **Ausgaben** einbezogen werden, **die unmittelbar mit der Restrukturierung im Zusammenhang stehen.** Dies ist der Fall, wenn sie sich einerseits notwendigerweise aus der Restrukturierung ergeben und andererseits nicht im Zusammenhang mit laufenden oder künftigen Aktivitäten stehen (IAS 37.80). Damit dürfen z. B. Kosten der Umsetzung und Umschulung von Mitarbeitenden, die in anderen Geschäftsbereichen weiterbeschäftigt werden, Marketingkosten oder erwartete operative Verluste (außer bei belastenden Verträgen) der zu restrukturierenden Einheiten nicht berücksichtigt werden (IAS 37.81 f.).

Wie bereits dargestellt, müssen Entsorgungs-, Rekultivierungs- und ähnliche Verpflichtungen, wenn sie bereits durch die Anschaffung oder beginnende Nutzung einer Sachanlage (z. B. Kraftwerk oder Ölplattform) entstehen, unmittelbar zu deren Zugangszeitpunkt passiviert werden (siehe Abschn. 3.2). Sie erfüllen zu diesem Zeitpunkt die Ansatzkriterien für Rückstellungen. Parallel dazu ist der abgezinste Betrag als Teil der Anschaffungskosten der Sachanlage zu berücksichtigen.

Wie bei vielen Sachverhalten können sich auch bei solchen Entsorgungs- und Rekultivierungsverpflichtungen im Lauf der Zeit Änderungen bei der Einschätzung der Verpflichtungshöhe ergeben, weil beispielsweise die Inflation angezogen hat oder neue Technologien auf den Markt gekommen sind, die eine kostengünstigere Entsorgung versprechen. Zudem kann sich die Rückstellungshöhe durch bloße Aufzinsung oder Änderung des Diskontierungszinssatzes ändern.

Zur Vorgehensweise bei solchen Änderungen der Rückstellungshöhe wurde IFRIC 1 *(Changes in Existing Decommissioning, Restoration and Similar Liabilities)* erlassen. Nachfolgend werden die möglichen Konstellationen betrachtet (auf die Darstellung der Vorgehensweise bei Anwendung der Neubewertungsmethode wird aufgrund ihrer geringen praktischen Relevanz verzichtet):

- Rückstellungserhöhungen durch die **periodische Aufzinsung** müssen GuV-wirksam als Zinsaufwand erfasst werden (IFRIC 1.8).
- Rückstellungserhöhungen aufgrund der **Änderung von Zinssätzen oder Schätzungsänderungen** sind grundsätzlich gegen den Vermögenswert zu verrechnen und berühren die GuV nicht [IFRIC 1.5 (a)].
- Bei einer Rückstellungserhöhung ist nach Zuschreibung des Vermögenswerts **auf eine eventuelle Wertminderung zu prüfen,** die ggf. erfasst werden muss [IFRIC 1.5 (c)].
- **Übersteigt** bei einer Rückstellungsminderung **der Minderungsbetrag den aktuellen Buchwert** des Vermögenswerts, so ist der überschießende Betrag GuV-wirksam als Aufwand zu erfassen [IFRIC 1.5 (b)].

## 6.5 Ausweis

Rückstellungen sind bilanziell als Schulden auszuweisen, jedoch als separater Bestandteil (IAS 1.68). Dabei muss eine Untergliederung in lang- und kurzfristige Bestandteile erfolgen (IAS 1.51). In der Gewinn-und-Verlust-Rechnung gibt es die Möglichkeit, GuV-wirksame Zuführungen und Auflösungen sowie GuV-wirksam gebildete Erstattungsansprüche miteinander zu verrechnen (IAS 37.54 i. V. m. IAS 1.32). Aufzinsungsbeträge sind als Zinsaufwand zu erfassen (IAS 37.60).

## 6.6 Offenlegung

Offenzulegen ist für **jede Gruppe** von Rückstellungen (IAS 37.84) eine **Veränderungsrechnung,** die folgende Posten enthält:

- Buchwerte zum Beginn und zum Ende der Periode
- Zuführungen zu Rückstellungen sowie Inanspruchnahmen von Rückstellungen
- erfolgswirksame Auflösungen von Rückstellungen
- Aufzinsungsbeträge und Auswirkungen von Änderungen des Diskontierungszinsfußes.

Vergleichsangaben werden hierzu nicht gefordert.

Zudem sind für **jede Gruppe** von Rückstellungen (IAS 37.85) offenzulegen:

- kurze Beschreibung der Art der Verpflichtung sowie die erwarteten Fälligkeiten der Zahlungsabflüsse
- Angabe von Unsicherheiten hinsichtlich der Beträge oder der Fälligkeiten der Zahlungsabflüsse
- Erwartete und bilanzierte Erstattungsansprüche.

Für **Eventualschulden** (außer für solche mit geringer Nutzenabflusswahrscheinlichkeit) sind folgende Informationen anzugeben (IAS 37.86):

- Schätzung der finanziellen Auswirkungen
- Angabe von Unsicherheiten hinsichtlich der Beträge und der Fälligkeiten
- Möglichkeit von Erstattungen.

Für **Eventualforderungen** mit wahrscheinlichem Nutzenzufluss sind folgende Angaben zu tätigen:

- kurze Beschreibung der Art der Eventualforderung
- Schätzung der finanziellen Auswirkungen.

Falls es nicht praktikabel ist, die für Eventualforderungen oder Eventualschulden geforderten Angaben zu machen, soll genau diese Tatsache stattdessen angeführt werden (IAS 37.91).

In IAS 37 existiert eine sog. **Schutzklausel** (IAS 37.92). Demnach kann auf die Offenlegung von Detailinformationen verzichtet werden, falls diese Angaben die Lage des Unternehmens in einem Rechtsstreit ernsthaft beeinträchtigen würden. Diese Klausel ist allerdings sehr restriktiv auszulegen. In solchen Fällen sind dennoch der Verzicht auf die Offenlegung und dessen Gründe anzugeben.

### Zusammenfassung

Rückstellungen sind anzusetzen, falls **alle Voraussetzungen** dafür erfüllt sind:

- Vorhandensein einer gegenwärtigen – rechtlichen oder faktischen – Verpflichtung (gegenüber externen Dritten), die aus einem vergangenen Ereignis resultiert, Abflüsse von Nutzenpotenzialen hinzunehmen
- ein Nutzenabfluss muss wahrscheinlich sein und
- die Verpflichtungshöhe muss verlässlich schätzbar sein.

Sind diese Ansatzvoraussetzungen nicht erfüllt, muss geprüft werden ob eine Eventualschuld vorliegt, über die Angaben im Anhang aufgenommen werden müssen.

Die **Bewertung** von Rückstellungen erfolgt **zum besten Schätzwert.** Dieser ist für statistische Ereignisse als Erwartungswert definiert. Für singuläre Ereignisse ist dies grundsätzlich der wahrscheinlichste Wert. Sollten mehrheitlich die ebenso möglichen Ergebnisse unter bzw. über dem

wahrscheinlichsten Wert liegen, muss ein niedrigerer bzw. höherer Wertansatz gewählt werden. Eine Abzinsung ist bei der Wertermittlung erforderlich, sofern die Auswirkung wesentlich ist. Darüber hinaus muss die inhärente Unsicherheit bei der Bewertung von Rückstellungen berücksichtigt werden.

## 6.7    Übungsaufgaben

1. Die X-AG wird auf Schadenersatz verklagt. Bestimmen Sie, wie die Fälle a) bis c) im IFRS-Abschluss abzubilden sind, wenn der beauftragte Rechtsanwalt die Verurteilung als
   a. unwahrscheinlich,
   b. möglich, aber nicht wahrscheinlich,
   c. wahrscheinlich ansieht.

2. Die X-AG klagt auf Schadenersatz wegen einer Patentverletzung durch die G-GmbH. Im Jahr 20X1 werden der X-AG erstinstanzlich 150.000 € zugesprochen. Die G-GmbH hat angekündigt, gegen diese Entscheidung Berufung einzulegen. Bestimmen Sie, wie in diesem Fall nach IAS 37 aus Sicht der X-AG zu verfahren ist.

3. Die KFZ AG ist ein Großkonzern, der insbesondere in der Fertigung und im Vertrieb von Automobilen tätig ist. Der Hauptsitz der KFZ AG befindet sich in Schwerzau. Die Produktpalette unterteilt sich in die Kategorien Kleinwagen, Mittelklasse und Luxusfahrzeuge. Ein in Reutlingen ansässiger Unternehmensbereich der KFZ AG fertigt als Zulieferer Teile für die Flugzeugindustrie. Aufgrund der Geschäftsentwicklung der letzten Jahre und der sich auf dem Markt ändernden Wettbewerbsstruktur wird die Schließung des Reutlinger Bereichs in Erwägung gezogen. Folgende Beschlussvorlage für die Geschäftsleitung wurde vorbereitet:

*„(...) Aufgrund des wachsenden Wettbewerbs hat sich die Geschäftsleitung entschlossen, die Ge-*

schäftstätigkeit der KFZ AG stärker auf die Kernkompetenzen zu konzentrieren. In diesem Zusammenhang wird das Geschäftsfeld Zulieferung
Flugzeugbau komplett aufgegeben und damit das
Werk in Reutlingen geschlossen. Von den dort beschäftigten 400 Mitarbeitenden müssen voraussichtlich 200 freigesetzt werden. Die übrigen 200
Mitarbeitenden können nach entsprechenden Umschulungsmaßnahmen im Bereich Automobilbau
am Standort Schwerzau eingesetzt werden. Es wird
erwartet, dass wegen des sonst nötigen Umzugs bis
zu 50 weitere Mitarbeitende freiwillig aus der KFZ
AG ausscheiden werden. Die Restrukturierungsmaßnahmen werden am 1.2.20X3 beginnen und
etwa 18 Monate in Anspruch nehmen. Für die mit
der Restrukturierung verbundenen Aufwendungen
soll eine Rückstellung gebildet werden."

Mit den Aufwendungen in Tab. 6.1 wird gerechnet.

a. Bestimmen Sie, ob die Beschlussvorlage
   die Voraussetzungen für die Bildung einer
   Restrukturierungsrückstellung erfüllt. Nen-

**Tab. 6.1** Aufwendungen aus geplanter Restrukturierung
zu Aufgabe 3

| Aufwendung | Betrag |
|---|---|
| Abfindungen für zu kündigende Mitarbeitende | 400 T€ |
| Abfindungen für erwartbar freiwillig ausscheidende Mitarbeitende | 120 T€ |
| Umschulung der verbleibenden Mitarbeitenden | 50 T€ |
| Umsetzung der Mitarbeitenden in den Bereich Automobilbau | 40 T€ |
| Anschaffung zusätzlicher Produktionsmaschinen im Bereich Automobilbau | 170 T€ |
| Außerplanmäßige Abschreibung des alten Fabrikgebäudes | 130 T€ |
| Voraussichtliche operative Verluste des Bereichs Zulieferung Flugzeugbau bis zur endgültigen Schließung | 1000 T€ |
| **Summe** | **1910 T€** |

nen Sie eventuell fehlende oder nicht ausreichend spezifizierte Kriterien.

b. Diskutieren Sie die Bewertung der Rückstellung nach IFRS unter der Annahme,
dass die Beschlussvorlage die erforderlichen Kriterien für eine Restrukturierungsrückstellung erfüllt.

4. Die KFZ AG ist gesetzlich verpflichtet, für
   Mängel an Komponenten, die innerhalb von
   24 Monaten nach Auslieferung eines jeden
   Fahrzeugs entdeckt werden, sämtliche anfallenden Reparaturkosten zu übernehmen. Aus
   Statistiken der vergangenen 5 Jahre sind die
   aus Tab. 6.2 ersichtlichen Gewährleistungsprozentsätze (für schwere, minderschwere
   und leichte Mängel), bezogen auf den Umsatz
   je Produktgruppe, bekannt.

   Ermitteln Sie die Höhe der auszuweisenden
   Rückstellung nach IFRS.

5. Im Berichtsjahr war ein Autofahrer mit einem
   Fahrzeug der Kategorie C (Luxuswagen) der
   KFZ AG in einen großen Unfall verwickelt.
   Er verklagt die KFZ AG auf Schadenersatz, da
   er der Auffassung ist, der Unfall beruhe nicht
   auf persönlichen Fahrfehlern, sondern auf einem Problem mit der Lenkung. Der beauftragte Fachanwalt geht aufgrund der Sachlage,
   die durch ein unabhängiges Gutachten unterlegt ist, von einer Schuld und damit der Verurteilung der KFZ AG aus. Er schätzt mögliche
   Schadenersatzzahlungen sowie deren Wahrscheinlichkeiten wie in Tab. 6.3 dargestellt
   ein.

   Prüfen Sie, wie dieser Fall nach IFRS zu
   bilanzieren ist. Sollte eine Rückstellung
   anzusetzen sein, ermitteln Sie deren Höhe (ignorieren Sie dabei eventuell nötige Abzinsun-

**Tab. 6.2** Gewährleistungssätze und Umsatzgrößen zu Aufgabe 4

| Produktkategorie | Gewährleistungssatz in % vom Umsatz | Umsatz im Geschäftsjahr in T€ |
|---|---|---|
| Kleinwagen    (Kategorie A) | 0,4 | 6500 |
| Mittelklasse    (Kategorie B) | 0,6 | 41.000 |
| Luxuswagen    (Kategorie C) | 0,3 | 18.000 |

**Tab. 6.3** Schadenersatzszenarien sowie Wahrscheinlichkeitsverteilung zu Aufgabe 5

| Szenario | Schadenersatz in T€ | Wahrscheinlichkeit in % |
|---|---|---|
| 1 | 40 | 30 |
| 2 | 80 | 30 |
| 3 | 140 | 40 |

**Tab. 6.4** Schadenersatzszenarien sowie Wahrscheinlichkeitsverteilung zu Aufgabe 6

| Szenario | Schadenersatz in T€ | Wahrscheinlichkeit in % |
|---|---|---|
| 1 | 40 | 30 |
| 2 | 90 | 40 |
| 3 | 160 | 30 |

gen und Anpassung für inhärente Unsicherheiten).

6. Gehen Sie in Abwandlung zu Aufgabe 5 von der in Tab. 6.4 dargestellten Schätzung des Anwalts hinsichtlich möglicher Schadenersatzzahlungen sowie deren Eintrittswahrscheinlichkeiten aus. Bestimmen Sie die Höhe der anzusetzenden Rückstellung (ignorieren Sie dabei eventuell nötige Abzinsungen und Anpassung für inhärente Unsicherheiten). Unterstellen Sie hier, dass eine Rückstellung anzusetzen ist.

7. Untersuchen Sie folgende Sachverhalte darauf, ob zum 31.12.20X2 eine Rückstellung (!) nach IFRS anzusetzen ist. Prüfen Sie, sofern eine Rückstellungsbildung nicht möglich ist, ob trotzdem eine gleichmäßige Verteilung der jeweiligen Aufwendungen erreicht werden kann:

a. Der Wirtschaftsprüfer wurde 20X2 aufgrund seines Angebots vom 24.6.20X2 über 40 T€ für die Jahresabschlussprüfung bestellt. Diese wird sich bis ins Jahr 20X3 strecken.

b. Im Jahr 20X2 wurde die Umstellung der betrieblichen Abrechnungssoftware auf eine neue Software beschlossen. Aufgrund von Terminproblemen wurde jedoch erst ein Drittel der betroffenen Mitarbeitenden in dem neuen System geschult. Die für die Schulung der restlichen Mitarbeitenden im Jahr 20X3 zu erwartenden Kosten betragen 80 T€.

c. Die Kosten für bestehende Urlaubsansprüche der Mitarbeitenden wurden mit 450 T€ berechnet.

d. Für den alle 3 Jahre notwendigen Austausch von Transportbändern der Produktionsanlagen fallen Kosten in Höhe von 210 T€ an. Der nächste Austausch ist im Jahr 20X4 fällig.

e. Aufgrund des früh einsetzenden strengen Winters entstanden im November 20X2 Frostschäden in Höhe von 100 T€ an einigen Verbindungsstraßen des Werkes. Die Reparaturen können erst im Betriebsurlaub im März 20X3 durchgeführt werden, da aufgrund der hohen Nachfrage die Produktionskapazität des Werkes zu 100 % genutzt werden muss.

8. Zur Lagerung von im Produktionsprozess anfallenden Abfällen unterhält die Volksauto AG eine eigene Mülldeponie. Mit der Erschließung der Deponie (d. h. mit der Abtragung des Mutterbodens) wurde Ende 20X0 begonnen, sodass die Deponie ab Anfang 20X1 nutzbar war. Die Volksauto AG rechnet damit, die Deponie 20 Jahre nutzen zu können. Das Anlegen der Deponie wurde durch die zuständige Behörde unter der Auflage gestattet, die Deponie sachgerecht einzurichten und sie nach der Verfüllung umweltgerecht zu rekultivieren. Für die Rekultivierung werden 750 T€ als Aufwand veranschlagt. Nach HGB wird die Rückstellung für Rekultivierung ratierlich entsprechend dem Anteil der Verfüllung (Annahme: gleichbleibende jährliche Füllmenge) in Höhe von 37,5 T€ (750 T€, verteilt auf 20 Jahre) gebildet. Der zu nutzende Diskontierungssatz liegt sowohl unter IFRS als auch unter HGB bei annahmegemäß 5,25 %.

a. Stellen Sie dar, wie der Sachverhalt im Jahr 20X0 nach IFRS zu behandeln ist.

b. Stellen Sie den Buchungssatz für das Jahr 20X0 nach IFRS auf.

c. Welche Ergebnisauswirkung hatte die Rückstellungsbildung nach IFRS im Jahr 20X0?

d. Stellen Sie die Buchungssätze für die Jahre 20X1 und 20X2 nach IFRS und nach HGB auf.

e. Diskutieren Sie die Rückstellungsbildung nach IFRS im Jahr 20X0 bei Vorliegen folgender abgewandelter Situation: Von den Gesamtkosten entfallen 60 % auf die Rekultivierung im Zusammenhang mit der Abtragung des Mutterbodens (20X0) und 40 % auf die verfüllten Mengen ab 20X1.

## 6.8 Lösungen

1.

a. In diesem Fall dürfen weder eine Rückstellung noch eine Eventualverbindlichkeit im Anhang berichtet werden, da die Verurteilung, also das Bestehen einer gegenwärtigen Verpflichtung, als unwahrscheinlich gilt.

b. In diesem Fall darf keine Rückstellung gebildet werden. Jedoch muss – sofern wesentlich – im Anhang über die Klage berichtet werden, da die Existenz einer gegenwärtigen Verpflichtung als möglich angesehen werden muss.

c. In diesem Fall ist eine Rückstellung GuV-wirksam zu bilden, da mehr für die Inanspruchnahme aus dem Schadenersatzprozess spricht als dagegen. Die Möglichkeit einer verlässlichen Schätzung möglicher Schadenersatzsummen müsste zudem noch vorliegen.

2. Da der Schadenersatzanspruch für die X-AG aufgrund der angekündigten Berufung der G-GmbH noch nicht sicher ist, darf er nicht aktiviert werden. Jedoch ist hierüber – Wesentlichkeit unterstellt – im Anhang zu berichten, wenn es als wahrscheinlich eingeschätzt wird, dass das Berufungsverfahren gewonnen wird.

3.

a. Es besteht keine rechtliche Verpflichtung und es sind auch nicht alle Kriterien für das Bestehen einer faktischen Verpflichtung erfüllt (vgl. Tab. 6.5). Somit darf auch noch keine Rückstellung gebildet werden.

b. Unter der Annahme, dass alle Ansatzkriterien erfüllt sind, ergibt sich die Bewertung wie in Tab. 6.6 dargestellt:

Die Rückstellungshöhe beträgt demnach 400 T€.

**Tab. 6.5** Lösung zu Aufgabe 3a

| Kriterien (IAS 37.72) | Umsetzung |
|---|---|
| **Es wurde ein formaler Restrukturierungsplan aufgestellt, der folgende Angaben enthält:** | |
| Nennung des betroffenen Geschäftsbereichs | Geschäftsfeld: „Zulieferung Flugzeugbau" |
| Nennung der betroffenen Standorte | Standort Reutlingen |
| Standorte, Funktionen und ungefähre Anzahl der betroffenen abfindungsberechtigten Arbeitnehmer | Anzahl genannt, aber ohne explizite Erwähnung einer Abfindung in der Beschlussvorlage. Funktionen wurden ebenfalls nicht genau genug spezifiziert |
| Entstehende Restrukturierungsausgaben | Wurden genannt – es muss jedoch geprüft werden, ob sie auch bei der Rückstellungsbewertung berücksichtigt werden dürfen |
| Umsetzungszeitpunkt der Restrukturierung | ab 1.2.20X3 |
| **Es wurde bei den Betroffenen eine gerechtfertigte Erwartung geweckt** | Dies ist derzeit noch nicht erfüllt. Die Pläne könnten dem Betriebsrat oder innerhalb einer Mitarbeitendenversammlung bekannt gegeben oder in der Presse veröffentlicht werden. |

**Tab. 6.6** Lösung zu Aufgabe 3b

| Vorgang | Ausgaben in T€ | Ansatz in T€ | Begründung | |
|---|---|---|---|---|
| Abfindungen für die zu kündigenden Mitarbeitenden | 400 | 400 | IAS 37.80: Diese Kosten entstehen zwangsweise im Zuge der Restrukturierung. Es besteht kein Zusammenhang mit laufenden Aktivitäten des Unternehmens | |
| Abfindungen für freiwillig ausscheidende Mitarbeitende | 120 | 0 | IAS 37.80: Es liegt keine schriftliche Vereinbarung über Abfindungsmodalitäten vor. Auch wurde kein Plan zur Abfindung freiwillig ausscheidender Mitarbeitender beschlossen. Die bloße Vermutung, dass Mitarbeitende freiwillig ausscheiden und diesen eine Abfindung gezahlt wird, begründet keine Abfindungsverpflichtung | |
| Aufwendungen für die Umschulung der verbleibenden Mitarbeitenden | 50 | 0 | IAS 37.81: jeweils explizite Beispiele | Diese Aufwendungen stehen jeweils im Zusammenhang mit künftigen Erträgen im Bereich „Automobilbau" und sind daher nicht rückstellungsfähig |
| Aufwendungen für die Umsetzung der Mitarbeitenden in den Bereich „Automobilbau" | 40 | 0 | | |
| Anschaffung zusätzlicher Produktionsmaschinen im Bereich „Automobilbau" | 170 | 0 | | |
| Außerplanmäßige Abschreibung des alten Fabrikgebäudes | 130 | 0 | IAS 36: Bei einer Wertminderung des Fabrikgebäudes ist eine außerplanmäßige Abschreibung durch einen Wertminderungstest zu ermitteln. Sie ist jedoch nicht Bestandteil der Restrukturierungsrückstellung | |
| Voraussichtliche operative Verluste des Bereichs „Zulieferung Flugzeugbau" im kommenden Jahr | 1000 | 0 | IAS 37.63 in Verbindung mit IAS 37.82 f.: Ansatzverbot, da weder die Definition einer Schuld (IAS 37.10) noch die allgemeinen Ansatzkriterien für Rückstellungen (IAS 37.14) erfüllt sind. Jedoch kann nach IAS 37.65 ein Wertminderungstest erforderlich werden | |
| Summe | 1910 | **400** | | |

4. Insgesamt ist für die im Geschäftsjahr verkauften Produkte eine Gewährleistungsrück-
stellung in Höhe von 326 T€ GuV-wirksam zu
bilden (siehe zur Berechnung Tab. 6.7). Beachten Sie bitte, dass diese Rückstellung
vollumfänglich im Jahr des Verkaufs gebildet
werden muss.

5. Es spricht zunächst mehr für die Existenz einer gegenwärtigen Verpflichtung zur Schadenersatzzahlung (Verurteilung ist wahrscheinlich), die zudem erwartungsgemäß zu einem
Nutzenabfluss führt. Darüber hinaus liegt ein
verpflichtendes Ereignis vor: der Verkauf eines mit Fehlern behafteten Fahrzeugs. Da
letztlich auch die Wahrscheinlichkeit eines
Zahlungsabflusses über 50 % liegt und die Bewertung innerhalb einer Bandbreite als verlässlich einzuschätzen ist, muss eine Rückstellung GuV-wirksam eingebucht und angesetzt
werden.

Zur IFRS-konformen Bewertung dieser Rückstellung ist zu berücksichtigen, dass das wahrscheinlichste Ergebnis zwar 140 T€ beträgt,
jedoch die beiden anderen möglichen Werte
jeweils darunter liegen. Insofern muss ein
niedrigerer Wert angesetzt werden. Zur Beantwortung der Frage, welcher Wert angesetzt
werden muss, kann der Erwartungswert von
92 T€ zur Plausibilisierung herangezogen
werden (zur Berechnung siehe Tab. 6.8). Da
der mögliche Wert von 80 T€ dem Erwartungswert am nächsten liegt, ist es angemes-
sen, diesen auch zur Bewertung der Rückstellung heranzuziehen.

6. Da in diesem Fall die anderen möglichen Ergebnisse im Vergleich zum wahrscheinlichsten
Ergebnis von 90 T€ nicht mehrheitlich darunter oder darüber liegen, sondern der wahrscheinlichste Wert genau zwischen den anderen möglichen liegt, ist folgerichtig auch der

**Tab. 6.7** Lösung zu Aufgabe 4

| Produktkategorie | Gewährleistungssatz in % vom Umsatz | Umsatz im Geschäftsjahr in T€ | Gewährleistungsrückstellung in T€ |
|---|---|---|---|
| Kleinwagen (Kategorie A) | 0,4 | 6500 | **26** |
| Mittelklasse (Kategorie B) | 0,6 | 41.000 | **246** |
| Luxuswagen (Kategorie C) | 0,3 | 18.000 | **54** |

**Tab. 6.8** Lösung zu Aufgabe 5

| Szenario | Schadenersatz in T€ | Wahrscheinlichkeit in % | Erwartungswert in T€ | IFRS-Rückstellung in T€ |
|---|---|---|---|---|
| 1 | 40 | 30 | 12 | |
| 2 | 80 | 30 | 24 | **80** |
| 3 | 140 | 40 | 56 | |
| | | | **92** | |

**Tab. 6.9** Lösung zu Aufgabe 6

| Szenario | Schadenersatz in T€ | Wahrscheinlichkeit in % | Erwartungswert in T€ | IFRS-Rückstellung in T€ |
|---|---|---|---|---|
| 1 | 40 | 30 | 12 | |
| 2 | 90 | 40 | 36 | **90** |
| 3 | 160 | 30 | 48 | |
| | | | **96** | |

**Tab. 6.10** Lösungen zu Aufgabe 7

| Sachverhalt | Kosten in T€ | Rückstellung in T€ | Bemerkungen |
| --- | --- | --- | --- |
| Externe Jahresabschlusskosten | 40 | 0 | Ausweis von 40 T€ als *Accruals* unter den Verbindlichkeiten (nicht als Rückstellung wie unter HGB), da die Unsicherheit hinsichtlich der Rückstellungshöhe gering ist |
| Mitarbeiter*innenschulung | 80 | 0 | Es existiert dazu keine gegenwärtige Verpflichtung. Eine Schulung könnte entfallen oder es könnte wieder zur ursprünglichen Software zurückgewechselt werden |
| Urlaubsansprüche | 450 | 0 | Ausweis von 450 T€ als *Accruals* unter den Verbindlichkeiten (nicht als Rückstellung wie unter HGB), da die Ansprüche feststehen und ihre Bewertung in der Regel mit nur geringen Unsicherheiten behaftet ist |
| Austausch von Transportbändern alle 3 Jahre | 210 | 0 | Keine Rückstellung möglich, da keine Verpflichtung zum Austausch existiert. Über IAS 16.14 (Komponentenansatz) kann jedoch eine gleichmäßige Verteilung des Aufwands erreicht werden, sofern Transportbänder als Komponente der betreffenden Sachanlage berücksichtigt werden und damit separat abgeschrieben werden (siehe Abschn. 3.3.2); Nutzungsdauer dann 3 Jahre |
| Frostschäden aus dem Vorjahr | 100 | 0 | Keine Außenverpflichtung, deshalb nicht als Schuld ansetzbar (nach HGB hingegen als Rückstellung ansatzpflichtig) |

wahrscheinlichste Wert anzusetzen. (Auch bei einer – wenngleich hier gar nicht notwendigen – Berechnung des Erwartungswerts (siehe Tab. 6.9) wird ersichtlich, dass dieser mit 96 T€ am nächsten an der wahrscheinlichsten Schadenersatzsumme von 90 T€ liegt.)

7. Zur Lösung siehe Tab. 6.10:

8.

   a. Da mit der Erschließung der Deponie begonnen wurde, ist eine gegenwärtige rechtliche Verpflichtung zur Erfüllung der behördlichen Auflage entstanden (Rekultivierungsverpflichtung). Die Definitionskriterien sind damit erfüllt. Auch die beiden Ansatzkriterien (Wahrscheinlichkeit des Nutzenabflusses und Verlässlichkeit der Bewertung) sind erfüllt. Insofern muss bereits Ende 20X0 eine Rückstellung gebildet werden. Die Rückstellungshöhe ergibt sich aus der Abzinsung der erwarteten Kosten über 20 Jahre mit 269,54 T€. Darüber hinaus ist dieser Betrag gemäß IAS 16.16(c) in die Anschaffungs- bzw. Herstellungskosten der Deponie einzubeziehen. Insofern ist dieser Sachverhalt GuV-neutral.

   b. *[IAS 16.16(c); 750 T€ abgezinst über 20 Jahre; wesentlicher Zinseffekt (IAS 37.45); Werte in T€]*

     Deponie    269,54    an    Rückstellung    269,54

   c. 20X0 wirken sich die erhöhten Anschaffungskosten der Deponie [IAS 16.16 (c)] nicht auf das Ergebnis aus, denn die Erschließung fand erst Ende 20X0 statt. Deshalb ergeben sich auch keine Zinsbelastung und damit keine Abschreibung (Nutzungsfähigkeit der Deponie ist erst Anfang 20X1 gegeben).

   d. **20X1**    **IFRS**

     *[Zinsaufwand aus der Aufzinsung des Rückstellungsbetrags am Anfang des Jahres; Werte in T€]*

     Zinsaufwand    14,15    an    Rückstellung    14,15

*[Abschreibung der Anschaffungskosten über 20 Jahre; Werte in T€]*

Abschreibung    13,48    an    Deponie    13,48

**HGB**

   *[Ratierliche Zuführung (37,5 T€, abgezinst um 19 Jahre); Werte in T€]*

sonstiger betrieblicher Aufwand    14,18    an    Rückstellung    14,18

   **20X2**    **IFRS**

   *[Zinsaufwand aus der Aufzinsung des Rückstellungsbetrags am Anfang des Jahres; Werte in T€]*

Zinsaufwand    14,89    an    Rückstellung    14,89

*[Abschreibung der Anschaffungskosten über 20 Jahre; Werte in T€]*

Abschreibung    13,48    an    Deponie    13,48

**HGB**

   *[Ratierliche Zuführung (37,5 T€, abgezinst um 18 Jahre);*
   *Zinsaufwand = 14,18 T€ × 5,25 %; Werte in T€]*

sonstiger betrieblicher Aufwand    14,92
Zinsaufwand    0,74    an    Rückstellung    15,66

   e. Ein Teil (hier 40 %) der Rekultivierungsaufwendungen wird erst durch die Nutzung der Deponie verursacht. So dürften im Jahr 20X0 nur 60 % der Gesamtverpflichtung abgezinst zurückgestellt werden, da nur diese verursacht sind. Die restlichen Rekultivierungsrückstellungen müssten ratierlich nach Fortschritt der tatsächlichen Verfüllung angesammelt werden.

## Literatur

Lüdenbach, N., Hoffmann, W.-D., & Freiberg, J. (2020). § 21 Rückstellungen, Eventualverbindlichkeiten und Eventualforderungen. In N. Lüdenbach & W.-D. Hoffmann (Hrsg.), *IFRS Kommentar. Das Standardwerk* (18. Aufl., S. 1083–1180). Haufe.

# Finanzinstrumente

**Lernziele**

Leser*innen

- wissen, welche Standards für die Bilanzierung von Finanzinstrumenten einschlägig sind,
- können Finanzinstrumente bei Zugang und folgebewerten und in diesem Zusammenhang die verschiedenen Bewertungskategorien der IFRS unterscheiden,
- beherrschen die Effektivzinsmethode,
- haben einen Überblick über die grundsätzlichen Ausweis- und Offenlegungsvorschriften gewonnen und
- kennen wesentliche Abweichungen der handelsrechtlichen Vorschriften im Hinblick auf die Bilanzierung von Finanzinstrumenten.

## 7.1 Überblick

Der Anspruch der IFRS ist es bekanntermaßen, entscheidungsnützliche Informationen zu vermitteln. Wenn Sie sich jetzt ein Unternehmen vorstellen, das sich vor langer Zeit an Apple Inc. beteiligte, indem es Aktien im Wert von damals 1 Mio. € erwarb, wären Sie als Investor wahrscheinlich eher daran interessiert, im aktuellen Abschluss den Marktwert von derzeit vielleicht 40 Mio. € bilanziert zu sehen als weiterhin die damaligen Anschaffungskosten von 1 Mio. €.

Während der Finanzkrise 2008/2009 wurde den damalig gültigen Bilanzierungsregeln des IAS 39 für Finanzinstrumente vorgeworfen, zur Verstärkung dieser Krise beigetragen zu haben. Zudem galten diese Regelungen als äußerst komplex. Dies war der Hintergrund für eine Reformierung der Bilanzierung von Finanzinstrumenten innerhalb der IFRS. Ergebnis dieser Reformen ist der IFRS 9, der für Geschäftsjahre beginnend ab dem 01.01.2018 verpflichtend anzuwenden ist. Der Vorgängerstandard IAS 39 soll in diesem Lehrbuch nur noch am Rande Erwähnung finden.

Regelungen zu Finanzinstrumenten finden sich nicht nur im IFRS 9, sondern in zwei weiteren Standards mit jeweils folgenden Regelungsbereichen:

- **IFRS 9 (*Financial Instruments*):**
  Der Regelungsbereich umfasst Ansatz- und Bewertungsfragen von originären und derivativen Finanzinstrumenten. Zudem wird geregelt, wie Geschäfte zur Absicherung von Risiken (sog. Sicherungs- bzw. Hedgegeschäfte) im Jahresabschluss abzubilden sind (Hedge Accounting).

© Springer Fachmedien Wiesbaden GmbH, ein Teil von Springer Nature 2022
R. Gebhardt, *Rechnungslegung nach IFRS klipp & klar*, WiWi klipp & klar,
https://doi.org/10.1007/978-3-658-36050-4_7

- **IAS 32** *(Financial Instruments: Presentation):*
  Dieser Standard regelt insbesondere Definitionsfragen und die Differenzierung zwischen Eigen- und Fremdkapital.
- **IFRS 7** *(Financial Instruments: Disclosures):*
  Die Vorschriften befassen sich ausschließlich mit Offenlegungsfragen, d. h. damit, welche Angaben im Anhang zu machen sind. Dies betrifft insbesondere Informationen zur Bedeutung der gehaltenen Finanzinstrumente für die wirtschaftliche Lage des Unternehmens und zu Art und Ausmaß der Risiken, die mit Finanzinstrumenten verbunden sind, sowie deren Management.

In diesem Kapitel des Lehrbuchs werden hauptsächlich die Regelungen des IFRS 9 **zu Ansatz und Bewertung von Finanzinstrumenten** dargestellt. Zudem werden überblicksartig die Regelungen des IFRS 7 zu **Anhangangaben** dargestellt. Die Regelungen zum **Hedge Accounting** nach IFRS 9 sind Gegenstand des folgenden Kapitels. IFRS 9 ist grundsätzlich auf alle Finanzinstrumente anzuwenden.

▶ Nach IAS 32.11 ist ein **Finanzinstrument** jeder Vertrag, der bei einem Vertragspartner zu einem finanziellen Vermögenswert und bei einem oder mehreren anderen Vertragspartnern zu einer finanziellen Schuld bzw. einem Eigenkapitalinstrument führt.

Als **finanzielle Vermögenswerte** kommen damit z. B. in Betracht: gehaltene Eigenkapitalinstrumente (z. B. Aktien oder GmbH-Anteile) und Schuldtitel anderer Unternehmen (z. B. Anleihen oder Schuldscheine), ausgereichte Darlehen, sonstige Forderungen wie solche aus Lieferungen und Leistungen (auch aus Leasingverhältnissen), Derivate mit – aus Sicht des Bilanzierenden – positivem Marktwert, aber auch Bankguthaben und Kassenbestände.

**Finanzielle Schulden** sind z. B. Lieferantenverbindlichkeiten, begebene Anleihen des bilan-

zierenden Unternehmens, aufgenommene Darlehen, gegebene Finanzgarantien und Bürgschaften, Derivate mit – aus Sicht des Bilanzierenden – negativem Marktwert etc.

Einige Finanzinstrumente sind von der Anwendung des IFRS 9 ausgenommen (IFRS 9.2.1), z. B.:

- **Beteiligungen an Unternehmen,** die beherrscht werden (IFRS 10 *[Consolidated Financial Statements]*, IAS 27 *[Separate Financial Statements]*) oder auf die maßgeblich Einfluss genommen werden kann (IAS 28 *[Investments in Associates and Joint Ventures]*),
- Rechte und Pflichten aus **Leasingverträgen** (IFRS 16 [Leases]),
- Rechte und Verpflichtungen von Unternehmen aus **Altersversorgungszusagen** (IAS 19 [Employee Benefits]),
- **Anteilbasierte Vergütungen** (IFRS 2 [Share-based Payment]),
- selbst emittierte **Eigenkapitalinstrumente**.

## 7.2  Ansatz

Finanzinstrumente sind nach IFRS 9.3.1.1 **grundsätzlich zum Zeitpunkt des Vertragsschlusses** anzusetzen. Dieser Grundsatz betrifft im Wesentlichen derivative Finanzinstrumente.[1] Für originäre Finanzinstrumente wie Forderungen und Verbindlichkeiten aus Lieferungen und Leistungen besteht eine Ausnahme: Diese sind grundsätzlich erst dann anzusetzen, wenn eine Vertragspartei ihre **Leistungsverpflichtung erfüllt** hat [IFRS 9.B3.1.2 b)] und damit der Schwebezustand eines Vertrages beendet wird (siehe hierzu Abschn. 6.4).

---

[1] Derivate sind Finanzinstrumente, deren Wertentwicklung von der Wertentwicklung eines Basisobjektes (z. B. Währungen, Zinsen, Aktien, verschiedene Indizes etc.) abhängen, die zudem eine vergleichsweise geringe anfängliche Nettoinvestition erfordern und die zu einem späteren Zeitpunkt beglichen/ausgeglichen werden. Typische Derivate sind Termingeschäfte, Optionen und Swaps.

**Beispiel 1: Währungstermingeschäft**

Die Volksauto AG kauft am 05.12.20X1 per Termin 15.03.20X2 von ihrer Bank 300.000 US$ zu einem Kurs von 1,26 US$/€.

Dieses Geschäft ist **sofort anzusetzen,** wenngleich am Tag des Vertragsschlusses die Anschaffungskosten dieses Geschäfts null sind. Entscheidend ist, dass derartige Geschäfte grundsätzlich bereits zum Vertragsschluss (05.12.20X1) und nicht erst am Tag der Erfüllung (hier: 15.03.20X2) zu erfassen sind.

**Beispiel 2: Verkauf eigener Produkte**

Die Cell AG verkauft am 05.12.20X1 Solarmodule zum Preis von 300.000 € an einen Großkunden, die am 15.03.20X2 an diesen Großkunden ausgeliefert werden sollen.

Eine Forderung aus Lieferungen und Leistungen kann die Cell AG **erst bei Übergang der Verfügungsmacht** der bestellten Ware am 15.03.20X2 ansetzen. (hier ist unterstellt, dass keine kontinuierliche Leistungserfüllung gemäß IFRS 15 vorliegt, siehe hierzu Abschn. 9.3.5.3). Zum selben Zeitpunkt setzt auch der Großkunde eine Verbindlichkeit aus Lieferungen und Leistungen an. Zum Vertragsschluss am 05.12.20X1 bleibt das Geschäft typischerweise sowohl bei der Cell AG als auch bei dem Großkunden unbilanziert (zu Ausnahmen siehe Abschn. 8.1). Wie Sie aber bereits wissen, könnte sich bis zum Verfügungsmachtsübergang bei beiden Vertragsparteien herausstellen, dass diese Bestellung belastend ist, was gemäß IAS 37 die Einbuchung einer Drohverlustrückstellung erfordern würde (siehe Abschn. 6.4). ◄

Obwohl IFRS 9 nicht direkt auf die allgemeinen Prüfkriterien des Rahmenkonzepts für Vermögenswerte oder Schulden verweist, gelten diese natürlich auch für finanzielle Vermögenswerte und Schulden.

Die **Ausbuchung von Finanzinstrumenten** ist innerhalb von IFRS 9 sehr dezidiert geregelt (IFRS 9.3.2 ff.). Grundsätzlich ist ein finanzieller Vermögenswert dann auszubuchen, wenn die Rechte auf Erhalt von Zahlungsmitteln erlöschen, wie z. B. bei der Begleichung einer Forderung aus Lieferung und Leistungen durch den Kunden. Sollten Finanzinstrumente transferiert werden (z. B. beim Factoring und bei Pensionsgeschäften), ist der Vermögenswert nur dann auszubuchen, wenn im Wesentlichen alle Risiken und Chancen aus dem Finanzinstrument übertragen wurden. Ist dies nicht der Fall, wird der Vermögenswert weiter angesetzt. Werden nur einige Chancen und Risiken zurückbehalten, greifen Sondervorschriften, die jedoch hier nicht weiter thematisiert werden sollen.

## 7.3 Zugangsbewertung

Alle Finanzinstrumente müssen bei Zugang **zum Fair Value** angesetzt werden (IFRS 9.5.1.1 i. V. m. IFRS 9.B5.1.2A). Der Fair Value entspricht im Zugangszeitpunkt regelmäßig dem Transaktionspreis, also den Anschaffungskosten.

Gleichwohl kann es Situationen geben, bei denen der Transaktionspreis nicht dem Fair Value des Instruments entspricht, so z. B. bei zinslos oder unterverzinslich gewährten Darlehen, bei Kundenforderungen mit sehr langfristigen Zahlungszielen, bei Stundungen sowie beim Erwerb von Finanzinstrumenten von nahestehenden Parteien oder von Parteien, die zwangsweise – etwa wegen Zahlungsschwierigkeiten – (zu sog. *Fire-Sale*-Preisen) verkaufen müssen. Liegt solch eine Situation vor und ist der Fair Value aus beobachtbaren Marktpreisen bzw. Marktparametern ableitbar (Stufe 1 bzw. 2 der Fair-Value-Hierarchie des IFSR 13, siehe dazu Abschn. 1.3.6), so ist der Fair Value einzubuchen und der Differenzbetrag u. U. GuV-wirksam als Tag-1-Gewinn bzw. Tag-1-Verlust zu erfassen (vgl. hierzu und weiterführend Lüdenbach et al., 2020, Tz. 291 ff.). **Im handelsrechtlichen Abschluss** ist der Fair Value kein Zugangsbewertungsmaßstab, sondern die Anschaffungskosten sind es.

**Beispiel 1: Zinsloses Darlehen (in Anlehnung an Lüdenbach et al.,** 2020**, § 28, Tz. 293)**

Die A-AG gewährt Ende 20X1 einem guten Kunden ein zinsloses Darlehen über
121.000 €, das nach 2 Jahren, also Ende 20X3,
rückzahlbar ist. Der Marktzins für 2-jährige
Anleihen des Kunden betrage 10 %. Die A-AG
erhält im Gegenzug für die Zinslosigkeit des
Darlehens keine aktivierbare Gegenleistung.

Wenn Sie sich nun vorstellen, dass Ihre
Bank Ihnen für eine Geldanlage über 2 Jahre
einen Zinssatz von 10 % verspricht und Sie
am Ende 121.000 € auf dem Konto verfügbar
haben wollen – wie viel Geld müssten Sie
dann zu Beginn der 2-Jahres-Frist anlegen?

Werden die 121.000 € über 2 Jahre abgezinst,
entspricht dies einem Barwert in Höhe von
100.000 € (dies ist auch der Betrag, den Sie bei
der Bank anlegen müssten, um am Ende der
2 Jahre 121.000 € verfügbar zu haben) und somit
dem Fair Value des von der A-AG ausgegebenen
Darlehens. Mit diesem Wert muss die Darlehens-
forderung eingebucht werden. Da der Fair Value
aus beobachtbaren Marktparametern (Marktzins
für 2-jährige Anleihen des Kunden) ableitbar war
(Stufe 2 der Fair-Value-Hierarchie), ist ein Tag-1-
Verlust i. H. von 21.000 € zu erfassen.

Buchung:

| Darlehensforderungen | 100.000 | an | Bank | 121.000 |
| GuV-Aufwand | 21.000 | | | |

**Beispiel 2: Darlehensaufnahme mit Disagio**

Die A-AG bekommt ein Darlehen in Höhe
von 100.000 € von ihrer Hausbank gewährt. Es
wird ein Disagio (entspricht einer Zinsvoraus-
zahlung) von 8000 € vereinbart (Auszahlungsbetrag = 92.000 €). Die Zahlung erfolgt auf das
Konto der A-AG. Der – das Disagio berücksichtigende – Nominalzins ist sonst marktüblich.

Der Transaktionspreis für diese finanzielle
Verbindlichkeit beträgt 92.000 €. Dieser Betrag stellt die Anschaffungskosten des Darlehens dar. Da keine Unterverzinslichkeit vorliegt, entspricht dieser Wert auch dem Fair
Value. Damit ist die Darlehensschuld mit
92.000 € einzubuchen.

Buchung:

| Bank | 92.000 | an | Verbindlichkeiten gegenüber KI | 92.000 |

Übrigens: Im **HGB** wird der Erfüllungsbetrag passiviert, also 100.000 €. Das Disagio kann

gemäß § 250 Abs. 3 HGB entweder aktiviert
oder sofort GuV-wirksam verrechnet werden. ◄

Grundsätzlich sind **direkt zurechenbare Anschaffungsnebenkosten** wie Gebühren und
Kommissionen in die Zugangsbewertung von Finanzinstrumenten einzubeziehen (wie auch nach
HGB). Diese Regel gilt ausnahmsweise für Finanzinstrumente, die GuV-wirksam zum Fair
Value folgebewertet werden (siehe Abschn. 7.4.4),
**nicht** (IFRS 9.5.1.1).

---

**Beispiel**

**Beispiel 3: Disagio und Anschaffungsne-
benkosten**

Ein Unternehmen vergibt an einen seiner
Kunden zur Absatzfinanzierung auf Vermittlung eines zwischengeschalteten Händlers
Ende 20X0 ein Darlehen über 100.000 €. Das
Darlehen ist marktüblich zu 6 % p. a. zu verz-
insen und rückzahlbar Ende 20X3. Die Zinsen sind jeweils zum Jahresende fällig. Zusätzlich wird ein Disagio von 10.000 € auf
den Nominalbetrag vereinbart. Der Händler
erhält 50 € Vermittlungsprovision, die sofort
fällig sind.

Der Fair Value des Darlehens entspricht in
diesem Fall dem Auszahlungsbetrag von
90.000 € (= 100.000 € Nominalbetrag −
10.000 € Disagio). Das Darlehen muss zzgl.
der Maklerprovision als direkt zurechenbare
Anschaffungsnebenkosten, also mit insgesamt
90.050 € aktiviert werden.

Lediglich für den Fall, dass das Darlehen in
die Kategorie „GuV-wirksam zum Fair Value"
eingruppiert wird, sind die Nebenkosten direkt über die GuV zu erfassen. ◄

---

## 7.4   Folgebewertung finanzieller Vermögenswerte

### 7.4.1   Pflicht zur Kategorisierung

Die Bewertung von Finanzinstrumenten zu folgenden Bilanzstichtagen richtet sich danach,
welcher Bewertungskategorie sie vom bilanzie-

renden Unternehmen zum Zugangszeitpunkt zugeordnet werden.

**Für finanzielle Vermögenswerte** sind **4 Bewertungskategorien** vorgesehen (IFRS 9.4.1 ff.):

- **Fortgeführte Anschaffungskosten** gemäß Effektivzinsmethode
- **GuV-neutral (OCI) zum Fair Value** mit Möglichkeit der späteren Umklassifizierung von *OCI*-Salden in die GuV (**mit Recycling**)
- **GuV-wirksam zum Fair Value**
- **GuV-neutral (OCI) zum Fair Value** ohne Möglichkeit der späteren Umklassifizierung von *OCI*-Salden in die GuV (**ohne Recycling**).

Die letztgenannte Bewertungskategorie war unter dem Vorgängersstandard IAS 39 nicht existent. Die Pflicht zur Kategorisierung wird implizit damit gerechtfertigt, dass Finanzinstrumente unterschiedlicher Art für verschiedene Zwecke gekauft werden (z. B. langfristiges Halten, kurzfristiges Spekulieren etc.). Durch die Festlegung unterschiedlicher Folgebewertungsregeln soll sichergestellt werden, dass entscheidungsnützliche Informationen vermittelt werden. Jedoch hat dieses Vorgehen (auch *Mixed Measurement Model* genannt) einige nicht zu unterschätzende Nachteile, auf die im Laufe dieses Lehrbuchs noch eingegangen wird.

Die **Zuordnung** von finanziellen Vermögenswerten zu den 4 genannten Bewertungskategorien richtet sich nach zwei Kriterien:

1. der **Art des Finanzinstruments** (objektiv): Schuldinstrument vs. sonstige Instrumente – und
2. dem **verfolgten Geschäftsmodell** (subjektiv): künftige Verwendung des Instruments.

Für Kriterium 1 ist die **Definition eines Schuldinstruments** sehr wichtig. Schuldinstrumente i. S. von IFRS 9 lösen vertraglich festgelegte Zahlungsströme aus, die **ausschließlich Zins und Tilgung** (also Rückzahlungen) darstellen. Zinsen entlohnen dabei lediglich den zeitweisen

Verzicht auf Geld (Zeitwert des Geldes), Kreditrisiken sowie Verwaltungskosten und die Profitmarge des Geldgebers (IFRS 9.4.1.2 i. V. m. 9.4.1.3 und 9.B.4.1.1. ff.).

**Typische** Schuldinstrumente i. S. von IFRS 9 sind

- erworbene festverzinsliche Anleihen oder Schuldscheine,
- erworbene variabel verzinsliche Anleihen – auch wenn sie eine Begrenzung der Zinszahlung wie *Caps* (Zinsbegrenzungen nach oben) und *Floors* (Zinsbegrenzungen nach unten) vorsehen,
- Forderungen aus Lieferungen und Leistungen sowie
- Darlehensforderungen.

**Keine** Schuldinstrumente i. S. von IFRS 9 sind hingegen u. a.

- gehaltene Eigenkapitalinstrumente, sprich Beteiligungen (z. B. Aktien, GmbH-Anteile),
- Anleihen mit eingebetteten Derivaten wie Wandel- und Optionsanleihen oder.

Für Kriterium 2 ist die Verwendungsabsicht des Unternehmens entscheidend (verfolgtes Geschäftsmodell). Unterschieden werden **Derivate mögliche Verwendungen,** wobei die Bestimmung für Gruppen von Finanzinstrumenten (also auf Portfolioebene) zu erfolgen hat (z. B. für alle Forderungen aus Lieferungen und Leistungen):

- **Halten** von (Schuld-)Instrumenten (bis zur Endfälligkeit): Hier ist die Vereinnahmung der vertraglichen Zinsen und Tilgungen beabsichtigt. Verkäufe vor Endfälligkeit kommen nur selten oder in unwesentlichen Werten vor. Dies gilt typischerweise für Forderungen aus Lieferungen und Leistungen oder Darlehensforderungen von Industrieunternehmen, solange kein Factoring betrieben wird.
- **Halten und Verkaufen** von (Schuld-)Instrumenten: Auch hier ist die Vereinnahmung von vertraglichen Zinsen und Tilgungen ein Ziel.

Jedoch können auch Verkäufe der Instrumente vor Fälligkeit vorkommen. Industrieunternehmen verfolgen diese Verwendung mitunter, wenn sie Anleihen für Geldanlagezwecke erwerben. In diesem Fall möchte man nämlich gewöhnlich nicht den Verkauf vor Endfälligkeit ausschließen, um (un-)erwartete Liquiditätsbedürfnisse befriedigen zu können.

- **Sonstige** Geschäftsmodelle: Hauptziel ist hier nicht die Vereinnahmung vertraglicher Cashflows, sondern die Maximierung der Cashflows durch kurzfristige Verkäufe. Typischerweise betreiben Handelsabteilungen von Banken solche Geschäftsmodelle.

Abb. 7.1 stellt überblicksartig die Bewertungskategorien dar, wie sie sich in Abhängigkeit von den zwei diskutierten Kriterien ergeben können. Diese werden in den nachfolgenden Abschnitten erläutert.

### 7.4.2 Fortgeführte Anschaffungskosten (Effektivzinsmethode)

Zu fortgeführten Anschaffungskosten muss bewertet werden, wenn

- ein **Schuldinstrument** im Sinne des IFRS 9 vorliegt,
- die Verwendungsabsicht im **Halten** (bis zur Endfälligkeit), d. h. der Vereinnahmung aller vereinbarten Zahlungsströme besteht und
- das Schuldinstrument **nicht freiwillig GuV-wirksam zum Fair Value** bewertet werden soll (keine Ausnutzung der sog. FV-Option), siehe dazu Abschn. 7.4.4) (IFRS 9.4.1.2).

Industrieunternehmen werden hier regelmäßig Forderungen aus Lieferungen und Leistungen und ausgereichte Darlehen einordnen.

Die Fortführung der Anschaffungskosten muss nach der sog. **Effektivzinsmethode** *(Effective Interest Method)* erfolgen (IFRS 9.5.4.1 ff. i. V. m. 9.B5.4.1). Bei dieser Methode werden der **Zinsertrag** (bzw. bei finanziellen Schulden der Zinsaufwand, siehe **Abschn. 7.5** (auf Basis des Effektivzinses über die relevanten Perioden verteilt und **GuV-wirksam** erfasst. Beim zu verteilenden Zinsertrag werden also auch Disagien, die nichts anderes als Zinsvorauszahlungen darstellen, berücksichtigt.

Bei der Effektivzinsmethode ist wie folgt vorzugehen:

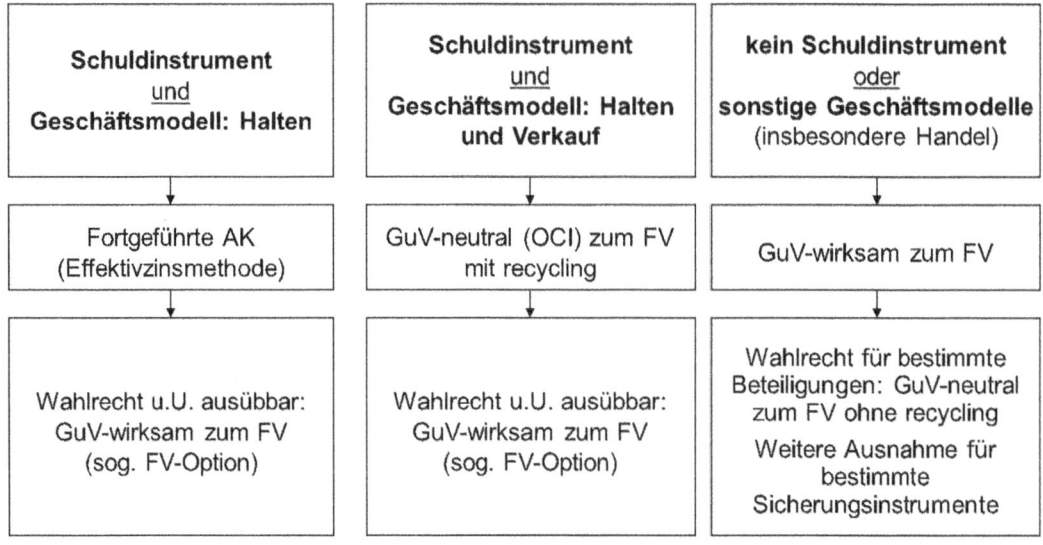

**Abb. 7.1**  Folgebewertungskategorien von Finanzinstrumenten nach IFRS 9

1. Bestimmung der **Anschaffungsauszahlungen** (= Anschaffungskosten bzw. Fair Value plus Anschaffungsnebenkosten)
2. Bestimmung der **künftigen** (vertraglichen) **Zahlungsströme** (ohne Berücksichtigung erwarteter Zahlungsausfälle)
3. Bestimmung des **Effektivzinses** für das eingesetzte Kapital (Zinssatz, bei dem die Anschaffungsauszahlung und die jeweils abgezinsten künftigen Zahlungsströme addiert einen Wert von null ergeben)
4. Ermittlung des **Zinsertrags** für die relevanten Perioden (Laufzeit) durch Anwendung des Effektivzinssatzes auf den Buchwert des Instruments jeweils zu Beginn der Periode
5. **Fortschreibung des Buchwerts** des Instruments auf Basis der Differenz zwischen berechnetem Zinsertrag der Periode und dem Zahlungsstrom der Periode

**Beispiel**

**Fortsetzung des Beispiels 3 am Ende von Abschn. 7.3**

Die Anschaffungskosten des in Beispiel 3 in Abschn. 7.3 aufgeführten Darlehens sollen nach der Effektivzinsmethode fortgeführt werden.

1. Der Fair Value des Darlehens entspricht hier den Anschaffungskosten/-auszahlungen von 90.000 €. Da die Bewertungsmethode GuV-wirksam zum Fair Value nicht einschlägig ist (adzu später), müssen die Anschaffungsnebenkosten von 50 € in die Zugangsbewertung einbezogen werden. Das Darlehen ist folglich Ende 20X0 in Höhe von 90.050 € einzubuchen (= Anschaffungsauszahlungen).
2. Die künftigen Zahlungsströme betragen jeweils zum Ende der Jahre 20X1, 20X2 und 20X3 6000 €; Ende 20X3 fließt darüber hinaus auch noch der Darlehensbetrag von 100.000 € zu.
3. Auf dieser Basis ist der Effektivzins durch schrittweise Annäherung zu ermitteln.

Hierfür stellen Taschenrechner und Tabellenkalkulationsprogramme entsprechende Funktionen bereit (z. B. Microsoft Excel die Funktion IKV). In unserem Fall beträgt der Effektivzins rund 10 %.

4. und 5. In Tab. 7.1 sind die Zinserträge und die fortgeschriebenen Buchwerte des Darlehens ersichtlich (Rundungsdifferenzen möglich).

Die Buchungssätze zu den Jahresenden lauten wie folgt:

**31.12.X0**

| | | | | |
|---|---|---|---|---|
| Forderung | 90.050 | an | Bank | 90.050 |

**31.12.X1**

| | | | | |
|---|---|---|---|---|
| Bank | 6.000 | | | |
| Forderung | 3.005 | an | Zinsertrag | 9.005 |

**31.12.X2**

| | | | | |
|---|---|---|---|---|
| Bank | 6.000 | | | |
| Forderung | 3.306 | an | Zinsertrag | 9.306 |

**31.12.X3**

| | | | | |
|---|---|---|---|---|
| Bank | 6.000 | | | |
| Forderung | 3.633 | an | Zinsertrag | 9.633 |

**31.12.X3**

| | | | | |
|---|---|---|---|---|
| Bank | 100.000 | an | Forderung | 100.000 |

◀

Wie im Beispiel dargestellt, ist der Effektivzinssatz jeweils auf den aktuellen (Brutto-)Buchwert am Beginn der Periode zu beziehen, d. h. vor etwaig berücksichtigten Wertminderungen. Ausnahmsweise ist der Effektivzinssatz jedoch auf Nettobuchwerte, d. h. nach Wertminderungen zu beziehen, wenn es sich um eine notleidende Forderung handelt. Gemeint sind hier Forderungen, für die Wertminderungen aufgrund diesbezüglicher objektiver Hinweise verbucht wurden (siehe dazu Abschn. 7.4.6).

Bei un- oder unterverzinslichen Forderungen ist ein impliziter Zins zu berücksichtigen. Gleichwohl können hiervon kurzfristige Forderungen (z. B. aus Lieferungen und Leistungen) aufgrund Wesentlichkeitsüberlegungen ausgenommen werden.

**Tab. 7.1**  Beispiel zur Ermittlung der fortgeführten Anschaffungskosten nach der Effektivzinsmethode

| Jahr | 1. Buchwert per 01.01. | 2. Effektiver Zinsertrag (= 1. · 10 %) | 3. Zahlungsflüsse | Fortgeführte Anschaffungskosten per 31.12. (= 1. + 2. − 3.) |
|------|------------------------|----------------------------------------|-------------------|--------------------------------------------------------------|
| 20X1 | 90.050 € | 9005 € | 6000 € | 93.055 € |
| 20X2 | 93.055 € | 9306 € | 6000 € | 96.361 € |
| 20X3 | 96.361 € | 9636 € | 106.000 € | 0 |

**Beispiel**

**Fortsetzung Beispiel 1 aus Abschn. 7.3: Zinsloses Darlehen**

Die A-AG gewährt Ende 20X1 einem guten Kunden ein zinsloses Darlehen über 121.000 €, das nach 2 Jahren, also Ende 20X3, rückzahlbar ist. Der Marktzins für 2-jährige Anleihen des Kunden betrage 10 %. Die A-AG erhält im Gegenzug für die Zinslosigkeit des Darlehens keine aktivierbare Gegenleistung.

Im Rahmen der Zugangsbewertung Ende 20X1 hatten wir schon festgestellt (siehe Abschn. 7.3, Beispiel 1), dass die Forderung mit 100.000 € eingebucht werden muss und ein Tag-1-Verlust i. H. von 21.000 € zu erfassen ist.

Obwohl die Forderung unverzinslich ist, müssen Ende 20X2 10.000 € (= 100.000 € Anschaffungskosten am Anfang 20X2 × 10 %) und Ende 20X3 11.000 € (= 110.000 € fortgeführte Anschaffungskosten am Anfang 20X3 × 10 %) Zinseträge gemäß der Effektivzinsmethode erfasst werden. Dies sorgt aufgrund fehlender Zinszahlungen dafür, dass der Buchwert der Forderung bis Ende 20X3 auf 121.000 € zugeschrieben wird, was dann auch dem Rückzahlungsbetrag entspricht.

Sie merken also, der Tag-1-Verlust i. H. von 21.000 € wird durch die erfassten Zinseträge in den Folgejahren kompensiert.

### 7.4.3  GuV-neutral zum Fair Value mit Recycling

GuV-neutral zum Fair Value muss bewertet werden, wenn

- ein **Schuldinstrument** im Sinne des IFRS 9 vorliegt,

- die Verwendungsabsicht im **Halten und** im **Verkauf** besteht und
- das Schuldinstrument **nicht freiwillig zum Fair Value** bewertet werden soll (keine Ausnutzung der Fair Value-Option) (IFRS 9.4.1.2A).

Industrieunternehmen werden z. B. Anleihen mit dieser Methode folgebewerten, die zur Anlage überschüssiger Liquidität dienen, aber eventuell vor Endfälligkeit verkauft werden müssen.

Bevor die GuV-neutrale Bewertung zum Fair Value erfolgt, müssen die Buchwerte (Anschaffungskosten) zunächst ganz normal nach der **Effektivzinsmethode** (*Effective Interest Method*) fortgeführt werden (siehe dazu ausführlich Abschn. 7.4.2).

Erst in einem zweiten Schritt erfolgt ein Vergleich des so fortgeführten Buchwerts mit dem aktuellen Fair Value (IFRS 9.5.7.10). Positive oder negative Abweichungen werden über das sonstige Ergebnis *(OCI)* gegengebucht.

**Beispiel**

Ein Unternehmen erwirbt Ende 20X0 eine Anleihe zur Anlage überschüssiger Liquidität. Die Anleihe hat einen Nominalbetrag von 100.000 €, eine Nominalverzinsung von 6 % (fällig am Ende eines jeden Jahres) und ist rückzahlbar Ende 20X3. Aufgrund des gegenwärtigen Marktzinses für Anleihen gleicher Restlaufzeit und Bonität beträgt der Kaufkurs nur 90.000 €. Bei Kauf fallen Gebühren von 50 € an. (Hinweis: Dies entspricht exakt den Merkmalen der Darlehensvergabe aus Beispiel 3 aus Abschn. 7.3, für welches bereits in Abschn. 7.4.2 die Bewertung nach der fortgeführten Anschaffungskostenmethode vorgestellt wurde.)

Ende 20X1 erhöht sich der Marktzins für Anleihen gleicher Art sehr stark, wodurch der Kurs der Anleihe auf 85.000 € fällt.

1. Auch hier entspricht im Zugangszeitpunkt der Fair Value den Anschaffungskosten von 90.000 €. Da die Bewertungsmethode GuV-wirksam zum Fair Value nicht einschlägig ist, müssen die Anschaffungsnebenkosten von 50 € in die Zugangsbewertung einbezogen werden. Die Anleihe ist folglich Ende 20X0 in Höhe von 90.050 € einzubuchen.
2. Der Effektivzins beträgt hier ebenfalls 10 %. Dieser muss auf den Zugangsbuchwert angewendet werden, um den Zinsertrag für das Jahr 20X1 zu bestimmen. Dieser beträgt rund 9005 €. Da nur 6000 € Nominalzins vom Emittenten Ende 20X1 überwiesen werden, wird in Höhe der Differenz der Anleihebuchwert fortgeschrieben.
3. Ende 20X1 muss zudem der gesunkene Fair Value buchhalterisch verarbeitet werden. Dazu ist die Differenz zwischen fortgeführtem Buchwert von 93.055 € und aktuellem Fair Value von 85.000 € zu ermitteln. Sie beträgt 8055 €.

Die Buchungssätze Ende 20X1 lauten dann wie folgt.
**31.12.X1**

| | | | | |
|---|---|---|---|---|
| Bank | 6.000 | | | |
| Anleihe | 3.005 | an | Zinsertrag | 9.005 |
| Sonstiges Ergebnis (OCI) | 8.055 | an | Anleihe | 8.055 |

Bei Abgang des Schuldinstruments erfolgt die **GuV-wirksame Auflösung des OCI-Saldos**, was auch als Recycling bezeichnet wird (IFRS 9.5.7.10 f.).

### 7.4.4   GuV-wirksam zum Fair Value

Finanzinstrumente sind **verpflichtend** GuV-wirksam zum Fair Value zu bewerten, wenn

- es sich um keine Schuldinstrumente i. S. des IFRS 9 handelt (zur Ausnahmeregelung für Beteiligungen siehe Abschn. 7.4.5) oder

- es sich um ein Schuldinstrument handelt, jedoch die Verwendungsabsicht weder im „Halten" noch im „Halten und Verkauf " besteht (IFRS 9.4.1.4).

Typische Anwendungsfälle für eine solche Bewertung wären z. B.:

- Erworbene Beteiligungen (sofern Wahlrecht zur GuV-neutralen Fair-Value-Bewertung nicht genutzt wird) und Genussrechte
- angeschaffte Derivate (sofern sie als Cash-flow-Hedges eingesetzt werden, erfolgt allerdings grundsätzlich eine GuV-neutrale Bewertung zum Fair Value, siehe dazu Abschn. 8.6.2)
- erworbene Anleihen mit eingebetteten Derivaten wie Wandel- oder Optionsanleihen
- erworbene Anleihen oder Darlehensforderungen, die zur kurzfristigen Weiterveräußerung erworben wurden (Handel), was gleichwohl untypisch für Industrieunternehmen ist.

Darüber hinaus ist eine **freiwillige**, dann jedoch unwiderrufliche GuV-wirksame Bewertung von Schuldinstrumenten zum Fair Value möglich (**Fair-Value-Option**), sofern gewisse Voraussetzungen erfüllt sind. Die Fair-Value-Option sollte gewöhnlich für Industrieunternehmen nur dann relevant sein, wenn erworbene Schuldinstrumente Bestandteile von Sicherungsbeziehungen sind, jedoch die Anwendungsvoraussetzungen des Hedge Accounting nicht voll erfüllt sind oder der mit dem Hedge Accounting verbundene hohe administrative Aufwand vermieden werden soll (siehe dazu Kap. 8). Dann können nämlich durch diese Klassifizierung – ähnlich wie durch das Hedge Accounting selbst – Bewertungsinkongruenzen verhindert werden.

**Beispiel**

Die Treasury-Abteilung der Volksauto AG legt überschüssige Liquidität typischerweise in festverzinsliche Anleihen (ganz normale, sog. Plain-Vanilla-Anleihen) längerfristig an. Bei Liquiditätsbedarfen werden Anleihen auch vor Endfälligkeit verkauft. Damit wäre die Anleihe zum Fair Value GuV-neutral zu bewerten (mit Recycling).

Nun möchte die Volksauto AG sich gegen Wertverluste durch Marktzinssteigerungen absichern, weshalb sie einen **Zinsswap** (Prinzip: Tausch variabler Verzinsung gegen konstante Verzinsung – auch: *Plain Vanilla Swap*) mit einer Bank abschließt. Sie möchte den bürokratischen Aufwand des Hedge Accounting vermeiden, aber dennoch die kompensatorischen Effekte der wirksamen ökonomischen Absicherung bilanziell darstellen.

Durch die Nutzung der Fair-Value-Option für die Anleihe gelingt dies, denn der Zinsswap ist – als Derivat – verpflichtend GuV-wirksam zum Fair Value folgezubewerten. Verringert sich bspw. der Marktwert der Anleihe aufgrund von Marktzinssteigerungen, erhöht sich gleichzeitig der Wert des Zinsswaps, wobei dessen Wertänderung durch die GuV läuft.

Ohne die Nutzung der Fair-Value-Option würde jedoch die Wertveränderung der Anleihe nicht GuV-wirksam, sondern GuV-neutral berücksichtigt. Die kompensatorischen Effekte wären nicht in der GuV darstellbar und es käme zu Bewertungsinkongruenzen aufgrund unterschiedlicher Bewertungsvorschriften. Dies wird nun durch die Nutzung der Fair-Value-Option für die festverzinsliche Anleihe verhindert. ◀

Weitere Anwendungsfälle werden hier nicht diskutiert, da diese für Industrie- und Handelsunternehmen regelmäßig ohne Relevanz sind.

Unabhängig davon, ob Finanzinstrumente nun verpflichtend oder freiwillig GuV-wirksam zum Fair Value folgebewertet werden, sind **sämtliche Veränderungen des Fair Value als GuV-Ertrag oder als GuV-Aufwand gegenzubuchen.**

**Beispiel**

Ein Unternehmen hält eine Beteiligung von 0,05 % an einer börsennotierten Aktiengesellschaft, die Ende 20X1 für 500.000 € erworben wurde. Ende 20X2 beträgt der Marktwert der Beteiligung 600.000 €, Ende 20X3 400.000 €. Mitte 20X4 wird die Beteiligung für 470.000 € verkauft. Die wahlweise Möglichkeit zur

GuV-neutralen Bewertung zum Fair Value ohne Recycling soll nicht genutzt werden.

Da damit verpflichtend GuV-wirksam zum Fair Value bewertet werden muss, ergeben sich folgende Buchungssätze (latente Steuern werden ignoriert):

| 20X1 | Wertpapiere | 500.000 | an | Bank | 500.000 |
|------|-------------|---------|-----|-------------|---------|
| 20X2 | Wertpapiere | 100.000 | an | Finanzertrag | 100.000 |
| 20X3 | Finanzaufwand | 200.000 | an | Wertpapiere | 200.000 |
| 20X4 | Bank | 470.000 | an | Wertpapiere | 400.000 |
|      |             |         |     | Finanzertrag | 70.000 |

Sofern Schuldinstrumente GuV-wirksam zum Fair Value folgebewertet werden müssen bzw. sollen, sind gleichwohl auch Zinserträge GuV-wirksam zu erfassen. Die anzuwendende Methode ist jedoch nicht vorgegeben. Infrage kommt also die Effektivzinsmethode (siehe Abschn. 7.4.2), aber auch die Nominalzinsmethode (d. h. Zinsertragserfassung nur in Höhe der anfallenden Nominalzinsen).

Eine separate Wertminderungsprüfung ist nicht vorgesehen, da unterstellt wird, dass durch die Bewertung zum Fair Value stets Wertminderungen adäquat berücksichtigt sind.

### 7.4.5  GuV-neutral zum Fair Value ohne Recycling

Für Beteiligungen (gehaltene Eigenkapitalinstrumente anderer Unternehmen) besteht ein **Wahlrecht, Änderungen des Fair Value** nicht GuV-wirksam, sondern **GuV-neutral über das OCI gegenzubuchen** (IFRS 9.4.1.4). Dieses Wahlrecht kann für jede einzelne Beteiligung individuell ausgeübt werden. Es gilt aber nicht für Beteiligungen, die zum kurzfristigen Weiterverkauf gehalten werden.

Typischerweise werden Unternehmen dieses Bewertungswahlrecht dann ausüben, wenn sie eine Volatilität des Jahresergebnisses aufgrund von Veränderungen des Fair Value von Beteiligungen vermeiden wollen.

Die Ausübung dieses Wahlrechts ist jedoch mit der Konsequenz verbunden, dass die **GuV-neutral gebildeten Eigenkapitalpositionen** (*OCI*-Rücklage) auch bei Abgang des Finanzinstruments **nicht in** die **GuV reklassifizierbar** sind (IFRS 9.5.7.1(b)). Die einzige Möglichkeit ist die Reklassifizierung innerhalb des Eigenkapitals, genauer in die Gewinnrücklagen.

**Einzig Dividenden** aus solchen Beteiligungen sind **GuV-wirksam** zu erfassen. Voraussetzungen für deren GuV-wirksame Erfassung sind allerdings ein bestehender Rechtsanspruch (z. B. Gewinnverwendungsbeschluss der Gesellschafterversammlung), die wahrscheinliche Zahlung und die verlässliche Messbarkeit der Dividendenhöhe (IFRS 9.5.7.6 i. V. m. 9.5.7.1A). Eine separate Wertminderungprüfung ist auch hier nicht vorgesehen, da unterstellt wird, dass durch die Bewertung zum Fair Value stets Wertminderungen adäquat berücksichtigt sind.

In den vorstehenden Abschnitten wurden die einschlägigen Folgebewertungsmethoden für Finanzvermögen nach IFRS 9 dargestellt. Finanzielle Vermögensgegenstände sind **im handelsrechtlichen Abschluss**, abhängig von der Halteabsicht, entweder dem Anlage- oder dem Umlaufvermögen zuzuordnen, was für die Folgebewertung relevant ist. Die bei Zugang ermittelten Anschaffungskosten bilden jedoch – unabhängig von dieser Zuordnung – die Bewertungsobergrenze (§ 253 Abs. 1 Satz 1 HGB). Damit können unrealisierte Gewinne im Gegensatz zu den IFRS grundsätzlich nicht ausgewiesen werden (Realisationsprinzip).

Unrealisierte Verluste aufgrund dauerhafter oder vorübergehender Wertminderungen müssen für finanzielle Vermögenswerte des Umlaufvermögens stets erfasst werden (strenges Niederstwertprinzip gemäß § 253 Abs. 4 HGB).

Eine Abschreibungspflicht besteht bei unrealisierten Verlusten für Finanzvermögen des Anlagevermögens, sofern die Wertminderung dauerhafter Natur ist. Wird die Wertminderung eines Finanzanlagevermögens als vorübergehend eingeschätzt, besteht ein Abwertungswahlrecht (gemildertes Niederstwertprinzip § 253 Abs. 3 Satz 4 HGB). Ein Wertaufholungsgebot bis maximal

zu den fortgeführten Anschaffungskosten besteht (§ 253 Abs. 5 HGB).

### 7.4.6  Ermittlung und Erfassung von Wertminderungen für erworbene Schuldinstrumente

Unter dem Vorgängerstandard IAS 39 waren Wertminderungen für erworbene Schuldinstrumente (z. B. Darlehensforderungen, erworbene Anleihen oder Forderungen aus Lieferungen und Leistungen) am Ende eines jeden Berichtszeitraums dann zu erfassen, wenn **objektive Indikatoren für eine solche Wertminderung** vorlagen. Dies konnten z. B. sein (IAS 39.59):

- Wesentliche Zahlungsschwierigkeiten des Emittenten
- Überfällige Zinszahlungen oder Tilgungsleistungen (z. B. > 90 Tage)
- Wahrscheinliche Insolvenz des Schuldners
- Ungünstige regionale wirtschaftliche Entwicklungen

Hieran entzündete sich berechtigte Kritik. Argumentiert wurde, dass Wertminderungen häufig in zu geringer Höhe und deutlich zu spät erfasst wurden. Hintergrund ist hierbei, dass ein Kreditgeber bei jeder Kreditvergabe mit Ausfällen rechnet, die er, rational handelnde Kreditgeber unterstellt, durch Kreditrisikozuschläge im Zinssatz berücksichtigt. Der Zinsertrag wird wiederum GuV-wirksam erfasst, ohne dass ihm ein Aufwand aus den erwarteten Kreditverlusten gegenübergestellt wird. Dies zumindest solange nicht, bis objektive Wertminderungsindikatoren das eingetretene Verlustereignis anzeigen. Hierdurch konnte es gar zu sich verstärkenden Kreditblasen kommen, denn ansteigende Eigenkapitalbestände bei Banken animieren und befähigen diese zu verstärkter Kreditvergabe.

Der IASB hat auf diese berechtigte Kritik in IFRS 9 reagiert und verlangt für erworbene Schuldinstrumente, die entweder zu fortgeführten Anschaffungskosten oder GuV-neutral zum

Fair Value mit Recycling bewertet werden, die Erfassung **erwarteter Verluste** und dies **bereits bei erstmaliger Bilanzierung.**

Finanzinstrumente, die auf andere Weise folgebewertet werden (z. B. Beteiligungen oder Wandelanleihen), sind von den nachfolgend erläuterten Vorgaben nicht betroffen.

Für Schuldinstrumente, die nach den genannten Folgebewertungsmethoden bewertet werden, ist grundsätzlich das in Abb. 7.2 dargestellte *Expected-Loss*-**Modell** nach IFRS 9.5.5.1 ff. einschlägig.

**Bei Zugang** sind Schuldinstrumente in die **Wertminderungskategorie I** einzuordnen. Dies hat zur Folge, dass unmittelbar die **Kreditverluste**, die **für** die kommenden **12 Monate** erwartet werden, **erfasst** werden müssen. Eine Ausnahme besteht für Schuldinstrumente, die bereits bei Kauf wertgemindert sind. Diese sind sofort in die Kategorie III einzuordnen (IFRS 9.5.5.13). Solange keine signifikante Bonitätsverschlechterung eintritt, bleibt es an den folgenden Bilanzstichtagen bei der Erfassung der jeweils aktuell erwarteten Verluste für die kommenden 12 Monate.

Sollte sich die Bonität des Schuldners jedoch zu einem späteren Bilanzstichtag **signifikant** ändern, so ist das Finanzinstrument in die **Kategorie II** einzuordnen. Dies hat zur Folge, dass nunmehr die **erwarteten Verluste für** die **verbleibende Laufzeit** des Schuldinstruments erfasst werden müssen. Auf die Umklassifizierung in die Wertminderungskategorie II kann verzichtet werden, wenn das neue Ausfallrisiko weiterhin gering ist, was bei Ratings (Bonitätseinschätzungen) im Bereich „Investment Grade" unterstellt werden kann (z. B. bei der weltweit anerkannten Ratingagentur Standard & Poors im Bereich AAA bis BBB-). Sinkt das Rating jedoch signifikant und ist es im Bereich „Non-Investment-Grade", also im spekulativen Bereich anzusiedeln (Standard & Poors unter BB+), ist die Wertminderungshöhe zwingend gemäß Kategorie II zu erfassen. In dieser Kategorie erfolgt häufig die Wertminderungserfassung für Gruppen qualitativ ähnlicher Schuldinstrumente (d. h. auf Portfoliobasis).

---

**Beispiel**

Zum 31.12.20X1 wird für 100.000 € eine Anleihe mit Restlaufzeit von 5 Jahren erworben. Der Emittent hat ein Rating von aktuell BBB (Investment Grade). Da die Voraussetzungen erfüllt sind, wird die Anleihe zu fortgeführten Anschaffungskosten mittels Effektivzinsmethode folgebewertet. Der erwartete 12-Monats-Verlust wird bei Zugang mit 200 € ermittelt, derjenige für die verbleibende Restlaufzeit mit 2000 €. Zum 31.12.20X2 wird eine Steigerung der Ausfallwahrscheinlichkeit festgestellt, die als signifikant eingeschätzt wird

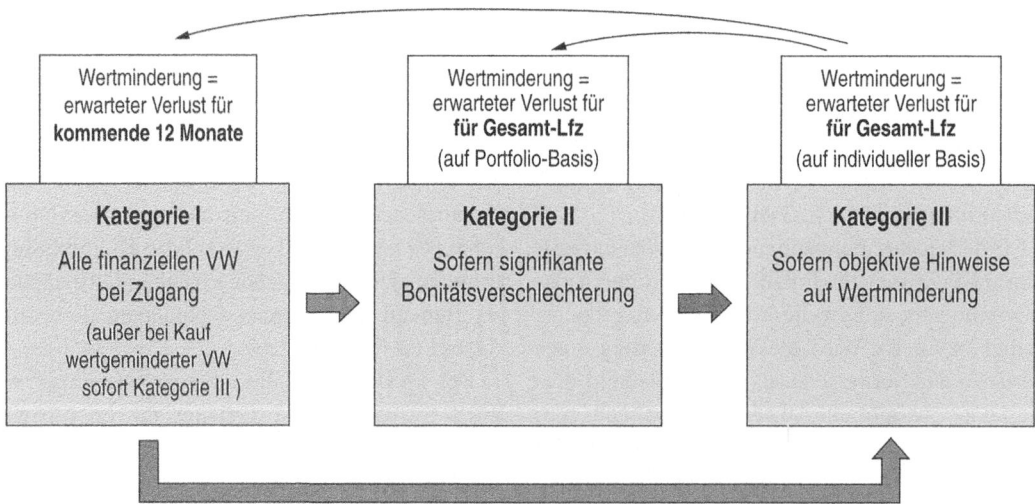

**Abb. 7.2**  Expected-Loss-Modell nach IFRS 9 (in Anlehnung an IFRS Foundation, 2014, S. 17)

(Rating nunmehr B, d. h. Non-Investment-Grade). Der erwartete 12-Monats-Verlust beträgt nun 5000 €, derjenige für die Restlaufzeit nun 20.000 €.

Bei Zugang (31.12.20X1) ist grundsätzlich eine Wertminderung in Höhe des erwarteten 12-Monats-Verlusts GuV-wirksam einzubuchen mit Gegenbuchung auf dem Wertminderungskonto. Der erwartete Verlust für die Restlaufzeit ist hier nicht zu berücksichtigen.

| Finanzieller Vermögenswerte | 100.000 | an | Bank | 100.000 |
|---|---|---|---|---|
| GuV-Aufwand | 200 | an | Wertberichtigungskonto | 200 |

Am folgenden Bilanzstichtag kann nicht mehr eine Wertminderung auf Basis des aktuell erwarteten Verlusts für die kommenden 12 Monate verbucht werden. Denn es hat sich nicht nur eine signifikante Veränderung der Bonität ergeben (BBB zu B). Es liegt zudem ein erhebliches Ausfallrisiko vor. Folglich ist das Wertminderungskonto auf den erwarteten Verlust für die Restlaufzeit, d. h. 20.000 € zu erhöhen. Da das Wertminderungskonto bereits mit 200 € valutiert, wären folglich 19.800 € GuV-wirksam zuzubuchen.

| GuV-Aufwand | 19.800 | an | Wertberichtigungskonto | 19.800 |
|---|---|---|---|---|

Hinweis: Sollte die Anleihe hingegen GuV-neutral zum Fair Value mit Recycling bewertet werden, wäre sowohl Ende 20X1 als auch Ende 20X1 statt des Wertberichtigungskontos das Konto OCI anzusprechen gewesen (siehe dazu auch die folgenden Ausführungen). ◄

Sollten sich jedoch zu einem späteren Bilanzstichtag **objektive Indikatoren für eine Wertminderung** ergeben, so ist das Schuldinstrument für Wertminderungszwecke in die **Kategorie III** einzuordnen. Objektive Wertminderungsindikatoren können die bereits am Anfang dieses Abschnitts genannten sein. Widerlegbar vermutet wird eine objektive Wertminderung, wenn eine fällige Zahlung des Schuldners 90 Tage überfällig ist.

Auch für diese Kategorie gilt, dass die **erwarteten Verluste für** die **verbleibende Laufzeit**

des Schuldinstruments zu erfassen sind. Dabei erfolgt die Ermittlung der Wertminderungshöhe typischerweise auf individueller Basis (Einzelwertberichtigungen). Der Unterschied gegenüber der Kategorie II besteht darin, dass für die Zinserfassung hiernach der Effektivzinssatz auf Nettobuchwerte, d. h. nach Wertminderungen, zu beziehen ist (siehe auch hierzu Abschn. 7.4.2). Für Kategorie II (aber auch I) gilt, dass der Effektivzinssatz auf aktuelle (Brutto-)Buchwerte am Beginn der Periode zu beziehen ist, d. h. vor etwaig berücksichtigten Wertminderungen.

Sollte es im Zeitablauf wieder zu einer Verbesserung der Bonität eines Schuldners kommen, sind Schuldinstrumente in die jeweilige Kategorie umzuklassifizieren.

Die **Erfassung sämtlicher Wertminderungen** (unabhängig von der Wertminderungskategorie) erfolgt **aufwandswirksam**, d. h., das GuV-Ergebnis ist stets berührt (IFRS 9.5.5.8).

Auch wenn die erforderliche Wertminderungshöhe sich im Zeitablauf wieder verringert, wäre dies ertragswirksam zu buchen. **Bei** der **Gegenbuchung ist** jedoch eine **Unterscheidung zu treffen.**

Handelt es sich um Schuldinstrumente, die zu fortgeführten Anschaffungskosten bewertet werden, erfolgt die Gegenbuchung jeweils auf dem Konto „Wertberichtigungen". Im Rahmen des Bilanzausweises wird das jeweilige Schuldinstrument dann abzüglich der auf dem Konto „Wertberichtigungen" erfassten Beträge (also netto) gezeigt.

Sollten Schuldinstrumente hingegen GuV-neutral zum Fair Value mit Recycling bewertet werden, erfolgt die Gegenbuchung auch GuV-neutral im OCI (IFRS 9.5.5.2). Hätte man diese Sonderregelung nicht geschaffen, wäre es in der Bilanz nicht zum angestrebten Ausweis des Fair Value gekommen (und dieser sollte erwartete Wertminderungen berücksichtigen).

Ursprünglich wurden die vorstehenden Regelungen primär für Banken geschaffen, verbunden mit dem Ziel, unser Finanzsystem stabiler zu machen (Begrenzung der Kreditvergabemöglichkeiten). Um insbesondere Industrieunternehmen davon zu befreien, für die Schuldner ihrer Forderungen aus Lieferungen und Leistungen eine laufende Ermittlung der Bonität durchzuführen, wurden für diese Art von Schuldinstrumenten **Erleichterungsregeln** implementiert.

Für Forderungen aus Lieferungen und Leistungen (und vertragliche Vermögenswerte gemäß IFRS 15, siehe dazu Kap. 9) **mit langfristigen Zahlungszielen** (d. h. mit signifikanter Finanzierungskomponente; anzunehmen ab > 12 Monate) können erwartete Verluste stets auf Basis der verbleibenden Laufzeit (also Kategorie II bzw. III) ermittelt werden. Sollten hingegen **kurzfristige Zahlungsziele** (ohne signifikante Finanzierungskomponente) vereinbart sein – was typisch ist –, ist bei der Ermittlung des erwarteten Verlusts immer auf die gesamte verbleibende Laufzeit abzustellen. Dies macht aber dann keinen Unterschied, da die verbleibende Laufzeit ja typischerweise kleiner als 12 Monate ist (IFRS 9.5.5.15).

Endgültig ausgefallene Schuldinstrumente (oder Teile dieser) sind einschließlich für sie gebildete Wertminderungskonten oder OCI-Beträge auszubuchen (IFRS 9.5.4.4).

## 7.5　Folgebewertung finanzieller Verbindlichkeiten

**Für finanzielle Schulden** stehen nur zwei Bewertungskategorien zur Verfügung:

* fortgeführte Anschaffungskosten gemäß Effektivzinsmethode und
* GuV-wirksam zum Fair Value.

**Typischerweise** werden Industrie- oder Handelsunternehmen die Zugangswerte ihrer finanziellen Schulden **gemäß der Effektivzinsmethode fortführen.**

**GuV-wirksam zum Fair Value** müssen Finanzschulden **nur** bewertet werden, **wenn** sie **aus Derivaten oder Handelsaktivitäten herrühren** (IFRS 9.4.2.1). Während Handelsaktivitäten in Finanzinstrumenten (kurzfristiges Spekulieren) untypisch für Industrie- und Handelsunternehmen sein sollten, werden Derivate hingegen häufig eingesetzt. Jedoch geschieht dies meist, um offene Risikopositionen abzusi-

chern (Hedging). Mit den Regelungen zur Abbildung von Derivaten, die für Absicherungszwecke erworben wurden, und den durch sie abgesicherten Positionen (sog. Hedge Accounting) beschäftigen wir uns in Kap. 8.

Im Vorgriff darauf sei schon erwähnt, dass diese Bilanzierungsregeln sicherstellen, dass die tatsächliche wirtschaftliche Lage korrekt abgebildet wird. Wie Sie sehen werden, sind allerdings die Anforderungen für das Hedge Accounting recht hoch. Deshalb enthält IFRS 9 die Möglichkeit, finanzielle Schulden freiwillig, dann aber unwiderruflich GuV-wirksam zum Fair Value folgezubewerten (Fair-Value-Option). Hierdurch kann, wie Sie noch genauer sehen werden, die wirtschaftliche Lage bei Absicherungsgeschäften auch korrekt dargestellt werden, selbst wenn die Hedge-Accounting-Regeln nicht angewendet werden können oder sollen. Es gibt noch einen anderen Grund für die freiwillige GuV-wirksame Bewertung zum Fair Value, der jedoch hier nicht weiter diskutiert werden soll, da er für Industrie- und Handelsunternehmen eher untypisch ist.

Eine GuV-wirksame Bewertung finanzieller Verbindlichkeiten zum Fair Value hat übrigens eine kontraintuitive (also der Intuition zuwiderlaufende) Wirkung: Verschlechtert sich nämlich die Bonität eines Unternehmens, dann sinkt zwangsläufig der Anleihekurs, weil die Investoren einen wahrscheinlicher gewordenen Zahlungsausfall durch einen Preisabschlag berücksichtigen. Dies ist sicherlich noch nachvollziehbar. Aber dass aufgrund einer GuV-wirksamen Bewertung einer finanziellen Schuld zum Fair Value ein Ertrag zu erfassen ist, ist hingegen nicht einsichtig. Diese Möglichkeit, die noch unter dem Vorgängerstandard IAS 39 bestand, wurde durch IFRS 9 abgeschafft. Nunmehr sind Fair-Value-Änderungen, die lediglich aufgrund der Veränderung des eigenen Kreditrisikos entstehen, GuV-neutral im OCI zu verbuchen, ohne die Möglichkeit, diese später in die GuV zurückzuklassifizieren (IFRS 9.5.7.7).

Finanzielle Verbindlichkeiten sind **in handelsrechtlichen Abschlüssen** zum Erfüllungsbetrag (= Rückzahlungsbetrag) anzusetzen (§ 253 Abs. 1

Satz 2 HGB). Der aktivische Ansatz eines **Disagios** ist **wahlweise** möglich (alternativ: vollständige erfolgswirksame Erfassung des Disagios), der Ansatz eines **Agios verpflichtend.** Aktiviertes Disagio und passiviertes Agio sind planmäßig über die Laufzeit (im Falle von Disagien auch über kürze Zeiträume als die Darlehenslaufzeit) aufzulösen. Unverzinsliche oder niedrig verzinsliche Verbindlichkeiten dürfen nicht abgezinst ausgewiesen werden (§ 253 Abs. 1 Satz 2), da dies gegen das Realisationsprinzip verstoßen würde.

## 7.6 Ausweis und Offenlegung

Die Klassifikation von Finanzinstrumenten spielt die entscheidende Rolle für deren Folgebewertung, für den Ausweis in der Bilanz ist sie hingegen von keinerlei Bedeutung. Das heißt, es können auch Finanzinstrumente unterschiedlicher Bewertungskategorien in einer einzigen Bilanzposition zusammen dargestellt werden. IAS 1.54 sieht bekanntermaßen eine Mindestgliederung für die Bilanz vor. In folgende Bilanzposten müssen demnach Finanzinstrumente, die in diesem Kapitel behandelt wurden, mindestens eingeordnet werden:

- Finanzielle Vermögenswerte
- Forderungen aus Lieferungen und Leistungen und sonstige Forderungen
- Liquide Mittel
- Finanzielle Verbindlichkeiten
- Verbindlichkeiten aus Lieferungen und Leistungen

**Der saldierte Ausweis von Finanzinstrumenten** ist verboten, es sei denn, das Unternehmen

- besitzt das durchsetzbare Recht, einen finanziellen Vermögenswert und eine finanzielle Schuld tatsächlich gegeneinander aufzurechnen, und
- beabsichtigt auch, dies zu tun oder stattdessen den Vermögenswert zum selben Zeitpunkt zu veräußern, zu dem es die Schuld tilgt.

IAS 32.42 formuliert diesen Nettoausweis gar als Pflicht, sofern die genannten Voraussetzungen erfüllt sind.

Die Angabepflichten zu Finanzinstrumenten sind sehr umfangreich und beziehen sich jeweils auf Klassen von Finanzinstrumenten ähnlichen Charakters (IFRS 7.6). Ziel für Sie soll es nicht sein, jede Detailvorschrift zu kennen, sondern lediglich, einen Überblick zu gewinnen.

Die beiden gemäß IFRS 7 geforderten Hauptangabekategorien sind:

15. **Informationen über die Bedeutung der Finanzinstrumente für die finanzielle Position und den Erfolg des Unternehmens (IFRS 7.7 ff.)** wie z. B.
    - Buchwerte des Finanzvermögns und der Finanzverbindlichkeiten nach Bewertungskategorien, d. h. die zu
    - fortgeführten Anschaffungskosten (Effektivzinsmethode),
    GuV-neutral (OCI) zum Fair Value mit Recycling,
    GuV-wirksam zum Fair Value oder
    GuV-neutral (OCI) zum Fair Value ohne Recycling bewertet sind
    - GuV-wirksam erfasster Zinsaufwand und Zinsertrag etc.

16. **Informationen zu Markt-, Ausfall-, Cashflow- und Liquiditätsrisiken (IFRS 7.31 ff.)** wie z. B.:
    - Qualitative Angaben zu den Risiken, deren Gründen, deren Messmethoden, zum Risikomanagement und zu Veränderungen seit der letzten Berichtsperiode
    - Quantitative Angaben zur Risikoexposition, die auch intern dem Management zur Verfügung gestellt werden, und zu etwaigen Risikokonzentrationen, z. B. Sensitivitätsanalysen für Ergebnis und Eigenkapital, Fälligkeitsstrukturen von Schulden, Kreditkonzentrationen, überfällige sowie wertgeminderte Forderungen etc.

**Zusammenfassung**

Die Bilanzierung von Finanzinstrumenten ist eines der komplexesten Themen in den IFRS.

Der **Ansatz** hat nach IFRS 9 für Derivate grundsätzlich zum Vertragsschluss, bei originären Finanzinstrumenten grundsätzlich bei Erfüllung der Leistungsverpflichtungen einer Vertragspartei zu erfolgen.

Die **Zugangsbewertung** hat zum Fair Value zu erfolgen, der gewöhnlich dem Transaktionspreis (= Anschaffungskosten) entspricht. Anschaffungsnebenkosten sind einzubeziehen, sofern das Finanzinstrument nicht GuV-wirksam zum Fair Value folgebewertet wird.

Die **Folgebewertung** von finanziellen Vermögenswerten ist davon abhängig, in welche Bewertungskategorie diese bei Zugang eingeordnet wurden. Die Klassifizierungskriterien sind dabei einerseits die Art des Finanzinstruments (Schuldinstrument vs. sonstige Instrumente) und andererseits das verfolgte Geschäftsmodell (künftige Verwendung des Instruments).

Für finanzielle Vermögenswerte sind 4 Bewertungskategorien in Abhängigkeit von den beiden genannten Klassifizierungskriterien vorgesehen (IFRS 9.4.1 ff.):

- fortgeführte Anschaffungskosten gemäß Effektivzinsmethode
- GuV-neutral (OCI) zum Fair Value mit Möglichkeit der späteren Umklassifizierung von OCI-Salden in die GuV (mit Recycling)
- GuV-wirksam zum Fair Value
- GuV-neutral (OCI) zum Fair Value ohne Möglichkeit der späteren Umklassifizierung von OCI-Salden in die GuV (ohne Recycling).

Für erworbene Schuldinstrumente, die entweder zu fortgeführten Anschaffungskosten oder GuV-neutral zum Fair Value mit Recycling bewertet werden, ist darüber hinaus das sog. *Expected-Loss*-Modell des IFRS 9 für Wertminderungserfassung einschlägig.

Für finanzielle Schulden stehen nur zwei Bewertungskategorien zur Verfügung:

- Fortgeführte Anschaffungskosten gemäß Effektivzinsmethode und
- GuV-wirksam zum Fair Value.

## 7.7    Übungsaufgaben

1. Die X AG geht am 15.12.20X1 ein Termingeschäft über den Kauf von 1.000.000 US$ per Termin 30.03.20X2 zu einem fest vereinbarten Wechselkurs ein.

   Am Tag des Vertragsschlusses ist der Wert des Geschäfts null und die Voraussetzungen für das Hedge Accounting sind nicht erfüllt. Am Bilanzstichtag 31.12.20X1 steigt der Wert des Termingeschäfts auf 20.050 €.

   Stellen Sie dar, wie das Geschäft nach IFRS 9 am Tag des Vertragsschlusses erfasst werden muss sowie ob und, wenn ja, wie die Wertsteigerung des Termingeschäfts zum 31.12.20X1 berücksichtigt werden muss.

2. Ein Unternehmen erwirbt eine festverzinsliche, börsennotierte Anleihe für 9,5 Mio. € mit einer Laufzeit von 10 Jahren, wofür 50 T€ Transaktionskosten anfallen. Der Nennwert der Anleihe beträgt 10 Mio. €.

   Stellen Sie dar, wie diese Anleihe nach IFRS 9 folgezubewerten sein könnte. Geben Sie in diesem Zusammenhang auch etwaige Voraussetzungen für die jeweilige Einordnung in eine der möglichen (Folge-)Bewertungskategorien an und den jeweiligen Betrag, mit dem die Anleihe einzubuchen (also bei Zugang) ist.

3. Am 01.01.20X1 erwirbt die Treasury-Abteilung der Z-AG einen Zerobond (Anleihe

ohne laufende Zinszahlungen) für 100.000 €. Transaktionskosten fallen nicht an. Grund für diesen Kauf ist die Anlage überschüssiger Liquidität. Der Zerobond wird zu einem Betrag von 121.000 € (also einschließlich angesammelter Zinsen) am 31.12.20X2 zurückgezahlt. Der Effektivzins beträgt damit 10 %. (Für die nachfolgenden Teilaufgaben sind latente Steuern jeweils zu ignorieren.) Der Emittent der Anleihe verfügt über ein Rating von Standard & Poors von A (gute Bonität), welches sich im Zeitablauf nicht ändert. Dieses Rating entspricht bei Zugang einem erwarteten Verlust über einen 12-Monats-Horizont von 60 € und für die Gesamtlaufzeit von 150 €. Am 31.12.20X1 beträgt der erwartete Verlust über einen 12-Monats-Horizont 55 € (entspricht gleichfalls dem für die gesamte Restlaufzeit).

a. Zeigen Sie die Buchungssätze nach IFRS 9 auf, die jeweils bei Zugang und zu den Bilanzstichtagen 31.12.20X1 und 31.12.20X2 zu erfassen sind, wenn die Treasury-Abteilung der Z-AG solche Anleihen ausschließlich (bis auf ganz wenige Ausnahmen) bis zur Endfälligkeit hält (und die Fair-Value-Option nicht genutzt werden soll bzw. kann).

b. In Abwandlung zur obigen Sachverhaltsbeschreibung erwartet die Z-AG am 31.12.20X1 die Insolvenz des Zerobondemittenten. Man rechnet mit einem Zahlungsrückfluss aus der Insolvenzmasse von abgezinst 30.000 €. Stellen Sie dar, wie in diesem Fall nach IFRS 9 vorzugehen ist.

c. Der Zerobond wird in Abwandlung zu Teilaufgabe a) durch die Treasury-Abteilung zur kurzfristigen Gewinnerzielung erworben (Handelsbestand). Am 31.12.20X1 beträgt sein Börsenpreis aufgrund von Marktzinsänderungen 105.000 €.

Stellen Sie die zum 31.12.20X1 notwendigen Buchungen dar. Die Zinserfassung soll nach der Nominalwertmethode erfolgen (d. h., nur die Nominalzinsen sind

zu erfassen, was hier null ist, da es sich um einen Zerobond handelt). Unterstellen Sie zudem, dass der Zerobond am 04.01.20X2 zum Preis von 115.000 € verkauft wird (nach erneuter Änderung des Zinsniveaus).

d. Unter den sonst gleichen Annahmen wie in Teilaufgabe c) soll der Zerobond grundsätzlich zur Vereinnahmung der Rückflüsse gehalten werden, wobei Verkäufe vor Fälligkeit dennoch vorkommen können (und kamen). Die obigen Informationen aus der Sachverhaltsbeschreibung zu den erwarteten Verlusten gelten auch hier. Die Fair-Value-Option soll bzw. kann nicht genutzt werden.

Stellen Sie die zum 01.01.20X1, 31.12.20X1 und 04.01.20X2 notwendigen Buchungen dar.

4. Ein Unternehmen kauft am 01.01.20X1 eine kleinere Beteiligung an einem börsennotierten Unternehmen für 300.000 € (es sind keine Transaktionskosten angefallen). Die Beteiligung soll längerfristig gehalten werden. Das Unternehmen möchte sein Jahresergebnis aufgrund bilanzpolitischer Überlegungen frei von Volatilitäten halten, die auf Börsenentwicklungen von gehaltenen Beteiligungen zurückzuführen sind.

Was würden Sie dem Unternehmen raten, wie es die Beteiligungen bilanzieren sollte? Zu den beiden Bilanzstichtagen 31.12.20X1 bzw. 31.12.20X2 beträgt der Marktwert der Beteiligung 250.000 € bzw. 320.000 €. Wie wäre dann an den Bilanzstichtagen zu buchen? Wie wäre am 03.01.20X3 zu buchen, wenn die Beteiligung für 340.000 € verkauft werden würde. Latente Steuern sind zu ignorieren.

5. Ein Unternehmen hält zum Bilanzstichtag ein Portfolio von kurzfristigen Forderungen aus LuL gegenüber Kunden einer bestimmten Region. Zur Bemessung der notwendigen Wertberichtigungen werden historische Verlustquoten in Abhängigkeit von der Dauer der Überfälligkeit der Forderungen genutzt. Diese werden um aktuellste Informationen zur vor-

**Tab. 7.2** Angepasste Verlustraten zum Forderungsport-
folio der Aufgabe 5

| | Historische Verlustrate angepasst um erwartete Entwicklungen | Bruttoforderungen am Bilanzstichtag in € |
|---|---|---|
| Nicht überfällig | 0,30 % | 15.000.000 |
| 1–30 Tage überfällig | 1,60 % | 7.500.000 |
| 31–60 Tage überfällig | 3,60 % | 4.000.000 |
| 61–90 Tage überfällig | 6,60 % | 2.500.000 |
| > 90 Tage überfällig | 10,60 % | 1.000.000 |
| **Summe** | | **30.000.000** |

aussichtlichen Entwicklung der Ausfallwahr-
scheinlichkeiten angepasst. Tab. 7.2 enthält
diese Verlustquoten in Abhängigkeit von der
Überfälligkeit der Forderungen und die jeweils am Bilanzstichtag vorhandenen Bruttoforderungen. Wie hoch muss die Wertminderungshöhe für den Bestand an Forderungen
aus LuL am Bilanzstichtag ausfallen?

## 7.8    Lösungen

1. Das Termingeschäft ist als derivatives Finanzinstrument am Tag des Vertragsschlusses
zum Fair Value, d. h., mit einem Wert von null
(= Anschaffungskosten) anzusetzen. Zum Zugangszeitpunkt ist das Derivat in eine der Folgebewertungskategorien einzuordnen. Es handelt sich bei diesem Derivat um kein
Schuldinstrument im Sinne des IFRS 9, da es
Zahlungsansprüche bewirkt, die von der Wertentwicklung des sog. Basisinstruments (hier
des US$) abhängen. Damit braucht das Ge-
schäftsmodell, welches das Unternehmen mit
diesem Derivat verfolgt (Verwendungsabsicht), gar nicht geprüft zu werden. Es ist zum
Fair Value (hier 20.050 €) zu bewerten, wobei
sämtliche Wertänderungen GuV-wirksam erfasst werden. Das Termingeschäft kann auch
nicht ausnahmsweise GuV-neutral zum Fair
Value ohne Recycling folgebewertet werden,

da dieses Wahlrecht nur für gehaltene Eigenkapitaltitel (Beteiligungen) gilt.

2. Es handelt sich um einen finanziellen Vermögenswert, da die Anleihe vertragliche Zahlungsansprüche verbrieft. Diese Zahlungsansprüche beinhalten – mangels gegenteiliger
Hinweise – ausschließlich Zins und Tilgung,
weshalb ein Schuldinstrument nach IFRS 9
vorliegt.

a. „**Fortgeführte Anschaffungskosten**": In
diese Bewertungskategorie wäre die Anleihe einzuordnen, wenn die vom Management festgelegte Verwendungsabsicht
(Geschäftsmodell) im Halten bis zur Endfälligkeit besteht. Nur gelegentliche oder
im Wert unwesentliche Verkäufe ähnlicher
Anleihen des entsprechenden Geschäftsbereichs (z. B. Treasury) in der Vergangenheit
würden diese Einordnung nicht verhindern.
Bei Klassifikation in diese Kategorie ist die
Anleihe mit 9,55 Mio. € (einschließlich
Transaktionskosten) zum Zugangszeitpunkt anzusetzen. Einzig wenn das Unternehmen die Fair-Value-Option nutzen
würde (sofern die entsprechenden Bedingungen erfüllt sind), wäre eine GuV-wirksame Fair-Value-Bewertung zwingend
(und eine Einbuchung mit lediglich 9
Mio. €).

b. „**GuV-neutral zum Fair Value mit Recycling**": Eine Klassifizierung in diese Bewertungskategorie wäre nötig, wenn das
Unternehmen die Anleihe zwar grundsätzlich mit der Absicht erworben hätte, sie bis
Endfälligkeit zu halten, aber vorzeitige
Verkäufe nicht ausgeschlossen sind (wenngleich kein aktiver Wertpapierhandel verfolgt werden darf). Bei Klassifikation in
diese Kategorie ist die Anleihe mit 9,55
Mio. € (einschließlich Transaktionskosten)
anzusetzen. Einzig wenn das Unternehmen
die Fair-Value-Option nutzen würde (sofern die entsprechenden Bedingungen erfüllt sind), wäre eine GuV-wirksame
Fair-Value-Bewertung zwingend (und eine
Einbuchung mit lediglich 9 Mio. €).

c. „**GuV-wirksam zum Fair Value**": Eine Klassifizierung in diese Kategorie ist verpflichtend, sofern die Anleihe zum Wertpapierhandelsbestand des Unternehmens zählt, also kurzfristig mit Gewinnerzielungsabsicht weiterveräußert werden soll. Wahlweise kann die Anleihe hier eingeordnet werden, wenn damit relevantere Informationen vermittelt (z. B. Bewertungsinkongruenzen verhindert) werden (zu dieser Fair-Value-Option siehe ausführlich Abschn. 8.7). Bei Klassifikation in diese Kategorie ist die Anleihe mit 9,5 Mio. € anzusetzen, denn die Transaktionskosten sind sofort GuV-wirksam zu verrechnen.

3.

a. Hier ist zu fortgeführten Anschaffungskosten mittels der Effektivzinsmethode zu bewerten. Die notwendigen Buchungssätze unter Berücksichtigung der Effektivzinsmethode lauten wie folgt:

**01.01.20X1** (Einbuchung Anleihe):
Anleihen       100.000    an   Bank       100.000

**01.01.20X1** (Erfassung erwartete Wertminderungen auf Basis 12-Monats-Horizont):
GuV-Aufwand       60    an   Wertminderungskonto       60

**31.12.20X1** (Erfassung effektiver Zinsertrag und Fortschreibung der AK):
Anleihen       10.000    an   Zinsertrag       10.000

**31.12.20X1** (eine Umklassifizierung in Wertminderungskategorie II ist nicht angezeigt, da die Bonität unverändert ist; entsprechend sind erwartete Wertminderungen weiterhin auf Basis des 12-Monats-Horizonts zu erfassen, was hier eine anteilige Auflösung verlangt):

Wertminderungskonto       5    an   GuV-Ertrag       5

**31.12.20X2** (Erfassung effektiver Zinsertrag und Fortschreibung der AK, Verbuchung der Rückzahlung der Anleihe, Ausbuchung des noch valutierenden Wertminderungskontos):

Anleihen       11.000    an   Zinsertrag       11.000

Bank       121.000    an   Anleihen       121.000

Wertminderungskonto       55    an   GuV-Ertrag       55

b. Zum 31.12.20X1 ist zunächst – wie in Teilaufgabe a) – der Zinsertrag für das abgelaufene Geschäftsjahr zu verbuchen (die Verbuchungen zum 01.01.20X1 bleiben unverändert). Da objektive Hinweise auf eine Wertminderung vorliegen, ist sofort in die Wertminderungskategorie III umzuklassifizieren. Dies bedeutet, dass das Wertminderungskonto auf den erwarteten Verlust für die Gesamt(rest-)laufzeit (am 31.12.20X1 verbleibt nur noch 1 Jahr Restlaufzeit!) von 80.000 € (= 110.000 € Buchwert − 30.000 € Barwert der noch zu erwartenden Zahlungen) erhöht werden muss. Insofern sind 79.940 € (= 80.000 € − 60 €) GuV-wirksam zu erfassen. Hinweis: Ende 20X2 sind dann Zinserträge in Höhe von 10 % auf den Nettobuchwert (d. h. nach Wertminderungen) von 30.000 € zu Beginn des Jahres zu erfassen (= 3000 € Zinsertrag).

c. Obwohl es sich um ein Schuldinstrument handelt, muss es GuV-wirksam zum Fair Value folgebewertet werden. Grund hierfür ist, dass Handelsgeschäfte verfolgt werden. Unter der Annahme, dass für Schuldinstrumente des Handelsbestands Zinsen auf nomineller Basis erfasst werden (hier wegen des Zerobonds keine), lauten die notwendigen Buchungssätze wie folgt:

**01.01.20X1** (Einbuchung Anleihe):
Anleihen       100.000    an   Bank       100.000

**31.12.20X1** (Verbuchung Wertanstieg Anleihe):
Anleihen       5.000    an   Handelsertrag (GuV)       5.000

**04.01.20X2** (Verbuchung Wertveränderung und Verkauf):
Bank       115.000    an   Anleihen       105.000
*                                  Handelsertrag (GuV)       10.000

Ersichtlich wird, dass keine erwarteten Wertminderungen verbucht werden. Hintergrund ist, dass durch die Fair-Value-Bilanzierung erwartete Wertminderungen bereits berücksichtigt sind, denn Marktpreise reflektieren regelmäßig erwartete Ausfälle.

Sollten hingegen Zinsen auf Basis der Effektivzinsmethode (alternativ möglich)

**Tab. 7.3**  Lösung zu Aufgabe 5

|  | Historische Verlustrate angepasst um erwartete Entwicklungen | Bruttoforderungen in € | Wertberichtigungshöhe in € |
|---|---|---|---|
| Nicht überfällig | 0,30 % | 15.000.000 | 45.000 |
| 1–30 Tage überfällig | 1,60 % | 7.500.000 | 120.000 |
| 31–60 Tage überfällig | 3,60 % | 4.000.000 | 144.000 |
| 61–90 Tage überfällig | 6,60 % | 2.500.000 | 165.000 |
| > 90 Tage überfällig | 10,60 % | 1.000.000 | 106.000 |
| **Summe** |  | **30.000.000** | **580.000** |

erfasst werden, ergeben sich folgende Buchungssätze:

**01.01.20X1:**
Anleihen              100.000    an    Bank              100.000

**31.12.20X1** (Erfassung effektiver Zinsertrag und Fair-Value-Änderung):
Anleihen               10.000    an    Zinsertrag (GuV)    10.000

Handelsaufwand (GuV)    5.000    an    Anleihen             5.000

**04.01.20X2** (Verbuchung FV-Veränderung und Verkauf):
Bank                  115.000    an    Anleihen            105.000
                                       Handelsertrag (GuV)  10.000

d. Hier muss das Schuldinstrument GuV-neutral zum Fair Value bewertet werden, wobei es zu einem späteren Recycling kommt. Vor der Fair-Value-Bewertung ist gleichwohl zunächst der Buchwert gemäß der Effektivzinsmethode fortzuschreiben und entsprechend sind Zinserträge zu erfassen. Zudem sind erwartete Verluste GuV-wirksam wie in a) zu erfassen, jedoch nun mit Gegenbuchung im OCI. Die notwendigen Buchungssätze lauten wie folgt:

**01.01.20X1** (Einbuchung Anleihe):
Anleihen              100.000    an    Bank              100.000

**01.01.20X1** (Erfassung erwartete Wertminderungen auf Basis 12-Monats-Horizont):
GuV-Aufwand                60    an    OCI (EK)               60

**31.12.20X1** (Erfassung effektiver Zinsertrag und Fortschreibung der AK):
Anleihen               10.000    an    Zinsertrag          10.000

**31.12.20X1** (GuV-neutrale Erfassung FV-Veränderung):
OCI (EK)                5.000    an    Anleihen             5.000

**31.12.20X1** (Erfassung erwartete Wertminderungen weiterhin auf Basis eine anteilige Auflösung verlangt):
OCI (EK)                    5    an    GuV-Ertrag              5

**04.01.20X2** (Verbuchung FV-Veränderung und Verkauf einschl. recycling):
Bank                  115.000    an    Anleihen            105.000
                                       OCI (EK)              5.000
                                       Veräußerungsgewinne (GuV)  5.000

**04.01.20X2** (Recycling der zuvor über das OCI erfassten Wertminderungen):
OCI (EK)                   55    an    GuV-Ertrag             55

4. Zunächst würde man dem Unternehmen raten, von der Möglichkeit Gebrauch zu machen, die Beteiligung GuV-neutral zum Fair Value ohne Recycling zu bewerten. Damit hätte man das Ziel erreicht, wie aus den folgenden Buchungssätzen erkennbar ist.

**01.01.20X1** (Einbuchung der Beteiligung):
Wertpapiere           300.000    an    Bank              300.000

**31.12.20X1** (Erfassung der FV-Änderung):
OCI (EK)               50.000    an    Wertpapiere         50.000

**31.12.20X2** (Erfassung der FV-Änderung):
Wertpapiere            70.000    an    OCI (EK)            70.000

**03.01.20X3** (Erfassung des Verkaufs und Umbuchung des OCI-Saldos in die Gewinnrücklagen):
Bank                  340.000    an    OCI (EK)            20.000
                                       Wertpapiere        320.000
OCI (EK)               40.000    an    Gewinnrücklagen     40.000

Ersichtlich wird, dass es hier zu keinem Recycling kommt. Das heißt, der Gewinn zwischen dem Zugangswert von 300.000 € und dem Verkaufspreis von 340.000 € wird nicht in die GuV umgebucht. Er kann – wie dargestellt – lediglich aus dem OCI in die Gewinnrücklagen (also nur innerhalb des Eigenkapitals) umgebucht werden. Das Jahresergebnis bleibt unberührt. Dieses Vorgehen gab es unter IAS 39 (dem Vorgängerstandard) nicht.

5. Die Wertminderungshöhe ergibt sich jeweils aus Multiplikation der erwarteten Verlustrate mit der Höhe der jeweiligen Bruttoforderungen des Überfälligkeitsbands. Wenn diese Werte aufsummiert werden entspricht das der geforderten Höhe der Wertminderungen zum Bilanzstichtag. Bilanzseitig kämen als Forderungen aus LuL dann 29.420.000 € (= 30.000.000 € − 580.000 €) zum Ausweis. Dies ist Tab. 7.3 zu entnehmen.

# Literatur

IFRS Foundation. (Hrsg.) (2014). Project Summary IFRS 9 Financial Instruments. https://www.ifrs.org/content/dam/ifrs/project/fi-classification-and-measurement/ifrs-standard/published-documents/project-summary.pdf. Zugegriffen am 20.02.2021.

Lüdenbach, N., Hoffmann, W.-D., & Freiberg, J. (2020). § 28 Finanzinstrumente. In N. Lüdenbach & W.-D. Hoffmann (Hrsg.), *IFRS Kommentar. Das Standardwerk* (18. Aufl., S. 1779–2036). Haufe.

# Sicherungsbeziehungen

**Lernziele**

Leser*innen

- sind in der Lage, die Bilanzierung von Derivaten, die nicht Teil des Hedge Accounting sind, nach IFRS zu erläutern und relevante Erleichterungen für Unternehmen dahingehend zu beschreiben,
- können das mithilfe des Hedge Accounting zu erreichende Ziel darstellen und eine Alternative aufzeigen, um das Ziel des Hedge Accounting zu erreichen, falls Unternehmen die administrativen Bürden des Hedge Accounting umgehen wollen bzw. falls das Hedge Accounting an den Anwendungsvoraussetzungen scheitert,
- können unterscheiden, welche Sicherungsinstrumente und welche Sicherungsgrundgeschäfte für das Hedge Accounting nach IFRS infrage kommen und welche nicht,
- können die weiteren Anwendungsvoraussetzungen für das Hedge Accounting nennen,
- sind in der Lage, unterschiedliche Arten von Sicherungsbeziehungen zu bilanzieren und
- kennen wesentliche Abweichungen der handelsrechtlichen Vorschriften im Hinblick auf die Bilanzierung von Sicherungsbeziehungen.

## 8.1 Derivatebilanzierung ohne Vorliegen einer Sicherungsbeziehung

Grundsätzlich sind Finanzderivate, die nicht Teil einer Sicherungsbeziehung sind, nach den bereits bekannten Regeln des IFRS 9 (Abschn. 7.4.4) in die Bewertungskategorie „GuV-wirksam zum Fair Value" einzuordnen (da keine Schuldinstrumente). Dies hat bekanntermaßen zur Folge, zu jedem Bilanzstichtag den Fair Value zu ermitteln und Veränderungen gegenüber dem Wert der Vorperiode GuV-wirksam zu erfassen. Für Derivate ohne Vorliegen einer Sicherungsbeziehung gelten nach HGB hingegen uneingeschränkt das Realisations- und das Imparitätsprinzip. Das heißt, unrealisierte Gewinne dürfen nicht, unrealisierte Verluste müssen hingegen GuV-wirksam erfasst werden.

© Springer Fachmedien Wiesbaden GmbH, ein Teil von Springer Nature 2022
R. Gebhardt, *Rechnungslegung nach IFRS klipp & klar*, WiWi klipp & klar,
https://doi.org/10.1007/978-3-658-36050-4_8

Eine **Ausnahme** vom Grundsatz, Derivate nach IFRS GuV-wirksam zum Fair Value zu bewerten, existiert für **Warentermingeschäfte**, sofern tatsächlich die physische Lieferung der entsprechenden Waren/Rohstoffe in der Zukunft beabsichtigt ist und diese anschließend beim Erwerber verwendet oder veredelt werden – sog. *Own Use Exemption* (IAS 32.8 f.).

Solche Warentermingeschäfte müssen ausnahmsweise **nicht zum Fair Value GuV-wirksam** bewertet werden. Für diese Warenkontrakte gelten stattdessen die Ihnen bekannten Vorgaben des IAS 37. Das heißt, sie sind nur dann bilanziell zu berücksichtigen, wenn sie als belastende Verträge einzustufen sind (siehe hierzu ausführlich Abschn. 6.4). Dies ist insoweit eine Erleichterung für Unternehmen, als dass Unternehmen zu Bilanzstichtagen eine Menge solcher Warentermingeschäfte vorhalten (z. B. alle vor dem Bilanzstichtag ausgelösten Warenbestellungen, die noch nicht durch den Lieferanten erfüllt wurden) und für diese auf eine Ermittlung des Fair Value verzichtet werden kann.

Warentermingeschäfte sind hingegen grundsätzlich als Finanzderivate einzuordnen und damit GuV-wirksam zum Fair Value zu bewerten, wenn

- eine explizite oder implizite Barausgleichsoption vorliegt, die auch regelmäßig in der Vergangenheit genutzt wurde,
- die Güter jederzeit am Markt zu Geld zu machen sind (da z. B. börsennotiert), was auch regelmäßig in der Vergangenheit geschah oder
- Güter aus ähnlichen Geschäften in der Vergangenheit nach Erhalt kurzfristig (ohne Veredelung) veräußert wurden, um Veräußerungsgewinne zu erzielen (IFRS 9.2.4).

### Beispiele

**Beispiel 1**

Unternehmen Z erwirbt vom Immobilienentwicklungsunternehmen I das Recht, eines seiner Grundstücke innerhalb der nächsten 2 Jahre zu einem festen Preis an I zu verkaufen. Dabei hat Z nur dann die Möglichkeit, die Verkaufsoption auszuüben, wenn es das Grundstück auch an I übereignet – ein Barausgleich ist ausgeschlossen.

Die Verkaufsoption fällt sowohl bei Z als auch bei I **nicht** unter die Notwendigkeit einer GuV-wirksamen Fair-Value-Bewertung, sofern beide in der Vergangenheit solche Verträge nicht netto in bar ausgeglichen haben und auch I nicht die Absicht hat, das Grundstück kurze Zeit nach Erwerb zu veräußern.

**Beispiel 2**

Die Volksauto AG geht regelmäßig Terminkontrakte über Stromlieferungen ein, um das Risiko steigender Strompreise abzusichern.

Wenn bislang die vereinbarten Strommengen auch abgenommen (sprich im Rahmen der Produktion verbraucht) und keine überschüssigen Mengen weiterveräußert wurden, fallen die Kontrakte **nicht** in den Anwendungsbereich des IFRS 9. Wenn jedoch tatsächlich Strommengen weiterveräußert werden (z. B. weil die Konjunktur eingebrochen ist, die Produktion deshalb zurückgefahren wurde und infolgedessen entsprechender Minderbedarf an Strom besteht), ist der Kontrakt als Finanzderivat gemäß IFRS 9, sprich GuV-wirksam zum Fair Value, zu bilanzieren.

**Beispiel 3**

Die Copper AG geht aus zweierlei Beweggründen Terminkontrakte ein: einerseits möchte sie den eigenen Kupferbedarf für die Produktion preislich absichern, wobei die Verträge auch tatsächlich durch Lieferung erfüllt werden, andererseits möchte sie durch den Handel von Terminkontrakten an Börsen ihre intime Kenntnis des Kupfermarkts gewinnbringend nutzen. Dazu werden diese Kontrakte einem Nettobarausgleich am Erfüllungstag zugeführt bzw. vorher glattgestellt.

Gemäß IDW RS HFA 25 können die Terminkontrakte, die der Absicherung des eigenen Produktionsbedarfs dienen, als *Own Use Contracts* behandelt werden, während die restlichen nach IFRS 9 bilanziert werden müssen. Dies setzt jedoch voraus, dass diese in getrennten Büchern (z. B. Handelsbuch und Produktionsbuch) geführt werden, um sie unterscheidbar zu machen. ◄

## 8.2 Gründe für Sicherungsbeziehungen und Ziele ihrer Bilanzierung

Häufig werden Finanzderivate als Instrumente eingesetzt, um **ökonomische Risiken** eines Unternehmens **abzusichern**. Zu solchen **Risiken**, die sich absichern lassen, zählen:

- Preis- bzw. Kursrisiken,
- Zinsrisiken (z. B. das Risiko erhöhter Zinszahlungen für ein variabel verzinsliches Darlehen aufgrund der Änderung des zugrunde liegenden Referenzzinssatzes),
- Währungsrisiken oder
- Bonitäts- und Ausfallrisiken.

Stellen Sie sich dazu einmal vor, Sie arbeiten für ein Unternehmen, das mit Kupfer handelt, einem Metall, das in verschiedenen Industrien weiterverarbeitet wird. Ihr Unternehmen konnte nun Kupferbestände günstig einkaufen, hat diese aber noch nicht weiterverkauft.

Da der Kupferpreis sehr volatil ist, möchte sich Ihr Unternehmen gegen das Risiko absichern, Kupfer künftig z. B. bei einem Konjunktureinbruch nur zu einem geringeren als dem Einkaufspreis weiterverkaufen zu können (Preisrisiko). Da Kupferkontrakte börsengehandelt sind, geht der Kupferhändler ein Termingeschäft ein, d. h., er verkauft bereits heute die Kupferbestände zu einem bestimmten Termin (z. B. in 3 Monaten, dem Zeitpunkt des vermuteten Verkaufs des Kupfers an die Kunden) zu einem heute festgelegten Preis (Terminpreis).

Damit hat Ihr Unternehmen sich gegen jedes Preisrisiko abgesichert (neudeutsch: „gehedged"). Die Marge zwischen dem vereinbarten Terminpreis und dem Einkaufskurs hat Ihr Unternehmen damit sicher verdient (Kosten der Lagerhaltung etc. sind unberücksichtigt), egal wie sich die Verkaufspreise entwickeln. Übrigens werden solche Termingeschäfte typischerweise nicht physisch erfüllt. Das heißt, das Kupfer wird regelmäßig nicht tatsächlich geliefert, sondern es findet lediglich ein Ausgleich des Unterschieds zwischen vereinbartem Terminpreis und dem zum Termin gültigen Marktpreis zwischen den Kontaktpartnern in bar statt.

Nehmen wir nun an, das Termingeschäft geht über den Bilanzstichtag hinaus und die Kupferbestände sind noch nicht abverkauft. **Folgende zwei Konstellationen** sind denkbar:

1. **Die Kupferpreise sinken.**
Ökonomisch betrachtet ist einerseits der Wert des Warenbestands gesunken. Andererseits wird dieser Wertverlust (im Zweifel vollständig) durch den Wertanstieg des Termingeschäfts kompensiert. Dieser kompensierende Effekt wird in einem IFRS-Abschluss in der GuV und damit auch im Eigenkapital korrekt dargestellt, denn einerseits muss der Warenbestand gemäß IAS 2 *(Inventories)* auf den gesunkenen Absatzpreis GuV-wirksam abgeschrieben werden. Andererseits muss die korrespondierende Werterhöhung des Derivats GuV-wirksam erfasst werden.

2. **Die Kupferpreise steigen.**
In diesem Fall ist der Wert des Kupfervorrats gestiegen. Gleichzeitig schuldet Ihr Unternehmen dem Terminkontraktpartner eine Ausgleichszahlung, denn den Wertgewinn muss der Kupferhändler an den Kontraktpartner abführen. Die sich ökonomisch ergebenden kompensatorischen Effekte der Wertsteigerung des Grundgeschäfts und der Wertminderung des Absicherungsgeschäfts würden aber in der GuV und damit im Eigenkapital eines IFRS-Abschlusses falsch widergespiegelt. Grund hierfür ist die Bewertungsvorschrift in IAS 2, die es nicht erlaubt, die Vorräte über die Anschaffungskosten hinaus zu bewerten, während das Derivat GuV-wirksam zum Fair Value zu bewerten ist.

Vergleichbare Probleme stellen sich ein, wenn z. B. eine festverzinsliche Anleihe, die „GuV-neutral zum Fair Value mit Recycling" bewertet wird, gegen Kursänderungen infolge von Änderungen des allgemeinen Zinsniveaus abgesichert wird (z. B. über einen Zinsswap). Zwar werden hier die gegenläufigen Effekte aus Wertveränderungen des eingesetzten Sicherungsinstruments auf der einen und der Anleihe auf der anderen Seite grundsätzlich korrekt im Eigenkapital dargestellt (Effektivität der Sicherungsbeziehung unterstellt). Jedoch gilt dies nicht für die GuV. Hier verhindert die Vorschrift, Wertveränderungen der Anleihe GuV-neutral zu erfassen, die korrekte Darstellung, denn die kompensatorischen Wertveränderungen des Sicherungsinstruments sind im Gegensatz dazu GuV-wirksam zu zeigen.

Das Ziel der **Bilanzierung von Sicherungsbeziehungen** (des **Hedge Accounting**) besteht nun darin, die **ökonomisch wirksamen Absicherungseffekte**, sprich die kompensatorischen Effekte, möglichst **korrekt in der GuV und der Bilanz widerzuspiegeln**. Dies wird dadurch ermöglicht, dass diejenigen Bilanzierungsregeln, die diesem Ziel entgegenstehen, für solche Sicherungsbeziehungen außer Kraft gesetzt werden.

In den obigen Fällen würde dies bedeuten:

- Das Verbot, Wertsteigerungen von Vorratsvermögen über die Anschaffungskosten hinaus zu erfassen, wäre aufgehoben bzw.
- die Verpflichtung, die Fair-Value-Änderung der Anleihe GuV-neutral im OCI zu erfassen, wäre ebenfalls zu ignorieren.

Fraglich wäre nun, wie stattdessen zu bewerten wäre. Damit beschäftigen wir uns gleich (Abschn. 8.6). An dieser Stelle sei nur darauf hingewiesen, dass Hedge Accounting keine Pflicht für Bilanzierende ist, sondern ein Wahlrecht! Um dieses Wahlrecht jedoch auszunutzen, müssen Unternehmen verschiedene Anforderungen erfüllen, die im Folgenden ebenfalls diskutiert werden (siehe Abschn. 8.3, 8.4 sowie 8.5)

Wie bereits erwähnt (Abschn. 7.1), sind die Regelungen zum Hedge Accounting im IFRS 9 formuliert. Im Folgenden soll Ihnen ein grundsätzliches Verständnis hinsichtlich der Bilanzierung von Sicherungsbeziehungen vermittelt werden. Insofern wird nicht jede Detailregelung dargestellt, insbesondere nicht die Bilanzierung eingebetteter Derivate.

## 8.3    Qualifizierende Sicherungsinstrumente

Wenn ein Finanzinstrument zur Absicherung erworben wird, muss zunächst gemäß IFRS 9.6.21 ff. geprüft werden, **ob es für das Hedge Accounting infrage kommt.**

Qualifizierende Sicherungsinstrumente *(Hedging Instruments)* sind demnach

- alle mit externen Dritten abgeschlossenen **Derivate**, also Termingeschäfte, Optionen und Swaps, jedoch grundsätzlich **keine geschriebenen Optionen** (denn Stillhalteverpflichtungen sind gewöhnlich kein wirksames Mittel zur Risikoreduzierung), sowie
- **originäre Finanzinstrumente,** sofern sie GuV-wirksam zum Fair Value folgebewertet werden (Ausnahme: finanzielle Schulden, für welche die Fair-Value-Option genutzt wurde).

Auch Teile von Derivaten oder mehrere Derivate zusammen dürfen als Sicherungsinstrumente designiert werden. Ebenso kann ein Derivat (z. B. ein *Cross Currency Swap)* mehrere Risiken (hier: Zins- und Währungsrisiken) absichern.

## 8.4    Qualifizierende Grundgeschäfte

IFRS 9 grenzt nicht nur Sicherungsinstrumente in Bezug auf ihre Qualifizierung für das *Hedge Accounting* ein, sondern auch die abzusichernden Geschäfte selbst (sog. **Grundgeschäfte**; *Hedged Items).* Dabei wurde die Liste gegenüber dem Vorgängerstandard IAS 39 deutlich erweitert, was dazu führt, dass Unternehmen leichter die ökonomischen Effekte ihrer Absicherungsgeschäfte auch bilanziell abbilden können. Für das *Hedge Accounting* qualifizierende Grundgeschäfte sind demnach (IFRS 9.6.3.1 ff.):

- **identifizierbare und verlässlich bewertbare Risikokomponenten** von bilanzierten Vermögenswerten und Schulden (z. B. Forderungen aus Lieferungen und Leistungen, ausgereichte Darlehen, aufgenommene Anleihen, Aktienbestände, aber auch Vorräte),
- **schwebende Geschäfte** (d. h. feste Verpflichtungen bspw. zum Kauf von Vorräten oder Sachanlagen, ohne dass die Lieferung bereits erfolgt ist),
- **erwartete zukünftige Transaktionen,** sofern sie als hochwahrscheinlich eingeschätzt werden.

**Beispiel 1**

Die Volksauto AG hat für die Errichtung eines neuen Werkes in den USA einen variabel verzinslichen US$-Kredit (finanzielle Schuld) aufgenommen.

Das Unternehmen kann sich nun entscheiden,

- ob es nur das Risiko aus den variablen Zinszahlungen absichert (z. B. über einen Zinsswap),
- ob es nur das Risiko einer Aufwertung des US$ absichert (z. B. über Terminkäufe von US$) oder
- ob es beide zuvor genannten Risiken absichert (z. B. über einen *Cross Currency Swap*).

In allen Fällen kann sich die Volksauto AG entscheiden, ob sie die sich ergebenden kompensatorischen Effekte mittels *Hedge Accounting* abbilden möchte oder ob sie dies nicht tun möchte. Übrigens: Natürlich könnte sich die Volksauto AG auch bewusst dafür entscheiden, alle diese Risiken hinzunehmen.

**Beispiel 2**

Die Donaugas AG hat eine feste Verpflichtung, Erdgas von einem Zulieferer in den kommenden Jahren zu festgelegten Preisen (in US$) abzunehmen, die sich am Gasölpreis, den Transportkosten und der allgemeinen Inflation orientieren. Da man mit sinkenden Absatzpreisen (aufgrund der Marktflutung mit aus Fracking gewonnenem Gas), jedoch mit einem steigenden Bezugspreis für Erdgas (aufgrund steigender Ölpreise) in den kommenden Monaten rechnet, möchte man sich dagegen absichern. Jedoch sind keine Terminkontrakte speziell für Erdgas verfügbar und man entscheidet sich deshalb stattdessen für die Absicherung über einen Gasölkontrakt.

Die Donaugas AG muss seit Einführung des IFRS 9 nicht das gesamte Gasgeschäft als Grundgeschäft designieren. Es kann nunmehr auch die Risikokomponente Gasölpreis einzeln absichern und dies dem Hedge Accounting un-

terwerfen. Darüber hinaus wäre es möglich, das Wechselkursrisiko aus den Abnahmeverpflichtungen in US$ einzeln abzusichern und mittels *Hedge Accounting* zu bilanzieren.

**Beispiel 3**

Die in € bilanzierende PanAmerika AG erwartet für das Monatsende Zahlungsabflüsse von 6 Mio. US$ und Zahlungszuflüsse von 5 Mio. US$. Für 5 Mio. US$ gibt es eine natürliche Absicherung, da Fremdwährungszu- und -abflüsse sich ausgleichen. Das Nettorisiko aus Wechselkursänderungen beträgt somit 1 Mio. US$ Zahlungsabfluss am Monatsende. Die PanAmerika AG geht nun ein Termingeschäft über den Kauf von 1 Mio. US$ am Monatsende ein.

Seit Einführung des IFRS 9 kann diese Nettorisikoposition aus erwarteten Geschäften als Grundgeschäft für die Anwendung des Hedge Accounting qualifizieren. ◄

Auch hier gilt bis auf wenige Ausnahmen, dass Geschäfte nur dann als zulässige Grundgeschäfte gelten, sofern sie mit externen Dritten abgeschlossen wurden, denn konzerninterne Transaktionen würden im Rahmen der Konsolidierung eliminiert.

## 8.5  Anwendungsvoraussetzungen des Hedge Accounting

Selbst wenn ein qualifizierendes Sicherungsinstrument und ein qualifizierendes Grundgeschäft existieren, darf *Hedge Accounting* noch **nicht zwangsläufig angewendet** werden. Es sind zusätzliche Anwendungsvoraussetzungen zu erfüllen (IFRS 9.6.4.1 ff.):

1. Es ist zu dokumentieren,
   - **welches Grundgeschäft** (bzw. welcher Anteil) durch **welches Sicherungsinstrument** gesichert wird,
   - **welches Risiko** abgesichert wird (Zinsänderungs-, Wechselkurs-, Kurs-, Ausfallrisiko etc.),

- ob es sich um ein **Fair-Value-Hedge** oder um ein **Cashflow-Hedge** handelt (siehe Abschn. 8.6),
- welche **Methode(n)** eingesetzt wird/werden, um die **Effektivität der Sicherungsbeziehung** zu messen und
- wie das sog. **Hedge Ratio** (siehe weiter unten) bestimmt wird.

2. Der Nachweis muss geführt werden, dass eine (ökonomisch begründbare) Kompensationswirkung künftig eintreten wird. Das heißt nichts anderes, als dass die Kompensationswirkung nicht zufällig sein darf. Die Methode der Nachweisführung wird nicht vorgegeben. Genutzt werden in der Praxis hierfür statistische Methoden wie Regressionsanalysen oder Monte-Carlo-Simulationen, aber auch Sensitivitätsanalysen und andere Methoden.

**Beispiel**

Unternehmen A sichert das Kursänderungsrisiko einer gehaltenen festverzinslichen Anleihe über einen Zinsswap, wobei die festen Zinszahlungen in der Höhe und Fälligkeit gemäß den Anleihebedingungen gegen variable getauscht werden. Da die Bedingungen des Swaps denen des Grundgeschäftes entsprechen, ist davon auszugehen, dass die Kompensationswirkung nicht rein zufällig ist. Genauer gesagt sollte die Wertveränderung des Zinsswaps exakt die zinsbedingten Kursänderungen kompensieren. ◄

3. Es ist zudem nachzuweisen, dass die Ausfallrisiken desjenigen, mit dem das Absicherungsgeschäft abgeschlossen wurde (sog. Kontrahent), überschaubar ausfallen (denn fällt der Kontrahent aus, gäbe es keinen Kompensationseffekt).

**Beispiel**

Unternehmen B sichert sein Rohstoffpreisrisiko aus notwendigen Kupferkäufen über einen Forward mit einer kleinen Bank C, wobei keine Sicherheitsleistungen vereinbart wurden. Diese Bank erleidet hiernach signifikante Bonitätsverschlechterungen. Die Insolvenz

vor Ablauf des Sicherungsgeschäfts ist wahrscheinlich.

Dieser Sachverhalt muss zu dem Schluss führen, dass die Ausfallrisiken der Bank der erhofften Kompensationswirkung entgegenstehen, weswegen das *Hedge Accounting* abgebrochen werden muss. ◄

4. Eine Minimierung der Ineffektivitäten ist über die geeignete Wahl des Verhältnisses zwischen Grundgeschäft und Sicherungsinstrument (sog. Hedge Ratio) sicherzustellen.

**Beispiel**

Die Copper AG möchte den geplanten Kauf von 100 t eines Rohstoffs einer bestimmten Güte in 2 Monaten absichern. Dies erfolgt mit einem börsengehandelten Future-Kontrakt der sich auf diesen Rohstoff jedoch mit einer anderen Güte (Benchmark-Grade) bezieht. Es ist bekannt, dass der zu kaufende Rohstoff gewöhnlich auf einem Niveau von 90 % der börsengehandelten Rohstoffgüte bepreist ist.

Ein Future-Kontrakt i. H. v. 90 t auf die Benchmark-Güte würde die Ineffektivitäten minimieren. Das Hedge Ratio wäre dementsprechend 1,11 (100/90). ◄

5. Bei der Absicherung erwarteter künftiger Transaktionen muss deren Eintritt hochwahrscheinlich sein.

## 8.6    Bilanzierung von Sicherungsbeziehungen

IAS 9.6.5.1 ff. unterscheiden im Hinblick auf die Bilanzierung 3 Arten von Sicherungsbeziehungen, wobei die Art des abgesicherten Risikos die Einordnung bestimmt.

Diese Sicherungsbeziehungen sind mit relevanten Beispielen in Tab. 8.1 im Überblick dargestellt.

Wie Sie bereits wissen, ist es das Ziel des *Hedge Accounting*, ökonomisch wirksame Absicherungseffekte (sprich die kompensatorischen Effekte der Entwicklungen von Grundgeschäft

**Tab. 8.1** Beispiele von Sicherungsbeziehungsarten

| Fair-Value-Hedge | Cashflow-Hedge | Hedge of a Net Investment in a Foreign Operation |
|---|---|---|
| Absicherung gegen Schwankungen des Fair Value | Absicherung gegen schwankende Zahlungsströme | Absicherung des Wechselkursrisikos einer Nettoinvestition in eine selbstständige ausländische Teileinheit |
| **Beispiele:** Terminverkauf von Fremdwährung zur Absicherung einer Fremdwährungsforderung gegen Wertschwankung Terminverkauf von Aktien zur Absicherung des Aktienkursrisikos Zinsswap zur Absicherung einer festverzinslichen Anleihe gegen das Kursänderungsrisiko Grundsätzlich alle festen Verpflichtungen (z. B. ein noch nicht erfüllter Rohstoffkauf) – hieraus resultierende Währungsrisiken auch optional als Cashflow-Hedge designierbar | **Beispiele:** Zinsswap zur Absicherung gegen mögliche höhere Zinszahlungen aus einer emittierten variabel verzinslichen Anleihe Absicherung erwarteter, hochwahrscheinlicher Transaktionen gegen Zahlungsrisiken, wie z. B. die Absicherung eines erwarteten Rohstoffs- oder Anlagenkaufs gegen das Preis- oder Währungsrisiko; Forward-Zinsswap zur Absicherung des Zinsrisikos bezüglich einer künftig zu emittierenden Anleihe | **Beispiel:** Absicherung eines Investments in ein wirtschaftlich selbstständig agierendes, ausländisches Tochterunternehmen, Joint Venture oder assoziiertes Unternehmen gegen Währungsrisiken |

und Sicherungsinstrument) möglichst korrekt im Abschluss widerzuspiegeln. Dies wird erreicht, indem diejenigen Bilanzierungsregeln, die diesem Ziel entgegenstehen, für solche Sicherungsbeziehungen außer Kraft gesetzt werden, d. h.,

- im Hinblick auf **Fair-Value-Hedges** wird das abgesicherte Grundgeschäft nun GuV-wirksam zum Fair Value und damit synchron zum Sicherungsinstrument bewertet,
- im Hinblick auf **Cashflow-Hedges** wird das (derivative) **Sicherungsinstrument** jetzt nicht GuV-wirksam, sondern GuV-neutral zum Fair Value bewertet (zur Begründung, warum hier anders vorgegangen wird, siehe Abschn. 8.6.2).

Im Folgenden wird genauer auf die Bilanzierung von Fair-Value-Hedges und Cashflow-Hedges eingegangen. Es sei lediglich erwähnt, dass die verbleibende dritte Kategorie (*Hedge of a Net Investment in a Foreign Operation*) faktisch einen Cashflow-Hedge darstellt.

### 8.6.1 Bilanzierung von Fair-Value-Hedges

Ist eine Sicherungsbeziehung als Fair-Value-Hedge einzuordnen, werden **Veränderungen des Fair Value** nicht nur für das Sicherungsinstrument, sondern auch für das gesicherte Grundgeschäft unmittelbar **GuV-wirksam erfasst** (IFRS 9.6.5.8 f.). Hierdurch wird die angestrebte Darstellung der kompensatorischen Wirkung von Grundgeschäft und Sicherungsinstrument erreicht. Dies bedeutet konkret Folgendes:

- Buchwerte von Grundgeschäften, die bislang zu fortgeführten Anschaffungskosten bewertet wurden, sind nun GuV-wirksam auf den Fair Value anzupassen, d. h. auch über die historischen Anschaffungskosten hinaus.
- Für Schuldinstrumente, die bislang GuV-neutral zum Fair Value mit Recycling bewertet wurden und nun Grundgeschäfte eines Hedges sind, ändert sich die Bewertungsvorschrift nur dahingehend, dass die Wertveränderungen

nun nicht GuV-neutral, sondern GuV-wirksam zu erfassen sind.

- Sofern schwebende Geschäfte aus z. B. einmaligen oder langfristigen Rohstoffkäufen gegen Risiken (z. B. Preisrisiken) abgesichert werden, sind deren Fair Values als sonstige Vermögenswerte bzw. sonstige Verbindlichkeiten zu bilanzieren und deren Änderungen GuV-wirksam gegenzubuchen (Abkehr vom Grundsatz der Nichtbilanzierung schwebender Geschäfte, siehe zu diesem Grundsatz Abschn. 6.4).

**Beispiel**

Die Kupfer Handels AG möchte ihre Kupfervorräte gegen einen Preisverfall absichern und schließt eine entsprechende Menge an Terminkontrakten über eine Warenterminbörse ab. Dadurch verkauft sie die gehaltene Menge an Kupfer zu einem heute festgelegten Preis an einem festgelegten künftigen Zeitpunkt. Gleichwohl wird bei solchen Kontrakten das Kupfer regelmäßig nicht geliefert, sondern nur die Wertdifferenzen in bar ausgeglichen (Own Use Exemption nicht anwendbar). Die Voraussetzungen für das Hedge Accounting sollen erfüllt sein.

Wenn nun die Marktpreise für Kupfer steigen, schuldet die Kupfer Handels AG ihrem Kontraktpartner einen Ausgleich der Differenz zwischen dem gestiegenen Marktpreis und dem zuvor festgelegten Verkaufspreis, multipliziert mit der Menge. Dieser negative Wert des Termingeschäfts (= die Schuld) muss GuV-wirksam eingebucht werden (Hedgeaufwand an Termingeschäft).

Der gestiegene Wert des Vorratsbestands an Kupfer darf nach IAS 2 prinzipiell nicht berücksichtigt werden, da die Anschaffungskosten hiernach die Bewertungsobergrenze darstellen. Da in diesem Fall jedoch eine Sicherungsbeziehung vorliegt, wird im Falle der Anwendung des Hedge Accounting die Regelung des IAS 2 verdrängt. Das heißt, die Werterhöhung des Vorratsvermögens ist nun GuV-wirksam zu erfassen (Vorräte an Hedgeertrag). Damit wird nun die kompensatorische Wirkung korrekt im Abschluss dargestellt. ◄

Wertveränderungen des Grundgeschäfts werden jedoch nur insoweit GuV-wirksam bilanziert, als sie durch das abgesicherte Risiko bewirkt wurden.

## 8.6.2 Bilanzierung von Cashflow-Hedges

Ist eine Sicherungsbeziehung als Cashflow-Hedge einzuordnen, werden die sonst zu befolgenden Bewertungsregeln für das Sicherungsinstrument verändert. Unverändert bleibt die Bewertung des Sicherungsinstruments zum Fair Value. Jedoch sind **Änderungen des Fair Value,** die durch das abgesicherte Risiko bewirkt werden, nun nicht GuV-wirksam, sondern **GuV-neutral über das sonstige Gesamtergebnis (OCI) ins Eigenkapital** einzustellen (im Folgenden **Cashflow-Hedge-Rücklage** genannt). Grund hierfür ist, dass das Grundgeschäft ein künftiger Zahlungsstrom ist, welcher noch nicht bilanzierungsfähig ist.

**Beispiel**

Ein Unternehmen sichert ein variabel verzinsliches Darlehen gegen das Risiko steigender Zinsen – und damit steigender Zinsbelastung – ab, indem es einen Zinsswap mit einer Bank abschließt. Hierdurch erhält das Unternehmen von der Bank künftig variable Zinszahlungen und zahlt im Gegenzug feste Zinsen an die Bank. Damit würde sich das Unternehmen gegen steigende Zinsen immunisiert haben, denn eine höhere Zinsbelastung aus der Darlehensaufnahme infolge steigender Marktzinsen würde durch die (dann ebenfalls höheren) Zahlungen der Bank an das Unternehmen kompensiert.

Wenngleich das Darlehen bilanzwirksam ist, haben steigende (oder fallende) variable Zinszahlungen grundsätzlich keinen Einfluss auf die Bewertung des Darlehens (anders wäre dies bei Darlehen mit festen Zinsverpflichtungen). Hingegen verändert sich der Wert des Zinsswaps, wenn die variable Verzinsung steigt (oder fällt). Aus Sicht des Unternehmens muss die Bank dann künftig mehr (oder weniger) Zahlungen leisten. Würden diese Wertveränderungen des Sicherungsinstruments GuV-wirksam erfasst werden, ständen diesen wie beschrieben keine kompensatorischen Effekte aus dem Grundgeschäft in der GuV gegenüber und der Bilanzleser würde falsch informiert. Deshalb hat sich der IASB entschlossen, eine GuV-neutrale Erfassung der Wertveränderungen des Sicherungsinstruments zu verlangen. Durch diese Vorgehensweise wird eine Verzerrung der GuV zwar vermieden. Nichtsdestotrotz wird das Eigenkapital zu hoch ausgewiesen.

*Hinweis*: Um auch noch diese Verzerrung zu vermeiden, wäre es denkbar, einfach den Wertanstieg des Zinsswaps bilanziell nicht zu erfassen. Diesen Weg wollte aber der IASB offensichtlich nicht beschreiten. ◄

Ist die Absicherung nicht völlig effektiv (d. h. vollzieht sich die Veränderung der Werte von Sicherungsinstrument und Grundgeschäft nicht genau gegenläufig), muss der ineffektive Teil weiterhin GuV-wirksam erfasst werden. Der effektive Teil der Sicherungsbeziehung entspricht gemäß IFRS dem niedrigeren Wert aus

- kumulierter Wertveränderung des Sicherungsinstruments bis zum Stichtag und
- kumulierter Barwertänderung der gesicherten Cashflows bis zum Stichtag (IFRS 9.6.5.11).

Fraglich ist, wie mit der GuV-neutral gebildeten **Cashflow-Hedge-Rücklage** umzugehen ist. Hier schreibt IFRS 9 ein diffiziles Vorgehen vor, welches hier nicht in jedem Detail beschrieben werden soll. Es gilt gleichwohl der Grundsatz, dass die Cashflow-Hedge-Rücklage **parallel mit der Erfolgswirkung des abgesicherten Grundgeschäfts GuV-wirksam aufzulösen** ist (Recycling). Ein Beispiel hierzu finden Sie nachstehend:

**Beispiel**

Ein variabel verzinsliches Darlehen mit vierteljährlichen Zinszahlungen wird mittels eines Zinsswaps gegen Zinsänderungen abgesichert (Tausch variabler in feste Zinszahlungen). Eine aufgrund eines tatsächlichen Zinsan-

stiegs verbuchte Cashflow-Hedge-Rücklage (aufgrund eines positiven Fair Value des Zinsswaps) wird zu den jeweiligen Zinszahlungsterminen anteilig ertragswirksam über die GuV aufgelöst. So wird erreicht, dass in der GuV nur der Zinsaufwand gezeigt wird, der dem festen Zinssatz aus dem vereinbarten Zinsswap entspricht. ◄

Es ergeben sich einige Unterschiede bei der Bilanzierung von Sicherungsbeziehungen nach **handelsrechtlichen** gegenüber den IFRS-**Regelungen**, die Sie im Folgenden im Überblick dargestellt sehen.

- Werden Derivate zu Sicherungszwecken (auch für mit hoher Wahrscheinlichkeit erwartete Transaktionen) eingesetzt, ist die Bildung von Bewertungseinheiten nunmehr kodifiziert. Nach § 254 HGB dürfen (d. h. Wahlrecht) dann im Gegensatz zu den sonst gültigen GoB unrealisierte Gewinne aus dem Sicherungsinstrument in dem Umfang berücksichtigt werden, wie sie Verluste aus dem Grundgeschäft kompensieren (effektiver Teil). Darüber hinausgehende unrealisierte Gewinne müssen hingegen unberücksichtigt bleiben. Das Realisationsprinzip ist also hier eingeschränkt. Übersteigen die Verluste aus dem Grundgeschäft die Gewinne aus dem Sicherungsinstrument, sind diese grundsätzlich aufwandswirksam zu erfassen (Imparitätsprinzip). Dies gilt auch umgekehrt.
- Qualifizierende Grundgeschäfte und Sicherungsinstrumente sowie die Anwendungsvoraussetzungen sind mit Einführung des IFRS 9 nunmehr eher mit denen des HGB vergleichbar (unter dem Vorgängerstandard IAS 39 ergaben sich deutlichere Abweichungen).
- Hinsichtlich der bilanziellen Darstellung haben sich – mangels Vorgabe durch den Gesetzgeber – zwei Methoden etabliert:
  - Beim Ausweis mittels der Einfrierungsmethode werden nur die ineffektiven Teile einer Sicherungsbeziehung GuV-wirksam. Die sich kompensierenden Wertveränderungen von Grundgeschäft und Sicherungsinstrument werden nur in Nebenbüchern erfasst.

– Beim Ausweis nach der Durchbuchungs-
methode werden hingegen (unter Berücksichtigung der obigen Vorgaben) alle
Wertveränderungen von Grund- und Sicherungsgeschäft GuV-wirksam erfasst. Dieses Vorgehen entspricht tendenziell der Bilanzierung von Fair-Value-Hedges. Die
Buchungsmethode des Cashflow-Hedge ist
nach HGB nicht möglich, da eine Ertrags-
oder Verlusterfassung unter Umgehung der
GuV (sonstiges Gesamtergebnis) im HGB
nicht vorgesehen ist.
– Eine Unterscheidung in Fair-Value- und
Cashflow-Hedges gibt es nicht.

## 8.7 Fair-Value-Option als Alternative zum Hedge Accounting

Wenngleich die Hürden (d. h. die Anwendungsvoraussetzungen) für das Hedge Accounting
durch IFRS 9 im Vergleich zum Vorgängerstandard abgeschwächt wurden, kann es immer noch
sein, dass Unternehmen den administrativen Aufwand scheuen.

Die Fair-Value-Option als Alternative zum
Hedge Accounting erlaubt dennoch die Darstellung der kompensatorischen Wirkung einer
Sicherungsbeziehung und vermeidet damit An-
satz- und Bewertungsinkongruenzen. Durch die
freiwillige Designierung von Sicherungsinstrument und Grundgeschäft in die Bewertungskategorie „GuV-wirksam zum Fair Value" (Fair-
Value-Option, siehe dazu auch schon
Abschn. 7.4.4) werden die kompensatorischen
Wirkungen der Wertveränderungen beider Geschäfte in der GuV korrekt widergespiegelt.

**Beispiel**

Unternehmen A kauft eine festverzinsliche
Anleihe. Diese ist aufgrund der Erfüllung
der entsprechenden Kriterien (Schuldinstrument und Geschäftsmodell „Halten und Verkauf") GuV-neutral zum Fair Value (mit
Recycling) zu bewerten. Um die Anleihe ge-

gen zinsinduzierte Kursrisiken abzusichern,
wird ein festverzinsliches Darlehen aufgenommen. Dieses ist bekanntermaßen zu fortgeführten Anschaffungskosten mittels der
Effektivzinsmethode zu bewerten. Folglich
würden bei Zinsänderungen die sich gegenseitig aufhebende Wertänderung von Grundgeschäft und Sicherungsgeschäft nicht korrekt im Abschluss dargestellt, wenn kein
Hedge Accounting angewendet werden
würde.

Wenn nun einerseits die festverzinsliche
Anleihe und andererseits das Darlehen
GuV-wirksam zum Fair Value bewertet werden würden, könnten sämtliche Änderungen
des Fair Value beider Posten in der GuV erfasst werden, wodurch die kompensatorischen
Effekte korrekt im IFRS-Abschluss dargestellt
wären. ◄

Zu berücksichtigen ist bei der Nutzung der
Fair-Value-Option, dass nicht nur die Wertveränderungen des Grundgeschäfts, die sich auf das
abgesicherte Risiko beziehen, bilanziert werden
müssen, sondern die Fair-Value-Änderungen in
Gänze.

## 8.8 Offenlegung

Auch für Derivate und die Bilanzierung von Sicherungsbeziehungen finden sich die relevanten
Offenlegungsvorschriften im IFRS 7. IFRS
7.21A ff. fordern Erläuterungen u. a.

• der Risikomanagementstrategie und deren
Anwendung,
• der *Hedging*aktivitäten und deren Einfluss auf
künftige Cashflows,
• der Effekte von Hedge Accounting auf den
Jahresabschluss.

**Zusammenfassung**

**Grundsätzlich** müssen alle **Finanzderivate** –
unabhängig davon, ob zu Sicherungs- oder zu
Spekulationszwecken eingesetzt – **GuV-wirk-**

sam zum Fair Value bewertet werden (Derivate, die im Rahmen von Cashflow-Hedges eingesetzt werden, sind ausnahmsweise GuV-neutral zum Fair Value mit Recycling zu bewerten). Eine Ausnahme von diesem Grundsatz existiert für Warentermingeschäfte, sofern tatsächlich die physische Lieferung in der Zukunft beabsichtigt ist und die Waren/Rohstoffe anschließend beim Erwerber verwendet oder veredelt werden *(Own Use Exemption)*. Betroffene Unternehmen müssen also nicht regelmäßig den Fair Value dieser Geschäfte ermitteln, was eine erhebliche Anwendungserleichterung darstellt. Gleichwohl gilt es dann, die Regeln für feste Verpflichtungen (schwebende Geschäfte) gemäß IAS 37 zu beachten.

Das **Ziel der Bilanzierung von Sicherungsbeziehungen** (Hedge Accounting) besteht darin, die **gegenläufigen Effekte** der Wertänderung des abgesicherten Geschäfts und des eingesetzten Sicherungsinstruments **möglichst korrekt im Abschluss widerzuspiegeln**, denn dies wird sonst mitunter aufgrund abweichender Ansatz- und Bewertungsvorschriften der relevanten IFRS für diese beiden Positionen verhindert.

Das Ziel des Hedge Accounting wird erreicht, indem diejenigen Bilanzierungsregeln, die diesem Ziel entgegenstehen, für solche Sicherungsbeziehungen außer Kraft gesetzt werden. Das Hedge Accounting ist nach IFRS als Bilanzierungswahlrecht ausgestaltet. Um es in Anspruch nehmen zu können, müssen jedoch **qualifizierende Sicherungsinstrumente und qualifizierende Grundgeschäfte** vorhanden sein. Zudem müssen weitere (mit Einführung von IFRS 9 weniger restriktiv formulierten) **Anwendungsvoraussetzungen** erfüllt sein.

Im Hinblick auf die Bilanzierung von Sicherungsbeziehungen ist zu unterscheiden, ob ein Fair-Value-Hedge (dann Anpassung der Bilanzierung des Grundgeschäfts) oder ein Cashflow-Hedge (dann Anpassung der Bilanzierung des Sicherungsinstruments) vorliegt.

Als Alternative zum Hedge Accounting kommt die freiwillige GuV-wirksame Bewertung von Finanzinstrumenten zum Fair Value infrage (Fair-Value-Option).

## 8.9 Übungsaufgaben

1. Grundsätzlich sind Derivate nach den Regeln von IFRS 9 abzubilden. Stellen Sie Hintergrund und Folgen dieser Regeln sowie mögliche Ausnahmen von diesen Regeln kurz dar.

2. Das Unternehmen B schließt aus zwei Beweggründen Terminkontrakte ab: Einerseits möchte es für die Produktion benötigte Rohstoffe preislich absichern; die diesbezüglichen Verträge wurden bislang auch tatsächlich immer durch Lieferung erfüllt. Andererseits möchte es durch den Handel von Terminkontrakten an Börsen seine Kenntnis des Rohstoffmarktes gewinnbringend nutzen. Dazu werden diese Kontrakte einem Nettobarausgleich am Erfüllungstag zugeführt bzw. vorher glattgestellt. Die Terminkontrakte werden dazu in unterschiedlichen Büchern (Handelsbuch und Produktionsbuch) geführt.

   Unterscheiden Sie, welche Regelungen für die Bilanzierung dieser Terminkontrakte einschlägig sind.

3. Erläutern Sie das Ziel des Hedge Accounting im Allgemeinen und wie dieses Ziel im Grundsatz erreicht wird.

4. Die A-AG möchte eine erworbene, variabel verzinsliche Anleihe einsetzen, um das Zinsänderungsrisiko eines variabel verzinslichen Darlehens abzusichern. Außerdem möchte sie mittels eines Termingeschäfts ein bereits zuvor abgeschlossenes weiteres Derivat absichern.

   Nehmen Sie dazu Stellung, ob dies nach den Regeln des IFRS 9 grundsätzlich zulässig ist.

5. Nennen Sie die Anwendungsvoraussetzungen für das Hedge Accounting nach IFRS 9.

6. Nennen Sie für folgende Sachverhalte der A-AG, die ihre Aktivitäten vornehmlich in € abwickelt, welches Risiko jeweils abgesichert

wird und welche Art/Kategorie von Sicherungsbeziehung (Fair-Value-Hedge oder Cashflow-Hedge) nach IFRS 9 jeweils vorliegt. Gehen Sie dabei von der Annahme aus, dass alle Voraussetzungen für die Anwendung des Hedge Accounting erfüllt sind.

a. Die Q-AG erwirbt am 01.01.20X1 eine variabel verzinsliche Anleihe (Libor + 250 Basispunkte) zum Kaufpreis von 100.000 US$ (= Nennwert) und mit Fälligkeit zum 31.12.20X2. Am selben Tag wird ein Termingeschäft abgeschlossen, wobei 100.000 US$ auf Termin 31.12.20X2 zu einem bereits jetzt festgelegten Kurs verkauft werden.

b. Für die in a. erworbene, variabel verzinsliche Anleihe wird mit einer Bank ein Zinsswap vereinbart, durch den variable Zinszahlungen in feste Zinszahlungen getauscht werden.

c. Die Q-AG geht am 05.01.20X1 einen Vertrag mit dem Inhalt ein, am 30.06.20X1 zum Preis von 155.000 € 25 t eines bestimmten Rohstoffs an einen bestimmten Kunden zu liefern. Am selben Tag kauft die Q-Handels-AG an der London Metal Exchange (LME) einen Terminkontrakt (Future) mit einem Kontraktvolumen von 25 t dieses Rohstoffs, um sich abzusichern.

d. Am 07.01.20X1 zeichnet sich ein weiterer Verkauf von 50 t eines bestimmten Rohstoffs zum Preis von für 320.000 € an einen zweiten Kunden ab, wobei dieses Geschäft als hochwahrscheinlich eingeschätzt wird. Die Q-AG kauft dafür am 07.01.20X1 2 weitere Futures mit einem jeweiligen Kontraktvolumen von 25 t des Rohstoffs an der LME.

7. Unternehmen A erwirbt Ende 20X3 eine börsennotierte, festverzinsliche Anleihe zum Marktwert von 5 Mio. € und klassifiziert sie korrekt in die Bewertungskategorie „GuV-neutral zum Fair Value mit Recycling". Ende 20X4 steigt der Kurs der Anleihe infolge des sinkenden Marktzinsniveaus auf 5,5 Mio. €. Um diesen Wertzuwachs abzusichern, schließt das Unternehmen einen Zinsswap zu marktgerechten Konditionen ab (Tausch fester in variable Zinszahlungen). Ende 20X5 sinkt der Kurs der Anleihe auf 5,3 Mio. €. Dagegen steigt der Marktwert des Zinsswaps auf 0,2 Mio. €.

Benennen Sie die Kategorie der vorliegenden Sicherungsbeziehung und zeigen Sie auf, wie nach IFRS 9 zu bilanzieren ist, indem Sie die Buchungssätze nennen. Unterstellen Sie, dass die Voraussetzungen für die Anwendung des Hedge Accounting erfüllt sind (latente Steuern sind nicht zu berücksichtigen).

8. (Beispiel in Anlehnung an Pellens et al., 2017, S. 634)

Ein Unternehmen plant Ende des Quartals Q1 den Verkauf eines derzeit in der Entwicklung befindlichen Produkts für dasselbe Geschäftsjahr. Die Fakturierung soll aufgrund der Marktgegebenheiten in der lokalen Währung des Kunden erfolgen, die jedoch an den US$ gekoppelt ist (Zentralbank interveniert bei Überschreitung gewisser Grenzen). Das Unternehmen sichert bereits in Q1 den geplanten Umsatzerlös durch einen Terminverkauf von US$ ab. Die Wertentwicklungen der geplanten Transaktion in € und des Termingeschäfts stellen sich wie in Tab. 8.2 zu sehen dar:

Stellen Sie dar, wie hoch die Cashflow-Hedge-Rücklage Ende Q2 und Ende Q3 ausfallen

**Tab. 8.2** Wertentwicklung Grund- und Sicherungsgeschäft zu Aufgabe 8

|                                          | Q1      | Q2     | Q3     |
|------------------------------------------|---------|--------|--------|
| **Barwert des Cashflows aus dem Verkauf** in € | 100.000 | 82.000 | 60.000 |
| **Wert des Sicherungsinstruments** in €  | 0       | 20.000 | 38.000 |

darf, unterstellt, Hedge-Accounting darf und wird angewendet (latente Steuern sind nicht zu berücksichtigen).

## 8.10 Lösungen

1. Derivate sind Finanzinstrumente, da sie die Definition gemäß IAS 32.11 erfüllen (siehe Abschn. 7.1). Da Derivate keine Schuldinstrumente im Sinne des IFRS 9 sind (denn sie verbriefen andere Zahlungsansprüche als Zins und Tilgung), müssen sie GuV-wirksam zum Fair Value folgebewertet werden (jedoch GuV-neutral zum Fair Value, falls sie Teil eines Cashflow-Hedges sind!). Eine Ausnahme vom Grundsatz, Derivate gemäß den Bilanzierungsregeln des IFRS 9 abzubilden, existiert für Warentermingeschäfte, sofern tatsächlich die physische Lieferung der Waren/Rohstoffe in der Zukunft beabsichtigt ist und die Waren/Rohstoffe anschließend beim Erwerber verwendet oder veredelt werden – sog. *Own Use Exemption*. Betroffene Unternehmen brauchen damit nicht regelmäßig den Fair Value für diese Kontrakte zu ermitteln, denn dann sind solche Warenterminkontrakte nach den Vorgaben des IAS 37 zu bilanzieren. Sie bleiben bilanzunwirksam, solange sie nicht als belastende Verträge einzustufen sind, was eine GuV-wirksame Rückstellungsbildung (Drohverlustrückstellung) zur Folge hätte.

2. Terminkontrakte, die der Absicherung des eigenen Produktionsbedarfs dienen, werden als *Own Use Contracts* behandelt. Sie müssen damit nicht GuV-wirksam zum Fair Value bewertet werden. Stattdessen ist der IAS 37 relevant. Die anderen Kontrakte wiederum fallen in den Anwendungsbereich von IFRS 9, d. h., sie müssen stets GuV-wirksam zum Fair Value bilanziert werden. Die Trennung ist möglich, da die Kontrakte in zwei verschiedenen Büchern geführt werden.

3. Das Ziel des Hedge Accounting besteht darin, die gegenläufigen Effekte der Wertänderung des abgesicherten Geschäfts und des eingesetzten Sicherungsinstruments möglichst korrekt in GuV und Bilanz (Eigenkapital) widerzuspiegeln. Dem stehen mitunter abweichende Ansatz- und Bewertungsvorschriften der relevanten IFRS für diese beiden Geschäfte entgegen. Das Ziel des *Hedge Accounting* wird erreicht, indem diejenigen Bilanzierungsregeln, die der korrekten Darstellung der kompensatorischen Effekte entgegenstehen, für solche Sicherungsbeziehungen außer Kraft gesetzt werden.

4. In beiden Fällen ist dies grundsätzlich zu bejahen. Denn es handelt sich jeweils um zulässige Sicherungsinstrumente als auch um zulässige Grundgeschäfte. Es müssten jeweils noch die weiteren Anwendungsvoraussetzungen geprüft werden (hierzu finden sich keine Angaben in der Aufgabenstellung).

5. Die Anwendungsvoraussetzungen für das Hedge Accounting sind: Sicherungszusammenhang und Zielsetzung müssen zu Beginn der Sicherungsbeziehung formal dokumentiert werden; Nachweis muss geführt werden, dass eine Kompensationswirkung künftig eintreten wird; Ausfallrisiken desjenigen, mit dem das Absicherungsgeschäft abgeschlossen wurde (sog. Kontrahent), fällt überschaubar aus; Minimierung der Ineffektivitäten ist sicherzustellen über geeignete Wahl des Verhältnisses zwischen Grundgeschäft und Sicherungsinstrument (sog. Hedge Ratio); bei Absicherung erwarteter zukünftiger Transaktionen muss deren Eintritt zudem hochwahrscheinlich sein.

6. a. Währungsrisiko: Wahlrecht zwischen Abbildung als Cashflow-Hedge oder Fair-Value-Hedge
   b. Zinsänderungsrisiko: Cashflow-Hedge
   c. Preisrisiko einer festen Verpflichtung (schwebendes Geschäft): Fair-Value-Hedge
   d. Preisrisiko einer erwarteten Transaktion: Cashflow-Hedge

**Tab. 8.3** Lösung zu Aufgabe 8

|                                                                                 | Q1 | Q2      | Q3      |
|---------------------------------------------------------------------------------|----|---------|---------|
| **Kumulierte Wertveränderung Grundgeschäft (Verkaufsgeschäft)** in €            | 0  | −18.000 | −40.000 |
| **Kumulierte Wertveränderung des Sicherungsinstruments** in €                   | 0  | +20.000 | +38.000 |

7.  Es handelt sich um einen Fair-Value-Hedge.

Ende 20X3 ist der Kauf der Anleihe zu buchen:
**20X3:**

| Anleihen | 5.000.000 | an | Bank | 5.000.000 |
|----------|-----------|----|------|-----------|

Ende 20X4 ist der Wertzuwachs GuV-neutral zu verbuchen:
**20X4:**

| Anleihen | 500.000 | an | Sonstiges Gesamtergebnis (Eigenkapital) | 500.000 |
|----------|---------|----|------------------------------------------|---------|

Ende 20X5 sind sowohl der Wertzuwachs des Zinsswaps als auch der Wertverlust der Anleihe unmittelbar GuV-wirksam zu verbuchen:
**20X5:**

| Hedge-Aufwand | 200.000 | an | Zinsswap     | 200.000 |
|---------------|---------|----|--------------|---------|
| Anleihen      | 200.000 | an | Hedge-Ertrag | 200.000 |

8.  Nur der effektive Teil der Absicherung darf GuV-neutral (OCI) im Eigenkapital (Cashflow-Hedge-Rücklage) erfasst werden. Der effektive Teil ist definiert als Minimum aus kumulierter Wertveränderung des Sicherungsinstruments und kumulierter Wertveränderung des Grundgeschäfts. Diese sind in Tab. 8.3 dargestellt.

Ende Q2 erhöht sich der Wert des Termingeschäfts um 20.000 €. Da sich jedoch der Wert des Grundgeschäfts um lediglich 18.000 € verringert, stellt dieser Wert das Maximum der Cashflow-Hedge-Rücklage zum Ende Q2 dar. Das Termingeschäft ist (im Soll) folglich mit 20.000 € zu erfassen. Die Cashflow-Hedge-Rücklage darf jedoch nur über das sonstige Gesamtergebnis (OCI im Haben) mit 18.000 € eingebucht werden. Die Differenz (Ineffektivität) von 2000 € ist als Ertrag GuV-wirksam zu erfassen.

Ende Q3 stellt hingegen die kumulierte Wertänderung des Termingeschäfts (+38.000 €) den geringeren Betrag dar und bestimmt damit auch die maximale Höhe der Cashflow-Hedge-Rücklage. Das Termingeschäft muss zum Fair Value von 38.000 € ausgewiesen werden. Folglich ist das Termingeschäft (im Soll) mit 18.000 € zu erfassen (es war ja bereits mit 20.000 € verbucht). Die Cashflow-Hedge-Rücklage muss hingegen auf 38.000 € erhöht werden. Damit muss über das sonstige Gesamtergebnis (OCI im Haben) eine Erhöhung von 20.000 € erfasst werden. Die verbleibende Differenz (Ineffektivität) ist als Aufwand (im Soll) GuV-wirksam zu erfassen.

*Hinweis: Für das Beispiel wurde ein Unternehmen unterstellt, welches zu einer Quartalsberichterstattung verpflichtet ist.*

## Literatur

Pellens, B., Fülbier, R. U., Gassen, J., & Sellhorn, T. (2017). *Internationale Rechnungslegung. IFRS 1 bis 16, IAS 1 bis 41, IFRIC-Interpretationen, Standardentwürfe. Mit Beispielen, Aufgaben und Fallstudie* (10. Aufl.). Schäffer-Poeschel.

# Erlösrealisation

## 9.1 Überblick

Wenn Sie heutzutage einen Mobilfunkvertrag abschließen, erwerben Sie oft gleichzeitig ein Smartphone, Daten-, Telefon- und SMS-Flatrates und manchmal noch Weiteres wie z. B. ein Bluetoothheadset oder einen USB-Stick für mobiles Internetsurfen. Hierfür zahlen Sie einen monatlichen Preis und – wenn überhaupt – zu Anfang einen Einmalbetrag (manchmal nur 1 €). Ebenso verhält es sich, wenn Maschinenbauer ihren Kunden Güter verkaufen. Es bleibt nicht nur bei der Lieferung der Maschine, sondern im selben Vertrag werden meist Wartungsleistungen über gewisse Zeiträume und/oder Schulungsleistungen mit verkauft. Hierfür wird dem Kunden auch regelmäßig nur ein Gesamtpreis in Rechnung gestellt. Der Verkauf solcher Leistungsbündel (sog.

Mehrkomponentenverträge) kommt in unterschiedlichen Branchen vor und ist Ergebnis von Vertriebsüberlegungen. Hierdurch ergeben sich für die Rechnungslegung des Verkäufers einige Probleme, wenn die Erfüllung einzelner Leistungsverpflichtungen in unterschiedlichen Rechnungsperioden erfolgt (z. B. Quartal 2 und 3 desselben Geschäftsjahres bzw. in unterschiedlichen Geschäftsjahren).

Denn es ist zu klären, **ob** und – falls ja – **wann Erlöse** für einzelne Bestandteile dieser Leistungsbündel (Verkauf von Gütern bzw. Erbringung von Dienstleistungen) **erfasst werden können**. Im Anschluss wäre zu klären, **in welcher Höhe Erlöse** für die einzelnen Teilleistungen zu erfassen sind (z. B. nur die 1 € bei Übergabe des Smartphones?). Diese Fragen sind deshalb so relevant, da hierüber der Erlös- und folglich auch der Gewinnausweis zum Teil massiv beeinflusst werden. Beide haben bekanntermaßen großen Einfluss u. a. auf Aktienkursentwicklungen oder auf Kreditverhandlungen.

Für die gerade erwähnte Maschinen- und Anlagenbaubranche, aber auch für andere Branchen ergeben sich besondere Probleme bei der Beantwortung der Frage, wann Erlöse erfasst werden können. Kennzeichnend ist nämlich häufig, dass die Fertigung als eine – von vielleicht mehreren – Leistungsverpflichtung langwierig ist, sich also über mehrere Rechnungsperioden erstreckt. Zudem ist die Reihenfolge von Produktion und Verkauf entgegengesetzt zu der Reihenfolge bei der

© Springer Fachmedien Wiesbaden GmbH, ein Teil von Springer Nature 2022
R. Gebhardt, *Rechnungslegung nach IFRS klipp & klar*, WiWi klipp & klar,
https://doi.org/10.1007/978-3-658-36050-4_9

auftragslosen Fertigung für einen anonymen Massenmarkt. Das Absatzrisiko tritt bei dieser Auftragsfertigung in den Hintergrund gegenüber

- dem Angebotsrisiko (Risiko, dass technische wie kaufmännische Vorleistungen bei fehlendem Auftragszuschlag verloren sind) und
- dem Kalkulationsrisiko (Risiko, dass die geplanten Kosten nicht den tatsächlichen entsprechen).

Aus diesen Gründen ergibt sich ein Abgrenzungsproblem. Konzeptionell ist zu klären, **wann** Erlöse und damit Gewinne aus der Erbringung der einen Leistungsverpflichtung (hier z. B. der Fertigung einer Maschine) erfasst, man sagt auch realisiert werden sollen.

Grundsätzlich kommen dafür verschiedene Realisationszeitpunkte infrage:

- beim Abschluss des Vertrags
- laufend nach Maßgabe des Bau- bzw. Leistungsfortschritts
- bei Fertigstellung jeweils abgrenzbarer Teilabschnitte
- bei Fertigstellung der Hauptleistung oder der gesamten Leistung
- bei endgültiger Abnahme
- beim Ablauf von Garantiefristen oder beim Eingang von Zahlungen

Bei der Wahl eines **späten Zeitpunkts** der Gewinnrealisation, wie z. B. bei Abnahme der erstellten Leistung (entspricht gewöhnlich dem Zeitpunkt des Übergangs der wesentlichen Chancen und Risiken), wird einer **vorsichtigen Gewinnermittlung** der Vorrang gegeben. Gleichwohl hat der Bilanzleser in den frühen Perioden der Auftragsdurchführung schlicht keine Informationen, in welcher Höhe Gewinne aus den Projekten erwartet werden können.

Bei der Wahl eines **früheren Zeitpunkts**, wie z. B. nach Maßgabe des Leistungs- oder Baufortschritts, wird die vorsichtige Gewinnermittlung in den Hintergrund gedrängt und der **Informationsfunktion** der Vorrang eingeräumt. Dies ist verbunden mit dem Nachteil, dass Gewinne als

realisiert ausgewiesen werden, die sich bis zum Abschluss des Projekts als Trugschluss (siehe oben Kalkulationsrisiko) herausstellen könnten. Zudem ist der Gefahrenübergang auf den Auftraggeber meist noch nicht erfolgt.

Die Erfassung von Erlösen war über lange Zeit im IAS 18 und im IAS 11 geregelt. Diese wiesen jedoch kein in sich geschlossenes Erlöserfassungskonzept auf. Es mangelte zudem an konkreten Vorgaben, z. B. wie mit den erwähnten Mehrkomponentenverträgen umzugehen ist. Deshalb mussten Bilanzierende im Einklang mit IAS 8 auf entsprechende US-amerikanische Bilanzierungsregeln zurückgreifen. Dies war unbefriedigend. Aufgrund dessen initiierte der IASB in Zusammenarbeit mit dem FASB ein Projekt zur Überarbeitung. Im Ergebnis liegt nunmehr der **IFRS 15** vor, der alle bisherigen Regelungen zur Erlöserfassung, die aus Verträgen mit Kunden resultieren – also insbesondere IAS 18 und IAS 11 – ablöst. Verpflichtend ist der IFRS 15 **für Geschäftsjahre, die ab 01.01.2018 beginnen,** anzuwenden.

IFRS 15 ist dabei **auf alle Verträge mit Kunden anzuwenden.**

Vom Anwendungsbereich IFRS 15 sind einige Problembereiche der Ertragsrealisation ausgenommen (IFRS 15.5), wie z. B. Erträge aus

- Leasingverträgen (IFRS 16) und
- Erträge aus Finanzinstrumenten (IFRS 9, IFRS 10, IAS 28, IFRS 11).

## 9.2 Allgemeine Regelungen

In Abschn. 1.3.5.3 wurde bereits diskutiert, was der IASB unter Erträgen versteht.

▶ **Erträge** *(Income)* stellen eine Zunahme von Vermögenswerten oder eine Abnahme von Schulden dar, die zu einer Erhöhung des Eigenkapitals führen, welche nicht auf eine Einlage der Eigenkapitalgeber zurückzuführen ist.

Eine inhaltlich übereinstimmende Ertragsdefinition findet sich auch in IFRS 15.A. Dort wird klargestellt, dass Erlöse solche Erträge sind, die im Rahmen der gewöhnlichen Geschäftstätigkeit und aufgrund von Verträgen mit Kunden anfallen.

Da die Definition von Erlösen folglich an die Veränderung von Vermögenswerten oder Schulden anknüpft, die nicht auf Transaktionen mit Eigenkapitalgebern zurückzuführen sind, ist die Nähe der Bilanzauffassung des IASB zum angloamerikanischen Asset and Liability Approach offensichtlich (Abschn. 1.3.5.2).

Erlöse, die durch IFRS 15 geregelt sind, werden **stets GuV-wirksam** erfasst.

## 9.3  Fünf-Schritte-Modell

Zur systematischen Beantwortung der Fragen ob, in welcher Höhe und wann Erlöse erfasst werden sollen, bedient sich der IASB eines Fünf-Schritte-Modells.

Im **1. Schritt** muss geprüft werden, ob überhaupt ein **Vertrag** mit einem Kunden im Sinne des IFRS 15 **vorliegt**. Darüber hinaus ist zu prü-

fen, ob möglicherweise mehrere Verträge für die Bilanzierung zusammen zu betrachten sind.

Zwar ist ein Vertrag (bzw. eventuell mehrere Verträge als Vertragseinheit) die Grundlage für die Bilanzierung. Er ist aber nicht das eigentliche Bilanzierungsobjekt. Dies sind nämlich die aus einem Vertrag identifizierbaren **eigenständig abgrenzbaren Leistungsverpflichtungen**. Solche sind im **2. Schritt** zu ermitteln (Frage nach dem „ob").

Im **3. Schritt** ist die aus dem Vertrag erwartungsgemäß zu vereinnahmende **Gegenleistung** (Transaktionspreis) zu identifizieren (Frage nach der „Höhe").

Diese Gegenleistung ist im **4. Schritt** auf die in Schritt 2 identifizierten eigenständig abgrenzbaren Leistungsverpflichtungen zu verteilen (Frage nach der „anteiligen **Höhe**").

Im letzten und **5. Schritt** wird geprüft, zu welchem Zeitpunkt oder über welchen Zeitraum hinweg die Erlösrealisation zu erfolgen hat (Frage nach dem „**wann**").

Abb. 9.1 fasst diese systematisch zu befolgenden Schritte zusammen.

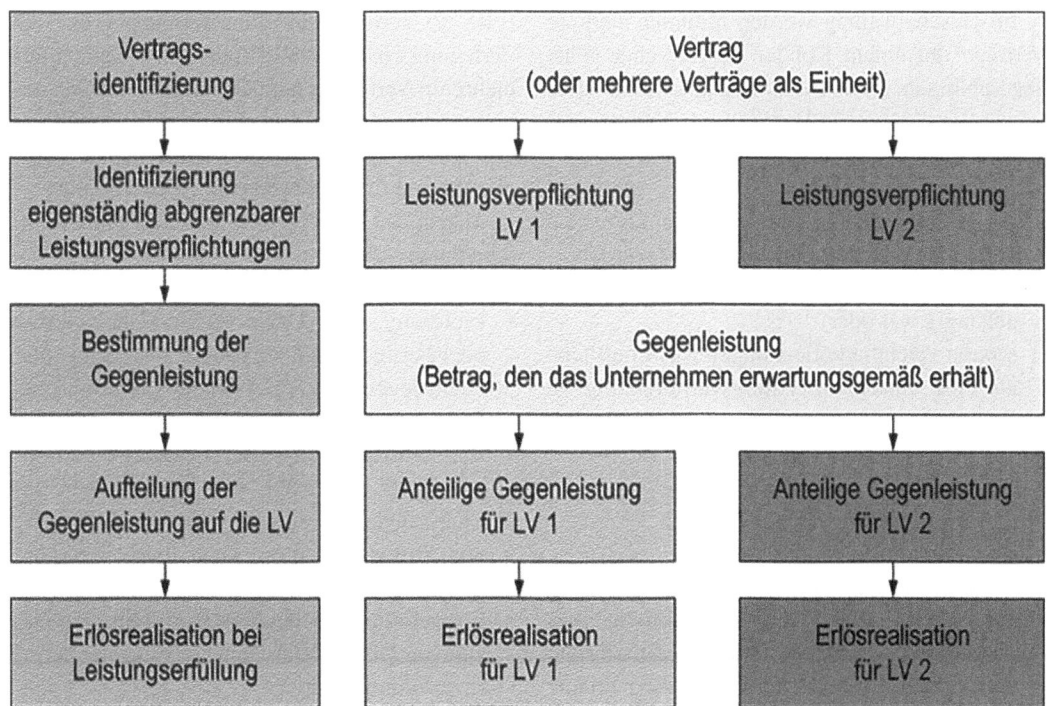

**Abb. 9.1** Fünf-Schritte-Modell nach IFRS 15

### 9.3.1   Schritt 1: Identifizierung eines Vertrages

Damit Erlöse erfasst werden können, muss zunächst ein Vertrag i. S. des IFRS 15.9 vorliegen. Dies ist dann der Fall, wenn folgende Kriterien erfüllt sind:

- **Rechte und Pflichten** der Parteien einschließlich der Zahlungsbedingungen sind **bestimmbar**,
- der Vertrag hat wirtschaftliche Substanz (künftige Cashflows werden durch Vertrag beeinflusst),
- die Vertragspartner haben **Vertragsbedingungen zugestimmt** und sind an ihre Pflichten gebunden, und
- der Erhalt der Gegenleistung ist **wahrscheinlich**.

Sind diese Kriterien nicht kumulativ erfüllt, kann entsprechend keine Erlöserfassung erfolgen. Zahlungen (z. B. Anzahlungen), die ein Unternehmen vorab erhält, sind als Verbindlichkeit auszuweisen.

Im Geschäftsalltag werden mitunter mehrere Verträge mit einem Kunden in zeitlicher Nähe abgeschlossen. Für Bilanzierungszwecke sind solche Verträge als ein Vertrag (d. h. Vertragseinheit) zu behandeln, wenn

- die Verträge als ein Paket mit einem einzigen unternehmerischen Ziel verhandelt wurden,
- die Preisgestaltung der Verträge voneinander abhängig war oder
- separat vereinbarte Leistungen wirtschaftliche als eine einzelne Leistungsverpflichtung zu betrachten sind.

---

**Beispiel**

Die Autosupplier AG schließt kurz hintereinander mit zwei Tochterunternehmen eines Autokonzerns Verträge über die Zulieferung von Airbagsystemen. Der Autokonzern konnte für die Zulieferung an das erste Tochterunternehmen für das Jahr 20X1 einen sehr starken Rabatt aushandeln, wodurch die eigenen Her-

stellungskosten nicht gedeckt werden. Dem stimmte die Autosupplier AG nur zu, da für die Zulieferung des zweiten Tochterunternehmens für das Jahr 20X2 ein deutlich höherer Preis als normal vereinbart wurde, sodass in der Gesamtbetrachtung eine auskömmliche Marge erwirtschaftet wird.

In diesem Fall sind die beiden Verträge als eine Vertragseinheit für Bilanzierungszwecke zu betrachten. Dies hat (unter Berücksichtigung der weiteren Schritte der Erlösrealisation) letztlich zur Folge, dass in den Jahren 20X1 und 20X2 quasi eine Durchschnittsmarge (Erlöse – Kosten) in der Gewinn-und-Verlust-Rechnung gezeigt wird. Gäbe es diese Vorgabe des IFRS 15 nicht, wäre in 20X1 ein Verlust und in 20X2 eine deutlich höhere Marge als normal ausgewiesen worden, was beides keiner angemessenen Darstellung der Ertragslage entspräche. ◀

### 9.3.2   Schritt 2: Identifizierung der Leistungsverpflichtungen

IFRS 15 verlangt für Bilanzierungszwecke die Zerlegung eines Vertrags (oder einer Einheit aus mehreren Verträgen gemäß Schritt 1) in sog. eigenständig abgrenzbare Leistungsverpflichtungen. Diese sind die eigentlichen Bilanzierungsobjekte und führen jeweils zur Erlöserfassung.

Mögliche Leistungsverpflichtungen eines Unternehmens können u. a. folgende sein:

- Lieferung eines Gutes (z. B. Handelswaren oder Fertigerzeugnisse) oder Erbringung einer Dienstleistung (z. B. Montage, Überführung, Wartung, Schulung oder Projektierung),
- Bereitzustehen, eine Dienstleistung zu erbringen (z. B. Lieferung von Strom, wenn das Licht angeschaltet wird, oder Bereitstellung von Softwareupdates, wenn diese verfügbar sind),
- Einräumung von Rechten zum künftigen Bezug von Gütern oder Dienstleistungen oder
- Lizenzeinräumungen.

Nicht jede Leistungsverpflichtung ist ein Bilanzierungsobjekt. Nur **eigenständig abgrenzbare**

**Leistungsverpflichtungen** sind für die Bilanzierung relevant. Eigenständige Abgrenzbarkeit verlangt, dass

a. der Kunde aus dem Gut/der Dienstleistung selbstständig oder zusammen mit verfügbaren Ressourcen Nutzen ziehen kann (IFRS 15.27a) und

b. das Leistungsversprechen separat von anderen Leistungsverpflichtungen aus dem Vertrag trennbar ist (IFRS 15.27b).

Kriterium a) ist grundsätzlich erfüllt, wenn das Gut/die Dienstleistung separat vom Bilanzierenden verkauft wird, kann aber auch im gegenteiligen Fall erfüllt sein. Sinn des Kriteriums b) ist es, zu bestimmen, ob eine Leistungspflicht des Unternehmens für den Kunden wirtschaftlich darin besteht, eine einzelne Leistung zu erbringen oder ein Bündel an Leistungen bestehend aus einem Gut und einer Dienstleistung (bzw. mehreren Gütern oder/und Dienstleistungen).

In IFRS 15.29 f. wird erläutert, wann mehrere Leistungsversprechen nicht separat voneinander trennbar sind, d. h. wann Kriterium b) nicht erfüllt ist:

- die zugesagten Leistungen greifen in hohem Maße ineinander oder sind verbunden oder
- wesentliche Integrationsleistungen werden vollbracht oder
- Einzelleistungen modifizieren andere Einzelleistungen wesentlich.

Sollte eines dieser Kriterien zutreffen, so ist die betroffene Leistungsverpflichtung mit anderen als ein **Leistungsbündel für Bilanzierungszwecke** zusammenzufassen.

Als Bilanzierungsobjekte in Betracht kommen demnach explizite, aber auch implizite Zusagen zur Übertragung eines/r

- eigenständig abgrenzbaren *(„distinct")* Gutes bzw. *(„distinct")* Dienstleistung oder
- eigenständig abgrenzbaren *(„distinct")* Bündels aus Gütern und/oder Dienstleistungen (IFRS 15.22 f.).

**Beispiel**

Ein Anlagenbauer projektiert, konstruiert und montiert komplette Stahlwerke. Subunternehmer werden zum Teil beschäftigt. Das Gesamtrisiko liegt beim Anlagenbauer.

Da die einzelnen Leistungsverpflichtungen in hohem Maß ineinandergreifen bzw. Leistungen andere modifizieren, ist separate Trennbarkeit (Kriterium b)) der Leistungsverpflichtungen nicht erfüllt. Selbst wenn Kriterium a) erfüllt wäre (z. B. die Projektierungsergebnisse von anderen Anlagenbauern zur Fertigung der Anlage verwendet werden könnten), sind alle Teilleistungen zusammen als eine einzige abgrenzbare Leistungsverpflichtung (sprich als Leistungsbündel) zu behandeln. ◄

**Beispiel**

Ein Anlagenbauer erstellt Maschinen in Serienproduktion. Mit einem Kunden wird ein Vertrag über die Lieferung einer Maschine und hiernach der Lieferung von Rohstoffen, die auf der Maschine verarbeitet werden, geschlossen. Die Rohstoffe und die Maschinen werden sonst auch jeweils separat verkauft (auch von Wettbewerbern).

Aus jeder Teilleistung kann der Kunde selbstständig oder aufgrund verfügbarer Ressourcen Nutzen ziehen (Kriterium a) erfüllt). Indiz ist hierfür nicht zuletzt der separate Verkauf dieser Teilleistungen. Separate Trennbarkeit (Kriterium b)) ist auch erfüllt, da keine wesentlichen Integrationsleistungen etc. erbracht werden. Ergo liegen eigenständig abgrenzbare Leistungsverpflichtungen vor. Dies gilt, obwohl die Verarbeitung der Rohstoffe, die Lieferung der Maschine voraussetzt, denn diese ist dann schon vorhanden. ◄

**Beispiel**

Die Premieren AG verkauft Pay-TV-Angebote. Dabei müssen Decoder für den Pay-TV-

Empfang vom Kunden zum Preis von 100 € gekauft werden. Der Decoder ist nur für Angebote der Premieren AG nutzbar.

Da die Premieren AG die Decoder nicht selbstständig nutzen kann (Nutzbarkeit nur bei laufender Einspeisung der Pay-TV-Signale), ist die Übergabe des Decoders keine eigenständig abgrenzbare Leistungspflicht (Kriterium a) nicht erfüllt). Damit müssen die 100 € zeitanteilig über die Vertragsdauer zusammen mit den Pay-TV-Gebühren erfasst werden, wodurch sie zunächst abzugrenzen sind (zu erfassen als vertragliche Verbindlichkeit/Schuld).

Falls die Premieren AG einen in den Decoder integrierten HD-Recorder bei bestimmten Programmpaketen mitverkaufen würde und der Recorder auch für andere TV-Kanäle nutzbar wäre, ergäbe sich eine selbstständige Nutzbarkeit durch den Kunden. Da dann auch Kriterium b) erfüllt wäre, liegen zwei eigenständig abgrenzbare Leistungsverpflichtungen vor: Übergabe Decoder und laufende Bereitstellung von Pay-TV-Signalen. ◄

**Beispiel**

A verkauft kundenspezifisch gefertigte Produktionsanlagen zusammen mit Installationsleistungen, wobei diese nur von A aufgrund der nötigen Produktkenntnis durchgeführt werden können. Die Installation wird üblicherweise 10 Tage nach Auslieferung getätigt. Installationsleistungen werden sonst nicht separat angeboten.

Da diese spezifische Installationsleistung nicht separat verkauft wird und zudem Voraussetzung für die Nutzung der Anlage ist (Kriterium a) nicht erfüllt), müssen die Einzelverpflichtungen zusammen als eine einzige eigenständig abgrenzbare Leistungsverpflichtung (Leistungsbündel) bilanziert werden. ◄

**Beispiel**

Ein Produzent und ein Einzelhändler schließen einen Vertrag über den Verkauf von Fertigerzeugnissen. Ohne dass dies bislang in Verträgen der beiden Parteien vereinbart wurde, führte der Produzent bislang für die Endkunden kostenlos Wartungsdienste für die Dauer von 2 Jahren durch.

Die künftigen Wartungsdienstleistungen stellen eine eigenständig abgrenzbare Leistungsverpflichtung dar (Kriterien a) und b) erfüllt). Dass diese Leistungen bislang kostenlos und gar nicht explizit gewährt wurden, ändert hieran nichts. ◄

**Beispiel**

Ein Vertrag über den Verkauf einer Standardsoftware und das zugehörige Customizing liegt vor. Die Software ist ohne weiteres Customizing einsetzbar. Das Customizing ändert jedoch die Funktionalität der Software signifikant. Ferner werden Software und Customizingservices regelmäßig separat vom Unternehmen verkauft (auch von Drittanbietern).

Für Software und Customizing gilt, dass sie selbstständig bzw. in Kombination mit anderen verfügbaren Ressourcen Nutzen entfalten (Kriterium a) erfüllt). Separate Trennbarkeit (Kriterium b)) der beiden Versprechen ist dagegen nicht erfüllt, denn durch das Customizing wird die Software wesentlich angepasst und kundenspezifisch verändert. Folglich sind die Softwarelieferung und das Customizing ein eigenständig abgrenzbares Leistungsbündel. Sollte hingegen (in Abwandlung zum Ausgangsfall) lediglich der Softwareverkauf und eine (wenig komplexe, von Dritten durchführbare) Installation vertraglich zugesagt sein und keine wesentliche Modifizierung durch die Installation erfolgen, sind dies zwei eigenständig abgrenzbare Leistungsverpflichtungen. (Die vorstehenden Beispiele sind z. T. angelehnt an diejenigen des IFRS 15.IE44 ff.) ◄

Abschließend sei angemerkt, dass eine Zerlegung in eigenständig abgrenzbare Leistungsverpflichtungen nur dann bilanzielle Auswirkungen hat (und nötig ist), wenn diese Leistungsverpflichtungen in unterschiedlichen Rechnungsperioden erfüllt werden.

### 9.3.3 Schritt 3: Bestimmung der Gegenleistung

Im 3. Schritt ist die Gegenleistung (Transaktionspreis) zu bestimmen, auf die der Bilanzierende aus dem Vertrag im Gegenzug für die Übertragung der versprochenen Güter und Dienstleistungen erwartungsgemäß Anspruch hat (IFRS 15.47). Der ermittelte Betrag ist dann im Schritt 4 auf die im Schritt 2 ermittelten eigenständig abgrenzbaren Leistungsverpflichtungen zu verteilen.

Bei der Bestimmung der vom Kunden erwarteten Gegenleistung ergeben sich mehrere Problembereiche. Zwei werden nachfolgend näher betrachtet: variable Bestandteile der Gegenleistung und Finanzierungskomponenten.

In vielen Fällen des Geschäftsalltags ist der vertragliche Preis für die versprochenen Leistungen nicht fix, sondern variabel. Zum Beispiel werden Rabatte von vorneherein eingeräumt, Boni bei überschreiten gewisser Bestellmengen im Nachhinein gezahlt oder Leistungsprämien bzw. Strafzahlungen beim Über- bzw. Unterschreiten gewisser Leistungsbedingungen festgelegt. Da die erwartete Gegenleistung zu Vertragsbeginn ermittelt werden soll, stellt sich die Frage, wie solche variablen Bestandteile und die sie bestimmenden unsicheren künftigen Entwicklungen (z. B. tatsächliche Bestellmenge oder Performance) berücksichtigt werden sollen. Zunächst legt IFRS 15.56 fest, dass solche Bestandteile bestmöglich zu schätzen sind. Sie sind überhaupt nur dann in die Ermittlung einzubeziehen, wenn es als **hoch unwahrscheinlich** einzuschätzen ist, dass eine **spätere Korrektur** von bereits erfassten Erlösen nicht notwendig sein wird.

Negativindikatoren diesbezüglich sind bspw. Situationen, bei denen variable Zahlungen des Kunden gar nicht durch den Bilanzierenden beeinflussbar sind, der Bilanzierende wenig Erfahrungen mit solchen Verträgen hat oder Unsicherheiten sich erst sehr spät auflösen.

Bezieht der Bilanzierende variable Bestanteile aufgrund verhältnismäßig geringer Unsicherheiten ein, hat er zwei verschiedene Möglichkeiten den variablen Anteil zu ermitteln:

- entweder Nutzung eines wahrscheinlichkeitsgewichteten Erwartungswerts der möglichen Zahlungsbeträge oder
- Berücksichtigung des wahrscheinlichsten Wertes.

Die Wahl der Methode richtet sich danach, welche verlässlicher ist. Schätzungen sind im Zeitablauf regelmäßig zu überprüfen und bei nötigen Schätzungsänderungen ist die Bilanzierung anzupassen. In der Praxis sollte sich die zweite Methode als leichter zu administrieren herausstellen.

> **Beispiel**
>
> Eine Unternehmensberatung U vereinbart zum 01.01.01 ein Restrukturierungsprojekt für einen Kunden. Projektlaufzeit: 6 Monate. Honorar: 30.000 €/Monat + Sonderbonus/Malus von 40.000 € bei Überschreiten/Unterschreiten eines bestimmten Kosteneinsparungsbetrags. U rechnet aufgrund hinreichender eigener Erfahrungen mit ähnlichen Verträgen mit der Erreichung der Zielvorgabe von 80 %. Zahlungsbedingungen: 30 Tage nach Projektende.
>
> Sollte die Methode des wahrscheinlichkeitsgewichteten Erwartungswerts gewählt werden, müsste dieser Wert zunächst auf Basis der möglichen Szenarien ermittelt werden. Es gibt nur zwei Möglichkeiten:
>
> Entweder wird die Kosteneinsparschwelle erreicht, dann Zahlung von 220.000 € (= 30.000 € × 6 Monate + 40.000 €) oder die Kostenschwelle wird nicht erreicht, dann Zahlung von 140.000 € (= 30.000 € × 6 Monate − 40.000 €). Diese beiden Beträge sind mit jeweiligen Eintrittswahrscheinlichkeiten von 80 % bzw. 20 % zu gewichten und dann aufzusummieren. Man erhält 204.000 € (= 220.000 € × 80 % + 140.000 € × 20 %). Da anzunehmen ist, dass die Leistungserbringung kontinuierlich erfolgt, sind pro Monat 34.000 € Umsatzerlöse zu erfassen (= 204.000 €/6 Monate). Unter der Annahme, dass die Kosteneinsparschwelle tatsächlich im Monat Juni erreicht wird, wären neben den 34.000 € noch

weitere 16.000 € Umsatzerlöse nachzuerfassen (220.000 € fälliger Betrag − 204.000 € bislang erfasste Umsatzerlöse).

Sollte hingegen die Methode des wahrscheinlichsten Wertes gewählt werden, wären 220.000 € auf die 6 Monate zu verteilen und entsprechend 36.666,67 €/Monat als Umsatzerlös zu erfassen. Im Juni ergäbe sich dann auch kein nachzuerfassender Umsatzerlös, da der fällige Gesamtbetrag schon als Umsatzerlös erfasst wurde. ◄

Mitunter enthalten vereinbarte Preise Finanzierungskomponenten. Sollten diese wesentlich sein, ist der entsprechende Zeitwert des Geldes bei der Bestimmung der Gegenleistung und damit des zu erfassenden Umsatzerlöses zu berücksichtigen (IFRS 15.60 ff.). Als wesentlich wird grundsätzlich eine Dauer zwischen Erhalt der Zahlung und der Leistungserbringung von mehr als 12 Monaten erachtet. Gleichwohl müssen spätere/frühere Zahlungen nicht zwingend Finanzierungscharakter haben wie z. B. bei Prepaidkarten von Telekommunikationsanbietern. Dann wäre kein Zeitwert des Geldes, d. h. keine Ab- oder Aufzinsung zu berücksichtigen (IFRS 15.62).

---
**Beispiel**

Ein Anlagenbauer verkauft am 1. Januar 20X1 einem Kunden eine Anlage zum Kaufpreis von 10 Mio. €. Abgabetermin ist in genau 2 Jahren. Der Kaufpreis ist sofort fällig. Der angemessene Diskontierungssatz beträgt 5 %.

Die Gegenleistung, die für die Umsatzerlöserfassung zugrunde zu legen ist, entspricht nicht den 10 Mio. €. Denn es handelt sich um eine Anzahlung, die früher als die genannten 12 Monate anfällt. Zu fragen ist, was die 10 Mio. € in 2 Jahren wert wären. Unter Berücksichtigung des genannten Zinssatzes ergibt sich ein Betrag von 11,025 Mio. € = 10 Mio. € x $1,05^2$. Die Aufzinsungsbeträge (0,5 Mio. € im Jahr 01 und 0,525 Mio. € im Jahr 02) wären jeweils als Zinsaufwand zu verbuchen und erhöhen die Anfang 01 erfasste vertrag-

liche Verbindlichkeit (erhaltene Anzahlung). Folgende Buchungen wären zu berücksichtigen (Annahme, dass die Fertigung eine zeitpunktbezogene Leistungserfüllung darstellt (Abschn. 9.3.5):

| | | | | | |
|---|---|---|---|---|---|
| **01.01.01** | Bank | 10.000 | an | vertragliche Verbindlichkeit | 10.000 |
| **12.01.01** | Zinsaufwand | 500 | an | vertragliche Verbindlichkeit | 500 |
| **12.02.01** | Zinsaufwand | 525 | an | vertragliche Verbindlichkeit | 525 |
| **01.03.01** | vertragliche Verbindlichkeit | 11.025 | an | Umsatzerlöse | 11.025 |

(Hinweis: Umsatzsteuer- bzw. Vorsteuerbuchungen werden in diesem Lehrbuch vernachlässigt.) ◄

### 9.3.4 Schritt 4: Aufteilung der Gegenleistung auf die Leistungsverpflichtungen

Im Schritt 4 ist die im vorigen Schritt bestimmte (erwartete) Gegenleistung auf die im Schritt 2 identifizierten (eigenständig abgrenzbaren) Leistungsverpflichtungen aufzuteilen. Diese Allokation hat im Verhältnis der Einzelverkaufspreise der identifizierten Leistungsverpflichtungen zu erfolgen (IFRS 15.73 ff.). Durch diese Vorgabe werden von der Vertriebsseite häufig vergebene **Rabatte** für den Bezug mehrerer Leistungen (Paketabschläge) **proportional auf alle Leistungsverpflichtungen** im Verhältnis der Einzelverkaufspreise dieser Leistungsverpflichtungen **verteilt**. In IFRS 15 sind einige Ausnahmen von dieser Verteilungsregel etabliert (z. B. für variable Kaufpreisbestandteile, die vertraglich einzelnen Leistungsverpflichtungen zugeordnet sind), die in diesem Lehrbuch jedoch nicht diskutiert werden.

Sollten die identifizierten (eigenständig abgrenzbaren) Leistungsverpflichtungen durch das Unternehmen einzeln am Markt angeboten werden, sind die entsprechenden tatsächlichen Preise als Einzelverkaufspreise heranzuziehen. Anderenfalls sind Einzelverkaufspreise auf Basis aller verfügbaren, insbesondere beobachtbaren Informationen zu schätzen. Als Schätzmethoden kommen u. a. folgende in Betracht, die auch im IFRS 15.79 genannt werden:

- **Kostenzuschlagsmethode**: Die geschätzten Kosten aus der Erfüllung der Leistungsverpflichtung werden um die gewöhnliche Gewinnmarge des Unternehmens erhöht.
- **Angepasste Marktwertmethode:** Ausgangsbasis sind die geschätzte Zahlungsbereitschaft der Kunden oder die Marktpreise für die betreffende Leistungsverpflichtung. Diese Beträge sind unter Berücksichtigung der Kostensituation und der Gewinnmargen des Bilanzierenden anzupassen.
- **Residualwertmethode:** Diese Methode ist nur bei größeren Unsicherheiten bei der Einzelverkaufspreisermittlung für bestimmte Leistungsverpflichtungen anzuwenden. Dabei wird einer solchen Leistungsverpflichtung die Differenz zwischen der vollen Gegenleistung aus dem Vertrag und der Summe der Einzelverkaufspreise der sonstigen Leistungsverpflichtungen (für die verlässlich ermittelte Einzelverkaufspreise vorliegen) als Einzelverkaufspreis zugewiesen. Letztlich wird damit ein eventueller Paketabschlag vollumfänglich auf diese Leistungsverpflichtung allokiert.

### Beispiel

Die Siebens AG verkauft MRT-Geräte und notwendige Support- und Wartungsleistungen. Die Siebens AG geht einen Vertrag über die Lieferung eines MRT-Geräts plus 1-jähriger Wartungszeit für 125.000 € ein. Wartungsverträge für ähnliche Geräte über 1 Jahr werden gewöhnlich für 25.000 € einzeln verkauft. Die MRT-Geräte werden bislang weder von der Siebens AG noch von anderen Unternehmen ohne Wartungsvertrag verkauft. In der letzten Vorstandssitzung wurde der separate Verkauf jedoch beschlossen, wobei man sich vorläufig auf einen Verkaufspreis von 110.000 € geeinigt hat, der die gewöhnliche Gewinnmarge reflektiert (gilt aufgrund Marktkenntnis als erzielbar). Zum Zeitpunkt des Verkaufs erhält der Käufer noch zusätzlich ein kostenloses Upgrade für die MRT-Gerätesoftware mit neuen Funktionalitäten, welches in einem halben Jahr fertiggestellt sein soll. Dieses Upgrade soll nach der Fertigstellung allen Besitzern der Geräte kostenpflichtig angeboten werden. Die Marketingabteilung hat aufgrund von Umfragen eine Zahlungsbereitschaft von 12.000 € erhoben. Es wird festgestellt, dass zu diesem Preis die geforderte Marge der Siebens AG erreicht wird. Es gibt keine Hinweise darauf, dass der eingeräumte Nachlass speziell auf eine Leistungsverpflichtung entfällt.

Der Siebens AG erwachsen 3 eigenständig abgrenzbare Leistungsverpflichtungen aus diesem Vertrag: 1) Lieferung des MRT-Geräts, 2) Erbringung von Wartungsleistungen und 3) Lieferung des Upgrades (Schritt 2). Die Gegenleistung beträgt 125.000 € (Schritt 3), welche auf die Leistungsverpflichtungen gemäß der relativen Einzelverkaufspreismethode zu verteilen ist. Dafür sind die Einzelverkaufspreise zu ermitteln. Nur für die Wartung liegt ein tatsächlicher Einzelverkaufspreis vor. Diejenigen für die anderen Leistungsverpflichtungen müssen geschätzt werden. Für das MRT-Gerät kann die Kostenzuschlagsmethode angewendet werden und für das Softwareupgrade die angepasste Marktwertmethode. Diese (geschätzten) Einzelverkaufspreise müssen jeweils ins Verhältnis zur Summe der Einzelverkaufspreise gesetzt werden. Durch die Multiplikation dieser Verhältnisse (Prozentsätze) mit der Gegenleistung ergibt sich der jeweilige zu allokierende Betrag (Schritt 4). Diese Verhältnisse und die allokierten Beträge sind Tab. 9.1 zu entnehmen. ◄

## 9.3.5  Schritt 5: Erlösrealisation

### 9.3.5.1 Zwei Arten der Erlösrealisation

Im letzten Schritt ist nur noch die Frage zu beantworten, wann die im Schritt 4 auf die Leistungsverpflichtungen allokierten Teile der Gegenleistung nun als (Umsatz-)Erlöse erfasst werden müssen.

Gemäß IFRS 15.31 ist ein Erlös zu erfassen, wenn die Leistungsverpflichtung erfüllt, d. h. das Gut oder die Dienstleistung auf den Kunden übertragen wird. Der **Erlösrealisationszeitpunkt** bestimmt sich nach dem **Zeitpunkt des**

**Tab. 9.1** Beispiel zur Aufteilung der Gegenleistung auf die Leistungsverpflichtungen

| | Einzelverkaufspreis (EVP) in € | Verhältnis EVP zu Summe EVP | Allokation Transaktionspreis in € |
|---|---|---|---|
| Technisches Gerät (Basis: Kosten + Gewinnmarge) | 110.000 | 75 % | 93.750 |
| Wartung (Basis: tatsächlicher EVP) | 25.000 | 17 % | 21.250 |
| Softwareupgrade (Basis: geschätzter Marktpreis aufgrund Befragung) | 12.000 | 8 % | 10.000 |
| **Summe** | **147.000** | **100 %** | **125.000** |

**Übergangs der Verfügungsmacht** am Gut oder der Dienstleistung.

Im Hinblick auf die Erlösrealisation unterscheidet dann der IASB in IFRS 15.32 in Leistungsverpflichtungen, die vom Bilanzierenden **kontinuierlich** (Abschn. 9.3.5.3) und solchen, die nicht kontinuierlich, sondern **zu einem bestimmten Zeitpunkt** (Abschn. 9.3.5.2) erfüllt werden.

Für Erstere sehen die Vorgaben in IFRS 15.35 ff. grundsätzlich eine laufende, d. h. sukzessive Erlös- und damit Gewinnrealisation über den Zeitraum der Leistungserfüllung vor. Unterstellt wird hier also eine laufende Übertragung der Verfügungsmacht (was gewöhnungsbedürftig ist). Für Letztere wird hingegen unterstellt, dass die Leistungserfüllung nicht kontinuierlich, sondern in der Sekunde des finalen Übergangs der Verfügungsmacht erfolgt, wofür eine Umsatzerfassung in diesem Moment vorgesehen ist.

Fraglich ist nun, wann von einer **kontinuierlichen Leistungserfüllung** auszugehen ist. In IFRS 15.35 ff. werden **3 alternative Fälle** definiert, die eine kontinuierliche Leistungserfüllung bedeuten und damit eine laufende Erlösrealisation erfordern:

a. Zeitgleich zur Leistungserbringung erhält und konsumiert der Kunde den Nutzen aus der Leistungserfüllung (z. B. bei Reinigungs-, Schulungs- oder Wartungsleistungen).
b. Ein Vermögenswert wird erstellt oder erweitert, der während der Erstellung oder Erweiterung bereits in der Verfügungsmacht des Kunden steht (z. B. Sanierung der Außenfassade eines Gebäudes des Kunden).
c. Ein Vermögenswert wird erstellt, der keine alternative Verwendung (rechtlich oder faktisch) für das bilanzierende Unternehmen hat (kun-

denspezifische Fertigung), und es besteht (jederzeit) Anspruch auf Bezahlung der erbrachten Leistungen (Kosten plus angemessene Gewinnmarge), wenn der Vertrag aus nicht vom Unternehmen zu vertretenden Gründen vorzeitig beendet werden würde. Diese Voraussetzungen sind gewöhnlich bei Verträgen gemäß §§ 631 ff. BGB erfüllt.

**Beispiele**

**Beispiel 1**
Ein Wirtschaftsprüfungsunternehmen erbringt Beratungsleistungen im Hinblick auf die Identifikation von Kostensenkungspotenzialen für einen Kunden. Die Präsentation der Ergebnisse ist auf das Ende des Projekts terminiert. Der Zahlungsanspruch richtet sich nach den geleisteten Mann-/Frautagen und entsprechenden Preisen.

Die oben genannten Kriterien a) und b) sind nicht erfüllt. Der Wirtschaftsprüfungsgesellschaft entstehen mit fortschreitender Zeit Ansprüche auf Bezahlung in Abhängigkeit von den geleisteten Mann-/Frautagen. Dies trifft auch bei einer vorzeitigen Kündigung des Vertrags durch den Mandanten zu. Auch haben die Arbeitsergebnisse keine alternative Verwendung für das Wirtschaftsprüfungsunternehmen. Insofern wäre das Kriterium c) erfüllt (kontinuierliche Leistungserfüllung ist entsprechend zu unterstellen) und eine laufende Umsatzerlösrealisation angezeigt.

**Beispiel 2**
Ein Unternehmen führt langfristige (kundenspezifische) Fertigungsaufträge durch. Die Zahlungsbedingungen sehen im Auslandsgeschäft gewöhnlich 20 % Anzahlung, laufende

Zahlungen während der Leistungserfüllung im Umfang von 50 % und eine Abschlusszahlung von 30 % vor. Diese Beträge sind nicht rückerstattbar (außer bei Schlecht-/Nichterfüllung). Im Falle einer Vertragskündigung seitens des Kunden hat das Unternehmen (in Abweichung zu den Regelungen der §§ 631 ff. BGB) lediglich einen Anspruch i. H. der bereits erhaltenen bzw. fälligen Zahlungen.

Die oben genannten Kriterien a) und b) sind wiederum nicht erfüllt. Bei Prüfung des Kriteriums c) kann zunächst konstatiert werden, dass keine alternative Verwendungsmöglichkeit der entstehenden Fertigungsergebnisse infolge der kundenspezifischen Fertigung vorliegt. Jedoch erfüllen die Zahlungsbedingungen nicht die weiteren Anforderungen des Kriteriums c), da im Falle der Kündigung zu einigen Zeitpunkten das Unternehmen keinen Anspruch auf Zahlungen hat (Kosten plus Marge), der kumuliert dem Fertigstellungsgrad entspricht. Entsprechend wäre keine laufende Umsatzerlöserfassung möglich. Dies könnte jedoch erreicht werden, indem z. B. Zahlungsansprüche gemäß Leistungsfortschritt vereinbart werden. ◄

Ist keines der Kriterien a) bis c) erfüllt, so ist mit der Erlös- und damit Gewinnrealisation bis zum Zeitpunkt des finalen Übergangs der Verfügungsmacht über das Gut/die Dienstleistung zu warten.

### 9.3.5.2 Leistungserfüllung zu einem bestimmten Zeitpunkt

Zu beantworten ist noch, wann der Zeitpunkt des (finalen) Übergangs der Verfügungsmacht erreicht ist, wenn keine kontinuierliche Leistungserfüllung im Sinne des IFRS 15 vorliegt. Zu diesem ist dann die Umsatzerlösrealisation in voller Höhe orzunehmen. Hierzu werden in IFRS 15.38 alternative Indikatoren vorgegeben:

- dem Kunden wird das rechtliche Eigentum am Vermögenswert übertragen,
- der Kunde hat physischen Besitz über den Vermögenswert übernommen,

- die wesentlichen Chancen und Risiken wurden auf den Kunden übertragen (Übergang des wirtschaftlichen Eigentums),
- die Abnahme durch den Kunden ist erfolgt oder
- der Kunde hat eine unbedingte Zahlungsverpflichtung.

Leider können sich diese Indikatoren im Einzelfall widersprechen, was die Bestimmung des Zeitpunkts der Erlösrealisation u. U. ermessensbehaftet macht.

**Beispiele**

**Beispiel 1**
Ein Unternehmen liefert Öl an einen Kunden. Dieses Öl wird in einem Tank auf dem Gelände des Kunden verfüllt. Die Vertragsparteien einigen sich darüber, dass das rechtliche Eigentum am Öl erst auf den Käufer übergeht, wenn dieser das Öl tatsächlich entnimmt (sog. Konsignationsgeschäft).

In diesem Sachverhalt ist der physische Besitz am Öl auf den Käufer übergegangen. Gleichwohl mangelt es am Übergang des rechtlichen wie wirtschaftlichen Eigentums. Letzteres deshalb, da wesentliche Risiken (z. B. Verlust bei Brand) weiterhin beim verkaufenden Unternehmen liegen. Obwohl sich hier Indikatoren widersprechen, wird hier gemeinhin der Realisationszeitpunkt als der Entnahmezeitpunkt identifiziert.

**Beispiel 2**
Ein Unternehmen liefert Güter unter Eigentumsvorbehalt an ein anderes Unternehmen. Hier ist ebenfalls so lange der rechtliche Eigentumsübergang noch nicht erfolgt, bis die Ware vollständig bezahlt ist. Im Zeitpunkt der Übergabe hat der Käufer jedoch den physischen Besitz erhalten und trägt die wesentlichen Chancen und Risiken (Risiko des zufälligen Untergangs, Preisrisiko etc.). Obwohl sich hier auch Indikatoren widersprechen, wird für diesen Fall regelmäßig der Zeitpunkt der Lieferung/Übergabe als Realisationszeitpunkt ausgemacht.

**Beispiel 3**

Der Käufer beauftragt das verkaufende Unternehmen damit, Güter an den eigenen Geschäftssitz zu versenden (Versendungskauf).

Da der Vertrag zwischen Unternehmen geschlossen wurde, gilt in Deutschland, dass der Zeitpunkt des Übergangs der wesentlichen Chancen und Risiken an den Gütern der Augenblick der Übergabe an den Spediteur ist. Obwohl das kaufende Unternehmen noch nicht den physischen Besitz erlangt hat, wird hier gemeinhin der Realisationszeitpunkt im Augenblick der Übergabe an den Spediteur gesehen. ◄

### 9.3.5.3 Kontinuierliche Leistungserfüllung

IFRS 15.39 verlangt für Leistungsverpflichtungen, die kontinuierlich erfüllt werden, eine **laufende Erlös- und** damit **Gewinnrealisation nach** dem **Leistungsfortschritt** (Teilgewinnrealisierungsmethode oder **Percentage-of-Completion(PoC)-Methode).** Das heißt, ist ein Viertel der Verpflichtung erfüllt, muss auch ein Viertel der Erlöse und damit des erwarteten Gewinns kumuliert realisiert sein. Dieses Verfahren entspricht dem IFRS-Ziel der Informationsvermittlung, hier konkret zum Stand der Leistungserfüllung am Ende einer Periode und zu der während dieser Periode erbrachten Leistung. Voraussetzung für die Anwendung der PoC-Methode ist allerdings gemäß IFRS 15.44, dass der **Fertigstellungsgrad verlässlich** geschätzt werden kann. Damit wird eine mitlaufende Projektkalkulation und somit ein wirksames Projektmanagementsystem bzw. Projektcontrolling verlangt.

Ist **keine verlässliche Schätzung des Leistungsfortschritts** möglich, so sind gemäß IFRS 15.45 Erlöse nur in Höhe der angefallenen Kosten zu erfassen und dies auch nur dann, wenn erwartet wird, dass sie einbringbar sind. Dies bewirkt letztlich keine anteilige Gewinnrealisation (sog. Nullgewinnmethode bzw. **Zero-Profit-Methode**).

Diese Vorgehensweise ist **nicht mit der** nach deutschem Handelsrecht üblichen **Comple-**

**ted-Contract-Methode** zu verwechseln (siehe dazu auch weiter unten in diesem Abschnitt), bei der zwar ebenfalls vor Abnahme keine Gewinne, aber auch keine Erlöse, sondern Bestandsveränderungen (Gesamtkostenverfahren) ausgewiesen werden.

Sollte eine verlässliche Schätzung des Leistungsfortschritts im Zeitablauf (wieder) möglich sein, so ist eine anteilige Erlös- und damit Gewinnrealisierung nach dem Leistungsfortschritt wieder verpflichtend anzuwenden.

Doch wie genau ist die **Vorgehensweise bei der PoC-Methode**?

Zunächst ist in einem ersten Schritt der **Fertigstellungsgrad** zum Bilanzstichtag zu **ermitteln**, der den kumuliert zu erfassenden Umsatzerlös determiniert. Nach IFRS 15.41 ff. können dazu verschiedene Methoden genutzt werden, wobei diejenige gewählt werden soll, die den Fertigstellungsgrad verlässlich widerspiegelt:

- *Cost-to-Cost Method*
  Der Fertigstellungsgrad entspricht in diesem Fall dem Verhältnis der bis zum Bilanzstichtag insgesamt angefallenen Kosten für die Leistungserfüllung zu den geschätzten Gesamtkosten der Leistungserfüllung. In der Praxis wird diese Bestimmungsmethode aufgrund ihrer Einfachheit sehr häufig angewendet. Gemäß IFRS 15.B19 sind Kostenabgrenzungen erforderlich.

---

**Beispiel**

Am Bilanzstichtag 20X2 sind seit Beginn der kontinuierlichen Erfüllung einer Leistungsverpflichtung im Jahr 20X1 insgesamt 100.000 € Kosten aufgelaufen (davon im Jahr 20X1 30.000 € und im Jahr 20X2 70.000 €). Die geschätzten Gesamtkosten für die Leistungserfüllung betragen unverändert 300.000 €.

Ende 20X2 beträgt der Fertigstellungsgrad 33,33333333333333333333333. %. Am Ende des Jahres 20X1 betrug er noch 10 %. ◄

- **Effort-Expended Method**

Hierbei entspricht der Fertigstellungsgrad dem Verhältnis des seit Beginn der Auftragsfertigung bis zum Bilanzstichtag erbrachten Inputs (Arbeitsstunden, Materialeinsatz usw.) zum geschätzten Gesamtinput.

**Beispiel**

Am Bilanzstichtag 20X2 sind von den mit einer Bauplanung in diesem Jahr beauftragten Architekten bei einem geschätzten Gesamtinput von 400 Arbeitsstunden bislang 200 erbracht worden. Damit beträgt der Fertigstellungsgrad aus Sicht des Architekten zu diesem Zeitpunkt 50 %.

Am Bilanzstichtag 20X3 muss nun aufgrund unvorhergesehener Probleme der Gesamtinput mit geschätzten 480 Arbeitsstunden angesetzt werden. Im vergangenen Geschäftsjahr konnten aufgrund der angedeuteten Probleme nur 40 Arbeitsstunden erbracht werden. Bei geschätzten 480 Stunden Gesamtinput betragen der bislang geleistete Input nunmehr 240 Stunden und der Fertigstellungsgrad erneut 50 %. ◄

- **Units-of-Work-Performed Method**

Dies ist die einzige outputorientierte Bestimmungsmethode für den Fertigstellungsgrad, der hier dem Verhältnis der bereits erbrachten Leistung zur vertragsmäßigen Gesamtleistung entspricht.

**Beispiel**

Das Bauunternehmen Highway AG baut Autobahnen. Für einen im Geschäftsjahr 20X1 neu begonnenen Fertigungsauftrag hat man zum Bilanzstichtag bereits 5 km Autobahn fertiggestellt. Die vertraglich vereinbarte Autobahnlänge für diesen Auftrag beträgt 15 km. ◄

Ziel der POC-Methode ist es, von der erwarteten Gegenleistung für die entsprechende Leistungsverpflichtung den Teil als Erlöse am Bilanz-

stichtag kumuliert erfasst zu haben, der den Fertigstellungsgrad widerspiegelt. Hierdurch möchte man implizit auch einen Gewinnausweis erreichen, der zum Bilanzstichtag kumuliert dem Fertigstellungsgrad entspricht.

Die **(Umsatz-)Erlöse für die Periode** sind in einem zweiten Schritt dabei rechnerisch als Produkt aus der erwarteten Gegenleistung des Kunden (bzw. dem dieser Leistungsverpflichtung allokierten Teilbetrag) und dem Fertigstellungsgrad am Bilanzstichtag zu **ermitteln**. Wurden bereits in Vorperioden Erlöse für diese Leistungsverpflichtung erfasst, müssen diese noch in Abzug gebracht werden:

$$\blacktriangleright Periodenerlöse = \left( \begin{array}{c} erwartete\ Gegenleistung \\ x\ Fertigstellungsgrad \end{array} \right) \\ - in\ Vorperioden\ bereits \\ erfasste\ Erlöse$$

Da die **Kosten der Leistungserfüllung der Periode** aus dem internen Rechnungswesen bekannt sind und entsprechend **GuV-wirksam** erfasst werden, kommt es dadurch zu einem Gewinnausweis, der kumuliert dem Leistungsfortschritt entspricht.

**Beispiel**

Fortsetzung des obigen Beispiels:

Am Bilanzstichtag 20X2 sind seit Beginn der kontinuierlichen Erfüllung einer Leistungsverpflichtung im Jahr 20X1 insgesamt 100.000 € Kosten aufgelaufen (davon im Jahr 20X1 30.000 € und im Jahr 20X2 70.000 €). Die geschätzten Gesamtkosten für die Leistungserfüllung betragen unverändert 300.000 €. Der Fertigstellungsgrad wird nach der *Cost-to-Cost*-Methode ermittelt und beträgt Ende 20X1 10 % und Ende 20X2 33,3 33333333333333333333333333. % (siehe oben).

Der vertraglich vereinbarte fixe Gesamtpreis für den Auftrag soll nun 330.000 € betragen.

Für 20X1 waren Umsatzerlöse von 33.000 € zu erfassen (= 330.000 € erwartete Gegenleistung x 10 % Fertigstellungsgrad - 0 € in Vorperioden erfasste Umsatzerlöse). Bei GuV-wirksam berücksichtigten Kosten von 30.000 € betrug der erfasste Gewinn für 20X1

3000 €, was 10 % des erwarteten Gesamtgewinns entsprach.

Der für 20X2 zu erfassende Erlös beträgt nun 77.000 € (= 330.000 € erwartete Gegenleistung × 33,333333333333333333333333333. % Fertigstellungsgrad − 33.000 € in Vorperioden erfasste Umsatzerlöse). Bei GuV-wirksam zu erfassenden Kosten von 70.000 € beträgt der 20X2 anteilig realisierte Gewinn 7000 €.

Kumuliert ist dann Ende 20X2 ein dem aktuellen Fertigstellungsgrad von einem Drittel entsprechender Anteil des erwarteten Gesamtgewinns von 30.000 €, also 10.000 € (= 3000 € aus 20X1 + 7000 € aus 20X2), realisiert. ◄

Fortsetzung des obigen Beispiels:

Am Bilanzstichtag 20X2 sind von den mit einer Bauplanung in diesem Jahr beauftragten Architekten bei einem geschätzten Gesamtinput von 400 Arbeitsstunden bislang 200 erbracht worden. Damit beträgt der Fertigstellungsgrad aus Sicht des Architekten nach der *Effort-Expended*-Methode zu diesem Zeitpunkt 50 %. Sollte nun der vertraglich vereinbarte Preis für den Auftrag z. B. 120.000 € betragen, ergäbe sich ein Umsatzerlös für diese Periode von 60.000 € (= 120.000 € × 50 % − 0 € in Vorperiode erfasste Umsatzerlöse).

Am Bilanzstichtag 20X3 muss nun aufgrund unvorhergesehener Probleme der Gesamtinput mit geschätzten 480 Arbeitsstunden angesetzt werden. Im vergangenen Geschäftsjahr konnten aufgrund der angedeuteten Probleme nur 40 Arbeitsstunden erbracht werden. Bei geschätzten 480 Stunden Gesamtinput beträgt der Fertigstellungsgrad erneut 50 %. Sollte nun die erwartete Gegenleistung für den Auftrag Ende 20X3 unverändert 120.000 € betragen, ergäbe sich aufgrund der unveränderten Höhe des Fertigstellungsgrads ein Umsatzerlös für diese Periode von null (= 120.000 × 50 % − 60.000 € in Vorperiode erfasste Umsatzerlöse).

Da die Kosten der Auftragsbearbeitung für die Periode 20X3 − die hier nicht gegeben waren − GuV-wirksam zu erfassen sind, ergibt sich für diesen Auftrag in 20X3 ein GuV-Verlust in selber Höhe. ◄

Durch die gerade dargestellte Art der Erlösbestimmung wirken sich Schätzungsänderungen im Zeitablauf (im Einklang mit IAS 8) unmittelbar GuV-wirksam aus.

Unabhängig von der Methode der Gewinnrealisierung (PoC- oder Zero-Profit-Methode) sind **erwartete**, d. h. noch unrealisierte **Verluste** (drohende Verluste) aus solchen Aufträgen sofort und vollumfänglich, sprich unabhängig vom Fertigstellungsgrad **GuV-wirksam zu erfassen** (IAS 37.5(g) i. V. m. 37.66 ff. und IAS 37.10).

Der zu erfassende (Vorsteuer-)Verlust für die betroffene Periode ergibt sich als Differenz zwischen den jeweils aktuellen Schätzwerten für die Gesamtkosten der Leistungserfüllung und der erwarteten Gegenleistung. Sollten in Vorperioden bereits Gewinne für die anteilige Erfüllung der Leistungsverpflichtung erfasst worden sein, muss dies ebenfalls unmittelbar in der laufenden Periode GuV-wirksam korrigiert werden. Das heißt, die in Vorperioden kumuliert erfassten Gewinne müssen als zusätzlicher (Vorsteuer-)Verlust gezeigt werden. Wie dieser Verlust in der GuV abzubilden ist, wird nicht konkret vorgegeben. Eine Variante ist die Folgende:

1. Zunächst wird der Periodenumsatz nach o. g. Formel ermittelt.
2. Hiernach wird geprüft, welches vorläufige Periodenergebnis sich nach Berücksichtigung der bislang GuV-wirksam erfassten Kosten der Leistungserfüllung der Periode ergibt.
3. Letztlich wird im Bedarfsfalle ein zusätzlicher Aufwand GuV-wirksam eingebucht, um den (Vorsteuer-)Verlust der Periode für den betroffenen Auftrag in der geforderten Höhe (erwarteter Verlust plus etwaige Gewinne aus den Vorperioden der Auftragsabarbeitung) auszuweisen. Als Gegenbuchung zu diesem Aufwand erscheinen Drohverlustrückstellungen als sinnvoll.[1]

---

[1] Teile der Literatur sehen auch eine Wertberichtigung des Aktivpostens, der sich aus der Umsatzerfassung ergibt

Ein zusammenfassendes Beispiel zur Buchungstechnik bei kontinuierlicher Leistungserfüllung findet sich in Abschn. 9.7. Dieses Beispiel zeigt auch, welche Bestandskonten bzw. Bilanzposten durch die Umsatzerfassung betroffen sind. Nähere Erläuterungen zum Bilanzausweis finden sich jedoch zunächst in Abschn. 9.5

Im Handelsrecht wird die gerade dargestellte Vorgehensweise der Gewinnrealisation gewöhnlich abgelehnt. Diese **Auffassung** orientiert sich streng am **Realisationsprinzip und** dem **Gläubigerschutzgedanken**: Als realisiert gelten Gewinne aus Werkverträgen (z. B. Auftrag zur kundenspezifischen Fertigung einer Anlage) erst zum Zeitpunkt der Abnahme des Werkes (§ 640 BGB). Mit der Abnahme des Werkes erkennt der Auftraggeber die vertragskonforme Leistung des Auftragnehmers an. Erst dadurch gehen sämtliche Chancen und Risiken auf den Auftraggeber über. Während des Leistungsfortschritts können damit noch keine anteiligen Gewinne ausgewiesen werden, sondern lediglich Bestandsveränderungen (Gesamtkostenverfahren). Umsatz und Gewinn werden erst bei Abnahme gezeigt und der Gewinn ist dann auch erst ausschüttungsfähig (sog. **Completed-Contract-Methode**).

Das **Imparitätsprinzip** gemäß § 252 Abs. 1 Nr. 4 HGB verlangt jedoch – im Einklang mit den IFRS-Regelungen – die Antizipation erwarteter, aber noch nicht realisierter Verluste.

Da bei dieser Vorgehensweise Auftragszwischenverluste aufgrund der Begrenzung der aktivierungsfähigen Kosten zwangsläufig sind, wird auch die Meinung vertreten, dass anteilige Selbstkosten (d. h. auch Vertriebskosten) zu aktivieren sind, um dieses Phänomen zu vermeiden. Eine Teilgewinnrealisierung im engeren Sinn bleibt jedoch auch hier aus (vgl. z. B. Ellrott & Brendt, 2010, Tz. 459).

Darüber hinaus findet sich ebenso die Ansicht, dass langfristige Aufträge zur kundenspezifischen Fertigung aufgrund ihrer Spezifika Ausnahmen vom Realisationsprinzip begründen und deshalb anteilige Gewinne ähnlich der Vorge-

hensweise nach IFRS zu realisieren sind (vgl. z. B. Selchert, 2002, Tz. 113). Gleichwohl wurde diese Ansicht explizit im „Entwurf eines Gesetzes zur Modernisierung des Bilanzrechts" (vgl. Deutscher Bundestag, 2008, S. 38) abgelehnt.

## 9.4  Einzelfälle der Erlösrealisation

Zwei Sonderfälle der Erlösrealisation nach IFRS 15 sollen nachfolgend behandelt werden:

- Verkäufe mit Rückgaberechten und
- Verkäufe von Gütern mit Gewährleistungs- und Garantieverpflichtungen.

Werden Kunden Rückgaberechte eingeräumt, dürfen Erlöse nur in der Höhe erfasst werden, auf die man erwartungsgemäß (sehr wahrscheinlich) Anspruch hat. Wenn also Rückgabequoten verlässlich geschätzt werden können (sprich belastbare Erfahrungswerte vorhanden sind), sind Erlöse nur abzüglich der erwarteten Rückgaben zu zeigen. Der nicht als Erlös erfasste, von Rückgaben erwartbar betroffene Teil ist als Schuld auf der Passivseite zu zeigen. Erst wenn die Rückgabefristen erloschen sind, dürfen die tatsächlich nicht zurückgegebenen Teile als Erlös nachgebucht werden. Wenn keine Schätzung der Rückgabequoten verlässlich möglich ist, dürfen keine Erlöse erfasst werden.

---

**Beispiele**

**Beispiel 1**

Die Start-Up AG verkauft erstmals im Dezember 20X1 innovative, biegsame Bildschirme aus einem neuen Material. Sie räumt Käufern ein 5-monatiges Rückgaberecht ein.

Erfolgt die Aufstellung des Jahresabschlusses per 31.12.20X1 am 31.03.20X2, können in diesem Fall keine Umsatzerlöse für Dezember 20X1 ausgewiesen werden, sofern keine Erfahrungswerte hinsichtlich möglicher Rückgabequoten vorliegen – wovon hier auszugehen ist –, da auch im März 20X2 die Rückgabefrist noch nicht abgelaufen ist und somit die Unsi-

---

(d. h. vertragliche Vermögenswerte, Abschn. 9.5) als möglich an. Vgl. dazu mit weiteren Nachweisen Bohnefeld et al. (2018), S. 8 ff.

cherheit über mögliche Rückgaben noch nicht genügend abgebaut wurde.

**Beispiel 2**

Die Volksauto AG verkauft und liefert im Dezember 20X1 für 10.000 € beheizbare Fußmatten gegen Barzahlung und räumt den Käufern wiederum ein 5-monatiges Rückgaberecht ein. Erfahrungsgemäß werden 15 % solcher Fußmatten zurückgegeben.

Im Umfang von 15 % der Einnahmen dürfen dann keine Umsatzerlöse erfasst werden. Die 1500 € sind als Verbindlichkeit abzugrenzen *(Deferred Income)*.

| | | | | |
|---|---|---|---|---|
| Bank | 10.000 | an | Umsatzerlöse | 8500 |
| | | | Vertragliche Verbindlichkeiten | 1500 |

Im Übrigen ist auch ein Vermögenswert einzubuchen, der die erwarteten zurückkommenden Fußmatten reflektiert. Sollten diese Fußmatten vor Übergabe an die Kunden mit 8000 € in den Büchern gestanden haben, wären also 1200 € einzubuchen (unter der Annahme, dass der Nettoveräußerungspreis dieser Produkte dann mindestens 1200 € beträgt, anderenfalls müsste auf den niedrigeren Wert abgeschrieben werden). Deshalb beträgt der GuV-wirksame Aufwand für die übertragenen Waren nur 6800 € (nachfolgend Umsatzkostenverfahren unterstellt).

| | | | | |
|---|---|---|---|---|
| Umsatzkosten | 6800 | | | |
| sonstige Vermögenswerte | 1200 | an | Vorräte | 8000 |

◄

Wenn Güter mit Sachmängeln geliefert werden, kann der Kunde gesetzliche Gewährleistungsrechte in Anspruch nehmen. Diese Gewährleistungsrechte beeinflussen in keiner Weise die Erlöserfassung. Die erwarteten Kosten der Sachmängelbeseitigung werden – wie Ihnen schon bekannt ist (Abschn. 6.3) – durch eine aufwandswirksame Rückstellungsbildung reflektiert (IFRS 15.B30).

Sollten jedoch über diese Gewährleistungsrechte hinaus Garantieversprechen gegeben werden, handelt es sich nach IFRS 15.B.29 um eine eigenständig abgrenzbare Leistungsverpflich-

tung. Deshalb muss auf diese Leistungsverpflichtung ein Anteil der erwarteten Gegenleistung allokiert werden (siehe dazu ausführlich Abschn. 9.3.4). Dieser Teil muss bei Übergabe des Gutes als vertragliche Verbindlichkeit abgegrenzt werden. Über den Zeitraum der Gewährleistung erfolgt dann typischerweise die Realisation des abgegrenzten Erlöses (und parallel die Auflösung der vertraglichen Verbindlichkeit).

## 9.5 Ausweis

Bislang haben Sie nur erfahren, welche Erlös- und damit Gewinnrealisationsregeln zu beachten sind. Die Erlöserfassung schlägt sich jedoch selbstverständlich auch auf Bilanzposten nieder. Dabei ergeben sich einige Besonderheiten.

IFRS 15.107 f. sieht vor, dass eine Erlöserfassung nur dann mit der Einbuchung einer Forderung aus LuL einhergehen darf, wenn der Anspruch auf Gegenleistung unbedingt ist. Letzteres bedeutet, dass die Fälligkeit der Gegenleistung nur noch vom Ablauf der Zeit abhängig ist.

**Beispiel**

Die X-AG liefert (Verfügungsmacht annahmegemäß damit übergegangen) einem Kunden die vertraglich vereinbarten Produkte. Der Vertrag ist nicht kündbar. Die der Lieferung beiliegende Rechnung weist ein Zahlungsziel von 30 Tagen aus.

Die hier nötige Umsatzerfassung aufgrund der Erbringung der Leistungsverpflichtung führt zur parallelen Einbuchung einer Forderung aus LuL. Es besteht ein unbedingter Anspruch auf Zahlung, denn die Fälligkeit der Gegenleistung ist nur noch vom Ablauf der Zeit, sprich vom Ablauf des Zahlungsziels, abhängig. ◄

Sollte der Anspruch auf Gegenleistung hingegen noch von etwas anderem abhängig sein, darf keine Forderung gezeigt werden. Stattdessen ist ein sog. vertraglicher Vermögenswert (andere Bezeichnungen für diesen Posten sind auch möglich) einzubuchen und auszuweisen.

**Beispiel**

Am 01.01.X1 schließt die X-AG einen Vertrag über die Lieferung zweier Produkte A und B. A ist am 30.03.X1 und B am 30.06. X1 zu liefern. Die Zahlung von 2000 € wird erst fällig, wenn beide Produkte geliefert wurden. Produkt A werden 1200 € und B 800 € des Transaktionspreises allokiert. A und B werden vertragsgemäß geliefert. Die X-AG räumt dem Kunden ein Zahlungsziel von 30 Tagen ein.

Am 30.03.X1 ist ein Umsatzerlös von 1200 € zu erfassen, da eine der beiden Leistungsverpflichtungen erfüllt wurde. Gleichzeitig ist ein vertraglicher Vermögenswert statt einer Forderung zu erfassen, da der Anspruch auf Gegenleistung von der Lieferung des Produkts B abhängig und insofern bedingt ist.

Vertragliche Vermögenswerte 1200 an Umsatzerlöse 1200

Nach Lieferung von Produkt B ist ein weiterer Umsatzerlös von 800 € zu erfassen. Da nunmehr der Zahlungsanspruch unbedingt ist (nur noch abhängig vom Ablauf des Zahlungsziels) wird nun eine Forderung über die 2000 € eingebucht und der vertragliche Vermögenswert ausgebucht.

Forderungen aus LuL 2000 an Umsatzerlöse 800
Vertragliche Vermögenswerte 1200

◄

Sowohl für Forderung aus LuL als auch für vertragliche Vermögenswerte gelten die Wertminderungsregeln des IFRS 9 (Abschn. 7.4.6).

Insbesondere im kundenspezifischen Anlagen- und Maschinenbau ist es üblich, mehr oder minder hohe Anzahlungen für Fertigungsaufträge zu fordern und zu vereinnahmen. Also ist auch zu thematisieren, wie mit diesen erhaltenen Anzahlungen umzugehen ist. IFRS 15.106 verlangt hier den Ausweis auf der Passivseite z. B. als vertragliche Verbindlichkeiten (andere Bezeichnungen für diesen Posten sind auch möglich). Interessant ist, dass dieser Ausweis bereits bei Fälligkeit der

Anzahlung[2] und nicht erst – wie vor IFRS 15 und aktuell nach HGB üblich – bei Zahlungseingang erfolgen muss.

Eine Verrechnung von aktivischen (Forderung aus LuL und vertraglichen Vermögenswerten) mit passivischen Posten (vertraglichen Verbindlichkeiten) aus verschiedenen Kundenverträgen ist nicht möglich (Saldierungsverbot gemäß IAS 1.33). Sind jedoch für ein und denselben Kundenvertrag vertragliche Verbindlichkeiten (sprich Anzahlungen) eingebucht, sind diese mit etwaig eingebuchten vertraglichen Vermögenswerten zu verrechnen.

Das in Abschn. 9.7 dargestellte zusammenfassende Beispiel zur Buchungstechnik bei kontinuierlicher Leistungserfüllung verdeutlicht nochmals die gerade dargestellten Sachverhalte.

## 9.6 Offenlegung

IFRS 15.110 ff. verlangt umfangreiche Anhangangaben. Einige wesentliche Vorgaben sind die Folgenden:

- Disaggregation der erfassten Kundenerlöse, sodass deren Art, Timing und Unsicherheit deutlich werden
- Überleitungsrechnungen für Bestände an Forderungen aus LundL, vertragliche Vermögenswerte und Schulden vom Beginn zum Ende der Periode
- Angaben zu Zahlungsbedingungen für Kunden einschließlich u. a. Existenz variabler Bestandteile, zu Verpflichtungen aus Rückgaberechten der Kunden und zu Gewährleistungen und Garantien
- Angabe zur Schätzung der Transaktionspreise und zu deren Aufteilung bei Mehrkomponentengeschäften

---

[2] Voraussetzung ist hier, dass ein unbedingter Anspruch auf die Anzahlung besteht. Dies ist bspw. dann nicht gegeben, wenn Anzahlungen vom Kunden zurückverlangt werden können. Rückerstattungspflichten bei Schlecht- oder Nichterfüllung sind dabei unbeachtlich.

## 9.7 Buchungstechnik kontinuierliche Leistungserfüllung (Beispiel)

Folgendes **Beispiel** soll die Buchungstechnik bei kontinuierlicher Leistungserfüllung verdeutlichen. Es werden unterschiedliche Konstellationen wie veränderte Gewinnschätzungen mit und ohne erwartete Gesamtverluste behandelt.

Die StraBau AG baut im Auftrag eines Energieunternehmens an den Niagarafällen einen Tunnel zur Ableitung des Wassers, um damit ein Wasserkraftwerk zu betreiben. Es wird gemäß IFRS nur ein eigenständig abgrenzbares Leistungsbündel identifiziert. Da IFRS 15.38 Kriterium c) erfüllt sein soll (Tunnel hat keine alternative Verwendung für die Strabau AG und sie hat jederzeit Anspruch auf Bezahlung der erbrachten Leistungen, d. h. der angefallenen Kosten plus angemessene Gewinnmarge bei vorzeitiger Kündigung durch den Kunden), kann eine kontinuierliche Leistungserfüllung unterstellt werden. Die Maßnahme erstreckt sich über 4 Jahre vom 02.01.20X1 bis zum 30.12.20X4, dem Tag der Abnahme. Der Fertigstellungsgrad kann im Verlauf des Projekts zu jedem Zeitpunkt verlässlich auf Basis der *Cost-to-Cost Method* geschätzt werden. Gleiches gilt für die erwartete Gegenleistung und die Kosten der Leistungserfüllung. Damit ist die PoC-Methode anzuwenden.

Die weiteren Daten entnehmen Sie bitte Tab. 9.2.

Latente Steuern und eventuell notwendige Wertberichtigungen für die sich ergebenden aktiven Bilanzposten werden hier nicht betrachtet. Die Finanzierungskomponente soll hier als unwesentlich für die StraBau AG unterstellt werden, weshalb auf die Abzinsung verzichtet wird.

**Vorgehensweise in den einzelnen Geschäftsjahren**

- **20X1**

Der **Fertigstellungsgrad** beträgt 270.000 €/ 900.000 € = 30 %

Damit sind **300.000 € Umsatzerlöse** (= 30 % × 1.000.000 € erwartete Gegenleistung) zu verbuchen. Die Gegenbuchung muss auf dem Konto „Vertragliche Vermögenswerte" (und nicht Forderungen aus LuL) erfasst werden, da das Unternehmen noch keinen unbedingten Anspruch auf die Bezahlung hat (dieser unbedingte Anspruch entsteht erst in Höhe von 500.000 € im Jahr 20X3 bzw. von 700.000 € im Jahr 20X4, wenn die Teilrechnungen gestellt werden dürfen). Zudem sind **270.000 € Auftragskosten** GuV-wirksam zu erfassen, wobei die Gegenbuchungen unterschiedlich ausfallen können (Bank, Verbindlichkeiten für Personalkosten oder andere eingekaufte Dienstleistungen, Vorräte für Materialverbrauch). Damit ergibt sich automatisch ein **anteiliger Gewinn von 30.000 €** (= 30 % × 100.000 €). Da keine Teilabrechnung vorgenommen wurde und kein Zahlungseingang erfolgte, müssen auch keine weiteren Buchungen durchgeführt werden.

| Diverse GuV-Aufwandskonten | 270.000 | an | (z. B.) Bank | 270.000 |
|---|---|---|---|---|
| Vertragliche Vermögenswerte | 300.000 | an | Umsatzerlöse | 300.000 |

Es ergibt sich ein **aktivischer Bilanzposten „Vertragliche Vermögenswerte"** i. H. von **300.000 €.**

**Tab. 9.2** Beispiel zur Buchungstechnik bei kontinuierlicher Leistungserfüllung (alle Angaben in €)

|  | 20X1 | 20X2 | 20X3 | 20X4 |
|---|---|---|---|---|
| Vertraglich vereinbarter Preis | 1.000.000 | 1.000.000 | 1.000.000 | 1.000.000 |
| + Preiserhöhungen aufgrund von Abweichungen | – | – | 200.000 | 200.000 |
| = Erwartete Gegenleistung | 1.000.000 | 1.000.000 | 1.200.000 | 1.200.000 |
| Geschätzte Gesamtkosten der Leistungserfüllung | 900.000 | 950.000 | 1.300.000 | 1.300.000 |
| (davon bereits angefallene Kosten [kumuliert]) | 270.000 | 475.000 | 900.000 | 1.300.000 |
| Geschätzter Gesamtgewinn | 100.000 | 50.000 | −100.000 | −100.000 |
| Gestellte Teilabrechnungen (vertraglich vereinbart) | – | – | 500.000 | 700.000 |
| Zahlungseingang | – | – | – | 1.200.000 |

- **20X2**

Der **Fertigstellungsgrad** beträgt nun 475.000 €/950.000 € = 50 %

Damit sind **200.000 € Umsatzerlöse** (= 50 % × 1.000.000 € erwartete Gegenleistung − 300.000 € Umsatzerlöse 20X1) mit der Gegenbuchung „Vertragliche Vermögenswerte" zu erfassen. Zudem sind **205.000 € Auftragskosten** zu erfassen. Insofern ergibt sich für 20X2 ein **Verlust von 5000 €.** Dies verwundert auf den ersten Blick, da ja immer noch ein Gewinn aus dem Auftrag erwartet wird. Auf den zweiten Blick verwundert es jedoch nicht mehr. Denn der aktuell erwartete Gesamtgewinn wird in 20X2 auf deutlich weniger geschätzt als noch 20X1. Gemäß Fertigstellungsgrad beträgt der kumuliert zu zeigende Gewinn Ende 20X2 lediglich 25.000 € (= 50 % × 50.000 € erwarteter Gesamtgewinn). Jedoch wurde schon 20X1 ein anteiliger Gewinn in Höhe von 30.000 € erfasst. Insofern führt der nun erfasste Verlust zu einem korrekten Ausweis der anteiligen Gewinne auf kumulierter Basis.

| Diverse GuV-Konten | 205.000 | an | (z. B.) Bank | 205.000 |
|---|---|---|---|---|

| Vertragliche Vermögenswerte | 200.000 | an | Umsatzerlöse | 200.000 |
|---|---|---|---|---|

Da keine Teilabrechnung gestellt wurde und kein Zahlungseingang erfolgte, müssen auch keine weiteren Buchungen durchgeführt werden.

Es ergibt sich ein **aktivischer Bilanzposten „Vertragliche Vermögenswerte",** der mit **500.000 €** auszuweisen ist.

- **20X3**

Nunmehr wird aus dem Fertigungsauftrag ein Verlust in Höhe von 100.000 € erwartet. Dieser ist vollumfänglich zu antizipieren und die anteilig erfassten Gewinne der Vorperioden sind zu korrigieren. Nach der vorgestellten Art und Weise der Berücksichtigung dieses Verlustes (siehe Abschn. 9.3.5.3) ist zunächst der Periodenumsatz nach der üblichen Formel zu ermitteln. Dieser beträgt 330.769 € (= 69,23 % × 1.200.000 € erwartete Gegenleistung − 300.000 € Umsatzerlöse 20X1 − 200.000 € Umsatzerlöse 20X2) und ist entsprechend zu erfassen.

| Vertragliche Vermögenswerte | 330.769 | an | Umsatzerlöse | 330.769 |
|---|---|---|---|---|

Hiernach sind die Kosten der Periode (425.000 €) zu erfassen.

| Diverse GuV-Konten | 425.000 | an | (z. B.) Bank | 425.000 |
|---|---|---|---|---|

Hieraus ergibt sich ein vorläufiger Verlust von 94.231 €. Dieser entspricht aber noch nicht demjenigen, der für diesen Auftrag gemäß IFRS 15 i. V. m. IAS 37 auszuweisen ist. Dieser entspricht 125.000 € (= 100.000 € erwartete Verluste + 25.000 € bereits in den Vorperioden erfasste anteilige Gewinne). Um dies zu erreichen, ist die Differenz von 30.769 € nun als Drohverlustrückstellung aufwandswirksam einzubuchen.

| Sonstiger betrieblicher Aufwand | 30.769 | an | sonstige Rückstellungen | 30.769 |
|---|---|---|---|---|

Da eine vertraglich vereinbarte **Teilabrechnung** von 500.000 € gestellt wurde, ist der Anspruch auf Gegenleistung nun in dieser Höhe unbedingt. Folglich ist eine **Forderung aus LuL** zu erfassen mit der Gegenbuchung „Vertragliche Vermögenswerte". Ein Zahlungseingang erfolgt noch nicht.

| Forderungen aus LuL | 500.000 | an | Vertragliche Vermögenswerte | 500.000 |
|---|---|---|---|---|

Der **aktivische Bilanzposten „Vertragliche Vermögenswerte"** ergibt sich damit i. H. von **330.769 €** (= kumuliert erfasste Umsatzerlöse von 830.769 € − gestellte Teilabrechnung von 500.000 €).

- **20X4**

Im Geschäftsjahr 20X4 ist der Auftrag abgearbeitet. Umsatzerlöse sind entsprechend des weiteren Leistungsfortschritts, sprich i. H. von 369.231 zu erfassen.

| Vertragliche Vermögenswerte | 369.231 | an | Umsatzerlöse | 369.231 |
|---|---|---|---|---|

Die angefallenen Auftragskosten sind einzubuchen. Gleichzeitig sind die im Vorjahr gebildeten Drohverlustrückstellungen zugunsten von betroffenen Aufwandskonten aufzulösen.

| Diverse GuV-Konten | 400.000 | an | (z. B.) Bank | 400.000 |
| sonstige Rückstellungen | 30.769 | an | Diverse GuV-Konten | 30.769 |

Für 20X4 ergibt sich damit ein Periodenergebnis von null, denn der erwartete Verlust wurde bereits 20X3 vollständig antizipiert. Dieser erwartete Verlust hat sich in 20X4 auch materialisiert.

Zudem sind die gestellte Teilabrechnung i. H. von 700.000 € und der Zahlungseingang zu verbuchen.

| Forderungen aus LuL | 700.000 | an | Vertragliche Vermögenswerte | 700.000 |
| Bank | 1.200.000 | an | Forderungen aus LuL | 1.200.000 |

**Zusammenfassung**

IFRS 15 regelt, wann und in welcher Höhe Erlöse, also **Erträge aus der gewöhnlichen Geschäftstätigkeit,** im IFRS-Abschluss zu realisieren sind. IFRS 15 gibt für die Erlösrealisation ein **Fünf-Schritte-Modell vor,** das insbesondere für sog. Mehrkomponentenverträge Relevanz erfährt. Im 1. Schritt muss geprüft werden, ob überhaupt ein Vertrag mit einem Kunden im Sinne des IFRS 15 vorliegt und ob möglicherweise mehrere Verträge für die Bilanzierung zusammen zu betrachten sind. Im Schritt 2 sind die eigenständig abgrenzbaren Leistungsverpflichtungen zu identifizieren. Diese stellen die eigentlichen Bilanzierungsobjekte dar. Im 3. Schritt ist die aus dem Vertrag erwartungsgemäß zu vereinnahmende Gegenleistung (Transaktionspreis) zu bestimmen. Diese Gegenleistung ist im 4. Schritt auf die in Schritt 2 identifizierten eigenständig abgrenzbaren Leistungsverpflichtungen zu verteilen. Im letzten und 5. Schritt wird geprüft, zu welchem Zeitpunkt oder über einen Zeitraum hinweg die Erlösrealisation zu erfolgen hat.

## 9.8    Übungsaufgaben

1. Die Zieler AG hat Feuerwehrfahrzeuge unterschiedlicher Typen im Produktions-/Vertriebsprogramm, die zu unterschiedlichen Konditionen verkauft werden. Um für den Kunden ein möglichst vollständiges Leistungsspektrum anbieten zu können, gehören eine Reihe von optionalen Leistungen zum Angebot der Zieler AG. Dazu zählen Möglichkeiten zum Einschluss kostenfreier Wartungsleistungen und die individuelle Ausstattung der Fahrzeuge. Bei Wartungsverträgen kalkuliert die Zieler AG mit eigenen Kosten plus angemessenem Gewinnaufschlag von 50 € je Wartungszyklus bei 5000 km. An einen Stammkunden mit guter Bonität verkauft die Zieler AG ein Fahrzeug vom Typ Wolf für einen Gesamtpreis von 19.500 €. Der Listenpreis des verkauften Fahrzeugs ohne Wartungsleistungen beträgt 19.000 €. Da der Geschäftsführer des Kunden beim Fahrzeugkauf bereits wissen möchte, welche Kosten über die Haltedauer des Fahrzeugs entstehen, bietet ihm die Zieler AG ein Wartungspaket beim Kauf des Fahrzeugs mit einer Laufzeit von 5 Jahren und einer Laufleistung von 75.000 km im Paket mit an. Für das erworbene Fahrzeug wird eine Fahrleistung von circa 15.000 km pro Kalenderjahr erwartet. Dieses Wartungspaket ist im oben genannten Gesamtpreis schon einkalkuliert. Die vereinbarten Zahlungskonditionen sehen 10.000 € bei Bestellung und den Rest 5 Monate nach Lieferung vor. Der Kunde unterzeichnet den Vertrag am 30.03.X1. Der Vertrag ist unkündbar. Die Anzahlung geht am 25.04.X1 ein. Die Lieferung erfolgt am 31.12. X1.

   a. Stellen Sie dar, ob es sich hierbei um einen Vertrag im Sinne des IFRS 15 handelt.

   b. Unter der Annahme, es handelt sich um einen Vertrag nach IFRS 15, identifizieren Sie nun die eigenständig abgrenzbaren Leistungsverpflichtungen gemäß IFRS 15.

   c. Unter der Annahme, es handelt sich um einen Vertrag nach IFRS 15, ermitteln Sie nun die erwartete Gegenleistung (Transaktionspreis) für dieses Geschäft und verteilen Sie diese auf die identifizierte(n) eigenständig abgrenzbare(n) Leistungs-verpflichtung(en). Finanzierungseffekte sollen bei der Ermittlung der Gegenleis-tung aufgrund Wesentlichkeitsüberlegun-gen unberücksichtigt bleiben.

d. Unter der Annahme, es handelt sich um einen Vertrag nach IFRS 15, stellen Sie dar, welche Bilanzpositionen im Zeitab-lauf auszuweisen sind und zu welchen Zeitpunkten welcher Umsatz zu erfassen ist.

2. Die Alpha AG verkauft im Dezember 20X1 eine Standardmaschine an einen Kunden in den USA. Da es eine hochkomplexe Ma-schine ist, die nur von der Alpha AG herge-stellt und auch nur von ihren Mitarbeitern montiert werden kann, sind Lieferung, Auf-stellung und Montage durch Alpha-Mitarbei-ter vertraglich vereinbart. Zum Bilanzstichtag 20X1 ist zwar die Maschine am Bestim-mungsort in den USA angekommen, Aufstel-lung und Montage können jedoch erst Anfang 20X2 erfolgen.

Stellen Sie dar, ob eine Umsatzerfassung im Geschäftsjahr 20X1 nach IFRS 15 zulässig ist.

3. Beim Abschluss eines Kaufvertrags über in-ternetfähige Fernsehgeräte (Smart TV) ver-pflichtet sich eine große Elektronikmarktkette gleichzeitig, solche Geräte aufzustellen und anzuschließen, auch wenn der Kunde sie selbst transportiert. Kurz vor dem Bilanzstich-tag wurde eine große Anzahl von Smart-TVs verkauft, wobei die Kunden diese schon mit-genommen haben. Aufstellung und Anschluss durch den Elektronikmarkt sind jedoch noch nicht erfolgt.

Stellen Sie dar, ob für das zu Ende gegan-gene Jahr Umsatzerlöse gemäß IFRS 15 er-fasst werden können.

4. Kunden der Mobilnet(t) AG müssen bei Ab-schluss eines 24-monatigen Neuvertrags eine Anschlussgebühr zahlen. Dazu kommen mo-natliche Grundgebühren und laufende Ge-sprächsentgelte.

Stellen Sie dar, ob die Herstellung des An-schlusses des Kunden an das Mobilfunknetz der Mobilnet(t) AG zu einer anteiligen Um-satzerlöserfassung nach IFRS 15 führt.

5. Zur Steigerung der Absatzzahlen gewährt die Zulu AG einem Großkunden einen Zahlungs-aufschub von ganzen 2 Jahren. Der Nettolis-tenpreis der gelieferten Ware beträgt 121.000 € (= Verkaufspreis).

Welchen Umsatz hat die Zulu AG nach IFRS 15 unter Berücksichtigung der Tatsache zu erfassen, dass Unternehmensanleihen des Großkunden mit 2-jähriger Laufzeit (solche werden in großen Stückzahlen regelmäßig an der Börse gehandelt) mit aktuell 10 % Rendite notieren?

6. Die Yankee GmbH liefert kurz vor dem Bilanz-stichtag 20X1 Fertigerzeugnisse an diverse Kunden zum Nettopreis von 70.000 €. Bis zur vollständigen Bezahlung (branchenüblich für März des Folgejahres vereinbart) verbleibt das rechtliche Eigentum an der Ware bei der Yankee GmbH, die zudem den Kunden ein Rückgabe-recht für die Dauer von 4 Monaten einräumt.

Bestimmen Sie, in welcher Höhe ein Umsatz aus diesem Geschäft für das Jahr 20X1 zu erfassen ist, wenn die Rückgabequote bei solchen Geschäften erfahrungsgemäß bei 20 % liegt.

7. Erläutern Sie die grundlegende Problematik der Bilanzierung von Leistungsverpflichtun-gen, die kontinuierlich erbracht werden (z. B. aus langfristigen Auftragsfertigungen).

8. Unter welchen Voraussetzungen ist die Percentage-of-Completion(PoC)-Methode für kontinuierliche Leistungserfüllung nach IFRS 15 anzuwenden?

9. Für eine individuell geplante und zu ferti-gende Verpackungsmaschine ist ein Festpreis

von 20 Mio. € netto vereinbart. Es kann jedoch noch nicht abschließend abgeschätzt werden, wie hoch die Gesamtkosten sein werden. Man ist aber sehr zuversichtlich, den Verkaufspreis nicht zu überschreiten. Bis zum Bilanzstichtag der Periode des Auftragsbeginns sind Kosten von 8 Mio. € angefallen. Stellen Sie dar, wie dieser Auftrag zum Stichtag zu bilanzieren ist (unter der Annahme, es handelt sich um eine kontinuierliche Erfüllung der einen Leistungsverpflichtung).

10. Ein Unternehmen hat die Verhandlungen über eine Auftragsfertigung abgeschlossen. Die Fertigung beginnt am 01.01.20X1. Fertigstellung und Abnahme sind für den 31.12.20X4 vorgesehen. Der Verkaufspreis wird auf 700.000 € festgelegt. Die Angaben aus Tab. 9.3 liegen aus dem Controlling für die jeweiligen Jahre vor.

Welcher GuV- und Bilanzausweis ergibt sich aus diesem Fertigungsauftrag? Zeigen Sie die notwendigen Buchungen auf. Latente Steuern sowie etwaige Wertberichtigungsbuchungen für die sich ergebenden Aktivposten sind zu ignorieren. Eine kontinuierliche Leistungserfüllung der einen Leistungsverpflichtung (Fertigung) soll vorliegen. Der Fertigstellungsgrad soll mittels der *Cost-to-Cost*-Methode ermittelt werden.

## 9.9　Lösungen

(Hinweis: Umsatzsteuer- bzw. Vorsteuerbuchungen werden in diesem Lehrbuch vernachlässigt.)

1. Es handelt sich um einen Vertrag im Sinne des IFRS 15.9 ff., da

- der Vertrag wirtschaftliche Substanz hat, d. h. Cashflows des Unternehmen sich ändern,
- der Vertrag von den Parteien genehmigt wurde und diese sich verpflichtet fühlen (Stammkunde),
- die Zieler AG die durchsetzbaren Rechte hinsichtlich der Güter und Dienstleistungen identifizieren kann, die übertragen werden sollen,
- die Zieler AG die Zahlungsbedingungen für diese Güter und Dienstleistungen identifizieren kann und
- die Vereinnahmung der vereinbarten Gegenleistung wahrscheinlich ist (gute Bonität).

Der Vertrag umfasst neben dem eigentlichen Fahrzeugverkauf auch die Erbringung von Wartungsleistungen. Bei Vertragsbeginn ist zu prüfen, ob das Geschäft für Bilanzierungszwecke in zwei eigenständig abgrenzbare Leistungsverpflichtungen aufgeteilt werden muss. Die in IFRS 15.27a geforderte selbstständige Nutzbarkeit ist gegeben. Der Kunde kann aus dem Fahrzeug (zu übertragendes Gut) unmittelbar Nutzen ziehen. Auch aus der Wartung (Dienstleistung) ergibt sich ein unmittelbarer Nutzen. Da das Fahrzeug dann schon geliefert ist, ist die nötige Ressource schon vorhanden, um aus der Wartung Nutzen zu ziehen. Die separate Trennbarkeit nach IFRS 15.27b ist ebenfalls erfüllt, da weder die zugesagten Leistungen in hohem Maße ineinandergreifen oder verbunden sind, noch das Unternehmen wesentliche Integrationsleistungen vollbringt, noch eine Einzelleistung eine andere Einzelleistung wesentlich modifiziert. Somit stellen das zu liefernde Fahrzeug sowie die zu erbringende Wartungsleistung jeweils eigenständig abgrenzbare Leistungsverpflichtungen

**Tab. 9.3** Controllingdaten hinsichtlich Fertigungsauftrag zu Aufgabe 10 (jeweils in T€)

|  | 20X1 | 20X2 | 20X3 | 20X4 |
|---|---|---|---|---|
| Geschätzte Gegenleistung | 700 | 700 | 700 | 700 |
| Auftragskosten in der Berichtsperiode | 120 | 120 | 120 | 390 |
| Geschätzte Auftragsgesamtkosten | 600 | 600 | 750 | 750 |
| Erstellte Teilabrechnungen laut Vertrag | 50 | 50 | 60 | 540 |
| Zahlungseingang | – | – | 50 | 650 |

dar, die entsprechend jeweils einzeln zu Umsatzerlösen führen können.

Die erwartete Gegenleistung (Transaktionspreis) besteht aus einem fixen Betrag i. H. von 19.500 €. Sie teilt sich auf die beiden Leistungsverpflichtungen Fahrzeugverkauf und Wartungsleistung auf. Finanzierungseffekte können vermutet werden (Wartungsleistung wird über Zeitraum von 5 Jahren erbracht). Diese sollen laut Aufgabenstellung aber unberücksichtigt bleiben.

Die Aufteilung der Gegenleistung auf die Leistungsverpflichtungen erfolgt entsprechend der relativen Einzelveräußerungspreismethode. Das Ergebnis dieser Allokation ist in Tab. 9.4 dargestellt.

Die vereinbarte Vorauszahlung i. H. von 10.000 € ist bei Vertragsunterzeichnung am 30.03.X1 fällig und unbedingt, weshalb eine Forderung aus LuL auszuweisen ist (IFRS 15.107). Da noch keine Leistung bis zum 30.03.X1 erfüllt wurde, darf auch kein Umsatz realisiert werden. Daher ist die fällige, aber noch nicht eingegangene Anzahlung passivisch als vertragliche Verbindlichkeit (erhaltene Anzahlung) der Zieler AG auszuweisen. Im Übrigen darf der verbleibende Betrag von 9500 € zu diesem Zeitpunkt noch in keiner Weise ausgewiesen werden, da es sich um einen schwebenden Vertrag handelt.

30.03.20X1
Forderung aus LuL   10.000   an   Vertragliche Verbindlichkeit   10.000

Bei tatsächlichem Erhalt der Anzahlung am 25.04.X1 ist die Forderung aus LuL auszubuchen.

25.04.20X1
Bank   10.000   an   Forderung aus LuL   10.000

Der Fahrzeugverkauf verlangt eine zeitpunktbezogene Umsatzrealisierung (IFRS 15.38), denn keines der Kriterien des IFRS 15.35 ist erfüllt. Die Lieferung des Fahrzeugs soll hier annahmegemäß den Übergang der Verfügungsmacht darstellen, da physischer Besitz sowie Chancen und Risiken am Fahrzeug übergehen. Folglich ist am 31.12.X1 der Umsatz aus dem Fahrzeugverkauf i. H. von 18.759 € zu realisieren. Die bereits gebuchte vertragliche Verbindlichkeit i. H. von 10.000 € ist auszubuchen, da die Leistungsverpflichtung erfüllt wurde. Zudem ist eine Forderung aus LuL einzubuchen, die den unbedingten Anspruch auf die restliche Gegenleistung von 9500 € (zahlbar in 5 Monaten) reflektiert. Letztlich ist eine vertragliche Verbindlichkeit für die künftigen Wartungsleistungen einzubuchen, da die Leistungserfüllung erst später erfolgt.

31.12.20X1
Vertragliche Verbindlichkeit   10.000
Forderung LuL                   9.500   an   Umsatzerlöse                  18.759
                                             Vertragliche Verbindlichkeit    741

Die Wartungsleistung wird im Gegensatz zur Fahrzeuglieferung kontinuierlich (also zeitraumbezogen) erbracht, denn das Alternativkriterium aus IFRS 15.35 a) ist erfüllt (Zeitgleich zur Leistungserbringung erhält und konsumiert der Kunde den Nutzen). Die Wartungsleistung ist in Abhängigkeit von den Wartungszyklen zu realisieren; die vertragliche Verbindlichkeit ist dementsprechend zu reduzieren. Die Höhe der realisierten Wartungsleistung kann entweder zeit- oder laufleistungsabhängig ermittelt werden. Unter Annahme einer gleichmäßigen Fahrleistung und einer Ein-

**Tab. 9.4** Lösung zu Aufgabe 1c

|  | Einzelverkaufspreis (EVP) in € | Verhältnis EVP zu Summe EVP | Allokation Transaktionspreis in € |
|---|---|---|---|
| Fahrzeug | 19.000 | 96,2 % | 18.759 |
| Wartungsvertrag | 750 (= 0,01 € EVP pro km Laufleistung x 75.000 km Laufleistung) | 3,8 % | 741 |
| **Summe** | **19.750** | **100 %** | **19.500** |

haltung der regelmäßigen Wartungsinter-
valle ist die Wartungsleistung gleichmäßig
über 5 Jahre zu erfassen und beträgt (ab
X2) pro Jahr 148,20 €. Selbstverständlich
müssen im Rahmen der Wartung die anfallenden Kosten der Leistungserbringung erfasst werden.

Vertragliche Verbindlichkeit  148,20   an   Umsatzerlöse   148,20

Die Forderung aus LuL ist bei Eingang
der Zahlung folgendermaßen auszubuchen:

Bank          9500     an    Forderung LuL      9500

2. In diesem Vertrag lassen sich mehrere Leistungsverpflichtungen erkennen (Bau und Lieferung, Aufstellung und Montage). Fraglich
ist, ob es sich hier jeweils um eigenständig abgrenzbare Leistungsverpflichtungen handelt.
Dies kann verneint werden. Weder kann der
Kunde aus der gelieferten Maschine selbstständig Nutzen ziehen (ohne Aufstellung und
Montage, die nur von der Alpha AG erbracht
werden können, ist die Maschine ohne Nutzen), noch sind die Leistungsverpflichtungen
separat trennbar (der Alpha AG ist an der
„schlüsselfertigen" Maschine gelegen). Folglich handelt es sich bei allen Leistungsversprechen um ein eigenständig abgrenzbares Leistungsbündel für Bilanzierungszwecke (Schritt
2). Fraglich ist noch, wann die Umsatzerlöse
realisiert werden können. Da keines der Kriterien des IFRS 15.35 erfüllt ist (z. B. hat die
Maschine als Standardprodukt eine alternative
Verwendung, weshalb Kriterium c) nicht erfüllt ist), ist eine zeitpunktbezogene Umsatzrealisierung nötig (IFRS 15.38). Insofern dürfte
in 20X1 keine Erlöserfassung erfolgen, da das
Bündel an Leistungsverpflichtungen noch
nicht erfüllt wurde.

3. Die Leistungspflichten der Übergabe der Smart-
TVs an den Kunden einerseits und die Aufstel-
lungs-/Anschlusspflicht andererseits sind eigenständig abgrenzbar im Sinne des IFRS 15. Denn
der Kunde kann aus dem Fernseher regelmäßig
selbstständig Nutzen ziehen, da der Anschluss
bekanntlich sehr leicht ist. Die Leistungspflich-

ten sind zudem separat trennbar (keine Integra-
tionsleistung etc.). Da die Übergabe an den
Kunden schon erfolgt ist, können in 20X1 anteilig Umsatzerlöse erfasst werden.

4. Zu beantworten ist hier die Frage, ob die Herstellung des Anschlusses durch die Mobil-
net(t) AG eine eigenständig abgrenzbare Leistungsverpflichtung darstellt. Dem ist nicht so,
denn der Kunde kann durch die Herstellung
des Anschlusses noch keinen Nutzen ziehen.
Die Mobilnet(t) AG muss vielmehr laufend ihr
Mobilfunknetz aufrechterhalten, damit der
Anschluss für den Kunden Sinn macht (Kriterium IFRS 15.27a nicht erfüllt). Folglich kann
mit Herstellung des Anschlusses des Kunden
an das Mobilfunknetz der Mobilnet(t) AG
noch kein Umsatzerlös erfasst werden. Der
gezahlte Betrag der Anschlussgebühr ist bilanziell abzugrenzen und dann im Zuge der
Umsatzerlösrealisation aus der laufenden Mo-
bilfunkleistung anteilig (jeweils 1/24 pro Monat) mit zu erfassen.

5. Hierbei ist eine wesentliche Finanzierungskomponente zu vermuten (IFRS 15.60). Die
Höhe der zu erfassenden Erlöse richtet sich
nach dem Barwert der Gegenleistung. Zur Abdiskontierung ist die Rendite der 2-jährigen
Anleihe heranzuziehen, da diese das Zahlungsziel und die Bonität des Kunden verlässlich reflektiert.

Der zu erfassende Umsatz beträgt somit
100.000 € (= 121.000 €/$1,1^2$). Die Forderung
ist im Anschluss periodisch aufzuzinsen. Natürlich sind auch die Wertminderungsregeln
des IFRS 9 zu berücksichtigen.

6. Der Käufer erlangt mit Lieferung der Erzeugnisse typischerweise die Verfügungsmacht,
denn er kann die Erzeugnisse weiterveräußern
oder verarbeiten und muss die Gefahr des
zufälligen Untergangs (Preisgefahr) tragen
(Chancen und Risiken übergegangen). Der
noch fehlende rechtliche Eigentumsübergang
(ein weiterer Indikator für den Übergang der
Verfügungsmacht gemäß IFRS 15.38) wird
gewöhnlich nicht als Grund angesehen, den

Übergang der Verfügungsmacht nicht zu unterstellen. Die Einräumung eines Rückgaberechts verhindert nicht die Umsatzerlöserfassung, denn die Rückgabequote kann offensichtlich verlässlich geschätzt werden.

Gleichwohl dürfen von der eingebuchten Forderung in Höhe von netto 70.000 € nur 56.000 € (= 80 % von 70.000 €) als Umsatz für 20X1 erfasst werden. Die erwarteten Rückläufer sind als vertragliche Verbindlichkeiten abzugrenzen und zu passivieren.

Hinweis: Die erwarteten Rückläufer sind zudem als Vermögenswerte anzusetzen. Insofern mindern diese auch die in 20X1 GuV-wirksam zu erfassenden Herstellungskosten.

7. Die Leistungserfüllung erstreckt sich häufig über mehrere Rechnungsperioden. Damit ergibt sich ein Abgrenzungsproblem, nämlich ob und, wenn ja, wie der (erwartete) Erlös und damit der (erwartete) Gewinn in den einzelnen Rechnungsperioden realisiert werden soll. Eine späte Gewinnrealisation folgt dem Grundsatz der vorsichtigen Gewinnermittlung, läuft jedoch der Informationsvermittlung über den Stand der Leistungserfüllung und den anteilig verdienten Gewinnen zuwider. Eine frühe Gewinnrealisation nach Maßgabe des Leistungsfortschritts vermittelt die nötige Information über die tatsächliche wirtschaftliche Lage, birgt jedoch die Gefahr, unsichere und unrealisierte Gewinne auszuweisen.

8. Voraussetzungen für die Anwendung der PoC-Methode ist die Verlässlichkeit der Ermittlung des Leistungsfortschritts, was gewöhnlich ein funktionierendes Projektcontrolling voraussetzt (z. B. laufende Überarbeitung von Schätzungen zu Kosten und Erlösen).

9. Da keine verlässliche Leistungsfortschrittsermittlung und damit Gewinnschätzung möglich ist, muss die Zero-Profit-Methode angewendet werden Die Umsatzerlöse können gem. IFRS 15.45 dann nur bis zur Höhe der bereits angefallenen Kosten realisiert werden. Dies ist möglich, da angabegemäß nicht mit einem Verlust zu rechnen ist (anderenfalls wäre der zu erwartende Verlust sofort in voller Höhe GuV-wirksam zurückzustellen). Insofern sind Umsätze und Auftragskosten mit jeweils 8 Mio. € zu erfassen. Der Posten „Vertragliche Vermögenswerte" ist, da keine Teilrechnungen erstellt wurden, mit 8 Mio. € auszuweisen.

10. **Ermittlung des Fertigstellungsgrads:** siehe Tab. 9.5.

**Buchungssätze (Werte in T€):**

20X1
Diverse Konten (GuV)      120    an   Bank
                                       (oder Vorräte bzw. Verbindlichkeiten)  120

Vertragl. Vermögenswerte  140    an   Umsatzerlöse                            140

Forderungen aus LuL        50    an   Vertragl. Vermögenswerte                 50

20X2
Diverse Konten (GuV)      120    an   Bank
                                       (oder Vorräte bzw. Verbindlichkeiten)  120

Vertragl. Vermögenswerte  140    an   Umsatzerlöse                            140

Forderungen aus LuL        50    an   Vertragl. Vermögenswerte                 50

20X3
Diverse Konten (GuV)      120    an   Bank
                                       (oder Vorräte bzw. Verbindlichkeiten)  120

Vertragl. Vermögenswerte   56    an   Umsatzerlöse                             56

Anmerkung:
Die Umsatzerlöse für 20X3 i. H. von 56 T€ ergeben sich wie folgt: 48 % Fertigstellungsgrad x 700 T€ erwartete Gegenleistung − 140 T€ Umsatzerlöse für 20X1 − 140 T€ Umsatzerlöse für 20X2.

Sonstiger betriebl. Aufwand   26   an   Sonstige Rückstellungen   26

**Tab. 9.5**  Lösung zu Aufgabe 10 (Werte in T€)

|                                             | 20X1  | 20X2  | 20X3  | 20X4  |
|---------------------------------------------|-------|-------|-------|-------|
| Kumuliert angefallene Kosten                | 120   | 240   | 360   | 600   |
| /Geschätzte Gesamtkosten bis zur Fertigstellung | 600   | 600   | 750   | 750   |
| = Fertigstellungsgrad                       | 20 %  | 40 %  | 48 %  | 100 % |

**Tab. 9.6** Lösung GuV-Ausweis zu Aufgabe 10 (Werte in T€)

|                       | 20X1 | 20X2 | 20X3 | 20X4 | Gesamterfolg |
|-----------------------|------|------|------|------|--------------|
| Umsatzerlöse          | 140  | 140  | 56   | 364  | 700          |
| − Aufwendungen        | 120  | 120  | 146  | 364  | 750          |
| = Ergebnis vor Steuern| 20   | 20   | −90  | 0    | −50          |

**Tab. 9.7** Lösung Bilanzausweis zu Aufgabe 10 (Werte in T€)

|                          | 20X1 | 20X2 | 20X3 | 20X4 |
|--------------------------|------|------|------|------|
| Vertragl. Vermögenswerte | 90   | 180  | 176  | 0    |
| Forderungen aus LuL      | 50   | 100  | 110  | 0    |
| Sonstige Rückstellungen  | 0    | 0    | 26   | 0    |

Anmerkung:
Die GuV-wirksam zu bildende Drohverlustrückstellung i. H. von 26 T€ ergibt sich, da der bislang erfasste (Vorsteuer-)Verlust aus dem Auftrag 64 T€ beträgt, jedoch nach IFRS 15 i. V. m. IAS 37 ein (Vorsteuer-)Verlust von 90 T€ hierfür zu zeigen ist.

| Forderungen aus LuL | 60 | an | Vertragl. Vermögenswerte | 60 |
|---|---|---|---|---|
| Bank | 50 | an | Forderungen | 50 |

**20X4**

| Diverse Konten (GuV) | 390 | an | Bank (oder Vorräte bzw. Verbindlichkeiten) | 390 |
|---|---|---|---|---|
| Umsatzerlöse | 364 | an | Vertragl. Vermögenswert | 364 |

Anmerkung:
Die Umsatzerlöse für 20X4 i. H. von 364 T€ ergeben sich wie folgt: 100 % Fertigstellungsgrad x 700 T€ (erwartete) Gegenleistung − 140 T€ Umsatzerlöse für 20X1 − 140 T€ Umsatzerlöse für 20X2 − 56 T€ Umsatzerlöse für 20X3.

| Sonstige Rückstellungen | 26 | an | Diverse Konten (GuV) | 26 |
|---|---|---|---|---|

Anmerkung:
Die im Vorjahr gebildeten Drohverlustrückstellungen sind zugunsten von betroffenen Aufwandskonten aufzulösen. Unter Berücksichtigung dieser Buchung wird für 20X4 ein Ergebnis aus diesem Auftrag von null ausgewiesen. Dies ist korrekt, da der Gesamtverlust für den Auftrag bereits im Vorjahr vollständig antizipiert wurde. In dieser Höhe hat er sich auch materialisiert.

| Forderungen aus LuL | 540 | an | Vertragl. Vermögenswert | 540 |
|---|---|---|---|---|
| Bank | 650 | an | Forderungen aus LuL | 650 |

**GuV-Ausweis** (Gesamtkostenverfahren): siehe Tab. 9.6

**Bilanzausweis:** siehe Tab. 9.7

## Literatur

Bohnefeld, S., Ebeling, R. M., & Vitinius, M.-A. (2018). Die Bilanzierung von Verlustfertigungsaufträgen nach IFRS 15. *KOR, 18*(1), 8–14.

Deutscher Bundestag. (2008). Drucksache 16/10067 vom 30.07.2008.

Ellrott, H., & Brendt, P. (2010). § 255 HGB. In H. Ellrott, G. Fröschle, B. Grottel, M. Kozikowski, S. Schmidt & N. Winkeljohann (Hrsg.), *Beck'scher Bilanz-Kommentar. Handels- und Steuerbilanz*. Beck.

Selchert, F. W. (2002). § 252. In K. Küting, N. Pfitzer & C.-P. Weber (Hrsg.), *Handbuch der Rechnungslegung – Einzelabschluss – Kommentar zur Bilanzierung und Prüfung*. Schäffer-Poeschel. November 2012.

## 10.1 Überblick

Laut einer in 2016 veröffentlichten Studie des IASB für 14.000 Unternehmen, die Angaben zu Leasingverträgen im Anhang machten, blieben von den insgesamt ca. 3,3 Billionen US$ künftigen Zahlungsverpflichtungen aus Leasingverträgen über 85 % unbilanziert (vgl. IASB, 2016: 14 sowie IASB, 2017: 1).

Ursache hierfür war das bis dato nach IFRS (und US-GAAP) verfolgte Bilanzierungskonzept. Dieses verlangte keine konzeptionell einheitliche Behandlung von Leasingverhältnissen. Leasingnehmer (und Leasinggeber) mussten gemäß IAS 17 vielmehr eine Klassifizierung von Leasingverhältnissen in zwei Kategorien vornehmen, die dann über die bilanzielle Abbildung entschied. Das Beurteilungskriterium für diese Klassifizierung war die Verteilung der Chancen und Risiken, die üblicherweise mit dem (zivilrechtlichen) Eigentum am Leasinggegenstand verbunden sind, zwischen den beiden Vertragsparteien.

Wenn unter einer wirtschaftlichen Betrachtung im Wesentlichen alle Chancen und Risiken am Leasinggegenstand auf den Leasingnehmer übertragen wurden, lag ein sog. Finance-Leasing vor. Da Leasingnehmer nach der Vorstellung dieses Bilanzierungskonzepts in eine eigentümerähnliche Stellung versetzt wurden (sog. wirtschaftliches Eigentum), wurde die bilanzwirksame Abbildung verlangt. Das heißt, der Leasinggegenstand musste auf der Aktivseite und die korrespondierende Leasingschuld auf der Passivseite ausgewiesen werden.

Hingegen sprach man von Operate-Leasing, wenn wesentliche Chancen und Risiken aus dem Leasinggegenstand beim Leasinggeber verblieben, sprich dieser rechtlicher und wirtschaftlicher Eigentümer blieb. Als Operate-Leasing klassifizierte Leasingverträge blieben beim Leasingnehmer bilanzunwirksam. Folge war – wie oben dargestellt –, dass weder die Zahlungsverpflichtungen als Finanzschulden noch irgendwelche Aktivposten in die Bilanz aufgenommen werden mussten. Lediglich Angaben im Anhang über diese künftigen Zahlungsverpflichtungen waren erforderlich.

© Springer Fachmedien Wiesbaden GmbH, ein Teil von Springer Nature 2022
R. Gebhardt, *Rechnungslegung nach IFRS klipp & klar*, WiWi klipp & klar,
https://doi.org/10.1007/978-3-658-36050-4_10

Nicht nur an dieser ausbleibenden Bilanzierung von – im Einzelfall sehr wesentlichen – Vermögenswerten und Schulden in Abschlüssen von Leasingnehmern wurde Kritik geübt. Auch die Nutzbarkeit von bilanzpolitischen Spielräumen, eine Kategorisierung als Operate-Leasing bewusst herbeizuführen, wurde sehr stark moniert.

Diese berechtigte Kritik veranlasste den IASB, die Bilanzierungsregeln für Leasingnehmer zu überarbeiten. Für Geschäftsjahre beginnend ab 01.01.2019 sind Leasingverhältnisse nach dem IFRS 16 abzubilden. Dieser Standard verlangt – bis auf wenige Ausnahmen – eine einheitliche und bilanzwirksame Bilanzierung aller Leasingverhältnisse in Jahresabschlüssen von Leasingnehmern. Die Bilanzierungsregeln für Leasinggeber wurden hingegen nahezu unverändert belassen. Letztere Regeln sollen jedoch in diesem Lehrbuch nicht vertieft werden.

▶ Gemäß IFRS 16.9 handelt es sich bei einem Vertrag um ein **Leasingverhältnis**, wenn er dazu berechtigt, die Nutzung eines identifizierbaren Vermögenswerts gegen Entgelt für eine bestimmte Zeit zu kontrollieren.

Nach dieser Definition kommen grundsätzlich **Miet-, Pacht-, Erbbau-** und **Mietkaufverträge** als Leasingverhältnisse infrage. Jedoch müssen diese nicht zwangsläufig Leasingverhältnisse im Sinne des IFRS 16 sein. Auch können andere Vertragstypen wie z. B. *Outsourcing*vereinbarungen oder *Take-or-Pay*-Verträge unter diese Definition fallen. Geprüft werden muss stets der individuelle Vertrag unter Beachtung der Hinweise des IFRS 16 zur Auslegung der Definition. Diese sollen aber nicht Gegenstand dieses Lehrbuchs sein (vgl. hierzu ausführlich Gebhardt, 2021: Tz. 137 ff.).

## 10.2    Ansatz

Wurde ein Vertrag als Leasingverhältnis identifiziert, so wird dieser im Regelfall **bilanzwirksam**.

Das heißt, im Zeitpunkt der Bereitstellung des Leasinggegenstandes durch den Leasinggeber

hat der Leasingnehmer das erworbene **Recht auf Nutzung als Vermögenswert** zu aktivieren **und** andererseits die korrespondierende **Zahlungsverpflichtung als Schuld** zu passivieren.

Hiervon kann aber abgesehen werden, wenn entweder

• ein Kurzfristleasing oder
• ein Leasing von geringwertigen Vermögenswerten

vorliegt.

Wird von diesen Ansatzwahlrechten Gebrauch gemacht, vermeiden Unternehmen eine Bilanzverlängerung, wodurch sich positive Effekten auf bestimmte Bilanzkennzahlen ergeben können (z. B. Eigenkapitalquote). Lediglich Aufwendungen aus solchen Leasingvereinbarungen müssen dann laut IFRS 16.6 periodengerecht erfasst werden. Dabei ist grundsätzlich linear vorzugehen, es sei denn, eine andere systematische Verteilung reflektiert die Nutzenziehung durch den Leasingnehmer besser.

**Kurzfristleasing** ist gemäß IFRS 16.A definiert als ein Leasingverhältnis, welches ab dem Zeitpunkt der Bereitstellung des Leasinggegenstandes eine **Leasinglaufzeit von maximal 12 Monaten** aufweist. Entscheidend ist dabei die Bestimmung der Leasinglaufzeit, für welche sich in IFRS 16 Anweisungen finden. Diese werden im nächsten Abschnitt (Abschn. 10.3.1) noch weiter ausgeführt.

Unternehmen müssen bei der Ausübung des Ansatzwahlrechts für Kurzfristleasing berücksichtigen, dass es gemäß IFRS 16.8 nur für eine ganze Klasse von zugrunde liegenden Vermögenswerten ausübbar ist.

Die **Beurteilung, ob** ein **Leasinggegenstand** als **geringwertig** angesehen werden kann und damit das zweite Ansatzwahlrecht einschlägig ist, muss nach IFRS 16.B4 auf absoluter Basis (d. h. unabhängig z. B. von der Unternehmensgröße) und **auf Neuwertbasis** getroffen werden. Als geringwertig werden in IFRS 16.B8 beispielhaft Tablets, PCs, Telefone und andere kleine Dinge der Büroausstattung genannt. Demgegenüber werden Autos als generell nicht geringwertig eingestuft. Ebenso schließen IFRS 16.B6 f.

die Ausnutzung des Ansatzwahlrechts aus, wenn der geleaste Vermögenswert (erwartungsgemäß) untervermietet wird. In der nichtverpflichtenden *Basis for Conclusions* (IFRS 16.BC100) findet sich ein quantitativer Schwellenwertwert von 5000 US$, welcher als Orientierung für Geringwertigkeit herangezogen werden kann. Das beschriebene Ansatzwahlrecht kann im Gegensatz zu dem für Kurzfristleasing für jedes einzelne Leasingverhältnis einzeln ausgeübt werden.

## 10.3 Zugangsbewertung

### 10.3.1 Leasingverbindlichkeit

Die Leasingverbindlichkeit ist erstmalig mit dem **Barwert** der Leasingzahlungen zu bewerten, die während der Leasinglaufzeit zu zahlen sind.

Die Leasingzahlungen umfassen dabei nicht nur fest vereinbarte, sondern auch erwartete Zahlungen, wobei Letztere zu schätzen sind. Infrage kommen nach IFRS 16.26 ff. insbesondere:

- fixe und quasi fixe Leasingraten,
- variable Leasingraten nur dann, wenn sie abhängig von der Entwicklung von Preisindizes oder Zinssätzen sind (einzubeziehen auf Basis des aktuellen Indexstandes oder des aktuellen Zinssatzes),
- erwartete Zahlungen aus Restwertgarantien sowie
- Ausübungsbetrag von Kaufoptionen für den Leasinggegenstand, sofern die Optionsausübung hinreichend sicher ist.

---

**Beispiele**

**Beispiel 1**

Ein Modefilialist mietet gut gelegene Geschäftsräume für 200 € pro Quadratmeter und Monat für eine festgelegte Laufzeit. Sollte eine bestimmte Umsatzschwelle erreicht werden, muss er einen zusätzlichen Mietpreis von 20 € pro Quadratmeter und Monat zahlen. Das Erreichen dieser Umsatzschwelle ist aufgrund ihrer Höhe nicht als sicher anzunehmen.

Hierbei handelt es sich um variable Zahlungen, die nicht in die Zugangsbewertung der Leasingverbindlichkeit einzubeziehen sind, denn sie sind von etwas anderem als der Entwicklung von Preisindizes oder Zinssätzen abhängig. Lediglich die 200 €, multipliziert mit der Quadratmeterzahl und der Leasinglaufzeit in Monaten, stellen in der Leasingverbindlichkeit zu berücksichtigende Leasingzahlungen dar. Die zusätzlichen 20 € pro Quadratmeter werden GuV-wirksam erfasst, wenn die entsprechende Umsatzschwelle im jeweiligen Monat erreicht wurde.

**Beispiel 2**

Um seine Liquidität zu schonen, entscheidet ein Automobilzulieferer, eine benötigte Produktionsmaschine nicht zu kaufen, sondern zu leasen. Gleichzeitig möchte der Zulieferer seine Leasingverbindlichkeit so gering wie möglich ausfallen lassen, um bei Banken ein besseres Bilanzbild präsentieren zu können. Deshalb vereinbart er mit dem Leasinggeber eine sehr niedrige fixe Miete. Jedoch wird zudem vereinbart, dass beim Überschreiten einer bestimmten monatlichen Produktionsmenge eine zusätzliche Vergütung an den Leasinggeber gezahlt werden muss. Diese Ausbringungsschwelle ist jedoch so niedrig angesetzt, dass sie selbst im schwächsten Monat der letzten 15 Absatzjahre deutlich überschritten wurde.

Die zusätzliche Vergütung kann als quasifix angesehen werden und ist deshalb als Leasingzahlung in die Ermittlung der Leasingverbindlichkeit einzubeziehen. ◀

---

Sind Restwertgarantien vereinbart, so sind diese mit der erwarteten Inanspruchnahme aus der Garantie einzubeziehen. Deshalb hat der Leasingnehmer Szenarien hinsichtlich der möglichen Entwicklung des Restwerts aufzustellen und diesen Eintrittswahrscheinlichkeiten zuzuweisen. Die einzubeziehende erwartete Inanspruchnahme ergibt sich dann grundsätzlich als Summe der wahrscheinlichkeitsgewichteten Zahlungsbeträge.

Eine wesentliche Bestimmungsgröße für die Leasingverbindlichkeit ist die Leasinglaufzeit.

Sie ist darüber hinaus – wie bereits oben erwähnt – für die Entscheidung relevant, ob ein Kurzfristleasing vorliegt. Die Leasinglaufzeit ist in vielen Fällen zu schätzen, da nicht nur die **unkündbaren Zeiträume** (einschließlich mietfreier Zeiten), sondern unter Umständen auch **optionale Zeiträume** zu berücksichtigen sind. Letztere ergeben sich im Falle der Vereinbarung von Mietverlängerungsoptionen bzw. von Kündigungsmöglichkeiten. IFRS 16.18 verlangt die Einbeziehung solcher Zeiträume, sofern es **hinreichend sicher** erscheint, dass der Leasingnehmer eine Mietverlängerungsoption ausüben bzw. eine Kündigungsoption nicht ausüben wird.

Die Feststellung einer hinreichenden Sicherheit hat nach IFRS 16.B37– 40 alle Umstände und Faktoren des spezifischen Einzelfalls zu berücksichtigen, die dem Leasingnehmer einen ökonomischen Anreiz zur Ausübung einer Mietverlängerungsoption bzw. Nichtausübung einer Kündigungsoption geben. Dahingehend werden u. a. folgende exemplarische Sachverhalte angeführt:

- Mieten für optionale Zeiträume sind deutlich unter den erwarteten Marktmieten.
- Signifikante Mietereinbauten sind vorhanden, die sich erst nach mehreren optionalen Zeiträumen amortisiert haben werden.
- Vereinbarte Strafzahlungen bei Ausübung (Nichtausübung) von Kündigungsoptionen (Mietverlängerungsoptionen) fallen sehr hoch aus.
- Die Kosten der Verlagerung einer Betriebsstätte auf ein neu anzumietendes Objekt und der damit verbundene Produktionsausfall übersteigen mögliche künftige Mietersparnisse deutlich.
- In der Vergangenheit hat der Leasingnehmer Kündigungsmöglichkeiten nicht genutzt bzw. Mietverlängerungsoptionen genutzt.
- Der aktuell gemietete Gegenstand ist im Hinblick auf seine Beschaffenheit oder seinen Standort (z. B. Flagship-Store in renommierter Lage) bedeutend für den Fortgang des Geschäftsbetriebs.

Wenngleich die Liste der zu berücksichtigenden Umstände und Faktoren sehr lang ist, muss den-

noch konstatiert werden, dass die Festlegung der Leasinglaufzeit Ermessensspielräume beinhaltet und insofern Bilanzpolitik zugänglich ist.

Um den Barwert der Leasingzahlungen zu ermitteln, muss der Diskontierungszinssatz bestimmt werden. Gemäß IFRS 16.27 ist dies der **interne Zinsfuß** des Leasinggebers, sofern sich dieser ohne Weiteres bestimmen lässt. Anderenfalls ist der sog. **Grenzkapitalzinssatz** zu verwenden.

Der interne Zinsfuß ist der Zinssatz, bei dem am Bereitstellungstag die Summe der Barwerte der erwarteten Leasingzahlungen (zzgl. vom Leasingnehmer nicht garantierter, erwarteter Restwerte) dem Fair Value des Leasinggegenstandes (zzgl. sog. anfänglicher direkter Kosten des Leasinggebers) entspricht.

**Beispiel**

Eine Maschine mit einem Fair Value von 200.000 € wird ab Jahresbeginn 20X1 für 5 Jahre gemietet. Die vereinbarten, an jedem Jahresende (also nachschüssig) zu zahlenden Jahresmieten (= Mindestleasingzahlungen) betragen 45.000 €. Der Leasinggeber erwartet einen Restwert von 20.000 €. Dem Leasinggeber entstehen bei Vertragsschluss 5000 € Vermittlungsprovisionen, die sich ohne Abschluss des Leasingverhältnisses nicht ergeben hätten (sog. anfängliche direkte Kosten).

Der interne Zinsfuß $(i)$ ergibt sich allgemein als Lösung der Formel

$$-a_0 + \sum_{t=1}^{n} c_t \left(1+i\right)^{-t} = 0$$

Unter Berücksichtigung der obigen Angaben gilt es somit, folgende Gleichung zu lösen:

$$-205.000\,€ + 4500\,€ * \left(1+i\right)^{-1}$$
$$+45.000\,€ * \left(1+i\right)^{-2}$$
$$+45.000 * \left(1+i\right)^{-3} + 45.000\,€ * \left(1+i\right)^{-4}$$
$$*65.000\,€ * \left(1+i\right)^{-5} = 0$$

Mittels eines iterativen Verfahrens (beispielsweise mithilfe der Funktion IKV in Microsoft Excel) ergibt sich als interner Zinsfuß ein Wert von rd. 5,92 %. ◄

Der Leasingnehmer bekommt den internen Zinsfuß des Leasinggebers regelmäßig nicht genannt und er hat auch keinen Einblick in dessen Kalkulation. Deshalb wird in der Praxis häufig der **Grenzkapitalzinssatz** als Diskontierungszins verwendet. Dies ist gem. IFRS 16.A der Zinssatz, den ein Leasingnehmer zahlen müsste, wenn er für eine vergleichbare Laufzeit mit vergleichbarer Sicherheit die Kreditmittel aufnehmen würde, die er in einem vergleichbaren wirtschaftlichen Umfeld für einen Vermögenswert mit einem dem Nutzungsrecht vergleichbaren Wert benötigen würde.

### 10.3.2 Nutzungsrecht

Das Nutzungsrecht ist nach IFRS 16.24 ff. erstmalig zu **Anschaffungskosten** zu bewerten. Diese setzen sich folgendermaßen zusammen:

Zugangswert der Leasingverbindlichkeit
+ anfängliche direkte Kosten
+ Leasingzahlungen vor/am Beginn des Leasingverhältnisses
− bereits erhaltene Anreizzahlungen vom Leasinggeber
+ diskontierte Entsorgungs- bzw. Rückbaukosten
= Anschaffungskosten Nutzungsrecht

**Beispiele**

**Beispiel 1**

Im Zuge des Abschlusses eines Mietvertrages wurde in einem separaten Vertrag mit dem bisherigen Mieter/Leasingnehmer eine Abstandszahlung vereinbart, um diesen dazu zu bewegen, vorzeitig das Mietobjekt zu räumen. Für die Vermittlung des Mietobjektes muss dem Makler zudem eine Vermittlungsprovision gezahlt werden.

Sowohl die Abstandszahlung als auch die Vermittlungsprovision wären ohne den erfolgreichen Abschluss des Leasingvertrages nicht zustande gekommen. Folglich sind sie als Teil der Anschaffungskosten zu berücksichtigen und werden damit zunächst nicht GuV-wirksam.

**Beispiel 2**

Bereits vor der Bereitstellung des Leasinggegenstands ist laut Mietvertrag die erste Mietzahlung fällig. Diese wurde auch gezahlt.

Die Leasingverbindlichkeit und das Nutzungsrecht werden erst am Tag der Bereitstellung des Leasinggegenstands erstmalig angesetzt. Zahlungen, die vor diesem Tag erfolgen, sind auch Gegenleistungen für die Einräumung des Nutzungsrechts. Deshalb werden sie auch in den Anschaffungskosten des Nutzungsrechts berücksichtigt. Dagegen werden solche Leasingzahlungen in der Leasingverbindlichkeit nicht berücksichtigt werden, da ja dort lediglich solche Leasingzahlungen Eingang finden, die am Tag der Bereitstellung des Leasinggegenstands noch nicht bezahlt wurden.

**Beispiel 3**

Vor der Bereitstellung des Leasinggegenstands ist laut Leasingvertrag eine Zahlung des Leasinggebers fällig, die als Erstattungszahlung für Umzugskosten deklariert wird. Diese wurde auch gezahlt.

Diese Zahlung des Leasinggebers ist als Anreizzahlung an den Leasingnehmer für das Eingehen des Leasingvertrages anzusehen. Deshalb ist sie bei der Ermittlung der Anschaffungskosten des Nutzungsrechts in Abzug zu bringen. ◄

## 10.4 Folgebewertung

### 10.4.1 Nutzungsrecht

Da im Zuge des Eingehens von Leasingverhältnissen nach IFRS 16 gewöhnlich ein Vermögenswert (**Nutzungsrecht**) und eine Verbindlichkeit (**Leasingschuld**) angesetzt werden, müssen beide Bilanzposten selbstverständlich am Ende einer jeden Folgeperiode bewertet werden.

Das **Nutzungsrecht** wird typischerweise **zu fortgeführten Anschaffungskosten** bewertet. Das heißt, das Nutzungsrecht ist planmäßig abzuschreiben. Zur Ermittlung der planmäßigen Abschreibungen verweist IFRS 16.31 auf die Regeln zur planmäßigen Abschreibung von Sachanlagen gemäß IAS 16 (siehe hierzu Abschn. 3.3.2). Konkrete Regeln finden sich gleichwohl zur Bestimmung der Abschreibungsdauer (IFRS 16.32).

Sofern das Eigentum am zugrunde liegenden Leasinggegenstand mit hinreichender Sicherheit übergeht, so ist über die Nutzungsdauer des geleasten Gegenstands abzuschreiben.

Sofern das Eigentum am zugrunde liegenden Leasinggegenstand hingegen nicht mit hinreichender Sicherheit übergeht, entspricht die planmäßige Abschreibungsdauer gewöhnlich der Leasinglaufzeit (= Nutzungsdauer des Nutzungsrechts). Im Ausnahmefall ist eine kürzere Abschreibungsdauer als der Leasingzeitraum zu unterstellen. Dies ist bspw. der Fall, wenn Leasingzahlungen aufgrund von Liquiditätsschwierigkeiten des Leasingnehmers über einen langen Zeitraum gestreckt werden, jedoch vor Ende dieses Zeitraums das Nutzungsrecht keinen Wert mehr hat, da alle Nutzenpotenziale des Leasinggegenstands schon verbraucht sind.

### Beispiele

**Beispiel 1**

Die Leasy AG mietet eine sehr teure Maschine über 5 Jahre und vereinbart dabei eine als günstig einzustufende Kaufoption (Kaufpreis deutlich unter dem erwarteten Marktpreis in 5 Jahren). Die unternehmensindividuelle Nutzungsdauer der Maschine beträgt 7 Jahre.

Die Maschine ist über einen Zeitraum von 7 Jahren, also die unternehmensindividuelle Nutzungsdauer abzuschreiben, da der Eigentumsübergang hinreichend sicher ist (Ausübung der günstigen Option wird unterstellt).

**Beispiel 2**

Die Leasy AG mietet einen Laserdrucker über 5 und einen Offsetdrucker über 4 Jahre. Es sind weder Optionen noch ein automatischer Eigentumsübergang vereinbart. In beiden Fällen sollen Leasingverhältnisse vorliegen, die bilanzwirksam abgebildet werden müssen (keine Möglichkeit der Ausnutzung der Ansatzwahlrechte des IFRS 16). Die unternehmensindividuelle Nutzungsdauer des

Laserdruckers beträgt 4, die des Offsetdruckers 6 Jahre. Bekanntermaßen bedeutet dies, dass bis zum Ende dieser Zeiträume die Nutzenpotenziale vollständig verbraucht sein werden.

Nach den dargestellten Regeln sind die Nutzungsrechte an Offset- und Laserdrucker jeweils über einen Zeitraum von 4 Jahren abzuschreiben.

Im Falle des Laserdruckers erscheint es jedoch eigenartig, dass ein Unternehmen eine Leasingdauer vereinbart, die über die unternehmensindividuelle Nutzungsdauer des Gegenstandes hinausgeht. Wie oben bereits ausgeführt, werden durch die lange Leasingdauer die Leasingraten entsprechend kleiner ausfallen, was bei angespannter Liquiditätslage durchaus hilfreich sein kann. Im 5. Jahr müssen dann jedoch Leasingraten weiterhin bezahlt werden, obwohl der bislang geleaste Laserdrucker nicht mehr genutzt werden kann. Sollte das Unternehmen weiterhin Schriftstücke drucken müssen – was unterstellt werden kann –, müsste es so einen neuen Laserdrucker mieten, wodurch eine zusätzliche Liquiditätsbelastung entstehen würde. ◄

IFRS 16.34 **verlangt** abweichend von der Bewertung zu fortgeführten Anschaffungskosten die **Anwendung der Fair-Value-Methode** (d. h. eine GuV-wirksame Bewertung zum Fair Value, siehe hierzu Abschn. 4.3.3), **sofern** es sich

- um Nutzungsrechte an Immobilien handelt,
- die Untervermietung dieser Immobilie der Grund für die Anmietung war und
- im Eigentum befindliche Anlageimmobilien ebenfalls mittels der Fair-Value-Methode bilanziert werden.

**Wahlweise** kann ein Unternehmen die sog. **Neubewertungsmethode** (GuV-neutrale Bewertung zum Fair Value; siehe dazu Abschn. 3.3.3) statt der Bewertung zu fortgeführten Anschaffungskosten **anwenden**. Dieses Wahlrecht kann jedoch nur genutzt werden, **sofern**

- es sich um Nutzungsrechte an Sachanlagen handelt und
- die Klasse betroffener Sachanlagen, die sich im Eigentum des Unternehmens befinden, ebenfalls mit der Neubewertungsmethode bewertet werden.

Da Nutzungsrechte auch unerwartet an Wert verlieren können, sieht IFRS 16.33 konsequenterweise die Anwendung der **Wertminderungsregeln des IAS 36** auch für Nutzungsrechte vor (siehe hierzu Abschn. 3.3.4).

### 10.4.2 Leasingschuld

Leasingschulden unterscheiden sich im Grundsatz nicht von anderen finanziellen Schulden, weshalb hier ebenfalls gleiche Folgebewertungsregeln gelten (siehe hierzu Abschn. 7.5). Insofern sind gemäß IFRS 16.36 die Leasingzahlungen in einen **Zins- und** einen **Tilgungsanteil** aufzuspalten.

Der Tilgungsanteil wird erfolgsneutral als Reduzierung der ausstehenden Schuld berücksichtigt. Der Zinsanteil ist grundsätzlich periodengerecht GuV-wirksam zu erfassen. Dafür ist die Ihnen schon bekannte **Effektivzinsmethode** (konstante Verzinsung der verbleibenden Restschuld über die Laufzeit hinweg) anzuwenden (siehe hierzu Abschn. 7.4.2).

**Beispiel**

Zu Beginn des Jahres 01 mietet ein Unternehmen eine Maschine für 5 Jahre. Es sind ausschließlich fixe Leasingzahlungen am Ende eines jeden Geschäftsjahres i. H. v. 4000 € zu tätigen. Der Grenzkapitalzinssatz wird zum Bereitstellungstag mit 10,425 % ermittelt. Der interne Zinssatz des Leasinggebers kann aufgrund eines mangelnden Einblicks in die Kalkulation des Leasinggebers nicht ermittelt werden. Eine Notwendigkeit zur Anpassung dieses Zinssatzes ergibt sich im Zeitablauf nicht.

Folgende Zins- und Tilgungsanteile ergeben sich in Tab. 10.1 für die jeweiligen Jahre. ◄

Aus den unterschiedlichen Folgebewertungsregelungen für das **Nutzungsrecht** auf der einen **und** die **Leasingschuld** auf der anderen Seite ergibt sich damit **typischerweise**, dass die beiden Posten nach dem erstmaligen Ansatz **in unterschiedlicher Höhe bewertet** werden.

Die Zugangsbewertung der Leasingverbindlichkeit (und damit auch des Nutzungsrechts) beruht auf allerlei Schätzungen. **Sollten** im Laufe eines Leasingverhältnisses solche **Schätzungen zu ändern sein**, verlangt IFRS 16.39 ff. grundsätzlich eine **Neubewertung** der Leasingverbindlichkeit. Gründe dahingehend können bspw. sein:

- die Ausübungswahrscheinlichkeit einer Mietverlängerungsoption erhöht sich deshalb, weil der Leasingnehmer Mietereinbauten vornimmt, die sich erst in der Mietverlängerungsperiode amortisieren werden (im Gegensatz dazu läge kein Grund für eine Neubewertung vor, wenn sich die Ausübungswahrscheinlichkeit einer Verlängerungsoption nur deshalb ändert, weil Marktmieten sich sehr stark erhöht haben, da dies nicht durch den Leasingnehmer beeinflussbar ist),
- wider Erwarten wird eine Mietverlängerungsoption tatsächlich ausgeübt oder eine Kündigungsoption nicht ausgeübt,
- eine Neueinschätzung hinsichtlich möglicher Auszahlungsbeträge aufgrund von Restwertgarantien und entsprechender Eintrittswahrscheinlichkeiten solcher Szenarien ist nötig oder
- Referenzindizes bzw. Zinssätze und darauf bezogene variable Leasingraten ändern sich.

Bei einer Neubewertung sieht IFRS 16 neben der Neubestimmung der nunmehr erwarteten (sprich noch verbleibenden) Leasingzahlungen und der Leasinglaufzeit in einigen Fällen auch eine Neubestimmung des Diskontierungssatzes vor (vgl. hierzu ausführlich Gebhardt (2021): Tz. 248 ff.).

Bei Neubewertungen ist das Nutzungsrecht in gleicher Höhe und in die gleiche Richtung zu verändern. So führt z. B. eine höhere Leasingschuld zu einer Anpassung des Nutzungsrechts

**Tab. 10.1** Beispiel zur Bewertung der Leasingverbindlichkeit nach der Effektivzinsmethode

| Jahr | Buchwert Leasingverbindlichkeit am 1.1. d. Jahres (in €) | Zahlung am 31.12. d. Jahres (in €) | Anteil Zinsaufwand (in €) | Anteil Tilgung (in €) | Buchwert Leasingverbindlichkeit am 31.12. d. Jahres (in €) |
|---|---|---|---|---|---|
| 01 | 15.000 | 4000 | 1564 | 2436 | 12.564 |
| 02 | 12.564 | 4000 | 1310 | 2690 | 9874 |
| 03 | 9874 | 4000 | 1029 | 2971 | 6903 |
| 04 | 6903 | 4000 | 720 | 3280 | 3623 |
| 05 | 3623 | 4000 | 377 | 3623 | 0 |
| Summe | / | 20.000 | 5000 | 15.000 | / |

im gleichen Ausmaße nach oben. Nur in Fällen, bei denen eine notwendige Anpassung der Leasingschuld nach unten über den noch bestehenden Buchwert des Nutzungsrechts hinausgeht, ist der überschießende Anpassungsbetrag GuV-wirksam zu erfassen.

IFRS 16 sieht auch bei nachträglichen Anpassungen von Leasingverträgen spezielle Bilanzierungsregeln vor, die jedoch hier nicht weiter thematisiert werden sollen.

## 10.5 Ausweis

**Nutzungsrechte** aus Leasingverhältnissen sind in der Bilanz entweder

- separiert von anderen Vermögenswerten als eigene Bilanzposition oder
- als Teil des Anlagevermögens zu zeigen, in welchem der geleaste Vermögenswert im Falle eines Kaufs ausgewiesen werden würde.

Sollte die zweite Darstellungsmöglichkeit genutzt werden, muss im Anhang angegeben werden, welcher Teil der betreffenden Bilanzposition Nutzungsrechte betreffen (IFRS 16.47).

**Finanzschulden** aus Leasingverhältnissen sind in der Bilanz entweder

- separiert von anderen Finanzschulden als eigene Bilanzposition oder
- als Teil der Finanzschulden darzustellen.

Sollte die zweite Darstellungsmöglichkeit genutzt werden, muss im Anhang angegeben werden, welcher Teil der Finanzschulden Leasingschulden betreffen (IFRS 16.47).

Die Abschreibungsbeträge für bilanzierte Nutzungsrechte und Zinsaufwendungen aus korrespondierenden Leasingschulden sind getrennt voneinander in der GuV auszuweisen. Abschreibungsbeträge sind dabei stets Teil der operativen Aufwendungen. Zinsaufwendungen müssen zwingend als Teil der Finanzierungskosten ausgewiesen werden, die wiederum gem. IAS 1 als separater Posten innerhalb der GuV zu zeigen sind (IFRS 16.49).

## 10.6 Offenlegung

Gemäß IFRS 16.51 f. sind alle Angaben zu Leasingverhältnissen an einer Stelle im Anhang aufzunehmen. Anzugeben sind gemäß IFRS 16.53 ff. u. a.:

- Abschreibungen auf Nutzungsrechte
- Zinsaufwand aus Bewertung Leasingverbindlichkeit (separat zu zeigen sind aktivierte Zinsanteile; siehe hierzu Abschn. 2.3.1)
- Aufwand aus Kurzfristmiete (nicht für Miete < 1 Monat) und Miete von Vermögenswerten mit geringem Wert (bei Nutzung der jeweiligen Ansatzwahlrechte)
- Erträge aus Untervermietung
- gesamter Zahlungsabfluss aus Leasingverträgen
- Zugang zu Nutzungsrechten
- Buchwerte der Nutzungsrechte am Ende der Berichtsperiode
- Fälligkeitsanalyse der Leasingschulden.

**Zusammenfassung**

Leasingnehmer sind nach IFRS 16 verpflichtet, grundsätzlich alle Leasingverhältnisse bilanzwirksam abzubilden („on-balance"). Das heißt, Nutzungsrechte („right-of-use-model") einerseits und korrespondierende Leasingschulden andererseits kommen zum Ansatz. Unter dem Vorgängerstandard blieb dagegen eine Vielzahl von Leasingverträgen bilanzunwirksam („off-balance"). Nichtsdestotrotz verbleiben auch unter IFRS noch zwei Ansatzwahlrechte für Kurzfristleasingverhältnisse und Leasingverhältnisse über geringwertige Vermögenswerte.

Leasingverbindlichkeiten sind bei erstmaligem Ansatz mit dem Barwert der Leasingzahlungen, die während der Leasinglaufzeit erwartungsgemäß zu zahlen sind, zu bewerten. Das Nutzungsrecht ist erstmalig zu Anschaffungskosten zu bewerten.

Im Rahmen der Folgebewertung wird für das Nutzungsrecht gewöhnlich zu fortgeführten Anschaffungskosten unter Berücksichtigung etwaiger Wertminderungen bewertet. Unter bestimmten Bedingungen kann die Anwendung der Fair-Value-Methode nötig sein. Auch kann u. U. die Neubewertungsmethode wahlweise eingesetzt werden. Die Leasingschuld ist grundsätzlich planmäßig mittels der Effektivzinsmethode zu bewerten. In besonderen Situationen kann es notwendig sein, die Leasingschuld außerplanmäßig einer Neubewertung zu unterziehen, was dann auch gewöhnlich Auswirkungen auf die Bewertung des Nutzungsrechts hat.

## 10.7 Übungsaufgaben

1. Beurteilen Sie folgende Aussagen zum Ansatz von Leasingverhältnissen, ob diese nach IFRS 16 richtig oder falsch sind:
   a. Nach IFRS 16 werden typischerweise deutlich mehr Leasingverhältnisse in den Abschlüssen von Leasingnehmern bilanzwirksam als gegenüber den Regelungen des IAS 17.
   b. Im Falle der Bilanzwirksamkeit eines Leasingverhältnisses im Abschluss des Leasingnehmers werden einerseits ein Nutzungsrecht und andererseits eine Leasingschuld angesetzt. Eine Saldierung in der Bilanz ist allerdings gestattet.
   c. Kurzfristige Leasingverhältnisse brauchen gemäß IFRS 16 im Abschluss des Leasingnehmers nicht angesetzt zu werden. Diese sind definiert als solche Leasingverhältnisse, die eine Laufzeit ab Beginn des Leasingverhältnisses von kleiner oder gleich 12 Monaten haben und keine Mietverlängerungsoptionen enthalten.
   d. Leasingverhältnisse über Vermögenswerte von geringem Wert brauchen gemäß IFRS 16 im Abschluss des Leasingnehmers nicht angesetzt zu werden. Hierzu zählen typischerweise Computer, Büromöbel, Telefone und Autos.

2. Beurteilen Sie folgende Aussagen zur Zugangsbewertung von Leasingverhältnissen, ob diese nach IFRS 16 richtig oder falsch sind:
   a. Der Leasingnehmer muss zu Beginn des Leasingverhältnisses die Leasingschuld zum Barwert der künftigen Zahlungsverpflichtungen während der Leasinglaufzeit ansetzen. Dazu zählen u. a. der Ausübungspreis einer Kaufoption, sofern deren Ausübung hinreichend sicher ist, und der Nominalbetrag einer Restwertgarantie, die der Leasingnehmer dem Leasinggeber eingeräumt hat.
   b. Die Leasinglaufzeit ist zunächst der unkündbare Zeitraum des Leasingvertrages. Zudem müssen im Falle der Vereinbarung von Mietverlängerungsoptionen für den Leasingnehmer die Mietverlängerungszeiträume mit berücksichtigt werden, sofern der Leasingnehmer diese Optionen mit hinreichender Sicherheit ausüben wird.
   c. Das Nutzungsrecht ist zu Anschaffungskosten zum Beginn des Leasingverhältnisses zu bewerten. Dazu zählen die ermittelte Leasingschuld und u. a. anfängliche direkte Kosten des Leasingnehmers.

3. Beurteilen Sie folgende Aussagen zur Folgebewertung von Leasingverhältnissen, ob diese nach IFRS 16 richtig oder falsch sind:
   a. Das Nutzungsrecht ist nach der Neubewertungsmethode gemäß IAS 16 zu bewerten.
   b. Sollte im Leasingvertrag geregelt sein, dass am Ende des Leasingzeitraumes das rechtliche Eigentum am geleasten Vermögenswert auf den Leasingnehmer übergeht, muss das Nutzungsrecht über die Leasinglaufzeit abgeschrieben werden.
   c. Die Leasingschuld ist nach der sog. Effektivzinsmethode zu bewerten.
   d. Neubewertungen der Leasingschuld sind notwendig, wenn sich z. B. die Leasinglaufzeit erhöht, da wider Erwarten eine Mietverlängerungsoption aus-

geübt wurde. In diesem Fall ist die sich ergebende Erhöhung der Leasingschuld GuV-wirksam zu erfassen.

4. Die X-AG bilanziert nach IFRS und least Anfang 20X1 eine Maschine über einen Zeitraum von 3 Jahren (unkündbar), die sofort zur Verfügung gestellt wird. Die jährlich am Jahresende fällige Leasingrate beträgt 10.000 €. Der Leasingnehmer bekommt das Recht eingeräumt, die Maschine zum Ende der Leasinglaufzeit für 80.000 € zu kaufen. Der für diesen Zeitpunkt erwartete Restwert beträgt 120.000 €. Die unternehmensindividuelle Nutzungsdauer von Maschinen dieses Typs würde die X-AG mit 10 Jahren ansetzen. Dem Leasingnehmer sind keine anfänglichen direkten Kosten entstanden. Die Kalkulationsbasis des Leasinggebers ist nicht bekannt. Der Grenzzinssatz der X-AG beträgt 5,25 %. Die Maschine wird durch die X-AG gleichmäßig genutzt.

  a. Beurteilen Sie, ob dieses Leasingverhältnis nach IFRS bilanzwirksam abzubilden ist.

  b. Welche Buchungssätze ergeben sich für die X-AG aus diesem Leasingvertrag ab dessen Beginn bis zu seinem Ablauf unter der Annahme, dass das Leasingverhältnis bilanzwirksam nach IFRS abzubilden ist? (Latente Steuern sind zu ignorieren.)

## 10.8 Lösungen

1.

  a. Richtig, da grundsätzlich alle Leasingverhältnisse bilanzwirksam werden (IFRS 16.22).

  b. Falsch, da eine Saldierung von Nutzungsrecht und Leasingschuld nicht möglich ist.

  c. Falsch, da optionale Mietverlängerungszeiträume bei der Bestimmung der Leasinglaufzeit u. U. (hinreichend sichere Inanspruchnahme) berücksichtigt werden müssen. Hingegen verhindern Kaufoptio-

nen für den Leasingnehmer die Klassifizierung als Kurzfristleasing.

  d. Falsch, da gerade Autos typischerweise Neuwerte aufweisen, die nicht geringwertig sind (IFRS 16.B6).

2.

  a. Falsch, da erwartete Zahlungen aus Restwertgarantien berücksichtigt werden müssen und nicht der Nominalbetrag der Garantie (IFRS 16.26 ff.). Darin liegt ein Unterschied zur Vorgehensweise nach den Altregelungen gemäß IAS 17. Die Aussage zu Kaufoptionen ist im Übrigen richtig.

  b. Richtig (IFRS 16.18 ff.).

  c. Richtig (IFRS 16.24 ff.)

3.

  a. Falsch, da dies lediglich ein Wahlrecht ist, welches auch nur dann ausübbar ist, wenn ähnliche Sachanlagen, die im Eigentum des Leasingnehmers stehen, gemäß IAS 16 ebenfalls nach der Neubewertungsmethode bewertet werden. Grundsätzlich sind Nutzungsrechte nach der Anschaffungs- bzw. Herstellungskostenmethode zu bewerten.

  b. Falsch, da in diesem Fall die unternehmensindividuelle Nutzungsdauer des geleasten Vermögenswerts zu nutzen ist. Dies gilt im Übrigen auch, wenn eine Kaufoption vereinbart wurde und diese mit hinreichender Sicherheit ausgeübt wird (IFRS 16.29 ff.).

  c. Richtig.

  d. Falsch, da diese Anpassung der Leasingschuld durch eine korrespondiere Erhöhung des Nutzungsrechts zu reflektieren ist.

4.

  a. Sofern es sich beim beschriebenen Sachverhalt um ein Leasingverhältnis nach IFRS 16 handelt (hier vorausgesetzt),

**Tab. 10.2** Lösung zu Aufgabe 4

| Jahr | Leasingverpflichtung per 01.01. ① | Leasingzahlung per 31.12. ② | Zinsaufwand (= i × ①) ③ | Tilgungsanteil (= ② – ①) ④ | Leasingverpflichtung per 31.12 (= ①–④) |
|------|-----------------------------------|-----------------------------|--------------------------|-----------------------------|------------------------------------------|
| 20X1 | 95.712 € | 10.000 € | 5028 € | 4972 € | 90.740 € |
| 20X2 | 90.740 € | 10.000 € | 4767 € | 5233 € | 85.508 € |
| 20X3 | 85.508 € | 90.000 € | 4492 € | 85.508 € | 0 |
| Σ |  | 110.000 € | 14.288 € | 95.712 € | |

muss dieses bilanzwirksam abgebildet werden. Die Ansatzwahlrechte für Kurfristleasing und geringwertige Vermögenswerte können in diesem Fall nicht genutzt werden, da sie nicht einschlägig sind.

b. Um die Buchungen korrekt durchzuführen, muss die Zugangsbewertung des Nutzungsrechts und der Leasingschuld zunächst durchgeführt werden. Die Leasingschuld ermittelt sich, indem der Barwert der (erwarteten) Leasingzahlungen herangezogen wird. Damit müssen zunächst die 3-malig zu zahlenden 10.000 € berücksichtigt werden. Da aufgrund der Ausgestaltung der Kaufoption die Ausübung hoch wahrscheinlich ist (erwarteter Marktwert der Maschine deutlich über dem Ausübungsbetrag der Option), muss der Ausübungsbetrag der Kaufoption von 80.000 € als Leasingzahlung einbezogen werden. Der Barwert der Leasingzahlungen beträgt dann rd. 95.712 €:

$$10.000 \,€ \times \left(1+i\right)^{-1} + 10.000 \,€ \times \left(1+i\right)^{-2}$$
$$+90.000 \,€ \times \left(1+i\right)^{-3} = 95.712 \,€$$

Das Nutzungsrecht ist in diesem Fall in der gleichen Höhe einzubuchen wie die Leasingschuld, da keine der in IFRS 16.24 ff. genannten zusätzlichen Anschaffungskostenbestandteile vorliegen (z. B. keine anfänglichen direkten Kosten für den Leasingnehmer). Die Leasingschuld ist nunmehr planmäßig nach dem in Tab. 10.2 dargestellten Finanzierungsplan fortzuführen:

Die jährliche Abschreibung für das Nutzungsrecht ergibt sich bei linearem Nutzenverbrauch (gleichmäßige Nutzung) und 10-jährigem Abschreibungszeitraum zu 9571 € (Annahme Restwert nach 10 Jahren null). Ein 10-jähriger Abschreibungszeitraum ist deshalb zu unterstellen,

da der Eigentumsübergang als hinreichend sicher gilt und folglich die unternehmensindividuelle Nutzungsdauer relevant ist.

Insofern ergeben sich folgende Buchungssätze (in €, Beträge sind gerundet):

**01.01.20X1**

| Nutzungsrechte | 95.712 | an | Leasingschulden | 95.712 |
|---|---|---|---|---|

**31.12.20X1**

| Abschreibungen | 9571 | an | Nutzungsrechte | 9571 |
|---|---|---|---|---|

| Zinsaufwand | 5028 | | | |
|---|---|---|---|---|
| Leasingschulden | 4972 | an | Bank | 10.000 |

**31.12.20X2**

| Abschreibungen | 9571 | an | Nutzungsrechte | 9571 |
|---|---|---|---|---|

| Zinsaufwand | 4767 | | | |
|---|---|---|---|---|
| Leasingschulden | 5233 | an | Bank | 10.000 |

**31.12.20X3**

| Abschreibungen | 9571 | an | Nutzungsrechte | 9571 |
|---|---|---|---|---|

| Zinsaufwand | 4492 | | | |
|---|---|---|---|---|
| Leasingschulden | 85.508 | an | Bank | 90.000 |

Für die nächsten 7 Jahre ist der Vermögenswert weiter planmäßig um jeweils 9571 € abzuschreiben. Zudem wäre bei Ausübung der Kaufoption (Ende 20X3) eine Umbuchung der Restbuchwerte der Nutzungsrechte zu den Sachanlagen geboten.

## Literatur

Gebhardt, R. (2021). Leasingverhältnisse IFRS 16. In S. Thiele, I. v. Keitz & M. Brücks (Hrsg.), *Internationales Bilanzrecht. Rechnungslegung nach IFRS* (49. Aktualisierung Januar 2021). Stollfuß.

IASB. (2016). *Fact sheet IFRS 16*. http://www.ifrs.org/-/media/project/leases/ifrs/educational-materials/leases-fact-sheet-jan-2016.pdf. Zugegriffen am 25.03.2020.

IASB. (2017). *Effects analysis – International financial reporting standard IFRS 16*. http://www.ifrs.org/-/media/project/leases/ifrs/published-documents/ifrs16-effects-analysis.pdf. Zugegriffen am 25.03.2020.

# Ertragsteuern

## 11.1 Überblick

Der Commerzbank-Konzern wies in seinem Geschäftsbericht 2019 latente Ertragsteueransprüche von rd. 3 Mrd. € zum Stichtag 31.12. aus (vgl. Commerzbank, 2019, S. 243). Dieser Betrag entsprach knapp 10 % des ausgewiesenen Eigenkapitals, was die relative Bedeutung dieser Vermögenswerte verdeutlicht. Die Commerz-bank führt dazu in ihrem Anhang aus, dass diese aktiven latenten Steuern aufgrund temporär unterschiedlicher Wertansätze zwischen IFRS-Abschluss und Steuerbilanz gebildet wurden (vgl. Commerzbank, 2019, S. 227). Ein nicht unerheblicher Teil dieses Betrages wurde aufgrund steuerlicher Verlustvorträge erfasst. In diesem Zusammenhang heißt es weiter (vgl. Commerz-bank, 2019, S. 227 f.), dass für steuerliche Verlustvorträge im Umfang von rd. 13 Mrd. € (!) keine aktiven latenten Steuern gebildet wurden.

In 2019 musste die Commerzbank von den aktiven latenten Steuern, die zu Jahresanfang gebildet waren, rd. 0,1 Mrd. € abschreiben.

Zwangsläufig ergeben sich folgende Fragen:

- Was sind latente Steuern und wozu werden sie gebildet?
- Warum werden für manche steuerlichen Verlustvorträge aktive latente Steuern gebildet und für andere nicht?
- Was ist die Ursache für die vorgenommenen Abschreibungen auf zuvor aktivierte latente Steuern?

Die Regelungen zur Behandlung latenter, aber auch laufender Ertragsteuern finden sich in IAS 12. Sie gelten unabhängig von Rechtsform und Größe des Unternehmens, seiner Kapitalmarktorientierung und dem Ort (Inland oder Ausland) der Steuererhebung. In Deutschland sind von IAS

© Springer Fachmedien Wiesbaden GmbH, ein Teil von Springer Nature 2022
R. Gebhardt, *Rechnungslegung nach IFRS klipp & klar*, WiWi klipp & klar,
https://doi.org/10.1007/978-3-658-36050-4_11

12 Einkommen- bzw. Körperschaft- und Gewerbesteuer betroffen. Auf die Vorschriften des IAS 12
soll im Folgenden eingegangen werden.

## 11.2 Bilanzierung tatsächlicher Ertragsteuern

Unternehmen müssen, sofern sie steuerpflichtige
Gewinne erwirtschaften, laufend Ertragsteuern
an den Fiskus entrichten. Die Bilanzierung solcher laufenden bzw. tatsächlichen Steuern ist
recht einfach: Die für die abgelaufene Periode
geschuldeten Ertragsteuern sind als tatsächlicher
Steueraufwand in der GuV zu erfassen. Sind ge-
schuldete tatsächliche Steuern für die aktuelle
Periode (oder auch frühere Perioden) am Geschäftsjahresende noch nicht vollständig (vor-
aus-) bezahlt worden, sind sie als Schuldposten
anzusetzen (IAS 12.12).

Mitunter können sich auch aktivische Bilanzposten aus laufenden Ertragsteuern ergeben. Beispielsweise kommt dies vor, wenn die während
des Geschäftsjahres geleisteten Ertragsteuer-
vorauszahlungen größer ausfallen als die letztlich
tatsächlich geschuldeten Ertragsteuern. Zudem
kommt dies vor, wenn in der aktuellen Periode
Verluste erwirtschaftet wurden, die zurück-
getragen werden, d. h. mit versteuerten Gewinnen
der Vorjahre verrechnet werden können (**Verlust-
rücktrag**). Solche Steuererstattungsansprüche
sind als Vermögenswerte anzusetzen (IAS 12.12).

**Tatsächliche Ertragsteuern** sind gemäß IAS
12.58 **grundsätzlich GuV-wirksam zu erfassen.** Eine **Ausnahmeregelung** findet sich **für
Dividendenzahlungen** des Unternehmens an
seine Anteilseigner in IAS 12.65A. Demnach
sind die von den Dividenden direkt an den Fiskus
abgeführten bzw. abzuführenden Kapitalertrag-
oder Abgeltungssteuern (zusammen mit der Dividende) direkt mit dem Eigenkapital zu verrechnen.

Die Bewertung tatsächlicher Ertragsteuern hat
mit den Steuersätzen zu erfolgen, die am Bilanzstichtag in Kraft gesetzt sind (IAS 12.46).

Es bestehen **keine wesentlichen Abweichungen zu den HGB-Regelungen** bei der
Bilanzierung tatsächlicher Ertragsteuern.

## 11.3 Bilanzierung latenter Steuern

### 11.3.1 Zweck der Bilanzierung – erläutert am Beispiel

Die Bilanzierung latenter Steuern ist leicht nachzuvollziehen, wenn man den Grund für deren Bilanzierung versteht. Dazu soll nochmals an die
Zielsetzung der IFRS erinnert werden. Diese lautet, entscheidungsnützliche Informationen über
die Vermögens-, Finanz- und Ertragslage zur Verfügung zu stellen.

**Ohne die Bilanzierung latenter Steuern**
können sowohl die **Ertrags- als auch die Vermögenslage** in bestimmten Fällen **verfälscht**
dargestellt werden. Zur Verdeutlichung dieser
möglichen Verfälschungen und auch der be-
reinigenden Wirkung latenter Steuern soll das
folgende Beispiel dienen (in Anlehnung an Pellens et al., 2017, S. 249 f.):

Die StraBau AG hat **im Geschäftsjahr
20X1** – sowohl gemäß des IFRS-Regelwerks als
auch nach steuerrechtlichen Regelungen –
1.000.000 € Gewinn vor Steuern erzielt, jedoch
vor Berücksichtigung eines drohenden Verlustes
i. H. von 500.000 € für einen eingeworbenen, jedoch noch nicht begonnenen Auftrag (schwebendes Geschäft).

Für drohende Verluste müssen im **IFRS-
Abschluss** bekanntlich bereits in 20X1 aufwandswirksam Drohverlustrückstellungen gebildet werden (siehe dazu Abschn. 6.4). Im
**steuerrechtlichen Abschluss** dürfen hingegen
gemäß § 5 Abs. 4a EstG solche Drohverluste
nicht steuermindernd zurückgestellt werden. Insofern unterscheiden sich die beiden Abschlüsse.
Die nun im IFRS-Abschluss enthaltenen Informationen über die Vermögenslage sind jedoch im
Moment verfälscht.

Hintergrund sind folgende Überlegungen.
Zwar legt der Steuergesetzgeber fest, dass Verluste, die lediglich drohen, nicht steuermindernd
geltend gemacht werden dürfen. Jedoch lässt er
die steuermindernde Berücksichtigung von Verlusten zu, wenn sie tatsächlich eintreten. Das
heißt, materialisieren sich die Verluste, mindert
sich auch das zu versteuernde Einkommen mit

der Folge einer geringeren Steuerschuld. Wenn im IFRS-Abschluss der künftige Verlust nun bereits in 20X1 zu antizipieren ist, sollte der sich bei späterem Verlusteintritt ebenfalls ergebende künftige Steuerentlastungseffekt konsequenterweise ebenfalls antizipiert werden. Auf Basis eines angenommenen Steuersatzes von 40 % ergibt sich dieser künftige Entlastungseffekt zu 200.000 € (= 40 % * 500.000 €). Nur wenn über diesen berichtet wird, wäre der Abschlussleser korrekt über die Vermögenslage informiert. Dies wäre durch die Bildung eines aktiven latenten Steuerpostens (latente Steuerforderung) in der genannten Höhe erreicht.

Auch wurde oben argumentiert, dass die Ertragslage der StraBau AG im IFRS-Abschluss ohne die Bildung latenter Steuern verfälscht dargestellt wäre. Dazu zunächst die folgenden Überlegungen: Im IFRS-Abschluss des Jahres 20X1 ergibt sich nach aufwandswirksamer Bildung der Drohverlustrückstellungen ein Vorsteuergewinn von 500.000 €. Gleichwohl beträgt der Vorsteuergewinn in der Steuerbilanz 1.000.000 €. Auf Basis des angenommenen Steuersatzes von 40 % ergibt sich ein tatsächlicher Einkommensteueraufwand von 400.000 € (= 40 % * 1.000.000 €), der als solcher natürlich in der IFRS-GuV aufzunehmen ist. In Tab. 11.1 sind nun die steuerliche Gewinnermittlung (Spalte 2) sowie die Gewinn- und-Verlust-Rechnung des IFRS-Abschlusses **ohne** Bildung latenter Steuern für das Jahr 20X1 dargestellt (Spalte 3). Wie der Spalte 3 der Tab. 11.1 zu entnehmen ist, steht der Steuerauf-

wand in der IFRS-GuV in keinem nachvollziehbaren Zusammenhang zum Vorsteuergewinn von 500.000 €, wenn die Bildung latenter Steuern unterbleibt. Der Bilanzleser würde eine Steuerquote von 80 % ermitteln und wäre verwirrt, da er den tatsächlichen Steuersatz von 40 % kennt.

Werden nun – wie oben bereits erwähnt – die aktiven latenten Steuern eingebucht, sorgt die nötige Gegenbuchung als latenter Steuerertrag dafür, dass die Verfälschung der Ertragslage ebenfalls beseitigt wird (Buchungssatz: aktive latente Steuern 200.000 an latenten Steuerertrag 200.000). Hiernach ergibt sich ein Gesamtsteueraufwand von 200.000 € (= 400.000 € tatsächlicher Steueraufwand abzüglich 200.000 € latenter Steuerertrag), der in einem sinnvollen Verhältnis zum Vorsteuergewinn von 500.000 € steht. Dies kann der Spalte 4 der Tab. 11.1 entnommen werden.

**Im Geschäftsjahr 20X2** soll nun wiederum sowohl gemäß IFRS-Regelwerk als auch nach steuerrechtlichen Regelungen ein Vorsteuergewinn von 1.000.000 € durch die StraBau AG erzielt werden. Hierbei sind wiederum die Auswirkungen des bereits oben diskutierten Auftrags noch nicht berücksichtigt. Für 20X2 soll nun unterstellt werden, dass der Auftrag in 20X2 vollständig abgewickelt wurde und der im Vorjahr erwartete Verlust von 500.000 € sich in genau dieser Höhe materialisiert hat. Dies hat zur Konsequenz, dass in der **steuerlichen Gewinnermittlung** für 20X2 dieser Verlust nun steuermindernd geltend gemacht wird. Folglich ist ein

**Tab. 11.1** Beispiel zur Auswirkung von latenten Steuern auf die Ertragslage im 1. Geschäftsjahr

| In T€ | Steuerliche Gewinnermittlung | IFRS-GuV *ohne* latente Steuern | IFRS-GuV *mit* latenten Steuern |
|---|---|---|---|
| Vorläufiger Gewinn vor Steuern | 1000 | 1000 | 1000 |
| – Aufwand aus Rückstellungsbildung | 0 | – 500 | – 500 |
| = Gewinn **vor** Steuern | 1000 | 500 | 500 |
| Tatsächlicher Steueraufwand | – 400 | – 400 | – 400 |
| Steuerquote **vor** latenten Steuern | 40 % | 80 % | 80 % |
| Latenter Steuerertrag | n/a | – | + 200 |
| Gesamtsteueraufwand | – 400 | – 400 | – 200 |
| Steuerquote **nach** latenten Steuern | n/a | – | 40 % |
| Gewinn **nach** Steuern | 600 | 100 | 300 |

Einkommen von 500.000 € (1.000.000 € − 500.000 €) zu versteuern, was zu einem tatsächlichen Steueraufwand von 200.000 € führt (siehe Spalte 2 der Tab. 11.2). Für den IFRS-Abschluss muss dieser tatsächliche Steueraufwand natürlich übernommen werden. Dieser steht jedoch erneut in keinem sinnvollen Verhältnis zum Vorsteuergewinn von 1.000.000 €, wenn latente Steuern unberücksichtigt gelassen werden. Der Abschlussleser würde eine Steuerquote von 20 % ablesen und wäre irritiert in Anbetracht des ihm bekannten tatsächlichen Steuersatzes von 40 % (siehe Spalte 3 der Tab. 11.2). Noch einmal zur Erinnerung: Der Vorsteuergewinn von 1.000.000 € ergibt sich deshalb in dieser Höhe, weil der Auftragsverlust ja schon in 20X1 antizipiert, sprich aufwandswirksam berücksichtigt wurde.

Für den im Vergleich zum IFRS-Vorsteuerergebnis von 1.000.000 € zu niedrigen tatsächlichen Steueraufwand (und die Steuerzahlung) des Jahres 20X2 von gerade einmal 200.000 € wurde allerdings im Vorjahr – wie oben gezeigt – eine latente Steuerforderung erfasst. Dieser Steuerentlastungeffekt hat sich jetzt materialisiert. Da die aktive latente Steuer aus dem Vorjahr noch in den Büchern ist, muss diese nun aufgelöst werden. Im Zuge der Auflösung ist ein korrespondierender latenter Steuerertrag von 200.000 € zu erfassen (Buchungssatz: latenten Steueraufwand 200.000 an aktive latente Steuer latenten Steuerertrag 200.000). Dadurch wird erneut eine verzerrte Darstellung der wirtschaft-lichen Lage vermieden. Der Gesamtsteueraufwand steht nun in einem sinnvollen Verhältnis zum Vorsteuergewinn.

### 11.3.2 Temporary-Konzept der Bilanzierung

IAS 12 verfolgt eine bilanzorientierte Sichtweise bei der Bildung latenter Steuern. Das heißt, **auf grundsätzlich alle temporären Ansatz- und Bewertungsunterschiede** von Vermögenswerten und Schulden im IFRS-Abschluss gegenüber der Steuerbilanz **sind latente Steuerforderungen bzw. latente Steuerverbindlichkeiten zu bilden.** Dadurch soll ein korrekter Einblick in künftige Steuerbe- bzw. -entlastungen, also die Vermögenslage gegeben werden. Zudem wird dadurch die Ertragslage – wie im Abschn. 11.3.1 bereits diskutiert – unverzerrt dargestellt.

**Temporäre** Ansatz- und Bewertungsdifferenzen sind solche, die sich im Zeitablauf entweder automatisch (zeitlich begrenzte Differenzen) oder erst durch Managemententscheidungen, durch ein neues Ereignis oder spätestens bei Unternehmensauflösung (andere temporäre Differenzen) ausgleichen werden.

Für zeitlich unbegrenzte (**permanente**) Differenzen (z. B. aus steuerlich nicht abzugsfähigen Betriebsausgaben bzw. steuerfreien Erträgen) sind hingegen keine Steuerlatenzen zu bilden, denn diese führen niemals zu einer Steuerwirkung.

**Tab. 11.2** Beispiel zur Auswirkung von latenten Steuern auf die Ertragslage im 2. Geschäftsjahr

|  | Steuerliche Gewinnermittlung | IFRS-GuV *ohne* latente Steuern | IFRS-GuV *mit* latenten Steuern |
|---|---|---|---|
| Vorläufiger Gewinn vor Steuern | 1000 | 1000 | 1000 |
| − Verlust aus Auftrag | − 500 | 0 | 0 |
| = Gewinn **vor** Steuern | 500 | 1000 | 1000 |
| Tatsächlicher Steueraufwand | − 200 | − 200 | − 200 |
| Steuerquote **vor** latenten Steuern | 40 % | 20 % | 20 % |
| Latenter Steueraufwand | n/a | – | − 200 |
| Gesamtsteueraufwand | − 200 | − 200 | − 400 |
| Steuerquote **nach** latenten Steuern | n/a | – | 40 % |
| Gewinn **nach** Steuern | 300 | 800 | 600 |

Die Bilanzierung latenter Steuern ist dabei unabhängig davon, ob der unterschiedliche Wertansatz im IFRS-Abschluss gegenüber der Steuerbilanz GuV-neutral (im sonstigen Gesamtergebnis) oder GuV-wirksam zustande kam. Entscheidend ist, dass sich die Differenzen irgendwann ausgleichen werden, also temporäre Differenzen im obigen Sinne vorliegen.

Dieses von IAS 12 verfolgte bilanzorientierte Konzept der Steuerabgrenzung wird auch als **Temporary-Konzept** bezeichnet.

### Beispiele

**Beispiel 1**

(Für dieses und die nachfolgenden Beispiele wird jeweils deutsches Steuerrecht unterstellt.)

Ein Unternehmen schreibt einen Vermögenswert in der Steuerbilanz gemäß AfA-Tabelle über 3 Jahre ab. Da dieser Vermögenswert erfahrungsgemäß jedoch 6 Jahre lang genutzt werden kann, erfolgt die Abschreibung im IFRS-Abschluss über diesen Zeitraum. Anfang 20X1 wurde der Vermögenswert für 120.000 € angeschafft.

Aus Tab. 11.3 können Sie jeweils den Wertansatz (Buchwert) des Vermögenswerts im IFRS-Abschluss und in der Steuerbilanz zum Geschäftsjahresende und die temporäre Differenz ersehen. Ersichtlich wird hier, dass sich die Bewertungsdifferenzen zwischen IFRS-Abschluss und Steuerbilanz automatisch im Laufe der 6 Nutzungsjahre ausgleichen, sprich temporäre Differenzen vorliegen.

**Beispiel 2**

Ein Unternehmen hatte zu Beginn des Jahres 20X1 einen Aktienbestand erworben. Für diese Beteiligung soll das Wahlrecht gemäß IFRS 9.4.1.4 genutzt werden, Änderungen des Fair Value GuV-neutral über das sonstige Ergebnis (OCI) zu erfassen (Abschn. 7.4.5). Am Jahresende ist der Wert des Aktienpakets gestiegen.

Der Wertanstieg ist nur im IFRS-Abschluss GuV-neutral zu erfassen, was jedoch auf die Bildung latenter Steuern keinen Einfluss hat, da es sich um eine temporäre Differenz handelt, die sich spätestens beim Verkauf des Pakets umkehrt. Wie Sie gleich noch erfahren werden, müssen nicht nur die Wertsteigerung des Aktienpakets, sondern auch der (hier passive) latente Steuerposten GuV-neutral über das sonstige Gesamtergebnis erfasst werden.

**Beispiel 3**

Ein Unternehmen erwarb im Vorjahr ein Grundstück, das als Finanzinvestition in Immobilien kategorisiert werden musste. Im aktuellen Jahr ermittelt der Gutachter einen deutlich gestiegenen Fair Value des Grundstücks. Dieser Wertanstieg wird im IFRS-Abschluss GuV-wirksam erfasst (Ausübung des Wahlrechts gemäß IAS 40, siehe Abschn. 4.3.3), in der Steuerbilanz bleibt er unberücksichtigt.

Diese temporäre Differenz zwischen IFRS-Abschluss und Steuerbilanz wird sich erst dann umkehren, wenn

- das Management sich entscheidet, das Grundstück zu veräußern,
- der Gutachter ein Absinken des Marktwerts unter die Anschaffungskosten feststellt (dann wäre dies auch in der Steuerbilanz zu erfassen) oder
- das Unternehmen liquidiert wird.

Damit handelt es sich um eine temporäre Differenz im Sinne des IAS 12.

**Beispiel 4**

Ein Automobilhersteller bildet eine Rückstellung für eine Strafzahlung im IFRS-Abschluss. Strafzahlungen dieser Art sollen jedoch steuerlich **nicht als Betriebsausgabe** anerkannt sein (auch nicht, wenn sie tatsächlich

**Tab. 11.3** Beispiel zu temporären Differenzen zwischen dem Wertansatz in der Steuerbilanz und dem IFRS-Abschluss (alle Werte in T€)

| | 20X1 | 20X2 | 20X3 | 20X4 | 20X5 | 20X6 |
|---|---|---|---|---|---|---|
| Buchwert in der Steuerbilanz | 80 | 40 | 0 | 0 | 0 | 0 |
| Buchwert in der IFRS-Bilanz | 100 | 80 | 60 | 40 | 20 | 0 |
| Temporäre Differenz | 20 | 40 | 60 | 40 | 20 | 0 |

zur Auszahlung kommen). In diesem Fall liegt eine permanente Differenz vor, für die keine Steuerlatenz zu bilden ist. Dies würde auch keinen Sinn machen, da der Betrag weder jetzt noch in Zukunft steuermindernd geltend gemacht werden kann und sich folglich künftig kein Steuerentlastungseffekt ergeben würde. ◄

Nach dem Temporary-Konzept werden zwei Arten temporärer Differenzen unterschieden:

1. **Zu versteuernde** temporäre **Differenzen**, die den Ansatz passiver latenter Steuern zur Folge haben

Zu versteuernde temporäre Differenzen sind solche temporären Ansatz- bzw. Bewertungsdifferenzen von Vermögenswerten oder Schulden zwischen IFRS-Abschluss und Steuerbilanz, die, wenn sie sich **in künftigen Perioden** auflösen, **zu versteuern** sind. Sprich im Zeitpunkt der Auflösung solcher Differenzen ist das sich ergebende zu versteuernde Ergebnis laut Steuerbilanz höher als jenes nach IFRS. Diese künftig höhere Steuerlast wird **als** latente Steuerverbindlichkeit oder **passive latente Steuer dargestellt**.

Passive latente Steuern können sich ergeben, wenn

- ein **Vermögenswert sein IFRS-Bilanz höher** als in der Steuerwert bzw.
- eine **Schuld in der IFRS-Bilanz niedriger** als ihr Steuerwert bilanziert ist.

**Beispiele**

**Beispiel 1**

Ein Unternehmen bilanziert nach IFRS einen Aktienbestand zum gestiegenen Fair Value von 100.000 €. In der Steuerbilanz muss der Aktienbestand weiterhin zu den niedrigeren Anschaffungskosten von 80.000 € bewertet werden.

Hierbei handelt es sich um eine temporäre Differenz, die sich spätestens bei Verkauf der Anteile auflöst. Unterstellt, es käme zu einem künftigen Verkauf in Höhe des im Moment nach IFRS bilanzierten Werts von 100.000 €, wäre die Differenz von 20.000 € zu versteuern. Insofern ergibt sich hier eine passive latente Steuer (sollte der relevante Steuersatz z. B. 30 % betragen, wäre diese mit 6000 € zu bewerten, siehe dazu Abschn. 11.3.4). Dem erfassten Ertrag aus der Höherbewertung von 20.000 € würden hier 6000 € latenter Steueraufwand gegenübergestellt (zur Frage der GuV-wirksamen oder GuV-neutralen Erfassung dieses Steueraufwands siehe Abschn. 11.3.5).

**Beispiel 2**

Ein Unternehmen bildet GuV-wirksam eine Rückstellung für eine im Geschäftsjahr 20X1 unterlassene Instandhaltung in der Steuerbilanz, die Anfang 20X2 nachgeholt wird. Nach IFRS existiert hierfür gleichwohl ein Ansatzverbot, da es sich um eine Innenverpflichtung handelt (siehe dazu Abschn. 6.2).

Es handelt sich hier ebenfalls um eine temporäre Differenz, die sich auflöst, wenn die Instandhaltung durchgeführt wird. Es handelt sich zudem um eine zu versteuernde Differenz (IFRS Wertansatz der Schuld kleiner als ihr Steuerwert). Grund hierfür ist, dass die künftige Instandhaltung bereits in 20X1 steuermindernd berücksichtigt wurde und sich die tatsächliche Durchführung ja nicht nochmals steuermindernd auswirken kann. Damit werden die künftig zu zahlenden Steuern im Verhältnis zum dann erzielten IFRS-Ergebnis zu hoch ausfallen, was durch eine passive latente Steuer bilanziell bereits 20X1 sichtbar gemacht wird. Diese passive latente Steuer wird GuV-wirksam eingebucht. Erst dieser latente Steueraufwand lässt den Gesamtsteueraufwand des Jahres 20X1 in einem sinnvollen Verhältnis zum IFRS-Vorsteuergewinn ausfallen (denn der tatsächliche Ertragsteueraufwand ist gegenüber dem IFRS-Vorsteuergewinn, der keinen Instandhaltungsaufwand enthält, zu gering). Gleiches gilt im Übrigen für das Jahr 20X2. ◄

2. **Abzugsfähige** temporäre **Differenzen**, die den Ansatz aktiver latenter Steuern zur Folge haben

Abzugsfähige temporäre Differenzen sind solche temporären Ansatz- bzw. Bewertungsdifferenzen von Vermögenswerten oder Schulden zwischen IFRS-Abschluss und Steuerbilanz, die, wenn sie sich **in künftigen Perioden** auflösen, **steuermindernd wirken**. Sprich im Zeitpunkt der Auflösung solcher Differenzen ist das sich ergebende zu versteuernde Ergebnis laut Steuerbilanz niedriger als jenes nach IFRS. Diese künftig niedrigere Steuerlast wird **als** latente Steuerforderung oder **aktive latente Steuer dargestellt**.

Aktive latente Steuern können sich ergeben, wenn

- ein **Vermögenswert sein IFRS-Bilanz niedriger** als sein Steuerwert bzw.
- eine **Schuld in der IFRS-Bilanz höher** als ihr Steuerwert bilanziert ist.

**Beispiele**

**Beispiel 1**

Ein Unternehmen berücksichtigt nach IFRS in 20X1 eine Wertminderung für eine Forderung, die jedoch steuerlich nicht anerkannt ist.

Im IFRS-Abschluss ist die Forderung niedriger bilanziert als in der Steuerbilanz. Diese temporäre Differenz (Auflösung spätestens bei Eingang der Forderung) ist abzugsfähig. Sprich geht die Forderung wie im Moment nach IFRS bewertet ein, kann die Differenz zum aktuellen Wertansatz in der Steuerbilanz steuermindernd geltend gemacht werden. Um die Vermögens- und die Ertragslage in 20X1 korrekt dazustellen, müssen eine aktive latente Steuer und ein latenter Steuerertrag erfasst werden (zu Ausnahmen siehe Abschn. 11.3.3). Durch die Erfassung des latenten Steuerertrags wird ein sinnvolles Verhältnis zwischen IFRS-Vorsteuergewinn und Gesamtsteueraufwand hergestellt. Denn der für 20X1 fällig werdende tatsächliche Ertragsteueraufwand fällt gegenüber dem IFRS-Vorsteuergewinn (der den Wertminderungsaufwand enthält) zu hoch aus.

**Beispiel 2**

Die Strahlemann & Söhne AG berücksichtigt in 20X1 im Rahmen einer Rückstellungsbildung für künftige Rückbauverpflichtungen künftige Preissteigerungen für solche Rückbaumaßnahmen. Solche Preissteigerungen dürfen annahmegemäß steuerlich nicht berücksichtigt werden. Unter anderem aus diesem Grund fällt die Bewertung dieser Rückbauverpflichtung in der Steuerbilanz deutlich niedriger aus.

Diese temporäre Differenz, die sich spätestens bei tatsächlichem Rückbau auflöst, ist abzugsfähig. Sprich erfolgt der Rückbau zu den nach IFRS im Vergleich zur Steuerbilanz höher zurückgestellten Kosten, kann dieser Unterschiedsbetrag steuermindernd geltend gemacht werden, was konsequenterweise durch die Bildung einer latenten Steuerforderung berücksichtigt werden sollte (zu Ausnahmen siehe Abschn. 11.3.3). Auch die Ertragslage für 20X1 wird damit korrekt dargestellt, da die Einbuchung der aktiven latenten Steuer durch die Erfassung eines latenten Steuerertrages begleitet wird. Hierdurch wird ein sinnvolles Verhältnis zwischen IFRS-Vorsteuergewinn und Gesamtsteueraufwand hergestellt. Denn der für 20X1 fällig werdende tatsächliche Ertragsteueraufwand fällt gegenüber dem IFRS-Vorsteuergewinn (der den höheren Aufwand aus der Rückstellungsbildung enthält) zu hoch aus. ◄

### 11.3.3 Ansatz

Gemäß IAS 12.15 besteht eine **Ansatzpflicht für passive latente Steuern** auf grundsätzlich alle zu versteuernden temporären Ansatz- und Bewertungsdifferenzen von Sachverhalten zwischen dem IFRS-Abschluss und der Steuerbilanz. Nur für wenige Ausnahmefälle temporärer Differenzen (z. B. solche, die beim erstmaligen Ansatz eines Geschäfts- oder Firmenwerts aus bestimmten Formen von Unternehmenszusammenschlüssen entstehen) bestehen nach IAS 12.15 Ansatzverbote für passive latente Steuern (siehe hierzu weiterführend Zülch & Hendler, 2009, S. 466–468).

Der Ansatz passiver latenter Steuern ist **nicht an Wahrscheinlichkeitsüberlegungen geknüpft**. Ob es tatsächlich irgendwann zu einer steuerlichen Belastung kommt, ist davon abhängig, ob künftig steuerpflichtige Gewinne anfallen. Dies bedeutet, dass Unternehmen selbst dann auf temporäre zu versteuernde Differenzen passive latente Steuern bilden müssen, wenn es aufgrund einer prognostizierten Verlustphase unwahrscheinlich ist, dass Ertragsteuern überhaupt anfallen.

Hingegen besteht gemäß IAS 12.24 eine **Ansatzpflicht für aktive latente Steuern** auf abzugsfähige temporäre Ansatz- und Bewertungsdifferenzen **nur** in dem Umfang, wie es **wahrscheinlich** ist, dass **künftig** auch **steuerpflichtige Gewinne** anfallen werden, gegen die die abzugsfähigen Differenzen verrechnet werden können. Von einer solchen wahrscheinlichen Verrechnungsmöglichkeit kann in folgenden Fällen ausgegangen werden (IAS 12.28):

• Zum Stichtag bestehen neben den abzugsfähigen auch entsprechend zu versteuernde Differenzen gegenüber derselben Steuerbehörde, die sich nach aktuellen Erwartungen zum gleichen Zeitpunkt umkehren werden.
• Im Zeitpunkt der Umkehrung der abzugsfähigen temporären Differenz besteht die Möglichkeit eines Verlustvor- oder -rücktrags.

Sofern die beiden vorstehenden Fälle nicht zutreffen, sind die beiden folgenden zu prüfen (IAS 12.29 f.):

• Die Prognose der steuerlichen Gewinne des Unternehmens lässt den Schluss zu, dass künftig wahrscheinlich ausreichende zu versteuernde Gewinne entstehen werden, gegen die die abzugsfähigen Differenzen verrechnet werden können.
• Dem bilanzierenden Unternehmen stehen Steuergestaltungsmöglichkeiten offen, die es ihm erlauben, steuerpflichtige Gewinne in die

Perioden der Umkehrung der Differenz zu verlagern (z. B. Verkauf eines Vermögenswerts aus dem Anlagevermögen zu einem über dem steuerlichen Buchwert liegenden Preis).

Im erstgenannten Fall ergeben sich insbesondere dann Zweifel an der Wahrscheinlichkeit der Verrechnungsmöglichkeit, wenn das Unternehmen bereits häufiger steuerliche Verluste erwirtschaftet hat. Gemäß IAS 12.31 sind in Fällen sog. Verlusthistorien auch die besonderen Regeln zum Ansatz aktiver latenter Steuern auf Verlustvorträge oder Steuergutschriften zu beachten, auf die nun eingegangen wird.

Ergeben sich steuerliche Verluste, die nicht mit vergangenen oder aktuellen steuerpflichtigen Gewinnen verrechnet werden können (und somit zu einer Steuererstattung führen), besteht häufig die Möglichkeit, die Verluste auf künftige Perioden vorzutragen. Solche **steuerliche Verlustvorträge** können dann mit künftigen steuerpflichtigen Gewinnen verrechnet werden, was die künftige Steuerlast entsprechend senkt. Steuerliche Verlustvorträge führen dann zum Ansatz aktiver latenter Steuern, wenn – wie oben gerade diskutiert – künftig wahrscheinlich auch steuerpflichtige Gewinne anfallen werden, gegen die die Verlustvorträge oder Steuergutschriften verrechnet werden können, sprich der wirtschaftliche Vorteil sich auch materialisiert. Begründet werden kann eine solche Verrechenbarkeit von Verlustvorträgen in den bereits dargestellten Fällen.

Besonderer Würdigung bedarf der Ansatz aktiver latenter Steuern auf steuerliche Verlustvorträge dann, wenn er auf der Prognose (Budgetierung) steuerpflichtiger Gewinne beruht (IAS 12.24 ff.). Grund hierfür ist, dass eine aktuelle Verlustsituation häufig ein guter Indikator für künftige Verluste ist. Insofern wird die Existenz überzeugender, substanzieller Hinweise verlangt, dass mit steuerpflichtigen Gewinnen künftig zu rechnen sein wird (IAS 12.35). Darauf hindeuten können z. B. eine veränderte strategische Ausrichtung, bedeutende Innovationen oder Restrukturierungen oder Einmaleffekte, die auslösend für die aktuelle Verlustsituation waren. Solche Hinweise sind dann auch im Anhang anzugeben (IAS 12.82). Hinweise, die gegen das wahrscheinliche Entstehen steuerpflichtiger Gewinne und damit gegen eine Bildung von aktiven latenten Steuern auf Verlustvorträge sprechen, sind z. B. häufig aufgetretene operative Verluste in Kernaktivitätsbereichen, unzuverlässige Budgetierungen in der Vergangenheit und schon fehlgeschlagene Restrukturierungen in der jüngeren Vergangenheit.

Wenngleich bspw. in Deutschland die Verlustvortragsmöglichkeit zeitlich unbegrenzt ist, müssen steuerpflichtige Gewinne in einem **relativ kurzen Zeitraum** zu erwarten sein, damit das Wahrscheinlichkeitskriterium als erfüllt angesehen werden kann. Uneinigkeit besteht darin, welcher Zeitraum dies sein soll. Häufig wird ein Zeitraum von 5 Jahren als zweckmäßig angesehen (vgl. Berger, 2006, S. 2474). Gleichwohl finden sich in der Literatur auch längere Zeiträume (vgl. Berger et al., 2007). Es ergeben sich für Unternehmen hieraus und aus der immanenten Unsicherheit bei solchen Planungen substanzielle Ermessensspielräume. (Auf die Besonderheiten hinsichtlich der Bilanzierung von aktiven latenten Steuern auf Verlustvorträge in Steuersystemen mit Mindestbesteuerung wie in Deutschland soll in diesem Lehrbuch nicht eingegangen werden.)

**Beispiel**

Die Desaster AG erwirtschaftete 20X1 (Bilanzstichtag 31.12.) einen steuerlichen Verlust von 1 Mio. € und hat keine Möglichkeit, diesen rückzutragen. Verlustvorträge jedoch können auf unbegrenzte Zeit gegen künftige steuerpflichtige Gewinne verrechnet werden. Der gegenwärtige (= erwartete) Ertragsteuersatz soll vereinfachend mit 40 % angenommen werden.

Desaster plant im Rahmen einer Restrukturierung, in den nächsten 5–7 Jahren – außer im Jahr 20X6 – (nach IFRS) lediglich ausgeglichene Ergebnisse zu erwirtschaften. Für das Jahr 20X6 (sprich im 5. Jahr) liegen substanzielle Hinweise vor, die auf einen Gewinn von 0,1 Mio. € hindeuten.

Zum Bilanzstichtag 20X1 liegen annahmegemäß unverändert zu versteuernde temporäre Differenzen gegenüber derselben Steuerbehörde

vor, für die bereits passive latente Steuern im Umfang von 0,3 Mio. € gebildet worden waren (entspricht 0,75 Mio. € zu versteuernde temporäre Differenzen = 0,3 Mio. € × 100 %/40 %). Sie werden sich 20X5 auflösen.

Zunächst existieren zu versteuernde Differenzen. Insofern wird dies das steuerpflichtige Ergebnis erhöhen, wogegen die steuerlichen Verlustvorträge verrechnet werden können. Also können im Umfang der dafür passivierten latenten Steuern von 0,3 Mio. € aktive latente Steuern auf die gerade entstandenen steuerlichen Verlustvorträge erfasst werden.

Zudem wird für eines der nächsten 5 Geschäftsjahre ein Gewinn von 0,1 Mio. € erwartet (annahmegemäß liegen substanzielle Hinweise hierfür vor), der auch zu versteuern ist. Eine Aktivierung zusätzlicher latenter Steuern im Umfang von 0,04 Mio. € (40 % × 0,1 Mio. €) kann insoweit begründet werden.

Insgesamt entspricht dies zu aktivierenden latenten Steuern von 0,34 Mio. €. Das heißt, für 0,15 Mio. € der steuerlichen Verlustvorträge können keine aktiven latenten Steuern gebildet werden (1 Mio. € gesamte Verlustvorträge − 0,1 Mio. € erwarteter Gewinn in 5. Jahr − 0,75 Mio. € zu versteuernde temporäre Differenzen). ◄

Gemäß IAS 12.37 sind abzugsfähige Differenzen, steuerliche Verlustvorträge und Steuergutschriften, für die noch keine aktiven latenten Steuern angesetzt wurden, zu jedem folgenden Stichtag auf Ansatzfähigkeit zu prüfen. Damit kann eine zunächst nicht angesetzte latente Steuer in späteren Perioden durchaus „nachaktiviert" werden.

Für einige abzugsfähige temporäre Differenzen bestehen gemäß IAS 12.15 Ansatzverbote. Auf diese soll jedoch hier nicht weiter eingegangen werden (vgl. dazu Zülch & Hendler, 2009, S. 468).

### 11.3.4 Bewertung

IAS 12.47 verlangt die Bewertung latenter Steuern mit den für den Zeitpunkt der Umkehr der zugrunde liegenden Differenzen zu erwartenden Steuersätzen. Hinsichtlich der Entwicklung von Steuersätzen herrscht gewöhnlich keine Sicherheit. Insofern ist regelmäßig auf die aktuellen Steuersätze zu rekurrieren. Sollten jedoch neue Steuersätze bereits in Kraft sein bzw. substanziell in Kraft gesetzt sein, sind diese zu verwenden. Substanziell in Kraft gesetzt sind Steuersatzänderungen in Deutschland, wenn sie von der Legislative bereits beschlossen, jedoch noch nicht amtlich verkündet und damit noch nicht förmlich in Kraft gesetzt wurden (vgl. Lüdenbach et al., 2020, Rz. 240).

Latente Steuern sind nach IAS 12.53 stets undiskontiert zu erfassen. Dies gilt selbst dann, wenn die Umkehrung einer temporären Differenz erst in Jahrzehnten erwartet wird. Dafür werden vom IASB allerdings keine konzeptionellen, sondern Vereinfachungsgründe genannt.

Steuersatzänderungen führen zur Notwendigkeit der Anpassung latenter Steuern. So konnte beispielsweise allein der Bayer-Konzern aufgrund der Unternehmenssteuerreform 2008 (Jahr des Inkrafttretens) einen Ertrag von über 900 Mio. € aus der Anpassung bestehender latenter Steuern für das Jahr 2007 erfassen (vgl. Bayer AG, 2008, S. 136). Die Effekte von Steuersatzänderungen sind gemäß IAS 12.57 stets so zu erfassen wie ursprünglich der zugrunde liegende Sachverhalt (Vermögenswert oder Schuld): GuV-wirksam, GuV-neutral über das sonstige Gesamtergebnis oder direkt im Eigenkapital.

### Fortsetzung des Beispiels

Die bei der Desaster AG Ende 20X1 zu versteuernden temporären Differenzen und die steuerlichen Verlustvorträge bestehen auch im Folgejahr im gleichen Umfang. Das Unternehmen plant weiterhin, durch die Restrukturierung in den nächsten 5–7 Jahren (nach IFRS) mit Ausnahme des Jahres 20X6 (s. o.) ausgeglichene Ergebnisse zu erwirtschaften.

Am 30.12.20X2 wurde jedoch eine Steuerreform durch Bundestag und Bundesrat beschlossen, die zur Folge hat, dass der Steuersatz von 40 % ab 20X4 auf 30 % sinken wird.

Eine amtliche Bekanntmachung dieser Reform erfolgte jedoch noch nicht.

Obwohl die Steuersatzänderung noch nicht amtlich bekannt gemacht wurde, müssen die temporären Differenzen und die steuerlichen Verlustvorträge, die wahrscheinlich genutzt werden können, mit dem neuen, ab 20X4 zu erwartenden Steuersatz bewertet werden, denn zu diesem Zeitpunkt kehren sich die Differenzen um. Das heißt, sowohl die passiven als auch die aktiven latenten Steuern sind jeweils um ein Viertel zu reduzieren, da auch der Steuersatz um ein Viertel sinken wird.

Die passiven latenten Steuern sind nun mit 0,225 Mio. € (zuvor 0,3 Mio. €), die aktiven latenten Steuern mit 0,255 Mio. € (zuvor 0,34 Mio. €) auszuweisen. Es ergibt sich eine Belastung des Gewinns für 20X2 von 10.000 €, da sich die passiven latenten Steuern um 75.000 € reduzieren (latenter Steuerertrag), während sich die aktiven latenten Steuern um 85.000 € reduzieren (latenter Steueraufwand). ◄

Für eine in Deutschland ansässige Kapitalgesellschaft wäre im Moment für die Ermittlung latenter Steuern ein Steuersatz zwischen ca. 30 und 34 % in Abhängigkeit vom Gewerbesteuerhebesatz der Gemeinde einschlägig (vgl. Endres et al., 2007, S. 478 ff.). Dieser berücksichtigt – neben der genannten Gewerbesteuer – auch die Körperschaftsteuer und den Solidaritätszuschlag. Sollten z. B. für Tochterunternehmen eines Konzerns unterschiedliche Steuersätze gelten (z. B. auch unterschiedliche Gewerbesteuerhebesätze oder bei ausländischen Töchtern), so kann auf Konzernebene gemäß IAS 12.49 ein **durchschnittlicher Steuersatz** zur Bewertung der latenten Steuer Anwendung finden.

Bilanzierte aktive latente Steuern sind in Folgeperioden auf ihre Werthaltigkeit hin zu überprüfen, d. h., es sind in dem Umfang Wertminderungen zu berücksichtigen, wie es nicht mehr wahrscheinlich ist, dass die wirtschaftlichen Vorteile aus steuerlichen Verlustvorträgen, Steuergutschriften oder abzugsfähigen Differenzen genutzt werden können (IAS 12.56). Die Wertminderung ist dabei gemäß IAS 12.57 stets in der Weise zu erfassen, wie ursprünglich die aktive latente Steuer: GuV-wirksam, GuV-neutral über das sonstige Gesamtergebnis oder direkt im Eigenkapital.

**Fortsetzung des Beispiels**

Bei der Desaster AG wird Ende 20X3 klar, dass im Rahmen der Restrukturierung zwar weiterhin mit ausgeglichenen Ergebnissen in den nächsten 5–7 Jahren gerechnet werden kann, jedoch nicht mehr mit einem Gewinn für 20X6.

Die Werthaltigkeit der aktivierten latenten Steuern ist gemindert. Insofern muss für die in Erwartung von 0,1 Mio. € Gewinn für das Jahr 20X6 aktivierten latenten Steuern eine GuV-wirksame Wertberichtigung durchgeführt werden. Die aktiven latenten Steuern sind um 30.000 € (= 0,1 Mio. € x 30%) zu reduzieren (im Haben zu buchen) mit der entsprechenden Gegenbuchung „Latenter Steueraufwand". ◄

Gemäß IAS 12.37 gilt auch für aktive latente Steuern ein **Wertaufholungsgebot,** falls die Gründe für eine vorherige Wertminderung entfallen.

## 11.3.5 Erfassung von Steuerlatenzen

Wie bereits erwähnt wurde, ist in IAS 12.57 der Grundsatz formuliert, dass latente Steuern so zu erfassen sind, wie der zu der entsprechenden Differenz führende, zugrunde liegende Geschäftsvorfall. Es sind folgende Fälle zu unterscheiden:

- **GuV-wirksame Erfassung** des ursprünglichen Sachverhalts und somit auch der latenten Steuern

**Beispiel**

Ein Automobilhersteller aktiviert im Einklang mit IAS 38 Entwicklungskosten für eine neue Motorengeneration im Umfang von 500 Mio. € im Geschäftsjahr 20X3. Für steuerliche Zwecke ist die unmittelbare Erfassung dieser Kosten als Betriebsausgabe (also gewinnmindernd) vorgeschrieben. Der gegenwärtige (= erwartete) Ertragsteuersatz soll vereinfachend mit 40 % angenommen werden.

Die temporäre Differenz zwischen Buchwert nach IFRS und Steuerwert beträgt 500 Mio. €, die künftig relativ zu dem dann erzielten IFRS-Vorsteuerergebnis zu einer höheren steuerlichen Belastung führt, denn die Entwicklungskosten wurden ja bereits im aktuellen Jahr steuerlich gewinnmindernd geltend gemacht.

Bei einem Steuersatz von 40 % ergibt sich für diese zu versteuernde temporäre Differenz eine zu bildende passive latente Steuer von 200 Mio. €. Der zugrunde liegende Geschäftsvorfall der Aktivierung von Entwicklungskosten beeinflusst unmittelbar die GuV. Insofern sind die latenten Steuern ebenfalls GuV-wirksam zu buchen. Die Buchungssätze (gemäß Gesamtkostenverfahren) lauten (in Mio. €):

| | | | | |
|---|---|---|---|---|
| Immaterielle Vermögenswerte | 500 | an | Aktivierte Eigenleistungen | 500 |
| Latenter Steueraufwand | 200 | an | Passive latente Steuern | 200 |

In den folgenden 5 Jahren muss das Unternehmen die Entwicklungskosten planmäßig linear abschreiben. Bei einem jährlichen Abschreibungsbetrag von 100 Mio. € vermindert sich die temporäre Differenz jeweils um diesen Betrag. Insofern muss sich die passivierte latente Steuer um jeweils 40 Mio. € reduzieren (40 % von 100 Mio. €). Da die Abschreibung unmittelbar die GuV beeinflusst, sind die latenten Steuern ebenfalls GuV-wirksam zu buchen. Hierdurch werden in jedem Jahr die Verzerrungen der Ertrags- und Vermögenslage vermieden. Die Buchungssätze lauten:

| | | | | |
|---|---|---|---|---|
| Abschreibungen | 100 | an | Immaterielle Vermögenswerte | 100 |
| Passive latente Steuern | 40 | an | Latenter Steuerertrag | 40 |

◄

- **GuV-neutrale Erfassung** des ursprünglichen Sachverhalts und somit auch der latenten Steuern **im sonstigen Gesamtergebnis** (OCI) (IAS 12.62)

Die Strahlemann & Söhne AG hält eine Ende
20X1 für 500.000 € erworbene Beteiligung
von 0,05 % an einer börsennotierten Aktiengesellschaft. Ende 20X2 beträgt der Marktwert der Beteiligung 600.000 €, Ende 20X3
sinkt er auf 400.000 €. Der Rückgang des
Marktwerts im Jahr 20X3 wird als vorübergehend eingeschätzt.

Für die Beteiligung soll das Wahlrecht gemäß IFRS 9.4.1.4 genutzt werden, Änderungen des Fair Value nicht GuV-wirksam, sondern GuV-neutral über das OCI zu erfassen
(Abschn. 7.4.5). Für die steuerliche Gewinnermittlung gilt eine Anschaffungskostenober-
grenze; vorübergehende Wertminderungen
dürfen steuerlich nicht gewinnmindernd geltend gemacht werden. Der gegenwärtige (=
erwartete) Ertragsteuersatz soll vereinfachend
mit 40 % angenommen werden.

Für **20X1** ergibt sich zunächst keine Be-
wertungsdifferenz.

Für **20X2** beträgt hingegen die temporäre
Differenz zwischen dem Buchwert der Beteiligung nach IFRS und deren Steuerwert
100.000 €, die spätestens beim Beteiligungsverkauf zu einer – relativ zu dem dann erzielten IFRS-Gesamtergebnis – höheren
steuerlichen Belastung führen wird, denn die
Wertsteigerung der Aktien wird erst dann
steuerlich relevant.

Bei einem Steuersatz von 40 % ergibt sich
für diese zu versteuernde temporäre Differenz
eine zu bildende passive latente Steuer von
40.000 €. Die Erfassung der Wertsteigerung
erfolgt dabei GuV-neutral, was damit auch für
die Erfassung der latenten Steuer gilt. Die
Buchungssätze lauten:

```
20X2:
Wertpapiere                100.000   an   Sonstiges Gesamtergebnis
                                          (Eigenkapital)                 100.000

Sonstiges Gesamtergebnis
(Eigenkapital)              40.000   an   Passive latente Steuern         40.000
```

Für **20X3** sieht die Sachlage anders aus.
Jetzt ist die Beteiligung im IFRS-Abschluss
niedriger bewertet als in der Steuerbilanz (in
Letzterer dürfen keine Aufwendungen geltend

gemacht werden, da annahmegemäß vorübergehende Wertminderungen steuerlich nicht
anerkannt werden). Es ergibt sich deshalb
nunmehr eine abzugsfähige Bewertungs-
differenz von 100.000 €, die spätestens beim
Beteiligungsverkauf zu einer – relativ zu dem
dann erzielten IFRS-Gesamtergebnis – niedrigeren steuerlichen Belastung führt, denn die
Wertminderung der Aktien wird erst dann
steuerlich nachvollzogen.

Bei einem Steuersatz von 40 % ergibt sich
für diese abzugsfähige temporäre Differenz
eine zu bildende aktive latente Steuer von
40.000 €. Jetzt muss berücksichtigt werden,
dass nicht nur eine aktive latente Steuer im
Umfang von 40.000 € eingebucht, sondern
auch eine passive latente Steuer aus dem Vorjahr im Umfang von ebenfalls 40.000 € aufgelöst werden muss. Da die Erfassung der
Wertminderung im IFRS-Abschluss GuV-neutral erfolgt, muss der Gesamtbetrag aus der
Auflösung der passiven und der Neubildung
der aktiven latenten Steuern von 80.000 €
ebenfalls GuV-neutral verbucht werden. Die
Buchungssätze lauten folglich:

```
20X3:
Sonstiges Gesamtergebnis
(Eigenkapital)              200.000   an   Wertpapiere                    200.000

Passive latente Steuern      40.000
Aktive latente Steuern       40.000   an   Sonstiges Gesamtergebnis
                                           (Eigenkapital)                  80.000
```

- **Direkte Erfassung** des ursprünglichen Sachverhalts und somit auch der latenten Steuern
  **im Eigenkapital** (IAS 12.62A)

Die Volksauto AG entdeckt Ende des Geschäftsjahrs 20X3 (Stichtag 31.12.) einen
Bilanzierungsfehler.

IAS 8.42 verlangt hier die retrospektive
Anpassung der im Abschluss 20X3 dargestellten Vergleichsperiode. Zudem ist eine

dritte, ebenfalls berichtigte Bilanz (per 01.01.20X2) beizufügen. Alle im Abschluss 20X3 dargestellten Perioden (also auch die Vergleichsperioden) sind so darzustellen, als ob der Bilanzierungsfehler nie passiert wäre.

Die Anpassung des Eröffnungswerts des Eigenkapitals kann ebenfalls zu temporären Differenzen führen, wobei die darauf gebildeten latenten Steuern direkt im Eigenkapital gegengebucht werden müssen. Grund hierfür ist, dass die Anpassung des Eröffnungswerts weder die GuV berührt noch GuV-neutral im sonstigen Gesamtergebnis erfasst wird. ◀

## 11.4 Ausweis tatsächlicher und latenter Steuern

Der Ausweis von Aktiva und Passiva aus Ertragsteuern muss gemäß IAS 1.54 getrennt von anderen Vermögenswerten und Schulden erfolgen. **Latente und tatsächliche** Steueransprüche sind **getrennt voneinander auszuweisen**. Das gleiche gilt für latente und tatsächliche Steuerschulden (IAS 1.54).

Für aktive und passive **latente Steuern** gilt, dass sie stets **als langfristig auszuweisen** sind, unabhängig davon, wann sich die temporären Differenzen tatsächlich umkehren (IAS 1.70).

Zwischen **aktiven und passiven latenten Steuern** besteht **grundsätzlich** ein **Aufrechnungsverbot**. **Allerdings** besteht eine **Saldierungspflicht**, wenn (IAS 12.74)

- das Unternehmen ein einklagbares Recht auf Aufrechnung tatsächlicher Steuererstattungsansprüche gegen tatsächliche Steuerschulden besitzt und
- die latenten Steuern sich auf Ertragsteuern des Steuersubjekts beziehen, die von der gleichen Steuerbehörde erhoben werden.

Auch für **tatsächliche Steuererstattungsansprüche und tatsächliche Steuerschulden** gilt **grundsätzlich** ein **Saldierungsverbot**. **Jedoch** besteht auch hier eine **Saldierungspflicht** (IAS 12.71 f.), sofern

- ein einklagbares Recht auf Aufrechnung besteht (hiervon ist auszugehen, wenn sich Anspruch und Schuld auf die gleiche Steuerart beziehen, sie zum gleichen Zeitpunkt fällig sowie von derselben Steuerbehörde erhoben werden und diese die Aufrechnung gestattet) und
- die Absicht beim Unternehmen besteht, die Aufrechnung tatsächlich vorzunehmen oder gleichzeitig zu realisieren.

## 11.5 Offenlegung

IAS 12 gibt eine Vielzahl verpflichtender Anhangangaben vor. Nachfolgend erhalten Sie einen Überblick:

- Angabe der Hauptbestandteile des Steueraufwands bzw. -ertrags (IAS 12.79 f.), wobei u. a. folgende Angaben vorgeschlagen werden:
  - tatsächlicher und latenter Steueraufwand/-ertrag
  - periodenfremde Steueraufwendungen/-erträge
  - Ertrag/Aufwand aus Steuersatzänderungen oder aus neu eingeführten Steuern
  - Aufwandsminderung aufgrund bisher nicht aktivierter latenter Steuern auf Verlustvorträge, Steuergutschriften oder abzugsfähige Differenzen
- kumulierter Betrag tatsächlicher und latenter Steuern, resultierend aus direkt mit dem Eigenkapital verrechneten Posten
- Betrag der Ertragsteuern bezüglich der einzelnen Bestandteile des sonstigen Gesamtergebnisses (OCI)
- Erläuterungen zu Änderungen der angewendeten Steuersätze gegenüber der Vorperiode
- Betrag (und eventuelles Verfalldatum) abzugsfähiger temporärer Differenzen und steuerlicher Verlustvorträge, für die noch keine aktiven latenten Steuern gebildet wurden
- Angaben zu Gründen der Bildung aktiver latenter Steuern in bestimmten Fällen (IAS 12.82)

- Darstellung des Zusammenhangs zwischen Steueraufwand und dem Ergebnis vor Ertragsteuern (IAS 12.81) als Überleitungsrechnung
  - vom Steueraufwand auf das Produkt aus Vorsteuerergebnis und anzuwendendem Steuersatz oder
  - vom durchschnittlichen effektiven Steuersatz auf den anzuwendenden Steuersatz einschließlich dessen Ermittlungsgrundlage

## 11.6 Behandlung latenter Steuern im Handelsrecht

Mit Inkrafttreten des BilMoG kam es zu einer wesentlichen Annäherung der HGB-Vorschriften an die Vorgaben der IFRS, die sich in § 274 HGB für den Einzelabschluss manifestierte. Demnach gilt für mittelgroße und große Kapitalgesellschaften sowie atypische Personengesellschaften (gemäß § 264a HGB) ebenfalls das Temporary-Konzept der Steuerabgrenzung.

Es besteht eine **Ansatzpflicht** für einen sich ergebenden **Überhang passiver** über aktive latente Steuern. Hingegen besteht ein **Ansatzwahlrecht** für einen sich ergebenden **Überhang aktiver** über die passiven latenten Steuern. Jedoch ist aufgrund des Gläubigerschutzgedankens im HGB eine Ausschüttungssperre in gleicher Höhe zu bilden (§ 268 Abs. 8 HGB). Darüber hinaus besteht auch ein **Wahlrecht zum unsaldierten Ausweis** aktiver und passiver latenter Steuern.

Fragen bezüglich der GuV-wirksamen oder GuV-neutralen Erfassung latenter Steuern können nicht aufkommen, da das Handelsrecht keinen Raum für GuV-neutral zu erfassende Geschäftsvorfälle bietet.

Aktive latente Steuern auf steuerliche Verlustvorträge sind zu berücksichtigen, sofern sie in den nächsten 5 Jahren verrechnet werden können.

Auch nach HGB sind die Steuersätze anzuwenden, die zum Zeitpunkt der Umkehr der temporären Differenz erwartet werden. Eine Diskontierung latenter Steuern ist ebenfalls verboten.

Die Offenlegungsvorschriften zu Ertragsteuern sind im Vergleich zu den IFRS weniger umfangreich (§ 285 Nr. 29 HGB).

**Zusammenfassung**

**Die Bilanzierung tatsächlicher und latenter Ertragsteuern ist in IAS 12 geregelt.** Offene Positionen aus tatsächlichen Steuern sind als Steuererstattungsansprüche bzw. Steuerschulden zu bilanzieren.

Die Bilanzierung latenter Steuern folgt dem sog. **Temporary-Konzept**. Das heißt, latente Steuern sind nur auf temporäre Differenzen zwischen Wertansätzen im IFRS-Abschluss und in der Steuerbilanz zu bilden, um Verzerrungen der Vermögens- und Ertragslage zu vermeiden.

**Aktive latente Steuern** auf abzugsfähige temporäre Differenzen und steuerliche Verlustvorträge sind nur im Umfang künftig zu erwartender steuerpflichtiger Gewinne zu bilden, gegen die entstandene Differenzen verrechnet werden können. Gegebenenfalls ist eine Wertberichtigung der bilanzierten aktiven latenten Steuern vorzunehmen.

**Passive latente Steuern** auf zu versteuernde temporäre Differenzen zwischen Wertansätzen im IFRS-Abschluss und in der Steuerbilanz werden unabhängig von Wahrscheinlichkeitsüberlegungen gebildet.

Latente Steuerpositionen sind mit den Steuersätzen zu bewerten, die zum Zeitpunkt der Umkehr der Ansatz- und Bewertungsdifferenzen erwartet werden. Die Erfassung latenter Steuern geschieht auf dieselbe Weise wie die Erfassung des zur entsprechenden Wertdifferenz führenden Sachverhalts.

# 11.7 Übungsaufgaben

1. Die Bravo GmbH hat bislang für das Jahr 20X1 quartalsweise 45.000 € Ertragsteuern an den Fiskus vorausbezahlt. Bei der steuerlichen Gewinnermittlung für das Jahr 20X1 wird ein Jahresgewinn in Höhe von 400.000 € festgestellt.

   Ermitteln Sie, welcher tatsächliche Steueraufwand in der GuV dargestellt werden muss, sowie ob und, wenn ja, in welcher Höhe eine Steuerschuld passiviert bzw. ein Steuererstattungsanspruch aktiviert werden muss.

   Gehen Sie davon aus, dass der relevante Ertragsteuersatz 40 % beträgt und zum Beginn des Jahres 20X1 weder Schuld- noch Vermögensposten aus tatsächlichen Steuern bilanziert waren.

2. Erläutern Sie kurz, warum latente Steuern bilanziert werden.

3. Stellen Sie dar, was man unter dem Temporary-Konzept der Bilanzierung latenter Steuern nach den IFRS versteht.

4. Entscheiden Sie jeweils für folgende Sachverhalte bei der X-Ray AG,
   - ob und, wenn ja, welche temporäre Differenz (abzugsfähig oder zu versteuern) vorliegt und
   - ob sie (unter Ausblendung von Wahrscheinlichkeitsüberlegungen) den Ansatz einer aktiven oder einer passiven latenten Steuer nach sich zieht.

   Stellen Sie jeweils auch dar, auf welche Weise (GuV-wirksam, GuV-neutral oder direkt im Eigenkapital) die gebildete latente Steuer verbucht wird.

   a. Aktivierung von Entwicklungskosten im IFRS-Abschluss bei gleichzeitiger vollständiger Verrechnung dieser Kosten in der Steuerbilanz.

   b. Erfassung von Kosten für Werbegeschenke an Geschäftspartner, wobei diese Kosten steuerlich nicht in vollem Umfang als Betriebsausgabe anerkannt werden.

   c. Bildung einer Rückstellung für unterlassene Instandhaltung in der Steuerbilanz.

   d. Bildung einer Drohverlustrückstellung für einen belastenden Vertrag in der IFRS-Bilanz, wobei diese Rückstellung steuerlich nicht anerkannt wird.

   e. Neubewertung einer Sachanlage in der IFRS-Bilanz mit einem Wertansatz, der über den Anschaffungs- und Herstellungskosten liegt. Für steuerliche Zwecke bleibt es bei der Bewertung zu fortgeführten Anschaffungs- bzw. Herstellungskosten.

   f. Vollständige Abschreibung einer Sachanlage im IFRS-Abschluss im Jahr der Anschaffung, während diese für steuerliche Zwecke über 2 Jahre abgeschrieben wird.

   g. In die Bewertung einer Rückstellung für Rückbauverpflichtungen werden nach IFRS die erwarteten, nicht unerheblichen Kostensteigerungen einbezogen, während dies in der Steuerbilanz nicht erfolgt.

   h. Eine Anleihe wird gemäß IFRS 9 GuV-neutral zum Fair Value mit Recycling bewertet. Es wird am Bilanzstichtag ein Kursrückgang unter die (fortgeführten) Anschaffungskosten festgestellt. Nach Steuerrecht muss die Anleihe weiterhin zu (fortgeführten) Anschaffungskosten bilanziert werden.

   i. Für ein Anfang des Jahres gekauftes Sachanlagevermögen wurde eine steuerliche Sonderabschreibung genutzt, die nach IFRS nicht beachtlich ist.

5. Die X-Ray AG schreibt einen Anfang des Jahres 20X1 erworbenen Vermögenswert mit Anschaffungskosten von 120.000 € in der Steuerbilanz gemäß AfA-Tabelle über 3 Jahre ab. Im IFRS-Abschluss erfolgt die Abschreibung über die Nutzungsdauer von 6 Jahren. Der gegenwärtige (= erwartete) Ertragsteuersatz soll vereinfachend mit 40 % angenommen werden.

   Stellen Sie für die Jahre 20X1–20X6 die sich ergebenden temporären Differenzen und die zu bildenden latenten Steuern gemäß IFRS dar. Zeigen Sie auf, in welchem Umfang die GuV der einzelnen Jahre durch die Bilanzierung latenter Steuern be- oder entlastet wird.

6. Die Wertpapierhandelsabteilung der Specul-Bank AG kauft Wertpapiere und verkauft diese regelmäßig wieder innerhalb kurzer Zeit. Ende 20X1 werden für ein im Bestand befindliches Wertpapier Buchgewinne in Höhe von 200.000 € festgestellt (= 4.000.000 € Fair Value − 3.800.000 € Anschaffungskosten).

   Anfang 20X2 wird das o. g. Wertpapier verkauft und ein Gewinn von 100.000 € (= 3.900.000 € Verkaufserlöse − 3.800.000 € Anschaffungskosten) realisiert.

   Stellen Sie die notwendigen Buchungen für diese Sachverhalte für Ende 20X1 und Anfang 20X2 nach IFRS dar. Ermitteln Sie auch, welcher Gesamtsteueraufwand (tatsächlicher Steueraufwand + latenter Steueraufwand) aus diesen Handelsaktivitäten für die einzelnen Geschäftsjahre entsteht. Der gegenwärtige (= erwartete) Ertragsteuersatz soll vereinfachend mit 40 % angenommen werden.

7. Die schon lang existierende, aber in wirtschaftliche Schieflage geratene Bravo GmbH erwirtschaftete laut steuerlicher Gewinnermittlung im aktuellen Geschäftsjahr einen Verlust von 500.000 €. Dieser kann für steuerliche Zwecke nur vorgetragen werden. Man erwartet, innerhalb der nächsten 5 Jahre ledig-

lich Gewinne von insgesamt 300.000 € zu erzielen, worauf substanzielle Hinweise deuten. Für die Zeit danach ist die Prognose jedoch extrem schwierig. Es existieren derzeit keine passiven latenten Steuern, jedoch aktive latente Steuern aus abzugsfähigen temporären Differenzen in Höhe von 50.000 €, wobei sich diese Differenzen voraussichtlich erst in 10 Jahren umkehren werden.

8. Stellen Sie die Behandlung dieses Sachverhalts nach IAS 12 dar. Der gegenwärtige (= erwartete) Ertragsteuersatz soll vereinfachend mit 40 % angenommen werden.

## 11.8  Lösungen

1. Der GuV-wirksam zu erfassende Steueraufwand beträgt 160.000 € (40 % von 400.000 € zu versteuerndem Gewinn). Da jedoch eine Ertragsteuervorauszahlung von 180.000 € (4 Quartale x 45.000 €) geleistet wurde, resultiert ein als Vermögenswert auszuweisender Erstattungsanspruch von 20.000 €.

2. Latente Steuern werden bilanziert, um entscheidungsnützliche Informationen über die Vermögens-, Finanz- und Ertragslage zu vermitteln, denn insbesondere die Ertrags- und die Vermögenslage würden ohne diese Steuerlatenzen verzerrt dargestellt werden. Das heißt, zum einen wird durch die Bilanzierung latenter Steuern der Steueraufwand in ein sinnvolles Verhältnis zum erzielten Vorsteuergewinn nach IFRS gesetzt. Zum anderen werden künftige Steuerbe- bzw. -entlastungen korrekt als Schulden bzw. Vermögenswerte abgebildet.

3. IAS 12 verlangt die Bildung latenter Steuern auf grundsätzlich alle temporären Ansatz- und Bewertungsunterschiede von Vermögenswerten und Schulden im IFRS-Abschluss gegenüber der Steuerbilanz. Temporär bedeutet, dass sich die Ansatz- und Bewertungsdifferenzen im Zeitablauf entweder automatisch ausgleichen oder aber durch eine Managemententscheidung, ein neues Ereig-

nis, jedoch spätestens bei Unternehmensauflösung (temporäre Differenzen).

Für zeitlich unbegrenzte, sog. permanente Differenzen (aus steuerlich nicht abzugsfähigen Betriebsausgaben bzw. aus steuerfreien Erträgen) sind hingegen keine Steuerlatenzen zu bilden, da hier keine Steuerwirkung entstehen wird.

Das Temporary-Konzept ist dabei bilanzorientiert: Die Bildung latenter Steuern ist unabhängig davon, ob der unterschiedliche Wertansatz im IFRS-Abschluss gegenüber der Steuerbilanz GuV-neutral oder GuV-wirksam erfasst wurde. Entscheidend ist, dass sich die Differenzen irgendwann ausgleichen werden.

Man unterscheidet zu versteuernde temporäre Differenzen, die den Ansatz passiver latenter Steuern zur Folge haben, und abzugsfähige temporäre Differenzen, die grundsätzlich den Ansatz aktiver latenter Steuern nach sich ziehen. Letztere werden gebildet, da die bei Umkehrung der temporären Differenz in künftigen Perioden zu zahlende Steuerlast niedriger ausfällt, als sie nach dem dann ausgewiesenen IFRS-Ergebnis sein müsste (latente Steuerentlastung). Ist bei Umkehrung der temporären Differenzen hingegen mit einer – relativ zum dann erzielten IFRS-Ergebnis – höheren Steuerbelastung zu rechnen, ist eine passive latente Steuer zu bilden.

4.

   a. Zu versteuernde temporäre Differenz (IFRS-Buchwert des Vermögenswertes; Steuerwert) – GuV-wirksame Erfassung der passiven latenten Steuer

b. Permanente Differenz = keine Steuerabgrenzung

c. Zu versteuernde temporäre Differenz, da für unterlassene Instandhaltungen keine Rückstellungen nach IFRS gebildet werden können (IFRS-Buchwert der Schuld <; Steuerwert) = GuV-wirksame Erfassung der passiven latenten Steuer

d. Abzugsfähige temporäre Differenz (IFRS-Buchwert der Schuld >; Steuerwert) = GuV-wirksame Erfassung der aktiven latenten Steuer

e. Zu versteuernde temporäre Differenz (IFRS-Buchwert des Vermögenswertes >; Steuerwert) = GuV-neutrale Erfassung der passiven latenten Steuer

f. Abzugsfähige temporäre Differenz (IFRS-Buchwert des Vermögenswertes <; Steuerwert) = GuV-wirksame Erfassung der aktiven latenten Steuer

g. Abzugsfähige temporäre Differenz (IFRS-Buchwert der Schuld >; Steuerwert) = GuV-wirksame Erfassung der aktiven latenten Steuer

h. Abzugsfähige temporäre Differenz (IFRS-Buchwert des Vermögenswertes <; Steuerwert) = GuV-neutrale Erfassung der aktiven latenten Steuer

i. Zu versteuernde temporäre Differenz (IFRS-Buchwert des Vermögenswertes >; Steuerwert) = GuV-wirksame Erfassung der passiven latenten Steuer

5. Zur Lösung siehe Tab. 11.4

**Tab. 11.4** Lösung zu Aufgabe 5

| (Werte in T€) | 20X1 | 20X2 | 20X3 | 20X4 | 20X5 | 20X6 |
|---|---|---|---|---|---|---|
| Buchwert im IFRS-Abschluss | 100 | 80 | 60 | 40 | 20 | 0 |
| Steuerwert | 80 | 40 | 0 | 0 | 0 | 0 |
| Temporäre Differenz | 20 | 40 | 60 | 40 | 20 | 0 |
| Passive latente Steuern im IFRS-Abschluss | 8 | 16 | 24 | 16 | 8 | 0 |
| Latenter Steueraufwand ( − ) bzw. latenter Steuerertrag ( + ) | − 8 | − 8 | − 8 | + 8 | + 8 | + 8 |

## 6.  20X1

| Wertpapiere | 200.000 | an | Finanzertrag (GuV) | 200.000 |
| Latenter Steueraufwand | 80.000 | an | Passive latente Steuern | 80.000 |

Der Gesamtsteuer**aufwand** für 20X1 ergibt sich zu 80.000 € (= kein tatsächlicher, aber 80.000 € latenter Steueraufwand). Die sich für den Bilanzleser ergebende Steuerquote aus diesem Sachverhalt beträgt korrekterweise 40 % (= 80.000 € Gesamtsteueraufwand/200.000 € Vorsteuergewinn aus diesem Sachverhalt).

### 20X2

| Bank | 3.900.000 | | | |
| Finanzaufwand | 100.000 | an | Wertpapier | 4.000.000 |
| Passive latente Steuern | 80.000 | an | Latenter Steuerertrag | 80.000 |

Für 20X2 ergibt sich aus dieser Wertpapierhandelsaktivität ein Gesamtsteuer*ertrag* von 40.000 € (= 40.000 € tatsächlicher Steueraufwand infolge des realisierten Gewinns von 100.000 € – 80.000 € latenter Steuerertrag aus der Auflösung der passiven latenten Steuer des Jahres 20X1). Die sich für den Bilanzleser ergebende Steuerquote aus der IFRS-GuV aus diesem Sachverhalt beträgt dann korrekterweise 40 % (= 40.000 € Gesamtsteuer*ertrag*/100.000 € Vorsteuer*verlust* aus diesem Sachverhalt).

7. Aufgrund der aktuellen Verlustsituation und der hohen Unsicherheit bei der Prognose des Gewinns für die Zeit nach Ablauf des 5. Jahres kann es nicht mehr als wahrscheinlich gelten, dass die aktuell bilanzierten aktiven latenten Steuern von 50.000 € werthaltig sind.

Diese sind somit entsprechend im Wert zu berichtigen. Von den steuerlichen Verlustvorträgen in Höhe von 500.000 € können lediglich für einen Teilbetrag von 300.000 € aktive latente Steuern im Umfang von damit 120.000 € gebildet werden, da nur diese sich wahrscheinlich als wirtschaftliche Vorteile erschließen werden (Verrechenbarkeit mit den erwarteten Gewinnen).

## Literatur

Bayer AG. (2008). *Geschäftsbericht 2007.* http://www.bayer.de/de/gb-2007.pdf. Zugegriffen am 21.02.2013.

Berger, A. (2006). Was der DPR aufgefallen ist: Ermessensspielraum und die Bilanzierung von latenten Steuern auf Verlustvorträge. *DB, 59*(46), 2473–2475.

Berger, A., Hauck, A., & Prinz, U. (2007). Bilanzierung latenter Steuern auf steuerliche Verlustvorträge nach IAS 12 – Streitiger Prognosezeitraum zur Verlustverrechnung. *DB, 60*(8), 412–415.

Commerzbank AG. (2019). *Geschäftsbericht 2019.* https://www.commerzbank.de/media/aktionaere/service/archive/konzern/2020_4/Geschaeftsbericht_2019_Konzern_DE.pdf. Zugegriffen am 20.02.2021.

Endres, D., Spengel, C., & Reister, T. (2007). Neu Maß nehmen: Auswirkungen der Unternehmenssteuerreform 2008. *WPg, 8*, 478–489.

Lüdenbach, N., Hoffmann, W.-D., & Freiberg, J. (2020). § 26 Steuern vom Einkommen. In N. Lüdenbach, W.-D. Hoffmann & I. F. R. S. Kommentar (Hrsg.), *Das Standardwerk* (18. Aufl., S. 1597–1714). Haufe.

Pellens, B., Fülbier, R. U., Gassen, J., & Sellhorn, T. (2017). *Internationale Rechnungslegung. IFRS 1 bis 16, IAS 1 bis 41, IFRIC-Interpretationen, Standardentwürfe. Mit Beispielen, Aufgaben und Fallstudie* (10. Aufl.). Schäffer-Poeschel.

Zülch, H., & Hendler, M. (2009). *Bilanzierung nach International Financial Reporting Standards (IFRS).* Wiley-VCH.

# Stichwortverzeichnis

© Springer Fachmedien Wiesbaden GmbH, ein Teil von Springer Nature 2022
R. Gebhardt, *Rechnungslegung nach IFRS klipp & klar*, WiWi klipp & klar,
https://doi.org/10.1007/978-3-658-36050-4

The manufacturer's authorised representative in the EU is Springer
Nature Customer Service Centre GmbH, Europaplatz 3, 69115 Heidelberg,
Germany. If you have any concerns regarding our products, please
contact ProductSafety@springernature.com

Printed and bound by CPI Group (UK) Ltd, Croydon, CR0 4YY

24/04/2026

02096351-0018